개정2판

지방자치법

홍준형 저

개정2판 머리말

2021년 1월 12일 드디어 지방자치법이 전부 개정되었다. 1년 뒤인 2022년 1월 13일부터 시행될 지방자치법 전부개정법률은 우리나라 지방자치법시스템에 지대한 변화를 가져올 것으로 전망되고 있다. 새로운 시대에 걸맞은 주민중심의 지방자치를 구현하고 지방자치단체의 자율성 강화와 이에 따른 투명성 및 책임성을 확보하기 위하여 단행된 새 지방자치법은 지방자치단체의 기관구성 다양화, 정보공개 등 주민의 권리 강화, 주민 감사청구 제도의 개선 등 괄목할 만한 내용을 담고 있다. 당초 기대했던 바에는 못미치지만 그동안 제기되었던 비판, 지방자치법이 지방자치를 활성화하기보다는 오히려 자치를 억제하는 '자치규제' 수단으로 전락했다는 비판을 다소라도 해소할 수 있을 것으로 기대된다. 한편 2020년 12월 22일에는 「국가경찰과 자치경찰의 조직 및 운영에 관한 법률」 즉 '경찰법' 전부 개정법률에 따라 자치경찰제가 도입되었다. 자치경찰제 역시 '첫술에 배부를 수는 없는' 형편이지만 지방자치와 경찰행정을 연계시킴으로써 자치분권의 실질적 구현을 위한 새로운 장을 연 것으로 평가 받아 마땅할 것이다.

이 책은 지방자치법 분야에서 전개된 입법적 변화와 그동안 전개된 학설과 판례 발전을 반영하여 한국 지방자치법을 법학의 관점에서 해설하고 문제점과 해결방안, 입법 방향을 제시하고자 한다. 지방자치법을 공부하는 학생이나 연구자, 지방자치 현장에서 활동하는 실무자나 시민단체, 그리고 관심있는 시민들을 위한 유용한 지침서가 될 수 있기를 기대한다.

2021년 11월

가을 빛 봇들을 바라보며

홍준형

머리말

1995년 7월 1일, 주민들의 직접 투표로 선출된 전국의 지방자치단체 장 245명이 취임함으로써 최초의 '민선 지방자치 시대'가 출범하였다. 그로부터 22년, 사람으로 치면 '청년기'에 들어섰다. 길지 않지만 결코 짧지도 않은 20여년 우리 나라 지방자치는 정착·성숙의 면모도 보이지만, 다른 한편에선 아직도 성장통을 벗어나지 못한 형편이다. 이른바 '2할 자치' 수준의 성장 지체로 미래를 향한 도약은 꿈꾸기조차 민망하다. 문재인정부 출범과 2018년 지방선거와 동시에 실시키로 예정된 개헌이 자치분권의 국가발전을 위한 대전환의 계기가 될지 귀추가 주목되는 배경이다.

반면, 지방자치법은 올해로 제정 68년을 맞고 있다. 노년기라고는 할 수 없겠지만 결코 짧지 않은 법령(法齡)이다. 지방자치법은 말할 나위도 없이 지방자치의 제도적 틀을 규정한 기본법이자 법제도적 기반이다. 지방자치법 68년의 역사는 우리나라 지방자치의 제도적 틀이 어떻게 변화해왔는지를 그대로 드러내 준다. 그런데 우리나라 지방자치법은 제정 68년에도 지방자치 활성화를 위한 성숙한 규범적 기반이 되지 못하고 있다. 과거의 국가중심주의적, 중앙집권적 제약을 대부분 그대로 온존시키고 있어 21세기 무한경쟁의 도전을 헤쳐나가는 법적 토대가 되기보다는 자치의 장애 또는 제약 요인으로 작용하고 있다는 비판을 면치 못한다. 앞으로 지방자치법은 어떠한 방향으로 어떻게 발전해 나가야 할까. 미래를 개척하려면 과거를 통찰하고 현실을 직시해야 한다. 지방자치법의 과제와 그 실천전략을 모색하기 위한 재고 분석이 필요하다. 이런 관점에서 지방자치법의 법리와 실무, 판례, 그리고 입법을 다루고자 하는 것이 이 책의 집필의도이다.

2017년 8월

봇들에 바라보며

홍준형

목 차

1 총 설

2 지방자치단체의 구성요소

국가와 지방자치단체의 관계

6 지방자치단체 상호간의 관계

7 입 법 론

제 1 장

종 설

◆ Section ◆

CHAPTER

제 1 절 지방자치 일반론

Ⅰ. 지방자치의 헌법적 보장

헌법 제117조 제1항은 "지방자치단체는 주민의 복리에 관한 사무를 처리하고 재산을 관리하며, 법령의 범위 안에서 자치에 관한 규정을 제정할 수 있다."고 규정하고 있다. 이 조항은 지방자치의 헌법적 보장으로서 법률로도 침해할 수 없는 규범적 효력을 가진다고 이해되고 있다. 헌법은 제118조 제2항에 법률유보조항을 두어 입법권자에게 지방자치의 실현을 위한 입법형성권을 부여하고 있으나, 이 입법형성권도 지방자치의 본질적 내용, 즉, 자치기능보장·자치단체보장·자치사무보장을 침해해서는 아니 되며, 그러한 침해는 지방자치의 제도적 본질에 대한 침해로 위헌을 면치 못하게 된다.[1)]

Ⅱ. 주민자치와 단체자치

지방자치의 본질에 관해서는 학설이 분분하다. 특히 주권재민의 원칙에 터잡아 종래의 중앙집권체제에 저항하는 과정에서 비로소 확보된 국민의 천부적 권리로서의 고유적 권리라고 보는 주민자치-고유권설과 지방자치단체의 자치권은 국가의 통치권에서 전래되고, 국가로부터 그 통치권의 일부가 위임된 것으로 보는 단체자치-전래권설이 대립하고 있다.

지방자치단체들이 자신의 고유한 권리를 가진다는 사고는 실은 국내문헌에서 기정사실화 하고 있는 것과는 달리, 주민자치-고유권설의 모국으로 알려져 있는 영국의 전유물이 아니라 유럽 공통의 근본적 사고방식(europäisches

1) 許營, 韓國憲法論, 1991, 783.

Grundverständnis)이었다고 한다.1) 그것은 역사적으로는 도시가 독립의 자율적인 법인격을 가진 존재로 발전하기 시작한 중세의 도시건설 물결에서 유래한다.2) 이 사고방식은 중세 후기의 지방지배체제와 근대초기의 영역국가에 의해 현저히 제한됨으로써 유럽대륙에서 절대주의와 함께 쇠퇴하고 말았지만,3) '지방 자치정부'(local self-government)라고 하는 영국의 헌법현실 속에 계승되었다.4) 프랑스혁명은 자치권론(Lehre vom pouvoir municipal)을 통해 전통적인 사고방식을 복구시켰다. 동시에 독일법권에서는 영국의 자치정부론이 이념 형태로 수용되었다.5) 지방자치의 헌법적 보장이라는 법리는 - 스칸디나비아 제국들을 제외하면- 전후 헌법들에 이르러서야 비로소, 특히 독일의 경우 기본법의 제정 이후 본격적으로 출현하기 시작하였다. 늦어도 1980년대의 분권화 물결 이래로 게마인데들의 자치행정 법영역의 보장이 헌법의 정규적 구성요소로 자리 잡기 시작했다.6)

우리나라에서는 지방자치의 헌법적 보장에도 불구하고 지방자치권의 본질에 관한 한 전래권설이 통설이다.7)

1) Willoweit, Deutsche Verfassungsgeschichte, 5. Aufl. 2005, § 14 I 5; Isenmann, Die deutsche Stadt im Mittelalter, 1988, S. 26.

2) 같은 곳.

3) 이에 대해서는 Saupin, Le pouvoir urbain dans l'Europe atlantique du XVIe au XVIIIe siècle, 2002를 참조.

4) Briggs, in: Birke/Brechtken (Hrsg.), Kommunale Selbstverwaltung/Local Self-Government, 1996, S. 13 (14).

5) Hahn, Rudolf von Gneist 1816 - 1895, 1995, S. 85 ff.; Reulecke, in: Birke/Brechtken (Hrsg.), Kommunale Selbstverwaltung/Local Self-Government, 1996, S. 25 (29).

6) José Martínez Soria, § 36 Kommunale Selbstverwaltung im europäischen Vergleich, in: Thomas Mann und Günter Püttner(Hrsg), Handbuch der kommunalen Wissenschaft und Praxis, 3. Auf. Band 1 Grundlagen und Kommunalverfassung, 2007, 1016-1017; Fürst, in: Pernthaler (Hrsg.), Föderalistische Raumordnung - eine europäische Herausforderung, 1994, S. 3.

7) 김철용. 행정법 II, 제10판, 2010, 박영사, 70.

Ⅲ. 지방자치제도의 헌법적 보장

1. 제도적 보장론

1.1. 전통적 이론

지방자치의 헌법적 보장을 어떻게 파악할 것인지에 관해 이를 '제도적 보장'으로 보는 입장, 즉 제도적 보장설이 종래의 통설이었고 판례도 그와 같은 맥락에 서 있다.

전래권설과 마찬가지로 제도적 보장설은 지방자치단체의 권한이 국가의 통치권에서 발생하며 지방자치제도가 헌법 또는 지방자치법에 관련 규정을 둠으로써 보장된다는 견해이다. 다만 역사적·전통적으로 형성된 일정한 공법상의 제도를 헌법에 보장함으로써 입법에 의한 변경과 침해가 발생하지 못하도록 보호한 것이라고 이해한다는 것이 차이점이다.

우리 헌법(제8장의 지방자치제도) 해석상으로도 전통적으로 내려오는 지방자치제도의 핵심영역을 입법자가 형성하고 보장하여야 하며, 그 본질적 내용을 침해해서는 안 된다는 칼 슈미트(Carl Schmitt) 관점의 제도적 보장설[1]이 주류를 이루고 있고 또 판례의 태도이기도 하다.[2]

---

1) 칼 슈미트는 공적 제도적 보장으로서의 '제도적 보장'(institutionelle Garantie)과 사적 제도적 보장으로서의 '제도 보장'(Institutsgarantie)을 구분하고 있으나(Carl Schmitt, Verfassungslehre, Berlin, 1954(Neudruck), S. 170 ff.), 일반적으로 그러한 개념 구별 없이 제도적 보장이라는 개념이 사용되고 있다.

2) 지방자치를 헌법적으로 보장하는 현행 헌법 제117조 1항에 대한 지배적 견해는 이를 제도적 보장으로 파악하고 있다. 제도적 보장에 대한 견해는 바이마르헌법(1919.8.18.) 제127조에 대한 해석에서 비롯한다. 동 규정은 해석에 따라 지방자치가 '법률의 한계 내에서' 보장되는 것으로 파악됨으로써, 국가가 법률 형식으로 지방자치에 대한 한계를 무제한적으로 설정할 수 있다. 입법자에 의한 지방자치 본질에 대한 침해도 가능한 것으로 해석하는 경향('leerlaufender Grundrechtsartikel')이 있다. 이에 대한 반대해석으로 Carl Schmitt의 제도적 보장 이론이 등장하였다. 이는 우리나라 헌법해석에 영향을 미친 독일과 일본의 지배적 견해이기도 하다. 독일 기본법상 지방자치 제도적 보장의 의의와 내용으로는, 김명연, 지방자치 행정의 제도적 보장의 의의와 내용, 공법연구 제32집 제5호(2004. 6), 673 이하를 참조. 일본의 학설 상황에 대해서는 최우용, 현대행정과 지방자치법, 세종출판사 2002, 17 이하; 그 밖에 프랑스의 지방자치제에 대하여는 Pontier, Jean-Marie 박균성 역, 프랑스에

헌법재판소 역시 구 지방공무원법 제2조 제3항 제2호 나목 등 위헌소원심판, 국가안전기획부직원법 제22조 등에 대한 헌법소원심판,[1] 지방교육자치에관한법률 제60조 등 위헌확인결정,[2] 제주특별자치도의설치및국제자유도시조성을위한특별법안 제15조 제1항 등 위헌확인사건[3] 등에서 지방자치제도는 제도적 보장의 하나로서 일반적인 법에 의한 폐지나 제도본질의 침해를 금지한다는 의미의 최소보장 원칙이 적용되며, 과잉금지 원칙이 적용되는 기본권과 구분된다는 입장을 견지해 오고 있다.

"제도적 보장은 객관적 제도를 헌법에 규정하여 당해 제도의 본질을 유지하려는 것으로서 헌법제정권자가 특히 중요하고도 가치가 있다고 인정되고 헌법적으로 보장할 필요가 있다고 생각하는 국가제도를 헌법에 규정함으로써 장래의 법발전, 법형성의 방침과 범주를 미리 규율하려는데 있다. 다시 말하면 이러한 제도적 보장은 주관적 권리가 아닌 객관적 법규범이라는 점에서 기본권과 구별되기는 하지만 헌법에 의하여 일정한 제도가 보장되면 입법자는 그 제도를 설정하고 유지할 입법의무를 지게 될 뿐만 아니라 헌법에 규정되어 있기 때문에 법률로써 이를 폐지할 수 없고, 비록 내용을 제한한다고 하더라도 그 본질적 내용을 침해할 수는 없다. 그러나 기본권의 보장은 헌법이 "국가는 개인이 가지는 불가침의 기본적 인권을 확인하고 이를 보장할 의무를 진다"(제10조), "국민의 자유와 권리는 헌법에 열거되지 아니한 이유로 경시되지 아니한다. 국민의 모든 자유와 권리는 국가안전보장·질서유지 또는 공공복리를 위

서의 지방자치, 아태 공법연구 제2집 (1993.11) 201-219; Ursula Guian, Gemeindliche Selbstverwaltung und Staatsaufsicht in Frankreich, DÖV 1993, S. 608-615; 오스트리아의 지방자치제도에 대해서는 Reinhard Rack, Die österreichische Kommunalverfassung, DVBl 1984, S. 201-206; 유럽헌법조약안의 지방자치제에 대해서는 Heinrich Hoffschulte, Kommunale Selbstverwaltung im Entwurf des EU-Verfassungsvertrages, DVBl, 2005, S. 202-211을 각각 참조.

1) 헌법재판소 1994. 4. 28. 선고 91헌바15 등 결정: "직업공무원제도는 지방자치제도, 복수정당제도, 혼인제도 등과 함께 "제도적 보장"의 하나로서 이는 일반적인 법에 의한 폐지나 제도본질의 침해를 금지한다는 의미의 "최소보장"의 원칙이 적용되는바, 이는 기본권의 경우 헌법 제37조 제2항의 과잉금지의 원칙에 따라 필요한 경우에 한하여 "최소한으로 제한" 되는 것과 대조되는 것이다."

2) 헌법재판소 2003. 3. 27. 선고 2002헌마573결정, 그 밖에 2002. 3. 28. 선고 2000헌마283·778(병합)결정(지방교육자치에관한법률 제62조 제1항 위헌확인).

3) 헌법재판소 2006. 4. 27. 선고 2005헌마1190 결정.

하여 필요한 경우에 법률로써 제한할 수 있으며, 제한하는 경우에도 자유와 권리의 본질적인 내용을 침해할 수 없다"(제37조)고 규정하여 '최대한 보장의 원칙'이 적용되는 것임에 반하여, 제도적 보장은 기본권 보장의 경우와는 달리 그 본질적 내용을 침해하지 아니하는 범위 안에서 입법자에게 제도의 구체적인 내용과 형태의 형성권을 폭넓게 인정한다는 의미에서 '최소한 보장의 원칙'이 적용될 뿐인 것이다."1)

헌법재판소는 2008년 5월 29일 선고 2005헌라3 결정에서 '기본권의 본질적 내용과 마찬가지로, 지방자치권 제한의 한계로서 추상적 개념인 지방자치권의 본질적 내용 범위를 정확하게 정하는 것은 어렵다'고 실토하면서도, 다음과 같이 판시하여 지방자치를 일종의 제도적 보장으로 보는 입장을 재확인하고 있다.

"헌법은 제117조와 제118조에서 '지방자치단체의 자치'를 제도적으로 보장하고 있는바, 그 보장의 본질적 내용은 자치단체의 보장, 자치기능의 보장 및 자치사무의 보장이다(헌재 1994. 12. 29. 94헌마201, 판례집 6-2, 510, 522). 이와 같이 헌법상 제도적으로 보장된 자치권 가운데에는 소속 공무원에 대한 인사와 처우를 스스로 결정하고 자치사무의 수행에 있어 다른 행정주체(특히 국가)로부터 합목적성에 관하여 명령·지시를 받지 않는 권한도 포함된다고 볼 수 있다."

1.2. 제도적 보장론에 대한 비판

제도적 보장론에 대해서는, 최근 국내 학자들 사이에서 많은 비판이 제기되었다. 특히 지방자치가 자유민주국가에서 수행하는 여러 제도적 기능을 감안할 때 과연 지방자치에 관한 제도적 보장이 지방자치의 전면적 폐지만을 금지하는 정도의 효과만을 가진다고 주장할 수 있는지 의문이 제기되고,2) 수백년의 중앙집권 역사를 가진 우리나라에서 지방자치제도를 전래의 제도적 보장으

1) 헌법재판소 1997. 4. 24. 선고 95헌바48 결정.
2) 허영, 한국헌법론, 2008, 박영사, 792.

로 보는 것은 무리가 있다는 지적도 있다.[1] 우리나라 지방자치제도는 헌법에 의하여 비로소 창설된 제도이어서 제도적 보장 이론에서 말하는 역사적 전통에 의거한 본질내용을 찾을 수 없다는 것이다. 아울러 지방자치의 본질내용은 헌법 자체로부터 발견되어야 한다고 보는 견해[2], 제도적 보장 이론이 입법자를 헌법에 구속시키고 헌법상 보장된 제도를 폐지나 공동화로부터 보호하기 위한 이론으로서 의미가 있었다면, 이는 오늘날 이미 극복되었으며 이를 위해 특별히 제도적 보장 이론이라는 버팀목은 더 이상 불필요하다는 견해[3] 등이 주장되고 있다.[4]

1.3. 소 결

사실 전통적 제도적 보장 이론은 현대 지방자치의 보장과 발전상을 충분히 설명해 주지 못한다. 더욱이 지방자치가 현대 민주국가에서 수행하고 있는 민주주의적·권력통제적·권력분립적 기능을 감안할 때, 왜 지방자치에 관한 헌법규정이 소극적으로 지방자치 폐지를 금지하는 정도의 보장 효과밖에 가지지 못하는지 의문이 드는 것도 사실이다. 특히 전통적 제도적 보장 이론은 지방자치를 21세기 새로운 국가시스템에 걸맞게 구현·발전시켜야 한다는 전향적·미래지향적 목적에 적합하다고 보기 어렵다.

제도적 보장 이론은 독일의 바이마르공화국 헌법의 특수한 사정에서 주로 Carl Schmitt에 의해 주장된 이론으로서, 현재 독일 학설과 판례도 그 이론

---

1) 정종섭, 헌법학원론, 2006, 766.
2) 오동석, "지방자치의 제도적보장론 비판", 공법연구 제29집 제1호, 2000.11, 229 이하.
3) 김명연, "지방자치 행정의 제도적 보장의 의의와 내용", 공법연구 제32집 제5호(2004. 6), 674.
4) 그 밖에 조성규, "지방자치제의 헌법적 보장의 의미", 공법연구(한국공법학회), 제30집 제2호, 409-428, 417; 이종수, 기본권의 보장과 제도적 보장의 준별론에 관한 비판적 보론, 헌법실무연구 제3권(2002), 181-200(198), 김하열, 우리 나라 헌법에 있어서 제도보장론의 의미, 헌법실무연구 제3권(2002), 201-204(토론문); 천병태/김민훈, 지방자치법, 삼영사 2005, 63-64 등을 참조. 또한 지방자치의 헌법적 보장에 대한 제도적 보장 이론을 둘러싼 독일에서의 학설사적 전개에 관하여 상세한 것은 Hartmut Maurer. (1995). Vefassungsrechtliche Grundlagen der kommunalen Selbstverwaltung. DVBl. S. 1038 ff.; 방승주. (2006). "중앙정부와 지방자치단체와의 관계 - 지방자치의 헌법적 보장의 내용과 한계를 중심으로". 「한국공법학회 학술대회 발표논문」을 참조.

적 원형을 그대로 유지하고 있지 않다. 특히 독일 연방헌법재판소의 라스테데(Rastede) 판결 이래 지방자치제도의 핵심영역은 절대적으로 보호되고 주변영역의 경우에도 원칙적으로 지방자치단체에 권한이 있다는 내용으로 수정되어 이해되고 있다. 다시 말해, 지방자치제도의 핵심영역은 절대적으로 보호되며 나머지 주변영역은 상대적으로 보호되지만, 비례의 원칙을 적용할 경우 신중한 법익형량이 필요하다는 것인데, 우리나라 학자들 가운데서도 이러한 견해를 받아들이는 경향이 늘고 있다.

생각건대, 헌법이 지방자치를 보장한 것은 지방자치의 본질적 내용을 영속화하겠다는 헌법의지를 드러낸 것이며 입법권자도, 다시 말해 법률에 의해서도 이를 침해하거나 훼손할 수 없다는 규범적 효력을 부여함으로써 그러한 헌법의지를 담보한 것이라고 이해된다. 그런 뜻에서 이를 반드시 독일에서 유래된 제도적 보장 이론의 틀에 맞춰 설명해야 할 필요는 없지만, 우리 헌법의 정신을 이해함에 있어 제도적 보장 이론의 일부 요소들 또는 그와 유사한 법리적 관점들을 선택적으로 수용할 수는 있을 것이다. 헌법이 지방자치제도의 본질적 내용들을 보장하고 있다는 것은 엄연한 사실이기 때문이다. 이러한 관점에서 우리 헌법상 지방자치의 보장을 제도적 보장으로 이해한다고 해서, 기본권보장은 최대한의 보장인데 비해 제도적 보장은 '최소한의 보장'이라고 하여 '최소한'의 의미를 강조할 필요는 없다고 생각한다. '최소한의 보장'이란 다름 아닌 '본질적 내용' 또는 '핵심적 내용'을 말하는 것이지, 보장의 위축이나 한계화를 의미하는 것은 아니기 때문이다. 우리 헌법은 썩 지방자치 친화적이지는 않지만, 그렇다고 지방자치의 최소화나 왜소화를 용인하는 것은 아니다. 오히려 헌법이 추구하는 민주주의 원칙에 비추어 볼 때, 법률유보를 통해 지방자치의 발전과 활성화를 기대하는 것이 헌법의 정신이라 할 수 있다.

2. 지방자치제도의 헌법적 보장의 내용

지방자치에 대한 제도적 보장의 구체적 내용으로는 주로 (1) 지방자치단체의 존립 보장, (2) 지방자치제도의 객관적 보장, (3) 지방자치단체의 법적 지위 보

장, 세 가지가 거론된다.[1)]

(1) 지방자치단체의 존립의 보장

지역사단적 요소, 자기책임적 요소 그리고 권리능력의 소지 등의 특색을 갖추지 못한 지방자치단체를 설치하거나, 지방자치단체를 모두 폐지하는 것은 헌법상 허용되지 않는다. 개개 자치단체의 폐치·통합·분할·구역의 변경 등은 비례원칙을 견지하는 한 위헌이 아니다.

(2) 지방자치제도의 객관적 보장

지방자치제도의 객관적 보장은 지방자치권의 보편성(Universalität) 또는 전권한성(全權限性: Allzuständigkeit), 자기책임성, 핵심영역 보장을 포함한다.

지역적 업무에 대한 전권한성: 지방자치단체는 '지역공동체에 뿌리를 두거나 지역공동체에 특별한 관계를 가지고 당해 지역공동체에 의하여 독자적으로 수행될 수 있는 업무'에 대하여 완전한 권한을 가진다는 원칙을 말한다.[2)]

자기책임성(Eigenverantwortlichkeit): 지방자치에 있어 중요한 원리의 하나로 이해되고 있는 자기책임성은 행정의 탈집중화보다는 수직적 분권화 차원에서 이해되어야 한다. 즉 단순히 중앙정부가 독점해 온 권한을 해체 혹은 분산한다는 접근 방식보다는 중앙정부와 지방정부가 어떻게 권한을 나누고 책임을 질 것인가의 차원에서 접근해야 한다는 의미이다. 지역고권·인사고권·조직고권·조례고권·계획고권·재정고권 등이 그러한 권한·책임 분담의 영역들이다.

---

1) 이에 관하여 상세한 것은 정하중, 행정법개론, 제4판, 2010, 916-919를 참조. 한편 우리의 경우 지방자치제도의 역사적 경험이 일천한 점 등을 이유로 제도적 보장 이론의 수용에 문제가 있지만, 지방자치제도의 기능적 측면을 중시하여 지방자치를 제도적 보장으로 보는 것은 충분한 이유가 있다고 보는 입장(류지태. (2000). 「행정법신론」, 655. 서울: 신영사)도 있다.

2) 이것은 본래 독일지방자치법의 개념으로, 어떤 사안이 지역적 단체에 관한 사무에 속하는 한, 그것은 원칙적으로 기본법 제28조 제2항 제1문의 보장내용에 따라 자치단체의 임무분야에 속한다는 원칙을 말한다(Schmidt-Aßmann, Kommunalrecht, in: Ingo von Münch, Bes. VerwR, 8.Aufl., 1988, S.116; BVerfGE 52, 120).

특히 지방자치제도의 헌법적 보장은 지방자치의 본질적 내용인 핵심영역은 어떠한 경우라도 입법 기타 중앙정부의 침해로부터 보호되어야 한다는 데서 출발한다. 이러한 맥락에서, 헌법재판소는 "한마디로 국민주권의 기본원리에서 출발하여 주권의 지역적 주체로서의 주민에 의한 자기통치의 실현으로 요약할 수 있고, 이러한 지방자치의 본질적 내용인 핵심영역은 어떠한 경우라도 입법 기타 중앙정부의 침해로부터 보호되어야 한다는 것을 의미한다. 다시 말하면 중앙정부의 권력과 지방자치단체간의 권력의 수직적 분배는 서로 조화가 요청되고 그 조화과정에서 지방자치의 핵심영역은 침해되어서는 안 되는 것이므로, 이와 같은 권력분립적·지방분권적인 기능을 통하여 지역주민의 기본권 보장에도 이바지하는 것이다."라고 판시하고 있다.[1]

헌법재판소는 법령에 의한 지방자치권 본질 침해 여부가 문제된 사안에서 '헌법상 자치권의 범위는 법령에 의하여 형성되고 제한되며, 다만 법령에 의하여 이를 제한하는 것이 가능하다고 하더라도 그 제한이 불합리하여 자치권의 본질을 훼손하는 정도에 이른다면 이는 헌법에 위반된다',[2] '지방자치단체의 존재 자체를 부인하거나 각종 권한을 말살하는 것과 같이 그 본질적 내용을 침해하지 않는 한 법률에 의한 통제는 가능하다'고 판시해 왔다.[3]

(3) 지방자치단체의 법적 지위 보장

법적 지위 보장은 지방자치 침해에 대한 배제요구를 할 수 있는 권리, 지방자치 관련 중앙(국회 포함)의 결정에 대한 절차적 참여권, 침해에 대한 소송법적 권리 보장 등을 포함한다.

3. 지방자치단체의 기본권 주체성 여부

지방자치단체 또는 그 장이 기본권 주체가 될 수 있는지 문제된다. 이에 관해서 헌법재판소는 이미 분명히 부정적 입장을 표명한 바 있다. 즉 "공권력의

---

1) 헌법재판소 1998. 4. 30. 선고 96헌바62 결정.
2) 헌법재판소 2002. 10. 31. 선고 2002헌라2 결정 참조.
3) 헌법재판소 2001. 11. 29. 선고 2000헌바78 결정.

행사자인 국가, 지방자치단체나 그 기관 또는 국가조직의 일부나 공법인은 기본권의 주체가 아니라 단지 국민의 기본권을 보호 내지 실현해야 할 책임과 의무를 지는 지위에 있을 뿐이므로, 지방자치단체의 장인 이 사건 청구인은 기본권의 주체가 될 수 없다."는 것이다.[1] 이러한 입장은 헌법상 지방자치(제8장의 지방자치제도)를 제도적 보장으로 이해하면서 지방자치의 핵심영역을 보장하고 그 본질적 내용을 보호하기 위한 것이라고 보는 Carl Schmitt 관점의 제도적 보장설을 통해 그리고 그와 같은 맥락의 판례를 통해서도 뒷받침되고 있다.[2]

우리나라와 문제상황이 유사한 독일에서도 지방자치단체의 기본권주체성, 즉 기본권능력(Grundrechtsfähigkeit)은 이를 부정하는 것이 연방헌법재판소의 확립된 판례이고 통설임을 참고할 수 있다.

독일 연방헌법재판소는 판례상 대학이나 학부, 방송국, 교회 등 일정한 범위의 공법상 법인에게 예외적으로 기본권 주체성을 인정해 왔으나, 지방자치단체는 자족적이고 국가로부터 독립된 또는 그 밖에 국가로부터 분리된 기구의 일종이라 볼 수 없으므로, 그러한 예외에 해당하지 않으며,[3] 지방자치단체에게 연방과 각주의 헌법에서 자치행정권을 부여하고 있다고 하여 그런 이유에서 지방자치가 기본권에 의해 보호되는 생활영역(grundrechtsgeschützter Lebensbereich)에 속한다고 볼 수는 없다고 판시한 바 있다.[4] 즉, 연방헌법재판소에 따르면, "국가사무의 수행 영역 외에서 게마인데(Gemeinde: 독일의 기초자치단체)는 기본법 제14조 제1항 제1문에 따른 기본권(재산권: 역주)의 귀속주체가 될 없다: 게마인데는 '비고권적 활동'(nicht-hoheitliche Tätigkeit)을 수행하는 경우에도 '기본권에 전형적인 위험상황'("grundrech-

1) 헌법재판소 2014. 6. 26. 선고 2013헌바122 결정(행정심판법 제49조 제1항 위헌소원).
2) 헌법재판소 1994. 4. 28. 선고 91헌바15 등 결정(구 지방공무원법 제2조 제3항 제2호 나목 등 위헌소원심판, 국가안전기획부직원법 제22조 등에 대한 헌법소원심판); 헌법재판소 1997. 4. 24. 선고 95헌바48결정; 2003. 3. 27. 선고 2002헌마573 결정(지방교육자치에관한법률 제60조 등 위헌확인), 그 밖에 2002. 3. 28. 선고 2000헌마283·778 (병합)결정(지방교육자치에관한법률 제62조 제1항 위헌확인); 헌법재판소 2006. 04. 27. 선고 2005 헌마1190 결정(제주특별자치도의설치및국제자유도시조성을위한특별법안 제15조 제1항 등 위헌확인).
3) BVerfGE 45, 63 [79]; Dürig in: Maunz/Dürig/Herzog/Scholz, Grundgesetz, Art. 19 Abs. 3 Rdnr. 48을 참조.
4) BVerfGE 21, 362 [370]; 39, 302 [314]; Bethge, AöR 104 [1979], S. 265, 275, 277-279, 290.

tstypische Gefährdungslage")에 놓인다고 볼 수는 없기 때문이다.[1] 게마인데는 또한 국가적 고권행위를 통한 행정작용 영역에서도 사인처럼 "위험에 처하게 되는"("gefährdet") 것은 아니며, 따라서 그리고 그 한도에서 "기본권 보호를 필요로 하지"("grundrechtsschutzbedürftig") 않기 때문이라는 것이다."[2]

반면 바이에른주 헌법재판소는 개별 사례, 즉 바이에른주 헌법 제118조 제1항에 따른 자의금지(Willkürverbot, BV Art. 118 Abs. 1), 제103조, 158조에 따른 재산권(Eigentumsrecht, BV Art. 103, BV Art. 158)과 관련하여 게마인데도 기본권주체가 될 수 있다고 판시한 바 있으나, 이는 어디까지나 바이에른주 헌법의 기본권조항에 따른 결과에 불과하다.[3]

국내 문헌 가운데 공법상 법인인 지방자치단체도 일반 국민처럼 국가권력에 의해 침해받을 수 있고 성질상 누리기에 적합한 기본권(평등권, 재산권, 청구권적 기본권)에 대해서는 기본권 주체가 될 수 있다는 견해도 있으나,[4] 지방자치단체는 기본권의 주체가 아니라 기본권 실현 의무를 지는, 다시 말해서 기본권에 구속을 받는 행정주체이고 자치행정권이 보장되는 것이지 기본권이 보장되는 것은 아니라는 것이 지배적인 견해이다.[5]

이렇게 볼 때, 일반적으로 지방자치단체 또는 그 장이 기본권 주체가 될 수 없다는 것은 위에서 본 우리나라 헌법재판소의 판례에 비추어 명백하다고 볼 수 있고, 또한 독일 연방헌법재판소의 판례나 학설 역시 그 점을 뒷받침해 주는 비교법적 근거가 된다. 요컨대, 지방자치단체에게 헌법상 자치권이 인정되고 지방자치의 제도적 보장의 요소로서 법률로써도 그 본질적 부분을 침해할 수 없는 보호를 받는 것은 사실이지만 그렇다고 지방자치단체나 그 장에게 자치권 또는 다른 여하한 기본권이 부여된 것이라고 보기는 곤란하다.

---

1) BVerfGE 45, 63 [79].
2) BVerfG, Beschluss vom 08.07.1982 - 2 BvR 1187/80, S. 105 f.
3) Lissak, Bayerisches Kommunalrecht, 2. Aufl. 2001, Verlag C.H. Beck München, ISBN 3406478905 § 1 Rdnr. 35 mit Verweis auf BayVerfGH, Beschluss vom 13.7.1976 - Vf 2/VII/74 - BayVBl. 1976, 622 = VerfGH 29, 105/123 f.
4) 대표적으로 정하중, 행정법개론, 2013. 제7판, 942; 이기우 · 하승수, 지방자치법, 대영문화사, 2007, 57 등.
5) 대표적으로 홍정선, 신지방자치법(제3판), 2015, 98; 류지태 · 박종수, 행정법신론, 2011, 박영사, 829 등.

CHAPTER 제 2 절

지방자치법의 법원

지방자치에 관한 현행법은 헌법을 정점으로 하여 지방자치법과 분야별 법률들로 구성되어 있다. 분야별 법률로는 공직선거법, 지방재정법, 「공유재산 및 물품관리법」, 지방공무원법, 지방공기업법, 「지방교육자치에 관한 법률」과 주민투표법, 「주민소환에 관한 법률」이 있으며, 별도로 「서울특별시 행정특례에 관한 법률」, 「제주특별자치도 설치 및 국제자유도시조성을 위한 특별법」 등을 꼽을 수 있다. 그 밖에 지방재정법과 밀접한 관계를 지닌 지방세법과 지방교부세법, 지방교육재정교부금법이 시행되고 있다.

지방자치법은 지방자치단체의 조직과 운영에 관한 기본적인 사항을 규정한 법률이다. 지방자치법은 오랜 우여곡절을 겪고 2021년 1월 12일 전부 개정되어 1년 뒤인 2022년 1월 13일부터 시행될 예정이다. 지방자치법 전부개정 법률은 새로운 시대에 걸맞은 주민중심의 지방자치를 구현하고 지방자치단체의 자율성 강화와 이에 따른 투명성 및 책임성을 확보한다는 취지에서 지방자치단체의 기관구성 다양화, 정보공개 등 주민의 권리 강화, 주민 감사청구 제도의 개선 등 현저한 법제개선을 가져왔다. 그 주요 내용은 아래 표에서 보는 바와 같다.

지방자치법 전부개정안 주요 내용

	분 야	현 행		개 정
주민주권 구현	주민조례발안제 도입	단체장에게 조례안 제정, 개·폐 청구	➡	의회에 조례안을 제정, 개·폐 청구
	주민감사 청구인 수 하향 조정	50만 이상 대도시 300명 시·군·구 200명	➡	50만 이상 대도시 200명 시·군·구 150명
	자치단체 기관구성 다양화	기관대립형 (단체장-지방의회)	➡	주민투표 거쳐 구성 변경 가능

	특례시 및 자치단체 특례 부여	규정 없음	➡	-100만 이상은 특례시 -행정수요 등 고려해 행안부 장관이 시·군·구에 특례 부여
자치권 확대	정책지원 전문인력 도입	규정 없음	➡	의원정수 2분의 1범위에서 운영 가능
	지방의회 책임성 확보	-윤리특위 설치 임의규정 -윤리심사자문위 설치 미규정	➡	-윤리특위설치의무화 -민간위원으로 구성된 윤리심사 자문위 설치, 의견청취 의무화
책임성·투명성 제고	지방의원 겸직금지 명확화	겸직금지 개념 불명확	➡	-겸직금지대상 구체화 -겸직신고 내용 공개 의무화

• 자료: 행정안전부

지방자치법은 총 12장, 211 조항으로 구성되어 있다. 지방자치법은 헌법과 정부조직법, 국회법, 「국정감사 및 조사에 관한 법률」 등 국가의 조직과 운영에 관한 법률들이 규정하는 사항과 유사한 내용을 지방자치 수준에서 규율하고 있기 때문에 그 해석·적용상 그와 같은 규정들을 참고할 필요가 있다. 지방자치법은 지방재정에 관한 통칙적 규정들을 포함하고 있어 지방재정법과 지방공기업법 등에 대한 관계에서 실질적인 기본법 구실을 하고 있다. 한편, 지방분권과 지방행정체제 개편을 종합적·체계적·계획적으로 추진하기 위한 「지방분권 및 지방행정체제개편에 관한 특별법」(약칭: 지방분권법)[1]과, 지방자치단체의 재정·회계에 관한 기본원칙을 규정한 지방재정법에서 공유재산관리 등에 관한 규정들을 따로 떼어 낸 「공유재산 및 물품관리법」이 제정되어 시행되고 있다.

아울러 지방자치의 법원으로 빼놓을 수 없는 것으로 「지방자치단체의 행정기구와 정원기준 등에 관한 규정」(대통령령 제27713호), 조례, 규칙 등 자치법규와, 판례법과 행정법의 일반원칙을 들 수 있다. 상세한 설명은 생략한다.

1) 「지방분권 및 지방행정체제개편에 관한 특별법」은 종전의 「지방분권촉진에 관한 특별법」과 「지방행정체제 개편에 관한 특별법」을 통폐합하여 2013년 5월 28일 제정되었다(법률 제11829호).

CHAPTER 제 3 절

지방자치단체의 법적 지위와 종류

Ⅰ. 지방자치단체의 법적 지위

지방자치법은 지방자치단체의 법적 지위를 법인으로 정하고 있다(§ 3 ①). 따라서 지방자치단체는 국가와 별도의 독립적인 법적 지위를 누리게 된다.

특별시, 광역시, 도, 특별자치도("시 · 도")는 정부의 직할(直轄)로 두고, 시는 도의 관할 구역 안에, 군은 광역시, 특별자치시나 도의 관할 구역 안에 두며, 자치구는 특별시와 광역시의 관할 구역 안에 두도록 되어 있다(§ 3 ②).

특별시 · 광역시 또는 특별자치시가 아닌 인구 50만 이상의 시에는 자치구가 아닌 구를 둘 수 있고, 군에는 읍 · 면을 두며, 시와 구(자치구 포함)에는 동을, 읍 · 면에는 리를 둔다(§ 3 ③).

제10조제2항에 따라 설치된 시에는 도시의 형태를 갖춘 지역에는 동을, 그 밖의 지역에는 읍 · 면을 두되, 자치구가 아닌 구를 둘 경우에는 그 구에 읍 · 면 · 동을 둘 수 있다(§ 3 ④).

Ⅱ. 지방자치단체의 종류

지방자치단체는 보통지방자치단체와 특별지방자치단체로 나뉘는데, 보통지방자치단체는 다시 상급지방자치단체 또는 광역자치단체라 불리는, 특별시, 광역시, 도, 특별자치도와 하급지방자치단체 또는 기초자치단체라 불리는, 시, 군, 구 두 가지 종류로 구분된다(§ 2 ①). 지방자치단체인 구, 즉 자치구는 특별시와 광역시의 관할 구역 안의 구만을 말하며, 자치구의 자치권의 범위는 법령으로 정하는 바에 따라 시 · 군과 다르게 할 수 있다(§ 2 ②). 특별지방자치단체는 보통지방자치단체 외에 특정한 목적을 수행하기 위하여 필요한 경우 따로 설치된다(§ 2 ③ 제1문)가 있다. '특별지방자치단체'의 설치 등에 관하여는 제12장(§§ 199~211)에서 정하는 바에 따른다. 종래에는 광역행정수요에 효과적으로 대응할 수 있도록 특별지방자치단체의 설치 근거는 있으나, 구체적인 규정이 없어 특별지방자치단체를 설치·운영할 수 없는 문제가 있었다. 이에 2021년의 개정법률은 특별지방자치단체의 설치 근거를 마련하였다. 이에 따라 특별지방자치단체는 법인으로 하고, 특별지방자치단체 설치 시 상호협의에 따른 규약을 정하여 행정안전부장관의 승인을 받도록 하며, 특별지방자치단체의 지방의회와 집행기관의 조직·운영 등은 규약으로 정하도록 하였다. 이로써 특별지방자치단체 설치·운영과 관련한 세부 규율이 마련되었다.

제 2 장

지방자치단체의 구성요소

◆ Section ◆

CHAPTER

제 1 절 개 설

국가의 구성요소를 국민, 영토, 주권으로 보는 것처럼 지방자치단체의 구성요소도 이를 주민, 구역, 자치권으로 보는 것이 일반적이다.

CHAPTER

제 2 절 주 민

Ⅰ. 주민의 의의

지방자치법상 주민이란 '지방자치단체의 구역 안에 주소를 가진 자'를 말한다(§ 16). 자연인·법인 여부, 연령, 성별, 행위능력, 국적을 가리지 않는다. 외국인도 주민이 될 수 있으나 참정권 등 권리가 제한될 수 있다. 공직선거법은 영주 외국인에게 선거권을 인정한다(§ 15 ② 제3호).

주소는 민법 제18조 제1항에서 '생활의 근거되는 곳'으로 정의되어 있다. 법인의 주소는 그 주된 사무소 또는 본점의 소재지에 있는 것으로 한다(민법 § 36, 회사법인의 경우 상법 § 171). 그런데 주민등록법은 "다른 법률에 특별한 규정이 없으면 이 법에 따른 주민등록지를 공법 관계에서의 주소로 한다."고 규정하고 있어(주민등록법 § 23 ①), 그 한도 내에서 공법관계에서의 자연인의 주소는 원칙적으로 주민등록지가 된다. 자연인인 주민은 그 지방자치단체의 구역 안에 주민등록을 한 자를 말하며, 법인의 경우에는 지방자치단체의 구역 안에 그 주된 사무소 또는 본점의 소재지를 둔 법인이 된다(주민등록법 § 23 ①, 민법 § 36, 상법 § 171).

특별시, 광역시, 도, 특별자치도 중 중층구조를 가진 광역자치단체의 주민은 각각 광역자치단체인 시·도의 주민과 기초자치단체인 시·군·구 주민의 지위를 동시에 보유하는 이중적 지위를 가진다. 특별자치도 중 제주자치도의 경우 지방자치법 제2조제1항 및 제3조제2항의 규정에 불구하고 관할구역 안에 지방자치단체인 시와 군을 두지 아니하므로(「제주특별자치도 설치 및 국제자유도시 조성을 위한 특별법」("「제주자치도특별법」") § 15 ①), 그 주민 또한 특별자치도 주민이라는 단일한 법적 지위를 가진다. 주민은 국민의 지위를 함께 가지므로 3중적 지위를 가진다. 주민의 자격은 사망, 소속 지방자치단체 밖으로의 주소

이동 등의 사유로 상실된다.

Ⅱ. 지방자치에 있어 주민의 역할: 주민참여의 문제

지방자치가 민주정치의 요체이며 현대의 다원적 복합사회가 요구하는 정치적 다원주의를 실현시키기 위한 제도적 장치로서 지방의 공동관심사를 자율적으로 처결함과 동시에 주민의 자치 역량을 배양하여 국민주권주의와 자유민주주의 이념구현에 이바지함을 목적으로 하는 제도라면,[1] 지방자치에서 주민이 차지하는 위상과 역할은 가히 중추적(pivotal)이다. 따라서 풀뿌리민주주의의 주체인 주민의 지위와 역할을 법적으로 보장하는 것이야말로 지방자치의 핵심적 성공조건이 된다: 지방자치는 민주주의 최고의 학교이며 그 성공을 위한 최선의 보장이다.[2]

주민의 참여는 간접민주주의의 공백을 보완하고, 책임행정을 확보하여 지방자치행정의 독선화를 방지하며, 자발적 참여를 통해 지역사회에서의 사회적 합의를 이룸으로써 결과적으로 사회적 거래비용을 낮추고 행정의 효율성을 제고하는 수단이 된다. 주민참여는 선거와 주민투표, 조례 제정・개폐청구, 감사청구, 주민소송, 주민소환 등 다양한 형태로 이루어진다.

주민의 권리를 행사하기 위해서는 지방자치 관련 정보에 대한 접근이 보장되어 있어야 한다. 이미 정보공개법 등 관계법령에 따라 정보공개가 이루어지고 있지만, 지방자치 수준에서의 정보공개는 주민의 권리 행사를 위한 토대라는 점에서 그 중요성이 두드러진다. 이러한 배경에서 2021년의 개정법률은 지방자치단체에게 지방의회의 의정활동 등의 정보를 주민에게 공개하도록 하고, 행정안전부장관은 이 법 또는 다른 법령에 따라 공개된 지방자치정보를 체계적으로 수집하고 주민에게 제공하기 위한 정보공개시스템을 구축・운영할 수 있도록 하였다(§ 26).

---

1) 헌법재판소 1998. 4. 30. 선고 96헌바62 결정; 1991. 3. 11. 선고 91헌마21 결정; 1995. 10. 26. 선고 94헌마242 결정 등.

2) James Bryce, *Modern Democracies*, vol. 1, 1923, 133.

Ⅲ. 주민의 권리와 의무

1. 개 설

지방자치단체의 주민은 주로 지방자치법에 따라 일정한 범위 내에서 권리를 가지고 의무를 지게 된다. 주민의 권리와 의무는 주민투표법 등 그 밖의 관계 법령에 따라 주어지거나 부과되기도 한다.

한편, 「제주자치도특별법」은 주민의 권리에 관하여 주민투표, 조례제정·개폐청구, 주민소환 등에 관한 특례를 규정하고 있다.

2. 주민의 권리

주민의 권리는 크게 참정권, 수익권 그리고 직접청구권으로 나눌 수 있다. 2021년 1월 12일의 개정법률은 새로운 시대에 걸맞은 주민중심의 지방자치를 구현하려는 취지로 주민의 권리를 강화하였다.

참정권은 정책결정·집행에 참여할 권리와 지방선거에 참여할 권리를 말한다. 수익권은 법령으로 정하는 바에 따라 소속 지방자치단체의 재산과 공공시설을 이용하고 그 지방자치단체로부터 균등하게 행정의 혜택을 받을 권리를 말한다(§ 17 ②).

주민은 그 밖에도 주민투표권(§ 18), 조례 제정·개폐 청구권(§ 19), 지방자치단체 규칙 제정 및 개정·폐지 의견 제출권(§ 20), 감사청구권(§ 21), 주민소송 제기권(§ 22), 주민소환권(§ 25), 지방의회에 청원할 권리(§§ 85-88) 등 소위 '주민직접청구제도'에 따른 권리를 가진다.

2.1. 참정권

참정권은 문자 그대로 정치적 참여의 권리를 의미하지만, 종래 대의제 민주주의의 원칙에 따라 주로 선거권과 피선거권으로 이루어지는 선거참여권을 의미하는 것으로 이해되어 왔다. 그러나 진정한 지방자치의 구현을 위해 주민이 직접 적극적으로 나설 수 있도록 해야 한다는 취지에서 주민직접청구제가 도입되었고, 특히 2021년 1월 12일의 법개정으로 정책결정·집행에 참여할 권리가 명문화됨에 따라 그 의미 영역이 확대되었다. 정책결정·집행 참여권은 당연히 참정권의 영역에 속한다. 또한 주민투표의 경우 주민에게 과도한 부담을 주거나 중대한 영향을 미치는 지방자치단체의 주요 정책을 주민투표에 부의하여 결정하도록 한다는 점에서 정치적 참여의 의미를 가지며, 그런 뜻에서 주민투표에 참여할 권리 역시 넓은 의미의 참정권에 속한다고 볼 수 있다.

2.1.1. 정책결정·집행 참여권

앞서 지적한 바와 같이 2021년의 개정법은 주민에게 법령으로 정하는 바에 따라 주민생활에 영향을 미치는 지방자치단체의 정책의 결정 및 집행 과정에 참여할 권리를 부여하였다(§ 17 ①). 구체적으로 '지방자치단체의 정책의 결정 및 집행 과정에 참여할 권리'가 무엇을 의미하는지, 이 조항을 근거로 주민이 어떠한 권리를 행사할 수 있는지는 분명치 않지만, 향후 다양한 방식의 정책 참여가 활성화될 수 있는 법적 거점이 될 것으로 기대된다.

한편, 최근 대법원은 국가나 지방자치단체가 공익사업을 시행하는 과정에서 관련 법령에서 정한 주민의견 수렴절차를 거치지 않은 경우 주민들이 행정절차 참여권 등 침해를 이유로 지방자치단체에게 손해배상을 청구한 사건에서 다음과 같은 이유를 들어 청구를 기각한 바 있다.

<주민의 행정절차 참여권 침해에 따른 지자체의 손해배상 책임 유무>

국가나 지방자치단체가 공익사업을 시행하는 과정에서 해당 사업부지 인근 주민들은 의견제출을 통한 행정절차 참여 등 법령에서 정하는 절차적 권리를 행사하여 환경권이나 재산권 등 사적 이익을 보호할 기회를 가질 수 있다. 그러나 법령에서 주민들의 행정절차 참여에 관하여 정하는 것은 어디까지나 주민들에게 자신의 의사와 이익을 반영할 기회를 보장하고 행정의 공정성, 투명성과 신뢰성을 확보하며 국민의 권익을 보호하기 위한 것일 뿐, 행정절차에 참여할 권리 그 자체가 사적 권리로서의 성질을 가지는 것은 아니다. 이와 같이

행정절차는 그 자체가 독립적으로 의미를 가지는 것이라기보다는 행정의 공정성과 적정성을 보장하는 공법적 수단으로서의 의미가 크므로, 관련 행정처분의 성립이나 무효·취소 여부 등을 따지지 않은 채 주민들이 일시적으로 행정절차에 참여할 권리를 침해받았다는 사정만으로 곧바로 국가나 지방자치단체가 주민들에게 정신적 손해에 대한 배상의무를 부담한다고 단정할 수 없다.

이와 같은 행정절차상 권리의 성격이나 내용 등에 비추어 볼 때, 국가나 지방자치단체가 행정절차를 진행하는 과정에서 주민들의 의견제출 등 절차적 권리를 보장하지 않은 위법이 있다고 하더라도 그 후 이를 시정하여 절차를 다시 진행한 경우, 종국적으로 행정처분 단계까지 이르지 않거나 처분을 직권으로 취소하거나 철회한 경우, 행정소송을 통하여 처분이 취소되거나 처분의 무효를 확인하는 판결이 확정된 경우 등에는 주민들이 절차적 권리의 행사를 통하여 환경권이나 재산권 등 사적 이익을 보호하려던 목적이 실질적으로 달성된 것이므로 특별한 사정이 없는 한 절차적 권리 침해로 인한 정신적 고통에 대한 배상은 인정되지 않는다. 다만 이러한 조치로도 주민들의 절차적 권리 침해로 인한 정신적 고통이 여전히 남아 있다고 볼 특별한 사정이 있는 경우에 국가나 지방자치단체는 그 정신적 고통으로 인한 손해를 배상할 책임이 있다. 이때 특별한 사정이 있다는 사실에 대한 주장·증명책임은 이를 청구하는 주민들에게 있고, 특별한 사정이 있는지는 주민들에게 행정절차 참여권을 보장하는 취지, 행정절차 참여권이 침해된 경위와 정도, 해당 행정절차 대상사업의 시행경과 등을 종합적으로 고려해서 판단해야 한다.1)

1) 대법원 2021. 7. 29. 선고 2015다221668판결((기) (가) 파기환송(일부)). 원고는 지방자치단체가 설치·운영하는 폐기물 매립장 인근에 거주하는 주민으로서, 지방자치단체가 폐기물 매립장을 설치하면서 관련 법령에서 정한 입지선정위원회 구성 등 주민의견 수렴절차를 거치지 않은 채 관련 서류를 위조하여 폐기물 매립장을 설치하였고 그 폐기물 매립장을 부실하게 운영하여 원고의 행정절차 참여권, 환경권 등을 침해하였음을 이유로 손해배상을 청구하였다. 원심법원은 이러한 원고의 청구를 인용했으나, 대법원은 이 사건 폐기물 매립장 인근 주민들은 피고의 위법행위로 정신적 고통을 입었고, 관련 행정처분의 무효가 확인되었더라도 주민들의 정신적 고통이 여전히 남아 있다고 볼 특별한 사정을 인정할 여지가 있으나, 피고의 불법행위로 정신적 고통을 입게 된 사람들은 적어도 입지선정결정 과정에 참여할 수 있었는데 그 기회를 박탈당한 사람들로서 위 불법행위시점 당시 이 사건 폐기물 매립장 주변영향지역에 거주하였던 사람들로 한정된다고 봄이 타당하며, 따라서 특별한 사정의 존재 여부에 앞서 원고가 관련 행정절차가 진행될 당시 인근지역 주민이었는지 여부가 심리·판단되지 않았는데도 피고의 손해배상책임을 인정한 원심판결에 법리오해와 심리미진의 잘못이 있다고 판시, 파기환송하였다.

2.1.2. 지방선거 참여권

주민은 '참정권' 즉 법령으로 정하는 바에 따라 그 지방자치단체에서 실시하는 지방의회 의원과 지방자치단체의 장의 선거, 즉 지방선거에 참여할 권리를 가진다(§ 17 ③). '지방선거에 참여할 권리'는 그 지방자치단체에서 실시하는 지방선거에서의 선거권과 피선거권을 말한다.

참정권의 내용은 공직선거법에서 정하고 있다. 외국인의 참정권에 관하여 공직선거법은 영주 외국인에게 선거권을 인정한다(공직선거법 § 15 ② iii).

공직선거법에 따르면 19세 이상으로서 제37조제1항에 따른 선거인명부작성기준일 현재 다음 각 호의 어느 하나에 해당하는 사람은 그 구역에서 선거하는 지방자치단체의 의회의원 및 장의 선거권이 있다(공직선거법 § 15 ②).

1. 「주민등록법」 제6조제1항제1호 또는 제2호에 해당하는 사람으로서 해당 지방자치단체의 관할구역에 주민등록이 되어 있는 사람[1]
2. 「주민등록법」 제6조제1항제3호에 해당하는 사람으로서 주민등록표에 3개월 이상 계속하여 올라있고 해당 지방자치단체의 관할구역에 주민등록이 되어 있는 사람
3. 「출입국관리법」 제10조에 따른 영주의 체류자격 취득일 후 3년이 경과한 외국인으로서 같은 법 제34조에 따라 해당 지방자치단체의 외국인등록대장에 올라 있는 사람

선거일 현재 계속하여 60일 이상(공무로 외국에 파견되어 선거일전 60일후에 귀국한 자는 선거인명부작성기준일부터 계속하여 선거일까지) 해당 지방자치단체의 관할구역에 주민등록이 되어 있는 주민으로서 25세 이상의 국민은 그 지방의회의원 및 지방자치단체의 장의 피선거권이 있다.[2] 60일의 기간은 그 지방자

1) 선거인명부 등재, 부재자 신고와 지방선거의 선거권·피선거권 행사의 요건으로 주민등록을 요구함으로써 주민등록을 할 수 없는 재외국민의 참정권 행사를 제한하는 구 「공직선거 및 선거부정 방지법」 제15조 제2항 등에 대하여 헌법재판소가 헌법불합치 결정(2007. 6. 28. 선고 2004헌마644 결정 등)을 함에 따라 재외국민도 일정한 요건하에서 선거권을 행사할 수 있도록 개정된 것이다. 헌법재판소 2007.06.28. 선고 2004헌마644결정(공직선거및선거부정방지법 제15조 제2항 등 위헌확인 등)을 참조.

2) 이 경우 지방자치단체의 사무소 소재지가 다른 지방자치단체의 관할 구역에 있어 해당 지

치단체의 설치·폐지·분할·합병 또는 구역변경(제28조 각 호의 어느 하나에 따른 구역변경을 포함한다)에 의하여 중단되지 아니한다(§ 16 ③).

2.2. 수익권

주민은 법령으로 정하는 바에 따라 소속 지방자치단체의 재산과 공공시설을 이용할 권리와 그 지방자치단체로부터 균등하게 행정의 혜택을 받을 권리를 가진다(§ 17 ②). 이는 생존배려의 관점에서 주민에게 인정되는 필수적인 권리이다.

2.2.1. 재산·공공시설 이용권

(1) 이용권의 대상

① 재 산

재산이란 현금 외의 모든 재산적 가치가 있는 물건 및 권리를 말한다(§ 159 ①). 재산과 공공시설을 동일한 의미로 보거나 입법론상 재산 개념을 삭제해야 한다는 등 논란이 있으나, 지방자치법은 양자를 별개의 개념으로 사용하고 있다(§§ 17, 153, 159).

② 공공시설

공공시설이란 주민의 복지를 증진하기 위하여 설치, 관리되는 시설로서(§ 161 ①) 주민의 이용에 제공되는 것을 말한다. 공물, 영조물(시립대학교 등), 공기업(서울지하철공사) 등이 이에 해당하며, 공원, 상하수도 시설, 장묘시설, 학교, 극장, 강당, 박물관, 운동시설, 공영주차장, 공립병원, 공설양로원 등이 대표적인 예이다.

지방자치단체의 도로망의 경우, 견해가 대립하지만, 도로는 일반사용에 제공되는 공물로서 도로법상 귀속주체에 관계없이 누구에게나 그 이용권이 인정된다는 점에서 공공시설에 해당하지 아니 한다고 본다.

방자치단체의 장의 주민등록이 다른 지방자치단체의 관할 구역에 있게 된 때에는 해당 지방자치단체의 관할 구역에 주민등록이 되어 있는 것으로 본다(§ 16 ④).

공공시설의 조직 형태나 소유권의 소재는 가리지 아니 한다. 공공시설의 조직형태로는 지방자치단체 직영방식, 법인형태 또는 위탁경영방식이 있을 수 있다.

(2) 이용권의 주체

① 주민과 주민이 아닌 자

공공시설이용권은 주민의 권리이다. 주민인 이상 자연인, 법인, 국적을 불문한다. 주민이 아닌 자에게는 지방자치단체의 재산이나 공공시설의 이용이 제한될 수도 있다.

② 토지소유자

지방자치자체의 주민은 아니지만, 그 구역 안에 토지나 영업소를 가진 자는 그 토지나 영업소와 관련되는 범위 안에서 그 지방자치단체의 주민과 유사한 공공시설이용권을 가진다.

③ 행사참가자

주민이 아닌 자가 지방자치단체의 행사에 참가하는 경우, 참가를 초청받은 것으로 이해되는 범위 안에서는 그 지방자치단체의 주민과 동일한 권리를 가질 수 있다.

(3) 이용권의 범위와 한계

① 이용권의 범위

공공시설이용권의 범위와 한계는 근거법령이나 공용개시행위를 통해 설정된다. 이용관계의 한 내용으로 공공시설 이용 수수료의 납부가 요구되는 경우도 있다. 공공시설이용권에 따른 이용관계의 법적 성질은 각각 그 근거법령과 이용대상 시설의 특성 등에 따라 구체적으로 판단해야 할 것이다. 가령 「공유재산 및 물품 관리법」에 의한 행정재산의 목적외 사용은 허가를 받아야 하는데(§ 20 ①), 그에 따른 이용관계는 허가제, 사용료 징수시 행정상 강제징수 인정, 처분의 형식에 의한 허가의 취소·철회 등의 이유에서 이를 공법관계로 보는 것이 통설과 판례의 태도이다. 반면 일반재산(잡종재산)의 대부행위는 특별한 사정이 없는 한 사법상 계약이며 그에 의해 형성된 이용관계도 사법관계로 보아야 할 것이다.

② 이용권의 한계

ⓐ 법적 한계

이용권의 한계는 법령, 예컨대 하천법, 「도시공원 및 녹지등에 관한 법률」, 하수도법, 「초·중등교육법」, 지방공기업법, 지방재정법, 그리고 공공시설에 관한 조례·규칙 등에 의해 주어진다.

ⓑ 목적상 한계

주민은 공공시설의 목적에 적합한 범위 안에서만 이용권을 가진다.

ⓒ 사실상 한계

주민의 공공시설이용권은 공공시설의 수용능력, 정원 등 사실상 여건에 따라 제한될 수밖에 없다. 공공시설의 이용신청자의 수가 그 수용능력을 상회할 경우, 해당 지방자치단체는 그 시설의 목적, 평등의 원칙 등을 고려하여 합리적 기준에 따라 선착순, 이용시간이나 횟수의 제한, 추첨 등의 방식으로 그 허용순위를 정해야 할 것이다.

⑷ 유지·관리 또는 위험방지를 위한 제한

공공시설의 유지·관리를 위해 또는 위험방지를 위해 주민의 공공시설이용을 제한해야 하는 경우가 생긴다. 이러한 경우는 사실상 한계라고 볼 수도 있다.

⑸ 이용형태

이용형태로는 공물의 사용과 마찬가지로 일반사용(보통사용), 허가사용, 특허사용, 관습상 사용, 계약사용 등을 들 수 있다.

⑹ 이용요금

지방자치단체는 공공시설의 이용 또는 재산의 사용에 대하여 사용료를 징수할 수 있다(§§ 153, 156).

(7) 이용관계에서의 권익구제

공공시설 이용관계에서 손해가 발생한 경우 일률적으로 판단하기는 곤란하지만, 그 이용관계가 사법관계이면 민법상 불법행위로 인한 손해배상책임을, 공법관계이면 국가배상법상 손해배상책임을 추궁할 수 있을 것이다. 공공시설 이용과 관련된 처분이 있는 경우에는 이에 대한 행정쟁송을 제기할 수 있음은 물론이다.

2.2.2. 균등한 행정혜택을 받을 권리

주민은 지방자치단체로부터 균등하게 행정의 혜택을 받을 권리를 가진다. 행정의 혜택이란 공공시설이용권을 제외한 그 밖의 모든 행정작용에 따른 혜택을 말한다. 균등한 혜택이란 평등원칙에 따른 혜택을 뜻하는 것으로 해석된다.

2.3. 주민직접청구제도 등에 따른 권리

2.3.1. 주민직접청구제

지방자치제 실시 이후 지방자치단체, 특히 그 장의 권한 확대에 비해 상대적으로 미흡했던 책임 확보 장치를 강화하기 위해 도입된 주민참여수단으로서, 단체장에게 집중된 권력을 견제하는데 주민에게 감사청구, 자치입법에 관한 요구 등 직접청구권을 부여함으로써 주민참여의 계기를 활용하려는 아이디어에서 나온 제도이다. 주민투표, 조례 제정·개폐 청구, 감사청구, 주민소송, 주민소환 등이 있다. 진정한 지방자치를 이루려면 무엇보다도 주민이 직접 적극적으로 나서야 한다는 것이 주민직접청구제의 모토라 할 수 있다.[1)]

2.3.2. 주민투표

주민투표는 지방자치단체의 주요 현안에 대한 주민참여를 보장하는 동시에

1) 이에 관해서는 홍준형, "지방자치법상 주민직접청구제도의 도입", 자치행정 1998.11을 참조.

정책 추진과정에서 주민의견 수렴이 이루어지도록 한다는 점에서 대의제 보완의 의미를 가지는 제도이다. 지방자치법은 지방자치단체의 장에게 주민에게 과도한 부담을 주거나 중대한 영향을 미치는 지방자치단체의 주요 결정사항 등에 대한 주민투표 부의권을 부여하고 있다(§ 18 ①). 주민투표의 대상·발의자·발의요건, 그 밖에 투표절차 등에 관한 사항은 따로 법률로 정하도록 되어 있고(§ 18 ②), 이에 따라 「주민투표법」이 제정되어 시행되고 있다.

2.3.3. 조례의 제정과 개폐 청구

(1) 의 의

조례 제정·개폐 청구제도는 주민감사청구제도와 함께 대표적인 주민직접청구제도에 해당한다. 이것은 1999년 8월 31일 지방자치법개정법률(법률 제6003호)에서 일본 지방자치법상 주민직접청구제도를 모델로 삼아 도입된 제도로서, 주민에게 조례제정·개폐청구권을 부여함으로써 자치입법에 대한 주민참여의 통로를 마련해 주고 자치입법이 더욱 더 잘 민의를 구현할 수 있도록 하려는데 그 취지가 있다.

> 시행실태를 보면 2000년 시행 후 2015년까지 총219건 청구되었고, 원안의결·수정의결 등 가결 114건(52%), 부결 27건(12.3%), 각하철회·폐기 72건(32.%), 진행중 6건(2.7%)으로 나타났다. 2003-2005년간 학교급식지원조례 관련 청구가 급증했으나, 2006년부터 청구건수가 급감하고 있다.[1)]

<청구 내용별 현황>

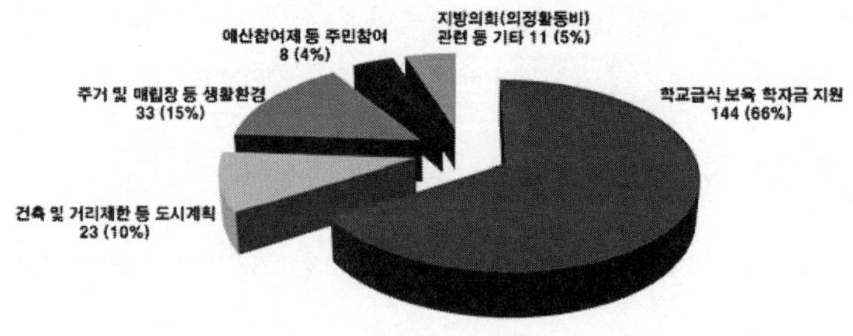

1) http://www.moi.go.kr/cmm/fms/FileDown.do?atchFileId=FILE_000000000049983&fileSn=0.

(2) 청구권자

지방자치법은 주민에게 지방자치단체의 장에게 조례를 제정하거나 개정하거나 폐지할 것을 청구할 수 있는 권리를 부여하고 있다(§ 19 ①).

조례의 제정·개정 또는 폐지 청구의 청구권자·청구대상·청구요건 및 절차 등에 관한 사항은 따로 법률로 정한다(§ 19 ②).

(3) 청구의 범위

조례 제정·개폐 청구의 대상은 조례입법권자가 가지는 입법형성의 자유에 상응하여 매우 광범위하며 원칙적으로 제한이 없다.

다만, 구 지방자치법은 제도 남용의 우려를 감안하여 다음 사항을 청구의 대상에서 제외한다는 명문의 규정을 두고 있었다(§ 15 ②).

1. 법령을 위반하는 사항
2. 지방세·사용료·수수료·부담금의 부과·징수 또는 감면에 관한 사항
3. 행정기구를 설치하거나 변경하는 것에 관한 사항이나 공공시설의 설치를 반대하는 사항

이하 별도로 제정될 법률에 규정될 사항이기는 하지만, 종래 구 지방자치법에 따른 제도의 개요를 소개하면 다음과 같다.

종래에는 19세 이상의 주민으로서 다음 어느 하나에 해당하는 사람(「공직선거법」 제18조에 따른 선거권이 없는 자는 제외한다. 이를 "19세 이상의 주민"이라 한다.)에게 권리를 부여하고 있었으나, 2021년의 개정법률 제19조 제2항에서 별도의 법률로 정하도록 하였다.

1. 해당 지방자치단체의 관할 구역에 주민등록이 되어 있는 사람
2. 「재외동포의 출입국과 법적 지위에 관한 법률」 제6조제1항에 따라 해당 지방자치단체의 국내거소신고인명부에 올라 있는 국민
3. 「출입국관리법」 제10조에 따른 영주의 체류자격 취득일 후 3년이 경과한 외국인으로서 같은 법 제34조에 따라 해당 지방자치단체의 외국인등록대장에 올라 있는 사람

그 수적 요건은 조례로 정하게 되어 있었고, 지방자치단체의 종류와 규모에

따라 그 범위가 차등화되었다. 즉, 시·도와 제175조에 따른 인구 50만 이상 대도시에서는 19세 이상 주민 총수의 100분의 1 이상 70분의 1 이하, 시·군 및 자치구에서는 19세 이상 주민 총수의 50분의 1 이상 20분의 1 이하의 범위에서 지방자치단체의 조례로 정하는 19세 이상의 주민 수 이상의 연서(連署)로 해당 지방자치단체의 장에게 조례를 제정하거나 개정하거나 폐지할 것을 청구할 수 있게 되어 있었다(구 법 § 15 ①). 19세 이상의 주민 총수는 전년도 12월 31일 현재의 주민등록표 및 재외국민국내거소신고표, 외국인등록표에 의하여 산정하도록 되어 있었다(구 법 § 15 ⑩).

지방자치단체의 19세 이상의 주민이 조례를 제정하거나 개정하거나 폐지할 것을 청구하려면 청구인의 대표자를 선정하여 청구인명부에 적어야 하며, 청구인의 대표자는 조례의 제정안·개정안 및 폐지안(이하 "주민청구조례안"이라 한다)을 작성하여 제출하여야 한다(구 법 § 15 ③).

지방자치단체의 장은 청구를 받으면 청구를 받은 날부터 5일 이내에 그 내용을 공표하여야 하며, 청구를 공표한 날부터 10일간 청구인명부나 그 사본을 공개된 장소에 갖추어두어 열람할 수 있도록 하여야 한다(구 법 § 15 ④).

청구인명부의 서명에 관하여 이의가 있는 자는 10일의 열람기간에 해당 지방자치단체의 장에게 이의를 신청할 수 있고(구 법 § 15 ⑤), 그 경우 지방자치단체의 장은 열람기간이 끝난 날부터 14일 이내에 심사·결정하되, 그 신청이 이유 있다고 결정한 때에는 청구인명부를 수정하고, 이를 이의신청을 한 자와 제3항에 따른 청구인의 대표자에게 알려야 하며, 그 이의신청이 이유 없다고 결정한 때에는 그 뜻을 즉시 이의신청을 한 자에게 알려야 한다(구 법 § 15 ⑥).

지방자치단체의 장은 이의신청이 없는 경우 또는 제기된 모든 이의신청에 대하여 제6항에 따른 결정이 끝난 경우 법 제15조 제1항 및 제2항에 따른 요건을 갖춘 때에는 청구를 수리하고, 그러하지 아니한 때에는 청구를 각하하되, 수리 또는 각하 사실을 청구인의 대표자에게 알려야 한다(구 법 § 15 ⑦).

지방자치단체의 장은 청구를 각하하려면 청구인의 대표자에게 의견을 제출할 기회를 주어야 한다(구 법 § 15 ⑧).

지방자치단체의 장은 법 제15조 제7항에 따라 청구를 수리한 날부터 60일 이내에 주민청구조례안을 지방의회에 부의하여야 하며, 그 결과를 청구인의 대표자에게 알려야 한다(구 법 § 15 ⑨).

조례의 제정·개정 및 폐지 청구에 관하여 그 밖에 필요한 사항은 대통령령으로 정한다(구 법 § 15 ⑪).

지방자치단체의 장은 제15조에 따라 청구된 주민청구조례안에 대하여 의견이 있으면 제15조제9항에 따라 주민청구조례안을 지방의회에 부의할 때 그 의견을 첨부할 수 있고(구 법 § 15의2 ①), 지방의회는 심사 안건으로 부쳐진 주민청구조례안을 의결하기 전에 청구인의 대표자를 회의에 참석시켜 그 청구취지(청구인의 대표자와의 질의·답변을 포함한다)를 들을 수 있다(구 법 § 15의2 ②). 주민청구조례안의 심사절차에 관하여 필요한 사항은 지방의회 회의규칙으로 정한다(구 법 § 15의2 ③).

2.3.4. 규칙 제정 및 개정·폐지에 관한 의견의 제출

2021년의 개정법은 지방자치단체 규칙에 대해서도 주민에게 그 제정 및 개정·폐지에 관한 의견을 제출할 수 있는 권리를 부여하였다(§ 20). 종래 지방자치단체의 규칙이 상위법령이나 조례의 위임에 따라 주민의 권리·의무에 영향을 미치는 경우가 발생함에도 규칙에 대한 주민의 제정 및 개정·폐지 의견 제출에 대한 처리가 미흡한 측면이 있었다. 이에 2021년의 개정법률은 주민에게 권리·의무와 직접 관련되는 규칙에 대한 제정 및 개정·폐지 의견을 지방자치단체의 장에게 제출할 수 있도록 하고, 지방자치단체의 장은 제출된 의견에 대하여 그 의견이 제출된 날부터 30일 이내에 검토 결과를 통보하도록 하였다.

2.3.5. 주민의 감사청구

(1) 의 의

주민감사청구제도는 1999년 8월 31일의 지방자치법개정법률에서 앞서 본 조례제정·개폐청구제도와 함께 도입된 주민감사청구제도를 승계한 것이다.[1)] 지방자치법은 이를 주민의 권리로 보장하고 있다. 2021년의 개정법률은 주민

1) 주민감사청구제도는 일본 지방자치법 제212조의 주민감사청구제도와 명칭은 같지만, 내용과 절차에서는 일본 지방자치법 제75조의 사무감사청구제도에 상응하는 제도이다.

의 감사청구 제도가 주민의 권익침해에 대한 실질적인 구제 수단으로 운영되도록 하기 위하여 감사청구 연령 기준을 낮추고 요건을 완화하는 등 주민 감사청구 제도를 개선하였다.

(2) 청구권자와 상대방

감사청구 연령 기준을 종전의 19세에서 18세로 낮추고, 청구주민 수 기준을 시·도의 경우 종전의 '500명 이내에서 조례로 정하는 수'에서 '300명 이내에서 조례로 정하는 수'로 낮추는 등 주민 감사청구 요건을 완화하였다(§ 21 ①). 법 제21조 제1항에 따르면, 지방자치단체의 18세 이상의 주민으로서 다음 어느 하나에 해당하는 사람(「공직선거법」 제18조에 따른 선거권이 없는 사람은 제외한다. 이하 이 조에서 "18세 이상의 주민"이라 한다)은 시·도는 300명, 제198조에 따른 인구 50만 이상 대도시는 200명, 그 밖의 시·군 및 자치구는 150명 이내에서 그 지방자치단체의 조례로 정하는 수 이상의 18세 이상의 주민이 연대 서명하여 그 지방자치단체와 그 장의 권한에 속하는 사무의 처리가 법령에 위반되거나 공익을 현저히 해친다고 인정되면 시·도의 경우에는 주무부장관에게, 시·군 및 자치구의 경우에는 시·도지사에게 감사를 청구할 수 있다.

1. 해당 지방자치단체의 관할 구역에 주민등록이 되어 있는 사람
2. 「출입국관리법」 제10조에 따른 영주(永住)할 수 있는 체류자격 취득일 후 3년이 경과한 외국인으로서 같은 법 제34조에 따라 해당 지방자치단체의 외국인등록대장에 올라 있는 사람

주민의 감사청구의 상대방은 당해 지자체가 아니라 감독청이다. 즉, 시·도에서는 주무부장관에게, 시·군 및 자치구에서는 시·도지사에게 감사를 청구할 수 있다.

(3) 청구의 요건

청구의 사유와 관련하여 법은 그 지방자치단체와 그 장의 권한에 속하는 사

무의 처리가 법령에 위반되거나 공익을 현저히 해친다고 인정되면 감사를 청구할 수 있도록 하고 있다(§ 21 ① 본문). 다만, 다음 각 호의 어느 하나에 해당하는 사항은 감사청구의 대상에서 제외한다(§ 21 ① 단서).

1. 수사나 재판에 관여하게 되는 사항
2. 개인의 사생활을 침해할 우려가 있는 사항
3. 다른 기관에서 감사하였거나 감사 중인 사항. 다만, 다른 기관에서 감사한 사항이라도 새로운 사항이 발견되거나 중요 사항이 감사에서 누락된 경우와 제22조제1항에 따라 주민소송의 대상이 되는 경우에는 그러하지 아니하다.
4. 동일한 사항에 대하여 제22조제2항 각 호의 어느 하나에 해당하는 소송이 진행 중이거나 그 판결이 확정된 사항

2021년의 개정법률은 주민 감사청구의 실효성을 높일 수 있도록 주민 감사청구를 사무처리가 있었던 날이나 끝난 날부터 2년 이내에 제기하도록 하던 것을 3년 이내에 제기할 수 있도록 하여 제기기간을 연장하였다(§ 21 ③).

(4) 청구의 절차와 효과

지방자치단체의 18세 이상의 주민이 감사를 청구하려면 청구인의 대표자를 선정하여 청구인명부에 적어야 하며, 청구인의 대표자는 감사청구서를 작성하여 주무부장관 또는 시·도지사에게 제출하여야 한다(§ 21 ④).

주무부장관이나 시·도지사는 청구를 받으면 청구를 받은 날부터 5일 이내에 그 내용을 공표하여야 하며, 청구를 공표한 날부터 10일간 청구인명부나 그 사본을 공개된 장소에 갖추어 두어 열람할 수 있도록 하여야 한다(§ 21 ⑤). 청구인명부의 서명에 관하여 이의가 있는 사람은 제5항에 따른 열람기간에 해당 주무부장관이나 시·도지사에게 이의를 신청할 수 있다(§ 21 ⑥).

주무부장관이나 시·도지사는 이의신청을 받으면 제5항에 따른 열람기간이 끝난 날부터 14일 이내에 심사·결정하되, 그 신청이 이유 있다고 결정한 경우에는 청구인명부를 수정하고, 그 사실을 이의신청을 한 사람과 제4항에 따른 청구인의 대표자에게 알려야 하며, 그 이의신청이 이유 없다고 결정한 경

우에는 그 사실을 즉시 이의신청을 한 사람에게 알려야 한다(§ 21 ⑦).

이의신청이 없는 경우 또는 제6항에 따라 제기된 모든 이의신청에 대하여 제7항에 따른 결정이 끝난 경우로서 제1항부터 제3항까지의 규정에 따른 요건을 갖춘 경우에는 청구를 수리하고, 그러하지 아니한 경우에는 청구를 각하하되, 수리 또는 각하 사실을 청구인의 대표자에게 알려야 한다(§ 21 ⑧).

주무부장관이나 시·도지사는 감사 청구를 수리한 날부터 60일 이내에 감사 청구된 사항에 대하여 감사를 끝내야 하며, 감사 결과를 청구인의 대표자와 해당 지방자치단체의 장에게 서면으로 알리고, 공표하여야 한다(§ 21 ⑨ 본문). 다만, 그 기간에 감사를 끝내기가 어려운 정당한 사유가 있으면 그 기간을 연장할 수 있으며, 기간을 연장할 때에는 미리 청구인의 대표자와 해당 지방자치단체의 장에게 알리고, 공표하여야 한다(§ 21 ⑨ 단서).

주무부장관이나 시·도지사는 주민이 감사를 청구한 사항이 다른 기관에서 이미 감사한 사항이거나 감사 중인 사항이면 그 기관에서 실시한 감사 결과 또는 감사 중인 사실과 감사가 끝난 후 그 결과를 알리겠다는 사실을 청구인의 대표자와 해당 기관에 지체 없이 알려야 한다(§ 21 ⑩).

주무부장관이나 시·도지사는 주민 감사청구를 처리할 때(각하를 포함한다) 청구인의 대표자에게 반드시 증거 제출 및 의견 진술의 기회를 주어야 한다(§ 21 ⑪).

주무부장관이나 시·도지사는 제9항에 따른 감사결과에 따라 기간을 정하여 해당 지방자치단체의 장에게 필요한 조치를 요구할 수 있다(§ 21 ⑫ 제1문). 이 경우 그 지방자치단체의 장은 이를 성실히 이행하여야 하고 그 조치결과를 지방의회와 주무부장관 또는 시·도지사에게 보고하여야 한다(§ 21 ⑫ 제2문).

주무부장관이나 시·도지사는 제6항에 따른 조치요구내용과 지방자치단체의 장의 조치 결과를 청구인의 대표자에게 서면으로 알리고, 공표하여야 한다(§ 21 ⑬).

그 밖에 18세 이상의 주민의 감사청구에 관하여 필요한 사항은 대통령령으로 정한다(§ 21 ⑭).

2.3.6. 주민소송

(1) 의 의

지방자치법은 주민감사청구제도의 실효성을 담보하기 위하여 주민소송제도를 도입하고 있다. 법은 지방자치단체의 재정에 관한 사항에 대하여 감사청구한 주민에게 감사결과와 관련한 위법행위나 해태사실에 대하여 당해 지방자치단체의 장을 상대로 소송을 제기할 수 있는 권리를 부여하고 있다.

(2) 제소권자 · 전치요건

제소권자는 주민이다. 법 제21조제1항에 따라 공금 지출에 관한 사항, 재산의 취득 · 관리 · 처분에 관한 사항, 해당 지방자치단체를 당사자로 하는 매매 · 임차 · 도급 계약이나 그 밖의 계약 체결 · 이행에 관한 사항 또는 지방세 · 사용료 · 수수료 · 과태료 등 공금의 부과 · 징수를 게을리한 사항을 감사청구한 주민이 제소권을 가진다.

주민이 위와 같은 사항을 감사 청구한 경우 제소권을 가지도록 되어 있으므로 주민감사청구가 주민소송의 전치 요건이 된다. 감사청구에 대하여 위법한 각하결정이 있는 경우 그 각하결정 자체를 별도의 항고소송으로 다투지 않고서도 직접 주민소송을 제기할 수 있는지 문제되는데 대법원은 이를 긍정한다. 주민소송의 제도적 취지에 비추어 타당하다고 본다.

< 감사기관의 위법한 각하결정과 '주민감사청구 전치 요건' >

지방자치법 제17조 제1항은 주민감사를 청구한 주민에 한하여 주민소송을 제기할 수 있도록 하여 '주민감사청구 전치'를 주민소송의 소송요건으로 규정하고 있으므로, 주민감사청구 전치 요건을 충족하였는지 여부는 주민소송의 수소법원이 직권으로 조사하여 판단하여야 한다. 주민소송이 주민감사청구 전치 요건을 충족하였다고 하려면 주민감사청구가 지방자치법 제16조에서 정한 적법요건을 모두 갖추고, 나아가 지방자치법 제17조 제1항 각 호에서 정한 사유에도 해당하여야 한다. 지방자치법 제17조 제1항 제2호에 정한 '감사결과'에는 감사기관이 주민감사청구를 수리하여 일정한 조사를 거친 후 주민감사청구사

항의 실체에 관하여 본안판단을 하는 내용의 결정을 하는 경우뿐만 아니라, 감사기관이 주민감사청구가 부적법하다고 오인하여 위법한 각하결정을 하는 경우까지 포함한다. 주민감사청구가 지방자치법에서 정한 적법요건을 모두 갖추었음에도, 감사기관이 해당 주민감사청구가 부적법하다고 오인하여 더 나아가 구체적인 조사·판단을 하지 않은 채 각하하는 결정을 한 경우에는, 감사청구한 주민은 위법한 각하결정 자체를 별도의 항고소송으로 다툴 필요 없이, 지방자치법이 규정한 다음 단계의 권리구제절차인 주민소송을 제기할 수 있다고 보아야 한다.1)

제소사유는 다음 어느 하나에 해당하는 경우 그 감사청구한 사항과 관련이 있는 위법한 행위나 업무를 게을리 한 사실에 대하여, 해당 지방자치단체의 장(해당 사항의 사무처리에 관한 권한을 소속 기관의 장에 위임한 경우 그 소속 기관의 장)을 상대방으로 소송을 제기할 수 있다(§ 22 ①).

이 소송에 관하여는 이 법에 규정된 것 외에는 행정소송법에 따른다(§ 22 ⑱).

1. 주무부장관이나 시·도지사가 감사청구를 수리한 날부터 60일(제21조제9항 단서에 따라 감사기간이 연장된 경우에는 연장기간이 끝난 날을 말한다)이 지나도 감사를 끝내지 아니한 경우
2. 제21조제9항 및 제10항에 따른 감사결과 또는 제16조제6항에 따른 조치요구에 불복하는 경우
3. 제21조제12항에 따른 주무부장관이나 시·도지사의 조치요구를 지방자치단체의 장이 이행하지 아니한 경우
4. 제21조제12항에 따른 지방자치단체의 장의 이행 조치에 불복하는 경우

1) 대법원 2020. 6. 25. 선고 2018두67251 판결. 감사기관이 감사청구가 주민감사청구의 적법요건을 모두 갖추고 있음에도 불구하고 동법 제16조 제1항을 근거로 이 사건 각하결정을 한 사안에서, '해당 사무의 처리가 법령에 위반되거나 공익을 현저히 해친다고 인정되는지 여부'는 감사기관이 본안 전 단계에서 검토·판단하여야 할 주민감사청구의 적법요건이 아니라 주민감사청구사항의 실체에 관하여 본안에서 판단하여야 할 사항이므로, 이 사건 각하결정은 위법하고, 원고들은 위법한 이 사건 각하결정에도 불구하고 곧바로 주민소송을 제기할 수 있다고 하면서, 원심판결을 파기한 사례.

< 지방자치법에서 주민소송 대상으로 정한 '공금의 지출에 관한 사항' >

[1] 구 지방자치법(2007. 5. 11. 법률 제8423호로 전부 개정되기 전의 것, 이하 '구 지방자치법'이라 한다) 제13조의4 제1항, 제13조의5 제1항, 제2항 제4호, 구 지방재정법(2006. 10. 4. 법률 제8050호로 개정되기 전의 것) 제67조 제1항, 제69조, 제70조의 내용, 형식 및 취지 등을 종합해 보면, 구 지방자치법 제13조의5 제1항에 규정된 주민소송의 대상으로서 '공금의 지출에 관한 사항'이란 지출원인행위 즉, 지방자치단체의 지출원인이 되는 계약 그 밖의 행위로서 당해 행위에 의하여 지방자치단체가 지출의무를 부담하는 예산집행의 최초 행위와 그에 따른 지급명령 및 지출 등에 한정되고, 특별한 사정이 없는 한 이러한 지출원인행위 등에 선행하여 그러한 지출원인행위를 수반하게 하는 당해 지방자치단체의 장 및 직원, 지방의회 의원의 결정 등과 같은 행위는 포함되지 않는다고 보아야 한다.

[2] 구 지방자치법(2007. 5. 11. 법률 제8423호로 전부 개정되기 전의 것) 제13조의5 제1항에 규정된 주민소송의 대상인 '공금의 지출에 관한 사항'에는 지출원인행위에 선행하는 당해 지방자치단체의 장 및 직원, 지방의회 의원의 결정 등과 같은 행위가 포함되지 않으므로 선행행위에 위법사유가 존재하더라도 이는 주민소송의 대상이 되지 않는다. 그러나 지출원인행위 등을 하는 행정기관이 선행행위의 행정기관과 동일하거나 선행행위에 대한 취소·정지권을 갖는 경우 지출원인행위 등을 하는 행정기관은 지방자치단체에 직접적으로 지출의무를 부담하게 하는 지출원인행위 단계에서 선행행위의 타당성 또는 재정상 합리성을 다시 심사할 의무가 있는 점, 이러한 심사를 통하여 선행행위가 현저하게 합리성을 결하고 있다는 것을 확인하여 이를 시정할 수 있었음에도 그에 따른 지출원인행위 등을 그대로 진행하는 것은 부당한 공금 지출이 되어 지방재정의 건전하고 적정한 운용에 반하는 점, 지출원인행위 자체에 고유한 위법이 있는 경우뿐만 아니라 선행행위에 간과할 수 없는 하자가 존재하고 있음에도 이에 따른 지출원인행위 등 단계에서 심사 및 시정의무를 소홀히 한 경우에도 당해 지출원인행위를 위법하다고 보아야 하는 점 등에 비추어 보면, 선행행위가 현저하게 합리성을 결하여 그 때문에 지방재정의 적정성 확보라는 관점에서 지나칠 수 없는 하자가 존재하는 경우에는 지출원인행위 단계에서 선행행위를 심사하여 이를 시정해야 할 회계관계 법규상 의무가 있다고 보아야 한다. 따라서 이러한 하자를 간과하여 그대로 지출원인행위 및 그에

따른 지급명령·지출 등 행위에 나아간 경우에는 그러한 지출원인행위 등 자체가 회계관계 법규에 반하여 위법하다고 보아야 하고, 이러한 위법사유가 존재하는지를 판단할 때에는 선행행위와 지출원인행위의 관계, 지출원인행위 당시 선행행위가 위법하여 직권으로 취소하여야 할 사정이 있었는지 여부, 지출원인행위 등을 한 당해 지방자치단체의 장 및 직원 등이 선행행위의 위법성을 명백히 인식하였거나 이를 인식할 만한 충분한 객관적인 사정이 존재하여 선행행위를 시정할 수 있었는지 등을 종합적으로 고려해야 한다.

[3] 시장 갑이 도시개발에 따른 교통난을 해소하기 위해 도로확장공사계획을 수립하고, 건설회사와 공사도급계약을 체결하여 공정을 마무리하였으나 해당 도로가 군용항공기지법 제8조에 반하여 비행안전구역에 개설되었다는 이유로 개통이 취소되자, 주민 을 등이 갑을 비롯한 시청 소속 공무원들이 도로 개설 사업을 강행함으로써 예산을 낭비하였다며 구 지방자치법(2007. 5. 11. 법률 제8423호로 전부 개정되기 전의 것, 이하 '구 지방자치법'이라 한다) 제13조의4에 따른 주민감사청구를 한 후 시장을 상대로 구 지방자치법 제13조의5 제2항 제4호에 따라 갑에게 손해배상청구를 할 것을 요구하는 소송을 제기한 사안에서, 선행행위인 도로확장계획 등에 일부 위법사유가 존재하더라도 현저하게 합리성을 결하여 지출원인행위인 공사도급계약 체결에 지나칠 수 없는 하자가 있다고 보기 어렵고, 공사도급계약 체결 단계에서 선행행위를 다시 심사하여 이를 시정해야 할 회계관계 법규상 의무를 위반하여 그대로 지출원인행위 등으로 나아간 경우에 해당한다고 보기 어렵다는 이유로, 을 등의 청구를 배척한 원심의 결론을 정당하다고 한 사례.1)

(3) 주민이 제기할 수 있는 소송

주민이 제기할 수 있는 소송은 다음과 같이 열거되어 있다(§ 22 ②).

1. 해당 행위를 계속하면 회복하기 곤란한 손해를 발생시킬 우려가 있는 경우에는 그 행위의 전부나 일부를 중지할 것을 요구하는 소송
2. 행정처분인 해당 행위의 취소 또는 변경을 요구하거나 그 행위의 효력 유무 또는 존재 여부의 확인을 요구하는 소송

---

1) 대법원 2011. 12. 22. 선고 2009두14309 판결(손해배상청구).

3. 게을리한 사실의 위법 확인을 요구하는 소송
4. 해당 지방자치단체의 장 및 직원, 지방의회의원, 해당 행위와 관련이 있는 상대방에게 손해배상청구 또는 부당이득반환청구를 할 것을 요구하는 소송. 다만, 그 지방자치단체의 직원이 「회계관계 직원 등의 책임에 관한 법률」 제4조에 따른 변상책임을 져야 하는 경우에는 변상명령을 할 것을 요구하는 소송을 말한다.

제2항제1호의 중지청구소송은 해당 행위를 중지할 경우 생명이나 신체에 중대한 위해가 생길 우려가 있거나 그 밖에 공공복리를 현저하게 저해할 우려가 있으면 제기할 수 없다(§ 22 ③).

대법원은 구 지방자치법 제17조 제1항에서 주민소송의 대상으로 규정한 '재산의 취득·관리·처분에 관한 사항'에 해당하는지 여부는 주민이 지방자치단체의 위법한 재무회계행위의 방지 또는 시정을 구하거나 그로 인한 손해 회복 청구를 가능케 함으로써 그 재무행정의 적법성과 지방재정의 건전성 및 적정 운영을 확보하려는 주민소송 제도의 목적에 따라 판단해야 하며, 점용허가가 도로 등의 본래 기능 및 목적과 무관하게 그 사용가치를 실현·활용하기 위한 것으로 평가될 경우에는 주민소송의 대상이 되는 재산의 관리·처분에 해당한다고 판시한 바 있다.

< 주민소송의 대상 >

"주민소송 제도는 지방자치단체 주민이 지방자치단체의 위법한 재무회계행위의 방지 또는 시정을 구하거나 그로 인한 손해의 회복 청구를 요구할 수 있도록 함으로써 지방자치단체의 재무행정의 적법성과 지방재정의 건전하고 적정한 운영을 확보하려는 데 목적이 있다. 그러므로 주민소송은 원칙적으로 지방자치단체의 재무회계에 관한 사항의 처리를 직접 목적으로 하는 행위에 대하여 제기할 수 있고, 지방자치법 제17조 제1항에서 주민소송의 대상으로 규정한 '재산의 취득·관리·처분에 관한 사항'에 해당하는지도 그 기준에 의하여 판단하여야 한다. 특히 도로 등 공물이나 공공용물을 특정 사인이 배타적으로 사용하도록 하는 점용허가가 도로 등의 본래 기능 및 목적과 무관하게 그 사

용가치를 실현·활용하기 위한 것으로 평가되는 경우에는 주민소송의 대상이 되는 재산의 관리·처분에 해당한다."[1]

한편 대법원은 지방자치법 제22조 제1항에서 정한 주민소송의 대상이 되는 '공금의 부과·징수를 게을리한 사항'의 의미와 범위에 관하여 건축법상 이행강제금의 부과·징수를 게을리한 행위가 주민소송의 대상이 되는 공금의 부과·징수를 게을리한 사항에 해당한다고 판시하였다.

< 주민소송과 건축법상 이행강제금 부과의 해태 >

[1] 주민소송 제도는 주민으로 하여금 지방자치단체의 위법한 재무회계행위의 방지 또는 시정을 구할 수 있도록 함으로써 지방재무회계에 관한 행정의 적법성을 확보하려는 데 목적이 있다. 그러므로 지방자치법 제17조 제1항, 제2항 제2호, 제3호 등에 따라 주민소송의 대상이 되는 '재산의 관리·처분에 관한 사항'이나 '공금의 부과·징수를 게을리한 사항'이란 지방자치단체의 소유에 속하는 재산의 가치를 유지·보전 또는 실현함을 직접 목적으로 하는 행위 또는 그와 관련된 공금의 부과·징수를 게을리한 행위를 말하고, 그 밖에 재무회계와 관련이 없는 행위는 그것이 지방자치단체의 재정에 어떤 영향을 미친다고 하더라도, 주민소송의 대상이 되는 '재산의 관리·처분에 관한 사항' 또는 '공금의 부과·징수를 게을리한 사항'에 해당하지 않는다.

[2] 이행강제금은 지방자치단체의 재정수입을 구성하는 재원 중 하나로서 '지방세외수입금의 징수 등에 관한 법률'에서 이행강제금의 효율적인 징수 등에 필요한 사항을 특별히 규정하는 등 그 부과·징수를 재무회계 관점에서도 규율하고 있으므로, 이행강제금의 부과·징수를 게을리한 행위는 주민소송의 대상이 되는 공금의 부과·징수를 게을리한 사항에 해당한다.

[3] 지방자치법 제17조 제1항, 제2항 제3호의 주민소송 요건인 위법하게 공금의 부과·징수를 게을리한 사실이 인정되기 위해서는 전제로서, 관련 법령상의 요건이 갖추어져 지방자치단체의 집행기관 등의 공금에 대한 부과·징수가 가능하여야 한다.[2]

1) 대법원 2016. 5. 27. 선고 2014두8490 판결(도로점용허가처분무효확인등).
2) 대법원 2015. 9. 10. 선고 2013두16746 판결(행정부작위위법).

지방자치법 제22조 제2항이 규정한 주민소송 중 '행정처분인 해당 행위의 취소 또는 변경을 요구하거나 그 행위의 효력 유무 또는 존재 여부의 확인을 요구하는 소송'의 경우, 그 위법성 심사 기준이 지방재정에 손실을 초래하였는지 여부에 한정되지 않는다는 것이 대법원의 판례이다. 최근 대법원은 서울특별시 서초구청장의 도로점용허가처분에 대하여 서초구 주민들이 제기한 주민소송에서 다음과 같이 판시하여 주목을 끌었다.

1. 주민소송에서 다툼의 대상이 된 처분의 위법성은 행정소송법상 항고소송에서와 마찬가지로 헌법, 법률, 그 하위의 법규명령, 법의 일반원칙 등 객관적 법질서를 구성하는 모든 법규범에 위반되는지 여부를 기준으로 판단하여야 하는 것이지, 해당 처분으로 인하여 지방자치단체의 재정에 손실이 발생하였는지만을 기준으로 판단할 것은 아니다.
2. 구 도로법(2010. 3. 22. 법률 제10156호로 개정되기 전의 것, 이하 '구 도로법'이라 한다) 제38조, 구 도로법 시행령(2012. 11. 27. 대통령령 제24205호로 개정되기 전의 것, 이하 '구 도로법 시행령'이라 한다) 제28조 제5항 각호, 그리고 도로점용허가의 대상이 되는 공작물 또는 시설의 구조 기준을 정한 구 도로법 시행령 〔별표 1의2〕의 내용과 체계에다가 공유재산 및 물품관리법과 도로법의 관계 등을 종합하면, 도로법령은 구 공유재산 및 물품관리법(2010. 2. 4. 법률 제10006호로 개정되기 전의 것, 이하 '구 공유재산법'이라 한다) 제13조에 대한 특별 규정이므로, 도로의 점용에 관해서는 위 도로법령의 규정들이 우선적으로 적용되고 구 공유재산법 제13조는 적용되지 않는다고 보아야 한다.
3. 원심은 예배당, 성가대실, 방송실과 같은 지하구조물 설치를 통한 지하의 점유는 원상회복이 쉽지 않을 뿐 아니라 유지·관리·안전에 상당한 위험과 책임이 수반되고, 이러한 형태의 점용을 허가하여 줄 경우 향후 유사한 내용의 도로점용허가신청을 거부하기 어려워져 도로의 지하 부분이 무분별하게 사용되어 공중안전에 대한 위해가 발생할 우려가 있으며, 이 사건 도로 지하 부분이 교회 건물의 일부로 사실상 영구적·전속적으로 사용되게 됨으로써 도로 주변의 상황 변화에 탄력적·능동적으로 대처할 수 없게 된다는 등의 사정을 들어, 이 사건 도로점용허가가 비례·형평의 원칙을

위반하였다고 판단하고, 특별계획구역 내의 도로점용허가에는 행정계획의 입안·결정과 마찬가지로 폭넓은 계획재량이 인정된다는 피고의 주장을 배척하였다. 원심판결 이유를 관련 법리 및 기록에 비추어 보면, 위와 같은 원심의 판단에 상고이유 주장과 같이 재량권 일탈·남용이나 계획재량 등에 관한 법리를 오해한 잘못이 없다.[1)]

제1호부터 제3호까지의 주민소송은 해당 지방자치단체의 장을 상대방으로 하여 위법한 재무회계행위의 방지, 시정 또는 확인 등을 직접적으로 구하는 것인 데 반하여, 제4호 주민소송은 감사청구한 사항과 관련이 있는 위법한 행위나 업무를 게을리한 사실에 대하여 지방자치단체의 장 및 직원, 지방의회의원, 해당 행위와 관련이 있는 상대방에게 손해배상청구, 부당이득반환청구, 변상명령 등을 할 것을 요구하는 소송이다.

주민소송은 원칙적으로 지방자치단체의 재무회계에 관한 사항의 처리를 직접 목적으로 하는 행위에 대하여 제기할 수 있고, 지방자치법 제22조 제1항에서 주민소송의 대상으로 규정한 '재산의 취득·관리·처분에 관한 사항', '해당 지방자치단체를 당사자로 하는 계약의 체결·이행에 관한 사항' 등에 해당하는지 여부도 그 기준에 의하여 판단하여야 하며, 주민소송의 대상은 주민감사를 청구한 사항과 관련이 있는 것으로 충분하고, 주민감사를 청구한 사항과 반드시 동일할 필요는 없다는 것이 대법원의 판례이다. 지방자치법 제22조 제2항 제4호 주민소송의 대상 판단 기준과 그에 따른 손해배상청구소송에서 상대방 공무원의 경과실 면책 여부가 다투어진 용인경전철사업 주민소송에서 대법원은 다음과 같이 판시한 바 있다.

< 제4호 주민소송의 대상과 주민소송에 따른 손해배상청구시 공무원 경과실 면책여부 >

1. 주민감사청구가 '지방자치단체와 그 장의 권한에 속하는 사무의 처리'를 대상으로 데 반하여, 주민소송은 '그 감사청구한 사항과 관련이 있는 위법한

1) 대법원 2019. 10. 17. 선고 2018두104 판결(도로점용허가처분무효확인등 (차) 상고기각).

행위나 업무를 게을리한 사실'에 대하여 제기할 수 있는 것이므로, 주민소송의 대상은 주민감사를 청구한 사항과 관련이 있는 것으로 충분하고, 주민감사를 청구한 사항과 반드시 동일할 필요는 없다. 주민감사를 청구한 사항과 관련성이 있는지 여부는 주민감사청구사항의 기초인 사회적 사실관계와 기본적인 점에서 동일한지 여부에 따라 결정되는 것이며 그로부터 파생되거나 후속하여 발생하는 행위나 사실은 주민감사청구사항과 관련이 있다고 보아야 한다.

지방자치법 제17조 제2항 제1호부터 제3호까지의 주민소송은 해당 지방자치단체의 장을 상대방으로 하여 위법한 재무회계행위의 방지, 시정 또는 확인 등을 직접적으로 구하는 것인데 반하여, 제4호 주민소송은 감사청구한 사항과 관련이 있는 위법한 행위나 업무를 게을리 한 사실에 대하여 지방자치단체의 장 및 직원, 지방의회의원, 해당 행위와 관련이 있는 상대방(이하 '상대방'이라고 통칭한다)에게 손해배상청구, 부당이득반환청구, 변상명령 등을 할 것을 요구하는 소송이다. 따라서 제4호 주민소송 판결이 확정되면 지방자치단체의 장인 피고는 상대방에 대하여 그 판결에 따라 결정된 손해배상금이나 부당이득반환금의 지불 등을 청구할 의무가 있으므로, 제4호 주민소송을 제기하는 자는 상대방, 재무회계행위의 내용, 감사청구와의 관련성, 상대방에게 요구할 손해배상금 내지 부당이득금 등을 특정하여야 한다.

2. 지방자치단체의 장은 제4호 주민소송에 따라 손해배상청구나 부당이득반환청구를 명하는 판결 또는 회계직원책임법에 따른 변상명령을 명하는 판결이 확정되면 위법한 재무회계행위와 관련이 있는 상대방에게 손해배상금이나 부당이득반환금을 청구하여야 하거나 변상명령을 할 수 있다(지방자치법 제17조 제2항 제4호, 제18조 제1항, 회계직원책임법 제6조 제1항). 그리고 이에 더 나아가 상대방이 손해배상금 등의 지급을 이행하지 않으면 지방자치단체의 장은 손해배상금 등을 청구하는 소송을 제기하여야 한다(지방자치법 제18조 제2항). 이때 상대방인 지방자치단체의 장이나 공무원은 국가배상법 제2조 제2항, 회계직원책임법 제4조 제1항의 각 규정 내용 및 취지 등에 비추어 볼 때, 그 위법행위에 대하여 고의 또는 중대한 과실이 있는 경우에 제4호 주민소송의 손해배상책임을 부담하는 것으로 보아야 한다.[1)]

1) 대법원 2020. 7. 29. 선고 2017두63467 판결: 용인시 주민들로 구성된 원고들이 민간투자사업(BTO 방식)인 용인경전철 사업의 추진·실시 과정에서 용인시장 등 용인시 공무원, 민간투자사업 관련자들의 불법행위로 인하여 용인시에 손해가 발생하였다면서, 피고에게 그 관련자들을 상대로 손해배상청구 등을 할 것을 요구하는 주민소송을 제기한 사안에서, ①

(4) 관할 · 제소기간

제2항에 따른 소송은 해당 지방자치단체의 사무소 소재지를 관할하는 행정법원(행정법원이 설치되지 아니한 지역에서는 행정법원의 권한에 속하는 사건을 관할하는 지방법원본원을 말한다)의 관할로 한다(§ 22 ⑨).

제2항에 따른 소송은 다음 각호의 구분에 따른 날부터 90일 이내에 제기하여야 한다(§ 22 ④).

1. 제1항제1호의 경우: 해당 60일이 끝난 날(제21조제9항 단서에 따라 감사기간이 연장된 경우에는 연장기간이 끝난 날을 말한다)
2. 제1항제2호의 경우: 해당 감사 결과나 조치 요구 내용에 대한 통지를 받은 날
3. 제1항제3호의 경우: 해당 조치를 요구할 때에 지정한 처리기간이 끝난 날
4. 제1항제4호의 경우: 해당 이행 조치 결과에 대한 통지를 받은 날

제2항 각 호의 소송이 진행 중이면 다른 주민은 같은 사항에 대하여 별도의 소송을 제기할 수 없다(§ 22 ⑤).

(5) 소송절차 등

소송의 계속(繫屬) 중에 소송을 제기한 주민이 사망하거나 제16조에 따른 주민의 자격을 잃으면 소송절차는 중단된다(§ 22 ⑥ 전단). 소송대리인이 있는 경우에도 또한 같다(§ 22 ⑥ 후단).

소송이 중단되면 법원은 감사청구에 연대 서명한 다른 주민에게 소송절차를

원고들이 주장한 사유들을 전체적으로 포괄하여 하나의 위법한 재무회계행위로서 민사상 불법행위책임 등을 지는 행위로 볼 수 있다면 이는 주민소송의 대상에 해당하는 것으로 법원으로서는 그 위법 여부를 판단하여야 하고, ② 용인시가 한국교통연구원 등으로부터 수요예측 등의 용역보고서를 제출받는 행위가 재무회계행위에 해당하고, 그 용역업무 수행이 민사상 채무불이행이나 불법행위에 해당할 때에는 그 상대방인 한국교통연구원이나 그 연구원들에게 손해배상청구 등을 하여야 한다고 보아, 원고들이 주장한 사유들을 개별적으로 나누어 주민소송의 대상 해당 여부 등을 판단하여 그 중 일부를 부적법하다고 보거나, 한국교통연구원 등의 수요예측행위 자체를 재무회계행위에 해당하지 않는다고 본 원심판결을 파기(일부)하되, 제4호 주민소송에서의 상대방인 공무원의 주관적 책임요건으로 고의·중과실로 한정하는 것으로 본 원심의 판단은 정당하다고 본 사례

중단한 사유와 소송절차 수계방법을 지체 없이 알려야 한다(§ 22 ⑧ 제1문). 이 경우 법원은 감사청구에 적힌 주소로 통지서를 우편으로 보낼 수 있고, 우편물이 통상 도달할 수 있을 때에 감사청구에 연대 서명한 다른 주민은 제6항의 사유가 발생한 사실을 안 것으로 본다(§ 22 ⑧ 제2문).

감사 청구에 연대 서명한 다른 주민은 제6항에 따른 사유가 발생한 사실을 안 날부터 6개월 이내에 소송절차를 수계(受繼)할 수 있고, 이 기간에 수계절차가 이루어지지 않으면 그 소송절차는 종료된다(§ 22 ⑦).

해당 지방자치단체의 장은 제2항제1호부터 제3호까지의 규정에 따른 소송이 제기된 경우 그 소송 결과에 따라 권리나 이익의 침해를 받을 제3자가 있으면 그 제3자에 대하여, 제2항제4호에 따른 소송이 제기된 경우 그 직원, 지방의회의원 또는 상대방에 대하여 소송고지를 하여 줄 것을 법원에 신청하여야 한다(§ 22 ⑩).

제2항제4호에 따른 소송이 제기된 경우 지방자치단체의 장이 한 소송고지신청은 그 소송에 관한 손해배상청구권 또는 부당이득반환청구권의 시효중단에 관하여 「민법」 제168조제1호에 따른 청구로 본다(§ 22 ⑪). 이에 따른 시효중단의 효력은 그 소송이 끝난 날부터 6개월 이내에 재판상 청구, 파산절차참가, 압류 또는 가압류, 가처분을 하지 아니하면 효력이 생기지 아니한다(§ 22 ⑫).

국가, 상급 지방자치단체 및 감사청구에 연대 서명한 다른 주민과 제10항에 따라 소송고지를 받은 자는 법원에서 계속 중인 소송에 참가할 수 있다(§ 22 ⑬).

제2항에 따른 소송에서 당사자는 법원의 허가를 받지 아니하고는 소의 취하, 소송의 화해 또는 청구의 포기를 할 수 없다(§ 22 ⑭).

이 경우 법원은 허가하기 전에 감사청구에 연대 서명한 다른 주민에게 그 사실을 알려야 하며, 알린 때부터 1개월 이내에 허가 여부를 결정하여야 한다(§ 22 ⑮ 제1문). 이 경우 통지방법 등에 관하여는 제8항 후단을 준용한다(§ 22 ⑮ 제2문).

제2항에 따른 소송은 「민사소송 등 인지법」 제2조제4항에 따른 소정의 비

재산권을 목적으로 하는 소송으로 본다(§ 22 ⑯).

(6) 승소시 비용 청구

소송을 제기한 주민은 승소(일부 승소를 포함한다)한 경우 그 지방자치단체에 대하여 변호사 보수 등의 소송비용, 감사청구절차의 진행 등을 위하여 사용된 여비, 그 밖에 실제로 든 비용을 보상할 것을 청구할 수 있다(§ 22 ⑰ 제1문). 이 경우 지방자치단체는 청구된 금액의 범위에서 그 소송을 진행하는 데에 객관적으로 사용된 것으로 인정되는 금액을 지급하여야 한다(§ 22 ⑰ 제2문).

(7) 손해배상금 등의 지불청구 등

지방자치단체의 장(해당 사항의 사무처리에 관한 권한을 소속 기관의 장에게 위임한 경우에는 그 소속 기관의 장을 말한다. 이하 이 조에서 같다)은 제22조제2항제4호 본문에 따른 소송에 대하여 손해배상청구나 부당이득반환청구를 명하는 판결이 확정되면 그 판결이 확정된 날부터 60일 이내를 기한으로 하여 당사자에게 그 판결에 따라 결정된 손해배상금이나 부당이득반환금의 지불을 청구하여야 한다(§ 23 ① 본문). 다만, 손해배상금이나 부당이득반환금을 지불하여야 할 당사자가 지방자치단체의 장이면 지방의회 의장이 지불을 청구하여야 한다(§ 23 ① 단서).

이에 따라 지불청구를 받은 자가 같은 항의 기한 내에 손해배상금이나 부당이득반환금을 지불하지 아니하면 지방자치단체는 손해배상·부당이득반환의 청구를 목적으로 하는 소송을 제기하여야 한다(§ 23 ② 전단). 이 경우 그 소송의 상대방이 지방자치단체의 장이면 그 지방의회 의장이 그 지방자치단체를 대표한다(§ 23 ② 후단).

(8) 변상명령 등

지방자치단체의 장은 제22조제2항제4호 단서에 따른 소송, 즉 변상명령 요구 소송에 대하여 변상할 것을 명하는 판결이 확정되면 그 판결이 확정된 날부터 60일 이내를 기한으로 하여 당사자에게 그 판결에 따라 결정된 금액을 변상할 것을 명령하여야 한다(§ 24 ①).

이에 따라 변상할 것을 명령받은 자가 같은 항의 기한 내에 변상금을 지불하지 아니하면 지방세 체납처분의 예에 따라 징수할 수 있다(§ 24 ②).

변상명령을 받은 자가 그에 불복하는 경우 행정소송을 제기할 수 있으나(§ 24 ③ 본문), 행정심판법에 따른 행정심판청구는 제기할 수 없다(§ 24 ③ 단서).

2.3.7. 주민소환

(1) 의 의

주민소환제는 민의를 제대로 실현하지 못하는 대표를 주민이 직접 나서서 해직시킬 수 있는 제도라는 점에서 주민이 지방자치단체 장과 지방의원을 직접 견제할 수 있는 가장 강력한 수단이라 할 수 있다. 이러한 배경에서 지방자치법은 주민에게 지방자치단체 장과 지방의원을 소환할 권리를 부여하고 있다. 즉, 주민은 그 지방자치단체의 장 및 지방의회의원(비례대표 지방의회의원은 제외한다)을 소환할 권리를 가진다(§ 25 ①).

주민소환의 투표 청구권자·청구요건·절차 및 효력 등에 관하여는 따로 법률로 정하도록 되어 있고(§ 25 ②), 이에 따라 「주민소환에 관한 법률」이 제정되어 시행되고 있다.

> 주민소환제의 실적은 매우 저조한 수준에 머물고 있다. 행정안전부에 따르면 지난 2007년 주민소환제 도입 이후 2016년 6월 1일까지 81차례 소환이 추진됐지만, 투표까지 간 것은 단 8회였다. 실제 소환이 이뤄진 경우는 드물었고 2007년 37.6%의 투표율로 하남시의원 2명의 소환이 결정되어 해임된 사례가 유일하다. 나머지 81차례 중 71차례는 '미투표종결'되었고 6차례는 투표가 실시되었으나 투표율 미달로 소환이 무산되었다.[1]

(2) 주민소환의 요건

「주민소환에 관한 법률」 제7조는 "주민소환투표청구권자"를 '전년도 12월

---

1) http://www.moi.go.kr/frt/bbs/type001/commonSelectBoardArticle.do?bbsId=BBSMSTR_000000000050& nt tId=49751.

31일 현재 주민등록표 및 외국인등록표에 등록된 제3조제1항제1호 및 제2호에 해당하는 자'로 설정하고 주민소환투표의 청구요건을 정하고 있다. 이에 따르면 주민소환투표의 대상은 해당 지방자치단체의 장 및 지방의회의원(비례대표선거구시·도의회의원 및 비례대표선거구자치구·시·군의회의원은 제외하며, 이하 "선출직 지방공직자"라 한다)이고, 주민소환투표청구권자는 이들에 대하여 다음 각 호에 해당하는 주민의 서명으로 그 소환사유를 서면에 구체적으로 명시하여 관할선거관리위원회에 주민소환투표의 실시를 청구할 수 있다(주민소환법 § 7 ①).

1. 특별시장·광역시장·도지사: 그 지방자치단체의 주민소환투표청구권자 총수의 100분의 10이상
2. 시장·군수·자치구의 구청장: 당해 지방자치단체의 주민소환투표청구권자 총수의 100분의 15이상
3. 지역선거구시·도의회의원 및 지역선거구자치구·시·군의회의원: 당해 지방의회의원의 선거구 안의 주민소환투표청구권자 총수의 100분의 20이상

주민소환제가 지역간 대립의 방편으로 악용되거나 특정 지역의 영향력에 따라 좌우되지 않도록 주민소환청구에 필요한 주민수를 지방자치단체의 각 지역별로 안배할 필요가 있다. 그런 뜻에서 법은 주민소환투표의 대상에 따라 지역별로 필요한 청구권자 총수의 하한선을 설정하고 있다.

시·도지사에 대한 주민소환투표는, 당해 지방자치단체 관할구역 안의 시·군·자치구 전체의 수가 3개 이상인 경우에는 3분의 1이상의 시·군·자치구에서 각각 주민소환투표청구권자 총수의 1만분의 5이상 1천분의 10이하의 범위 안에서 대통령령이 정하는 수 이상의 서명이 필요하고, 다만, 당해 지방자치단체 관할구역 안의 시·군·자치구 전체의 수가 2개인 경우에는 각각 주민소환투표청구권자 총수의 100분의 1이상의 서명을 받아야 한다(주민소환법 § 7 ②).

시장·군수·자치구의 구청장 및 지역구지방의회의원(지역구시·도의원과 지역구자치구·시·군의원)에 대한 주민소환투표는, 당해 시장·군수·자치구의

구청장 및 당해 지역구지방의회의원 선거구 안의 읍·면·동 전체의 수가 3개 이상인 경우에는 3분의 1이상의 읍·면·동에서 각각 주민소환투표청구권자 총수의 1만분의 5이상 1천분의 10이하의 범위 안에서 대통령령이 정하는 수 이상의 서명이 필요하고, 다만, 당해 시장·군수·자치구의 구청장 및 당해 지역구지방의회의원 선거구 안의 읍·면·동 전체의 수가 2개인 경우에는 각각 주민소환투표청구권자 총수의 100분의 1이상의 서명을 받아야 한다(주민소환법 § 7 ③).

주민소환투표청구권자 총수는 전년도 12월 31일 현재의 주민등록표 및 외국인등록표에 의하여 산정하며(주민소환법 § 7 ④), 지방자치단체의 장은 매년 1월 10일까지 주민소환투표청구권자 총수를 공표하여야 한다(주민소환법 § 7 ⑤).

법은 주민소환권의 과잉 행사나 남용으로 인한 지방자치의 불안과 혼란을 막으려는 취지에서 주민소환투표에 청구제한기간을 두고 있다. 이에 따르면, 다음 각 호의 어느 하나에 해당하는 때에는 주민소환투표의 실시를 청구할 수 없다(주민소환법 § 8).

1. 선출직 지방공직자의 임기개시일부터 1년이 경과하지 아니한 때
2. 선출직 지방공직자의 임기만료일부터 1년 미만일 때
3. 해당선출직 지방공직자에 대한 주민소환투표를 실시한 날부터 1년 이내인 때

법은 주민소환권의 남용이나 편파성을 방지하기 위하여 서명요청 활동에 제한을 가하고 있다. 이에 따르면 소환청구인대표자와 서면에 의하여 소환청구인대표자로부터 서명요청권을 위임받은 자("소환청구인대표자등")는 해당선출직 지방공직자의 선거구의 전부 또는 일부에 대하여 「공직선거법」의 규정에 의한 선거가 실시되는 때에는 그 선거의 선거일전 60일부터 선거일까지 그 선거구에서 서명을 요청할 수 없다(주민소환법 § 10 ①). 법은 마찬가지 이유에서 주민소환투표권이 없는 자, 공무원, 선출직 지방공직자의 해당선거 입후보예정자, 그 가족 및 이들이 설립·운영하는 기관·단체·시설의 임·직원 등 제10

조 제2항 각호에 열거된 자들이 소환청구인대표자등이 될 수 없도록 하는 한편, 서명요청 활동을 하거나 서명요청 활동을 기획·주도하는 등 서명요청 활동에 관여하는 행위를 금지하고 있다(주민소환법 § 10 ②).

(3) 주민소환투표안의 공고와 권한정지

주민소환투표대상자는 관할선거관리위원회가 주민소환투표안을 공고한 때부터 제22조제3항의 규정에 의하여 주민소환투표결과를 공표할 때까지 그 권한행사가 정지된다(주민소환법 § 21 ①).

(4) 주민소환투표결과의 확정

주민소환은 주민소환투표권자 총수의 3분의 1이상의 투표와 유효투표 총수 과반수의 찬성으로 확정된다(주민소환법 § 22 ①). 전체 주민소환투표자의 수가 주민소환투표권자 총수의 3분의 1에 미달하는 때에는 개표를 하지 아니한다(주민소환법 § 22 ②).

주민소환이 확정된 때에는 주민소환투표대상자는 그 결과가 공표된 시점부터 그 직을 상실하며(주민소환법 § 23 ①), 그 직을 상실한 자는 그로 인하여 실시하는 이 법 또는 공직선거법에 의한 해당보궐선거에 후보자로 등록할 수 없다(주민소환법 § 23 ②).

(5) 주민소환투표소송 등

주민소환투표의 효력에 관하여 이의가 있는 해당 주민소환투표대상자 또는 주민소환투표권자(주민소환투표권자 총수의 100분의 1이상의 서명을 받아야 한다)는 주민소환투표결과가 공표된 날부터 14일 이내에 관할선거관리위원회 위원장을 피소청인으로 하여 지역구시·도의원, 지역구자치구·시·군의원 또는 시장·군수·자치구의 구청장을 대상으로 한 주민소환투표에 있어서는 특별시·광역시·도선거관리위원회에, 시·도지사를 대상으로 한 주민소환투표에 있어서는 중앙선거관리위원회에 소청할 수 있다(주민소환법 § 24 ①).

소청에 대한 결정에 관하여 불복이 있는 소청인은 관할선거관리위원회 위원장을 피고로 하여 그 결정서를 받은 날(결정서를 받지 못한 때에는 공직선거법 제

220조제1항의 규정에 의한 결정기간이 종료된 날을 말한다)부터 10일 이내에 지역구시·도의원, 지역구자치구·시·군의원 또는 시장·군수·자치구의 구청장을 대상으로 한 주민소환투표에 있어서는 그 선거구를 관할하는 고등법원에, 시·도지사를 대상으로 한 주민소환투표에 있어서는 대법원에 소를 제기할 수 있다(주민소환법 § 24 ②).

주민소환투표에 관한 소청 및 소송의 절차에 관하여는 이 법에 규정된 사항을 제외하고는 공직선거법 제219조 내지 제229조의 규정 중 지방자치단체의 장 및 지방의회의원에 관한 규정을 준용한다(주민소환법 § 24 ③).

(6) 보궐선거의 실시

주민소환투표에 관한 소청 및 소송이 제기되거나 제27조제1항의 규정에 의하여 준용되는 주민투표법 제26조의 규정에 의한 재투표가 실시되는 때에는 그 결과가 확정된 후에 보궐선거를 실시하여야 한다(주민소환법 § 25 ①).

(7) 주민소환투표관리경비

주민소환투표사무의 관리에 필요한 다음 각 호의 비용은 당해 지방자치단체가 부담하되, 소환청구인대표자 및 주민소환투표대상자가 주민소환투표운동을 위하여 지출한 비용은 각자 부담한다(주민소환법 § 26 ①).

1. 주민소환투표의 준비·관리 및 실시에 필요한 비용
2. 주민소환투표공보의 발행, 토론회 등의 개최 및 불법 주민소환투표운동의 단속에 필요한 경비
3. 주민소환투표에 관한 소청 및 소송과 관련된 경비
4. 주민소환투표결과에 대한 자료의 정리, 그 밖에 주민소환투표사무의 관리를 위한 관할선거관리위원회의 운영 및 사무처리에 필요한 경비

(8) 문제점

주민소환제는 그 도입 취지가 무색하리만큼 실효성이 떨어지고 '종이 호랑이'로 전락했다는 비판을 받고 있다. 그 원인으로는 주로 청구요건과 주민소환

투표의 확정요건이 너무 엄격하다는 점이 지목되고 있다. 반면, 주민소환제는 정파적 남용의 위험이 크고 그 결과 행정의 단절이나 혼란, 불안을 가져올 수 있다는 우려도 만만치 않다.

3. 주민의 의무

주민은 법령으로 정하는 바에 따라 소속 지방자치단체의 비용을 분담하는 의무를 진다(§ 27). 지방자치법은 비용분담의 형태로 지방세, 사용료, 수수료, 분담금 및 경비 부담 등(§§ 152-158) 등을 규정하고 있다.

주민은 그 밖에 개별 법령이나 조례 등에 따라 작위, 부작위, 급부, 수인의 의무를 진다(예: 도로법 § 47).

CHAPTER

제 3 절

지방자치단체의 명칭과 구역

Ⅰ. 지방자치단체의 명칭과 구역

1. 의 의

지방자치단체의 구역은 주민·자치권과 함께 지방자치단체의 구성요소로서 자치권을 행사할 수 있는 장소적 범위를 말하며, 자치권이 미치는 관할구역의 범위에는 육지는 물론 바다도 포함된다.[1] 지방자치단체의 명칭은 구역과 마찬가지로 전통과 역사성의 소산으로 관습법적 배경에 터잡아 형성된 것이다.

2021년 1월 12일의 지방자치법 전부개정법률은 이와 관련하여 제도와 절차를 대폭 개선하였다.

2. 구역과 명칭 결정의 원칙

지방자치법은 지방자치단체의 명칭과 구역은 종전과 같이 하고, 명칭과 구역을 바꾸거나 지방자치단체를 폐지, 설치하거나 나누거나 합칠 때에는 법률로 정한다고 규정하는 한편(§ 5 ① 본문), 지방자치단체의 관할구역 경계변경과 한자 명칭의 변경만은 대통령령으로 정하도록 위임하고 있다(§ 5 ① 단서).

지방자치법 제5조 제1항에서 말하는 '종전'이 언제를 말하는지는 불명확하지만, 역사와 전통에 따른 기존의 명칭을 그대로 인정하는 취지로 해석된다.[2]

---

1) 헌법재판소 2009. 7. 30. 선고 2005헌라2 전원재판부 결정(옹진군과 태안군 등 간의 권한쟁의).

2) 지방자치단체의 명칭과 구역, 말하자면 국토의 특정지점이 특정한 행정구역에 속하는지 공식적으로 파악할 수 있게된 것은 조선총독부에 의한 토지조사(1910~1918)와 임야조사(1916~1924)가 완료된 1920년대 지적공부 작성시부터이며, 그 경우에도 법령에 규정된 것

"현행 지방자치법 제4조 제1항은 지방자치단체의 관할구역 경계를 결정함에 있어서 '종전'에 의하도록 하고 있고, 지방자치법 제4조 제1항의 개정연혁에 비추어 보면 위 '종전'이라는 기준은 최초로 제정된 법률조항까지 순차 거슬러 올라가게 되므로 1948. 8. 15. 당시 존재하던 관할구역의 경계가 원천적인 기준이 된다. 따라서 특별한 사정이 없다면 조선총독부 육지측량부가 제작한 지형도상의 해상경계선이 그 기준이 될 것이나, 위 지형도가 현재 존재하지 않거나 위 지형도상에 해상경계선이 제대로 표시되어 있지 않더라도, 주민, 구역과 자치권을 구성요소로 하는 지방자치단체의 관할구역에 경계가 없는 부분이 있다는 것은 상정할 수 없고, 조선총독부 육지측량부가 제작한 지형도는 해방 이후 국토지리정보원이 발행한 국가기본도에 대부분 그대로 표시되었으므로, 국토지리정보원이 발행한 국가기본도(지형도) 중 1948. 8. 15.에 가장 근접한 것을 기준으로 하여 종전에 의한 해상경계선을 확인하여야 하고, 지형도상의 해상경계선이 명시적으로 표시되어 있지 않은 경우에는 행정관습법이 존재한다면 이에 의하고, 행정관습법이 성립하지 아니한 경우에는 지형도에 표시된 해상경계선에서 합리적으로 추단할 수 있는 해상경계선에 의하여야 할 것이다."1)

1. 지방자치법 제4조 제1항에 규정된 지방자치단체의 구역은 주민·자치권과 함께 지방자치단체의 구성요소로서 자치권을 행사할 수 있는 장소적 범위를 말하며, 자치권이 미치는 관할 구역의 범위에는 육지는 물론 바다도 포함되므로, 공유수면에 대한 지방자치단체의 자치권한이 존재한다.
2. 종래 특정한 지방자치단체의 관할구역에 속하던 공유수면이 매립되는 경우에도, 법률 또는 대통령령 등에 의한 경계변경이 없는 한, 그 매립지는 당해 지방자치단체의 관할구역에 편입된다.2)

이 아니고 지적관련공부에서 지번 표시로 행정구역을 명시한 것을 따른 것이어서 법보다는 사회적 관행 또는 관습법에 배경을 두고 있었다. 이에 관해서는 심현정, "지방자치단체의 관할구역변경에 관한 규정 검토", 법제, 1997년 8월, 각주 18; 조정찬, "지방자치단체의 구역과 경계분쟁 - 바다 및 공유수면매립지에 관한 분쟁을 중심으로 -", 법제, 2001.6, 19-21 등을 참조(http://www.moleg.go.kr/ knowledge/monthlyPublication에서 검색 가능).

1) 헌법재판소 2009. 7. 30. 선고 2005헌라2 전원재판부 결정(옹진군과 태안군 등 간의 권한쟁의).

2) 헌법재판소 2006. 8. 31. 선고 2003헌라1 전원재판부 결정(광양시등과 순천시등간의 권한쟁의).

한편 헌법재판소는 2021년 2월 25일 공유수면에 대한 지방자치단체의 관할구역 경계획정에 대한 주목할 만한 결정을 내렸다. 2015. 12. 24. 청구인들과 피청구인들 사이의 해역 중 일부분에 대한 관할권한이 청구인들에게 있음의 확인을 구하는 취지의 권한쟁의심판에서 헌법재판소는 재판관 전원일치 의견으로, 우측으로 국립지리원 발행의 1973년 국가기본도상의 해상경계선을 기준으로 하고, 좌측으로 주위적으로는 세존도를 기준으로 하여 등거리 중간선 원칙에 의하여 확인되는 해상경계선, 예비적으로는 갈도 또는 두미도, 노대도, 욕지도를 기준으로 하여 각 등거리 중간선 원칙에 의하여 확인되는 해상경계선 사이의 해역에 대한 관할권한이 청구인들에게 속함의 확인을 구하는 심판청구를 기각하였다.

< 공유수면에 대한 지방자치단체의 관할구역 경계획정 원리 >

[1] 공유수면에 대한 지방자치단체의 관할구역 경계획정은 이에 관한 명시적인 법령상의 규정이 존재한다면 그에 따르고, 명시적인 법령상의 규정이 존재하지 않는다면 불문법상 해상경계에 따라야 한다. 다만, 지금까지 우리 법체계에서는 공유수면의 행정구역 경계에 관한 명시적인 법령상의 규정이 존재한 바 없으므로, 공유수면에 관해서는 불문법상 해상경계가 존재하는지를 살펴보아야 한다.

그리고 이에 관한 불문법상 해상경계마저 존재하지 않는다면, 주민·구역·자치권을 구성요소로 하는 지방자치단체의 본질에 비추어 지방자치단체의 관할구역에 경계가 없는 부분이 있다는 것은 상정할 수 없으므로, 권한쟁의심판권을 가지고 있는 헌법재판소가 형평의 원칙에 따라 합리적이고 공평하게 해상경계선을 획정할 수밖에 없다(헌재 2015. 7. 30. 2010헌라2; 헌재 2019. 4. 11. 2016헌라8등 참조).

[2] 지방자치단체 사이의 불문법상 해상경계가 성립하기 위해서는 관계 지방자치단체·주민들 사이에 해상경계에 관한 일정한 관행이 존재하고, 그 해상경계에 관한 관행이 장기간 반복되어야 하며, 그 해상경계에 관한 관행을 법규범이라고 인식하는 관계 지방자치단체·주민들의 법적 확신이 있어야 한다(헌재 2019. 4. 11. 2016헌라8등 참조).

[3] 이 사건 쟁송해역에 관하여 조선총독부 육지측량부가 1918년 간행한 지형도에는 청구인 경상남도와 피청구인 전라남도 사이를 구분하는 경계선이 점선으로 표시되어 있고, 이는 1956년 국가기본도 및 1973년 국가기본도에 이르기까지 대체로 일관되게 표시되어 있다.

이 사건 기록에 의하면, ① 피청구인 전라남도는 1973년 국가기본도상 해상경계선을 기준으로 연안어업 허가 등에 관한 권한을 행사하여 왔으며, ② 피청구인들이 어장의 이용개발계획을 수립하고 경계수역을 조정하는 기준으로 사용해 온 어장연락도에 표시된 청구인 경상남도와 피청구인 전라남도 사이의 도 경계선 역시 1973년 국가기본도상 해상경계선과 대체로 일치한다는 점이 확인된다. ③ 해양수산부장관 역시 1973년 국가기본도상 해상경계선이 청구인 경상남도와 피청구인 전라남도 사이의 도 경계선임을 전제로 피청구인 전라남도의 키조개 육성수면 지정 및 피청구인 여수시의 제1, 2차 여수시 연안관리지역계획을 모두 승인하였으며, ④ 여수해양경찰서 및 동해·남해 어업관리단 역시 1973년 국가기본도를 기준으로 수산업법 위반행위를 단속해 왔다.

이러한 점들을 종합해 볼 때, 이 사건 쟁송해역이 피청구인들의 관할구역에 속한다는 점을 전제로 장기간 반복된 관행이 존재하는 것으로 보이고, 그에 대한 각 지방자치단체와 주민들의 법적 확신이 존재한다는 점 역시 인정된다.[1)]

헌법재판소는 이 결정의 의의를 다음과 같이 설명하고 있다.

청구인들은 헌법재판소가 2010헌라2 결정에서 국가기본도상의 해상경계선은 국토지리정보원이 국가기본도상 도서 등의 소속을 명시할 필요가 있는 경우 여러 도서 사이의 적당한 위치에 각 소속이 인지될 수 있도록 임의로 표시해 놓은 선에 불과하여 여기에 어떠한 규범적 효력을 인정할 수 없다는 이유로 국가기본도상의 해상경계선을 불문법상 해상경계의 기초로 이해해 온 종전의 결정(헌재 2004. 9. 23. 2000헌라2; 헌재 2006. 8. 31. 2003헌라1 등)을 변경한 이상, 국가기본도상의 해상경계선은 더 이상 불문법상 해상경계선이 존재하는지 여부를 판단함에 있어 고려되어서는 아니 된다는 취지로 주장하였다.

이에 대해 헌법재판소는 위 2010헌라2 결정은 특별한 사정이 없는 이상

1) 헌법재판소 2021. 2. 25. 선고 2015헌라7 결정(경상남도 등과 전라남도 등 간의 권한쟁의).

1948. 8. 15.에 가장 근접한 국가기본도에 규범적 효력을 인정하여 국가기본도에 표시된 해상경계선을 그 자체로 불문법상 해상경계선으로 인정해 온 종전의 입장을 변경한 것일 뿐이고, 위 2010헌라2 결정에 따르더라도, 1948. 8. 15. 당시 존재하던 불문법상 경계는 여전히 해상경계 획정의 원천적인 기준이 되며, 비록 국토지리정보원이 발행한 국가기본도상에 표시된 해상경계가 특별한 사정이 없는 한 그 자체로 불문법상 해상경계선으로 인정될 수는 없다고 할지라도, 국가기본도에 표시된 해상경계선을 기준으로 하여 과거부터 현재에 이르기까지 관할 행정청이 반복적으로 처분을 내리고, 지방자치단체가 허가, 면허 및 단속 등의 업무를 지속적으로 수행하여 왔다면 국가기본도상의 해상경계선은 여전히 지방자치단체 관할 경계에 관하여 불문법으로서 그 기준이 될 수 있음을 확인하였다.

헌법재판소는 이 사건 결정은 헌법재판소가 2010헌라2 결정에서 공유수면에서의 해상경계 획정기준에 관한 새로운 법리를 설시한 이후, 등거리 중간선 등 형평의 원칙에 따라 해상경계선을 획정하지 아니하고 불문법상 해상경계를 확인한 최초의 결정례라고 한다.

< 평택 · 당진항 매립지에 관한 지방자치단체 관할 귀속 결정 사건 >

1. 「공간정보의 구축 및 관리 등에 관한 법률」(이하 '공간정보관리법'이라고 한다) 제67조, 같은 법 시행령 제58조 제17호, 제18호, 제19호에 의하면, 육상의 공유수면은 물권의 객체인 '토지' 위에 존재하는 수면(水面) 또는 수류(水流)로서 그 토지를 기준으로 관할 지방자치단체가 결정된다. 그러나 해상의 공유수면의 밑바닥(海底, sea bed)은 물권의 객체인 '토지'로 보지 않으므로 여기에 매립공사를 시행하여 매립지를 조성하면 종전에 존재하지 않았던 토지가 새로 생겨난 경우에 해당하며, 새로 생겨난 토지는 종전에 어느 지방자치단체에도 속하지 않았으므로 국가가 지방자치법 제4조 제1항 본문에 의하여 법률의 형식으로 또는 지방자치법 제4조 제3항에 의하여 행정안전부장관의 결정의 형식으로 관할 지방자치단체를 정하여야 하며, 그 전까지는 어느 지방자치단체에도 속하지 않는다. 따라서 '해상 공유수면'과 그 '매립지'는 법적 성질을 전혀 달리하는 것이며, 공유수면의 이용과 매립지의 이용은 그 방법과 내용을

달리하므로, 공유수면의 해상경계기준을 매립지의 관할 귀속 결정에까지 그대로 적용할 수는 없다(헌법재판소 2020. 7. 16. 선고 2015헌라3 결정 참조).

지방자치법 제4조 제3항부터 제7항이 행정안전부장관 및 그 소속 지방자치단체 중앙분쟁조정위원회(이하 '위원회'라고 한다)의 매립지 관할 귀속에 관한 의결·결정의 실체적 결정기준이나 고려요소를 구체적으로 규정하지 않았다고 하더라도 지방자치제도의 본질을 침해하였다거나 명확성 원칙, 법률유보원칙에 반한다고 볼 수 없다.

헌법재판소도 충청남도, 당진시, 아산시가 피고, 평택시, 국토교통부장관을 상대로 제기한 권한쟁의심판 사건에 관한 2020. 7. 16. 선고 2015헌라3 결정에서 2009. 4. 1. 개정된 지방자치법 제4조가 합헌임을 전제로, 개정된 지방자치법 제4조가 시행된 이후로는 공유수면 매립지의 관할 귀속 문제는 헌법재판소가 관장하는 권한쟁의심판의 대상에 속하지 않는다고 판단하였다. 따라서 개정된 지방자치법 제4조가 헌법재판소의 권한쟁의심판 권한을 침해한다고 볼 수 없다.

2. 지방자치법 제4조 제4항은 '제3항 제1호의 경우에는 「공유수면 관리 및 매립에 관한 법률」(이하 '공유수면법'이라고 한다) 제28조에 따른 매립면허관청 또는 관련 지방자치단체의 장이 공유수면법 제45조에 따른 준공검사 전에 행정안전부장관에게 해당 지역이 속할 지방자치단체의 결정을 신청하여야 한다.'고 규정하고 있다. 해상 공유수면에 매립공사를 시행하여 조성한 매립지의 경우 새로 생겨난 토지로서 국가가 지방자치법 제4조 제1항 본문에 의하여 법률의 형식으로 또는 지방자치법 제4조 제3항에 의하여 행정안전부장관의 결정의 형식으로 관할 지방자치단체를 정하는 것이 필요하며, 그 전까지는 어느 지방자치단체에도 속하지 않는 것이므로 토지 신규등록을 하여 지적공부를 관리할 '지적소관청'(공간정보관리법 제2조 제18호)도 존재하지 않는다. 따라서 국가가 매립지가 속할 지방자치단체를 결정하지 않은 상태에서, 토지소유자 또는 매립면허취득자가 임의로 특정 지방자치단체의 장에게 토지 신규등록을 신청하여 지적공부 등록을 마쳤더라도 이는 권한 없는 행정청에 의한 처분으로서 당연무효라고 보아야 한다.

지방자치법 제4조 제4항은 매립지 관할 귀속에 관하여 이해관계가 있는 매립면허관청이나 관련 지방자치단체의 장이 준공검사 전까지 행정안전부장관에게 관할 귀속 결정을 신청하도록 함으로써 행정안전부장관으로 하여금 가급적

신속하고 적절한 시점에 매립지 관할 귀속 결정을 하도록 촉구하고, 이를 통해 행정안전부장관의 매립지 관할 귀속 결정 전에 토지소유자 또는 매립면허취득자가 임의로 특정 지방자치단체의 장에게 토지 신규등록을 신청하여 당연무효인 지적공부 등록이 이루어지는 상황을 예방하려는 데에 그 입법취지가 있다고 볼 수 있다. 해상 공유수면 매립지의 경우 지방자치법 제4조 제1항 본문에 의하여 법률의 형식으로 관할 지방자치단체를 정하지 않는 이상 지방자치법 제4조 제3항에 의하여 행정안전부장관의 관할 귀속 결정이 반드시 있어야 하므로, 지방자치법 제4조 제4항이 정한대로 신청이 이루어지지 않았다고 하더라도 해당 매립지에 관하여 관할 귀속 결정을 하여야 할 행정안전부장관의 권한·의무에 어떤 영향을 미친다고 볼 수 없다. 매립면허관청이나 관련 지방자치단체의 장이 준공검사 전까지 관할 귀속 결정을 신청하지 않았다고 하더라도 그것이 행정안전부장관의 관할 귀속 결정을 취소하여야 할 위법사유는 아니라고 보아야 한다.

3. ① 2009. 4. 1. 지방자치법 제4조 개정 전에는 공유수면 매립지의 관할 귀속이 주로 '기초 지방자치단체들 상호간'의 권한쟁의심판 절차를 통해 결정되었고(헌법재판소 2004. 9. 23. 선고 2000헌라2 결정 참조), 그에 따른 문제점을 해소하기 위하여 2009. 4. 1. 지방자치법 제4조가 개정되어 행정안전부장관의 매립지 관할 귀속 결정 절차가 신설된 점, ② 우리나라에서는 지방자치단체를 두 가지 종류로 구분하여 특별시, 광역시, 특별자치시, 도, 특별자치도(통틀어 '시·도'라고 한다)와 같은 광역 지방자치단체 안에 시·군·구와 같은 기초 지방자치단체를 두고 있으므로(지방자치법 제2조 제1항, 제3조 제2항), 어떤 매립지가 특정 기초 지방자치단체의 관할구역으로 결정되면 그와 동시에 그 기초 지방자치단체가 속한 광역 지방자치단체의 관할구역에도 포함되는 것으로 보아야 하는 점 등을 고려하면, 지방자치법 제4조 제4항에서 매립지 관할 귀속 결정의 신청권자로 규정한 '관련 지방자치단체의 장'에는 해당 매립지와 인접해 있어 그 매립지를 관할하는 지방자치단체로 결정될 가능성이 있는 '기초 및 광역 지방자치단체의 장'을 모두 포함한다고 보아야 한다.

4. 행정청이 처분절차에서 관계법령의 절차 규정을 위반하여 절차적 정당성이 상실된 경우에는 해당 처분은 위법하고 원칙적으로 취소하여야 한다. 다만 처분상대방이나 관계인의 의견진술권이나 방어권 행사에 실질적으로 지장이

초래되었다고 볼 수 없는 특별한 사정이 있는 경우에는, 절차 규정 위반으로 인하여 처분절차의 절차적 정당성이 상실되었다고 볼 수 없으므로 해당 처분을 취소할 것은 아니다(대법원 2018. 3. 13. 선고 2016두33339 판결 등 참조).

5. 2009. 4. 1. 법률 제9577호로 지방자치법 제4조를 개정하여 행정안전부장관이 매립지가 속할 지방자치단체를 결정하는 제도를 신설한 입법취지에 비추어 보면, 행정안전부장관 및 그 소속 위원회는 매립지가 속할 지방자치단체를 정할 때 폭 넓은 형성의 재량을 가진다고 보아야 한다. 다만, 그 형성의 재량은 무제한적인 것이 아니라, 관련되는 제반 이익을 종합적으로 고려하여 비교·형량하여야 하는 제한이 있다. 행정안전부장관 및 그 소속 위원회가 그러한 이익형량을 전혀 하지 않았거나 이익형량의 고려대상에 마땅히 포함시켜야 할 사항을 누락한 경우 또는 이익형량을 하였으나 정당성·객관성이 결여된 경우에는 그 관할 귀속 결정은 재량권을 일탈·남용한 것으로 위법하다고 보아야 한다(대법원 2013. 11. 14. 선고 2010추73 판결 참조).[1]

Ⅱ. 지방자치단체 명칭 및 구역의 변경

1. 의 의

지방자치단체의 명칭과 구역은 자연현상이나 인위적 원인에 의해 변경될 수 있다. 명칭 변경은 구역변경에 수반하여 또는 그와 무관하게 명칭만 변경하는 방식으로 이루어질 수 있다. 법률상 구역 변경은 인위적 원인에 의한 것을 말한다. 구역변경은 폐치·분합, 경계변경 및 미소속지 편입 세 가지가 있다.[2]

---

1) 대법원 2021. 2. 4. 선고 2015추528 판결(평택당진항매립지일부구간귀속지방자치단체결정취소 (나) 청구기각).

2) 시 또는 직할시(광역시)로의 승격도 명칭과 구역 변경을 수반한다. 시가 광역시로 되는 경우 그 구역은 도의 관할구역에서 제외되고, 동시에 그 광역시의 관할구역에 자치구를 두는 경우 이는 기존의 자치단체의 관할구역에 변경을 가져오므로 이 또한 구역변경의 한 유형으로 보아야 할 것이다(심현정, 앞의 글, 각주 2).

2. 명칭변경

지방자치단체의 명칭 변경은 법률로 정한다(§ 5 ① 본문). 다만, 한자 명칭의 변경은 대통령령으로 정한다(§ 5 ① 단서). 명칭을 변경할 때에는 관계 지방의회의 의견을 들어야 하며(§ 5 ③ 제3호), 다만, 「주민투표법」 제8조에 따라 주민투표를 한 경우에는 그러하지 아니하다(§ 5 ③ 단서).

3. 구역변경

3.1. 구역변경의 유형

(1) 폐치 · 분합

지방자치단체의 신설 또는 폐지를 수반하는 구역변경을 말한다. 폐치 · 분합은 하나의 지방자치단체를 둘 이상의 지방자치단체로 분리하는 분할, 하나의 지방자치단체의 일부구역을 나누어 새로운 지방자치단체를 설립하는 분립, 하나의 지방자치단체를 다른 지방자치단체에 흡수하는 편입, 그리고 두개 이상의 지방자치단체를 합해 하나의 지방자치단체를 설립하는 합체를 포함한다. 폐치 · 분합은 지방자치단체의 신설 또는 폐지를 수반하므로, 단순한 구역 변경에 그치지 않고 주체의 변경을 가져온다. 이에 비해 경계변경은 지방자치단체의 존폐와는 상관없이 단순히 그 경계만 변경한다는 점에서 폐치 · 분합과 다르다.

(2) 경계변경

지방자치단체의 존폐와는 관계없이 단순히 구역만을 변경하는 것을 말한다.

(3) 미소속지의 편입

종래 어느 지방자치단체의 구역에도 속하지 않던 지역이나 공유수면매립으로 조성된 지역을 어느 지방자치단체에 편입하는 것을 말한다.

3.2. 구역변경의 형식 및 절차

3.2.1. 형 식

(1) 원 칙

지방자치단체의 구역을 바꾸거나 지방자치단체를 폐지하거나 설치하거나 나누거나 합칠 때에는 법률로 정하되(§ 4 ① 본문), 지방자치단체의 관할 구역 경계변경은 대통령령으로 정하도록 되어 있다(§ 4 ① 단서).

3.2.2. 절 차

(1) 의견수렴

개정법률은 지방자치단체의 폐지, 설치 또는 분합, 구역변경(경계변경은 제외) 및 명칭변경을 할 때 관계 지방의회의 의견을 듣도록 의무화하는 한편(§ 5 ③ 본문), 「주민투표법」 제8조에 따라 주민투표를 한 경우에는 예외로 하고 있다(§ 5 ③ 단서).

1. 지방자치단체를 폐지하거나 설치하거나 나누거나 합칠 때
2. 지방자치단체의 구역을 변경할 때(경계변경을 할 때는 제외한다)
3. 지방자치단체의 명칭을 변경할 때(한자 명칭을 변경할 때를 포함한다)

(2) 매립지 및 등록 누락지의 귀속

지방자치법은 종래 미소속지 편입에 대한 일반적인 규정은 두지 않았지만, 2021년의 개정법률에서 특히 매립지 및 등록 누락지가 속할 지방자치단체 결정 절차를 크게 개선하였다. 즉, 종전에는 행정안전부장관이 매립지 및 등록 누락지가 귀속될 지방자치단체를 결정할 경우, 이의제기기간 중 다른 지방자치단체로부터 이의제기가 없더라도 지방자치단체중앙분쟁조정위원회의 심의·의결을 거쳐 결정하도록 하였으나, 앞으로는 이의제기기간 동안 아무런 이의제기가 없는 경우에는 지방자치단체중앙분쟁조정위원회의 심의·의결 없이 매

립지 등이 귀속될 지방자치단체를 결정하도록 그 절차를 간소화하였다.

또한 매립지 귀속과 관련되어 시·군·구 상호 간 비용 분담 등에 대하여 분쟁이 발생하는 경우, 종전에는 시·도에 설치되어 있는 지방자치단체지방분쟁조정위원회의 심의·의결을 거쳐 시·도지사가 조정하도록 하였으나, 앞으로는 지방자치단체중앙분쟁조정위원회에서 매립지 귀속 결정과 함께 병합하여 심의·의결하여 행정안전부장관이 조정하도록 함으로써 매립지 귀속 결정과 관련된 분쟁을 보다 효율적으로 해결할 수 있도록 하였다.

이를 살펴보면, 먼저, 제5조 제1항 및 제2항에도 불구하고 다음 어느 하나의 지역이 속할 지방자치단체는 제5항부터 제8항까지 규정에 따라 행정안전부장관이 결정한다(§ 5 ④).

1. 「공유수면 관리 및 매립에 관한 법률」에 따른 매립지
2. 「공간정보의 구축 및 관리 등에 관한 법률」 제2조제19호의 지적공부에 등록이 누락된 토지

매립지의 경우에는 「공유수면 관리 및 매립에 관한 법률」 제28조에 따른 매립면허관청("면허관청") 또는 관련 지방자치단체의 장이 같은 법 제45조에 따른 준공검사를 하기 전에, 제4항제2호의 경우에는 「공간정보의 구축 및 관리 등에 관한 법률」 제2조제18호에 따른 지적소관청이 지적공부에 등록하기 전에 각각 해당 지역의 위치, 귀속희망 지방자치단체(복수인 경우를 포함) 등을 명시하여 행정안전부장관에게 그 지역이 속할 지방자치단체의 결정을 신청하여야 한다(§ 5 ⑤ 제1문). 이 경우 제4항제1호에 따른 매립지의 매립면허를 받은 자는 면허관청에 해당 매립지가 속할 지방자치단체의 결정 신청을 요구할 수 있다(§ 5 ⑤ 제2문).

행정안전부장관은 제5항에 따른 신청을 받은 후 지체 없이 그 신청내용을 20일 이상 관보나 인터넷 홈페이지에 게재하는 등의 방법으로 널리 알려야 하며(§ 5 ⑥ 제1문), 알리는 방법, 의견 제출 등에 관하여는 「행정절차법」 제42조·제44조 및 제45조를 준용한다(§ 5 ⑥ 제2문).

행정안전부장관은 제6항에 따른 기간이 끝나면 다음 각 호에서 정하는 바에

따라 결정하고, 그 결과를 면허관청이나 지적소관청, 관계 지방자치단체의 장 등에게 통보하고 공고하여야 한다(§ 5 ⑦).

> 1. 제6항에 따른 기간 내에 신청내용에 대하여 이의가 제기된 경우: 제166조에 따른 지방자치단체중앙분쟁조정위원회("위원회")의 심의·의결에 따라 제4항 각 호의 지역이 속할 지방자치단체를 결정
> 2. 제6항에 따른 기간 내에 신청내용에 대하여 이의가 제기되지 아니한 경우: 위원회의 심의·의결을 거치지 아니하고 신청내용에 따라 제4항 각 호의 지역이 속할 지방자치단체를 결정

위원회의 위원장은 제7항제1호에 따른 심의과정에서 필요하다고 인정되면 관계 중앙행정기관 및 지방자치단체의 공무원 또는 관련 전문가를 출석시켜 의견을 듣거나 관계 기관이나 단체에 자료 및 의견 제출 등을 요구할 수 있고(§ 5 ⑧ 제1문), 이 경우 관계 지방자치단체의 장에게는 의견을 진술할 기회를 주어야 한다(§ 5 ⑧ 제2문).

관계 지방자치단체의 장은 제4항부터 제7항까지의 규정에 따른 행정안전부장관의 결정에 이의가 있으면 그 결과를 통보받은 날부터 15일 이내에 대법원에 소송을 제기할 수 있고(§ 5 ⑨), 소송 결과 대법원의 인용결정이 있으면 행정안전부장관은 그 취지에 따라 다시 결정하여야 한다(§ 5 ⑩).

행정안전부장관은 제4항 각 호의 지역이 속할 지방자치단체 결정과 관련하여 제7항제1호에 따라 위원회의 심의를 할 때 같은 시·도 안에 있는 관계 시·군 및 자치구 상호 간 매립지 조성 비용 및 관리 비용 부담 등에 관한 조정(調整)이 필요한 경우 제165조제1항부터 제3항까지의 규정에도 불구하고 당사자의 신청 또는 직권으로 위원회의 심의·의결에 따라 조정할 수 있다(§ 5 ⑪ 제1문). 이 경우 그 조정 결과의 통보 및 조정 결정 사항의 이행은 제165조제4항부터 제7항까지의 규정에 따른다(§ 5 ⑪ 제2문).

> < 새만금 방조제 행정구역 결정의 적법여부 >
>
> [1] 지방자치단체의 구역에 관하여 지방자치법은, 공유수면 관리 및 매립에

관한 법률에 따른 매립지가 속할 지방자치단체는 안전행정부장관이 결정한다고 규정하면서(제4조 제3항), 관계 지방자치단체의 장은 그 결정에 이의가 있으면 결과를 통보받은 날로부터 15일 이내에 대법원에 소송을 제기할 수 있다고 규정하고 있다(제4조 제8항). 따라서 매립지가 속할 지방자치단체를 정하는 결정에 대하여 대법원에 소송을 제기할 수 있는 주체는 관계 지방자치단체의 장일 뿐 지방자치단체가 아니다.

[2] 지방자치법 제4조 제2항, 제3항, 제7항에 따르면, 안전행정부장관은 공유수면 관리 및 매립에 관한 법률에 따른 매립지가 속할 지방자치단체를 지방자치법 제4조 제4항부터 제7항까지의 규정 및 절차에 따라 결정하면 되고, 관계 지방의회의 의견청취 절차를 반드시 거칠 필요는 없다.

[3] 지방자치법 제4조 제4항, 공유수면 관리 및 매립에 관한 법률 제45조에 따르면 안전행정부장관은 매립공사가 완료된 토지에 대해서만 준공검사 전에 그 귀속 지방자치단체를 결정할 수 있고, 매립이 예정되어 있기는 하지만 매립공사가 완료되지 않은 토지에 대해서는 귀속 지방자치단체를 결정할 수 없다고 보아야 한다.

[4] 하나의 계획으로 전체적인 매립사업계획이 수립되고 그 구도하에서 사업내용이나 지구별로 단계적, 순차적으로 진행되는 매립 사업에서 매립이 완료된 부분에 대한 행정적 지원의 필요 등 때문에 전체 매립 대상 지역이 아니라 매립이 완료된 일부 지역에 대한 관할귀속 결정을 먼저 할 수밖에 없는 경우에도 그 부분의 관할 결정은 나머지 매립 예정 지역의 관할 결정에도 상당한 영향을 미칠 수 있다. 따라서 일부 구역에 대해서만 관할 결정을 할 경우에도 당해 매립사업의 총체적 추진계획, 매립지의 구역별 토지이용계획 및 용도, 항만의 조성과 이용계획 등을 종합적으로 고려하여 매립 예정 지역의 전체적인 관할 구도의 틀을 감안한 관할 결정이 이루어지도록 하는 것이 합리적이다. 만일 전체적인 관할 구도에 비추어 부적절한 관할 결정이 부분적으로 이루어지게 되면, 당해 매립사업의 총체적 추진계획 및 매립지의 세부 토지이용계획 등이 반영되지 못하게 될 위험이 있을 뿐만 아니라, 관할 결정이 이루어질 때마다 지방자치단체 사이에 분쟁이 생길 수 있고, 이로 말미암아 국가 및 그 지역사회 차원에서 사회적, 경제적 비용이 늘어나게 되며, 사회통합에도 장애가 되어 바람직하지 못하다. 게다가 특정 매립 완료 지역에 대하여 일단 분리 결정이

되면 그 부분의 관할권을 가지게 된 지방자치단체의 기득권처럼 치부되어 각 단계마다 새로이 이해관계 조정이 이루어지게 됨으로써 전체적인 이익형량을 그르치거나 불필요한 소모적 다툼이 연장될 우려도 배제할 수 없다. 이와 같은 제반 사정에 비추어 매립 대상 지역 중 완공이 된 일부 지역에 대하여 관할 결정을 할 경우에도 전체 매립 대상 지역의 관할 구분 구도에 어긋나지 아니하는 관할 결정이 이루어져야 한다.

[5] 지방자치법 제4조 제3항, 제5항, 제6항, 제7항, 제8항, 제9항 등 관계 법령의 내용, 형식, 취지 및 개정 경과 등에 비추어 보면, 2009. 4. 1. 법률 제9577호로 지방자치법이 개정되기 전까지 종래 매립지 등 관할 결정의 준칙으로 적용되어 온 지형도상 해상경계선 기준이 가지던 관습법적 효력은 위 지방자치법의 개정에 의하여 변경 내지 제한되었다고 보는 것이 타당하고, 안전행정부장관은 매립지가 속할 지방자치단체를 정할 때에 상당한 형성의 자유를 가지게 되었다. 다만 그 관할 결정은 계획재량적 성격을 지니는 점에 비추어 위와 같은 형성의 자유는 무제한의 재량이 허용되는 것이 아니라 여러 가지 공익과 사익 및 관련 지방자치단체의 이익을 종합적으로 고려하여 비교·교량해야 하는 제한이 있다. 따라서 안전행정부장관이 위와 같은 이익형량을 전혀 행하지 않거나 이익형량의 고려 대상에 마땅히 포함시켜야 할 사항을 누락한 경우 또는 이익형량을 하였으나 정당성·객관성이 결여된 경우에는 그 매립지가 속할 지방자치단체 결정은 재량권을 일탈·남용한 것으로서 위법하다고 보아야 한다.

[6] 매립지가 속할 지방자치단체를 정할 때 고려해야 할 관련 이익의 범위 등은 2009. 4. 1. 법률 제9577호 지방자치법 개정의 취지 등에 비추어 일반적으로 다음과 같은 사항이 포함되어야 한다. ① 매립지 내 각 지역의 세부 토지이용계획 및 인접 지역과의 유기적 이용관계 등을 고려하여 관할구역을 결정함으로써 효율적인 신규토지의 이용이 가능하도록 해야 한다. ② 공유수면이 매립에 의하여 육지화된 이상 더는 해상경계선만을 기준으로 관할 결정을 할 것은 아니고, 매립지와 인근 지방자치단체 관할구역의 연결 형상, 연접관계 및 거리, 관할의 경계로 쉽게 인식될 수 있는 도로, 하천, 운하 등 자연지형 및 인공구조물의 위치 등을 고려하여 매립지가 토지로 이용되는 상황을 전제로 합리적인 관할구역 경계를 설정하여야 한다. ③ 매립지와 인근 지방자치단체의

연접관계 및 거리, 도로, 항만, 전기, 수도, 통신 등 기반시설의 설치·관리, 행정서비스의 신속한 제공, 긴급상황 시 대처능력 등 여러 요소를 고려하여 행정의 효율성이 현저히 저해되지 않아야 한다. ④ 매립지와 인근 지방자치단체의 교통관계, 외부로부터의 접근성 등을 고려하여 매립지 거주 주민들의 입장에서 어느 지방자치단체의 관할구역에 편입되는 것이 주거생활 및 생업에 편리할 것인지를 고려해야 한다. ⑤ 매립으로 인근 지방자치단체들 및 그 주민들은 그 인접 공유수면을 상실하게 되므로 이로 말미암아 잃게 되는 지방자치단체들의 해양 접근성에 대한 연혁적·현실적 이익 및 그 주민들의 생활기반 내지 경제적 이익을 감안해야 한다.[1]

(3) 지방자치단체 관할 구역의 경계변경

개정법률은 관할 구역과 생활권과의 불일치 등으로 인하여 주민생활에 불편이 큰 경우 등 대통령령으로 정하는 사유가 있는 경우 관계 지방자치단체의 장이 경계변경이 필요한 지역 등을 명시하여 행정안전부장관에게 관할 구역 경계변경에 관한 조정을 신청하도록 하였다(§ 6 ① 제1문). 이 경우 지방자치단체의 장은 지방의회 재적의원 과반수의 출석과 출석의원 3분의 2 이상의 동의를 받아야 한다(§ 6 ① 제2문). 관계 중앙행정기관의 장 또는 둘 이상의 지방자치단체에 걸친 개발사업 등의 시행자도 대통령령으로 정하는 바에 따라 관계 지방자치단체의 장에게 제1항에 따른 경계변경에 대한 조정을 신청하여 줄 것을 요구할 수 있다(§ 6 ②).

경계변경에 대한 조정 신청을 받으면 행정안전부장관은 지체 없이 그 신청내용을 관계 지방자치단체의 장에게 통지하고, 20일 이상 관보나 인터넷 홈페이지에 게재하는 등의 방법으로 널리 알려야 하며(§ 6 ③ 제1문), 이 경우 알리는 방법, 의견의 제출 등에 관하여는 「행정절차법」 제42조·제44조 및 제45조를 준용한다(§ 6 ③ 제2문).

행정안전부장관은 그 신청내용을 공고한 후 경계변경자율협의체를 구성·운영하게 하여 상호 협의하도록 하는 장을 마련하였다. 행정안전부장관은 제3항

1) 대법원 2013. 11. 14. 선고 2010추73 판결(새만금방조제일부구간귀속지방자치단체결정취소).

에 따른 기간이 끝난 후 지체 없이 대통령령으로 정하는 바에 따라 관계 지방자치단체 등 당사자 간 경계변경에 관한 사항을 효율적으로 협의할 수 있도록 경계변경자율협의체("협의체")를 구성·운영할 것을 관계 지방자치단체의 장에게 요청하여야 한다(§ 6 ④).

관계 지방자치단체는 제4항에 따른 협의체 구성·운영 요청을 받은 후 지체 없이 협의체를 구성하고, 경계변경 여부 및 대상 등에 대하여 같은 항에 따른 행정안전부장관의 요청을 받은 날부터 120일 이내에 협의를 하여야 하며(§ 6 ⑤ 본문), 다만, 대통령령으로 정하는 부득이한 사유가 있는 경우에는 30일의 범위에서 그 기간을 연장할 수 있다(§ 6 ⑤ 본문). 협의체를 구성한 지방자치단체의 장은 위 협의 기간 이내에 협의체의 협의 결과를 행정안전부장관에게 알려야 한다(§ 6 ⑥).

경계변경자율협의체의 구성을 요청받은 날부터 120일 이내에 협의체를 구성하지 못하거나 법에서 정한 협의 기간 이내에 경계변경 여부 등에 관한 합의를 하지 못한 경우 지방자치단체중앙분쟁조정위원회의 심의·의결을 거쳐 행정안전부장관이 경계변경에 관한 사항을 조정하도록 하였다. 즉, 행정안전부장관은 다음 어느 하나에 해당하는 경우에는 위원회의 심의·의결을 거쳐 경계변경에 대하여 조정할 수 있다(§ 6 ⑦).

1. 관계 지방자치단체가 제4항에 따른 행정안전부장관의 요청을 받은 날부터 120일 이내에 협의체를 구성하지 못한 경우
2. 관계 지방자치단체가 제5항에 따른 협의 기간 이내에 경계변경 여부 및 대상 등에 대하여 합의를 하지 못한 경우

위원회는 제7항에 따라 경계변경에 대한 사항을 심의할 때에는 관계 지방의회의 의견을 들어야 하며, 관련 전문가 및 지방자치단체의 장의 의견 청취 등에 관하여는 제5조제8항을 준용한다(§ 6 ⑧).

행정안전부장관은 다음 각 호의 어느 하나에 해당하는 경우 지체 없이 그 내용을 검토한 후 이를 반영하여 경계변경에 관한 대통령령안을 입안하여야 한다(§ 6 ⑨).

1. 제5항에 따른 협의체의 협의 결과 관계 지방자치단체 간 경계변경에 합의를 하고, 관계 지방자치단체의 장이 제6항에 따라 그 내용을 각각 알린 경우
2. 위원회가 제7항에 따른 심의 결과 경계변경이 필요하다고 의결한 경우

다음, 지방자치단체 간 경계변경에 관한 합의가 된 경우이거나 지방자치단체중앙분쟁조정위원회에서 경계변경이 필요하다고 의결한 경우에는 행정안전부장관은 그 내용을 검토한 후 이를 반영하여 대통령령안을 입안하도록 하였다.

아울러, 지방자치단체 간 관할 구역 경계변경 과정에서 상호 비용 부담, 그 밖의 행정적·재정적 분쟁이 발생한 경우 경계변경에 관한 조정과 병합하여 조정할 수 있는 길을 열어 놓음으로써 관할 구역 경계변경에 관한 분쟁을 효율적으로 조정하도록 하였다. 즉, 행정안전부장관은 경계변경의 조정과 관련하여 제7항에 따라 위원회의 심의를 할 때 같은 시·도 안에 있는 관계 시·군 및 자치구 상호 간 경계변경에 관련된 비용 부담, 행정적·재정적 사항 등에 관하여 조정이 필요한 경우 제165조제1항부터 제3항까지의 규정에도 불구하고 당사자의 신청 또는 직권으로 위원회의 심의·의결에 따라 조정할 수 있고(§ 6 ⑩ 제1문), 이 경우 그 조정 결과의 통보 및 조정 결정 사항의 이행은 제165조제4항부터 제7항까지의 규정에 따른다(§ 6 ⑩ 제2문).

3.3. 구역변경 및 폐치·분합의 효과

(1) 사무와 재산의 승계

지방자치단체의 구역을 변경하거나 지방자치단체를 폐지하거나 설치하거나 나누거나 합칠 때에는 새로 그 지역을 관할하게 된 지방자치단체가 그 사무와 재산을 승계한다(§ 8 ①). 그 경우 지역에 의하여 지방자치단체의 사무와 재산을 구분하기 곤란하면 시·도에서는 행정안전부장관이, 시·군 및 자치구에서는 특별시장·광역시장·특별자치시장·도지사·특별자치도지사가 그 사무와

재산의 한계 및 승계할 지방자치단체를 지정한다(§ 8 ②).

⑵ 기관구성의 변경 등

폐치·분합과 경계변경이 있는 경우 소멸된 지방자치단체의 기관은 당연히 그 지위를 상실하게 되고 신설된 지방자치단체는 그 기관을 새로 구성하거나 직무대행자를 지정하여야 한다. 지방자치법은 지방자치단체를 폐지하거나 설치하거나 나누거나 합쳐 새로 지방자치단체의 장을 선거하여야 하는 경우에는 그 지방자치단체의 장이 선거될 때까지 시·도지사는 행정안전부장관이, 시장·군수 및 자치구의 구청장은 시·도지사가 각각 그 직무를 대행할 자를 지정하도록 하고 있다(§ 110 본문). 둘 이상의 동격의 지방자치단체를 통·폐합하여 새로운 지방자치단체를 설치하는 경우에는 종전의 지방자치단체의 장 중에서 해당 지방자치단체의 장의 직무를 대행할 자를 지정한다(§ 110 단서).

지방자치단체의 폐지·신설·분할·통합 등으로 새로운 지방자치단체가 설치된 경우 최초의 지방의회 임시회는 지방의회 사무처장·사무국장·사무과장이 해당 지방자치단체가 설치되는 날에 소집한다(§ 54 ②).

⑶ 주민의 지위 승계

폐치·분합과 경계변경이 있는 경우 주민은 새로이 관할권을 가지게 된 지방자치단체의 주민으로서 권리를 향유하고 의무를 지게 된다. 행정구역이 변경된 때에는 가족관계등록부의 기록은 정정된 것으로 보며, 관할 시·읍·면의 장은 그 기록사항을 경정하여야 한다(「가족관계의 등록 등에 관한 법률」 § 19 ①).

⑷ 자치법규의 효력

조례, 규칙 등 자치법규는 그 지방자치단체와 운명을 함께 함이 원칙이지만, 분합으로 새로운 지방자치단체가 설치되거나 격이 변경된 경우에는 그 지방자치단체의 장은 필요한 사항에 관하여 새로운 조례나 규칙이 제정·시행될 때까지 종래 그 지역에 시행되던 조례나 규칙을 계속 시행할 수 있다(§ 31).

4. 사무소의 소재지

지방자치단체의 사무소의 소재지와 자치구가 아닌 구 및 읍·면·동의 사무소의 소재지는 종전과 같이 하고, 이를 변경하거나 새로 설정하려면 지방자치단체의 조례로 정하되(§ 6 ① 전단), 그 지방의회의 재적의원 과반수의 찬성을 받아야 한다(§ 6 ②). 이 경우 면·동은 제4조의2제3항 및 제4항에 따른 行政面·行政洞을 말한다(§ 6 ① 후단).

Ⅲ. 자치구가 아닌 구와 읍·면·동 등의 명칭과 구역

지방자치법은 지방자치단체는 아니지만, 자치구가 아닌 구와 읍·면·동의 명칭과 구역, 그 변경에 관한 규정을 두고 있다. 이에 따르면, 자치구가 아닌 구와 읍·면·동의 명칭과 구역은 종전과 같이 하고, 이를 폐지하거나 설치하거나 나누거나 합칠 때에는 행정안전부장관의 승인을 받아 그 지방자치단체의 조례로 정한다(§ 7 ① 본문). 다만, 명칭과 구역의 변경은 그 지방자치단체의 조례로 정하고, 그 결과를 특별시장·광역시장·도지사에게 보고하여야 한다(§ 7 ① 단서).

리의 구역은 자연 촌락을 기준으로 하되, 그 명칭과 구역은 종전과 같이 하고, 명칭과 구역을 변경하거나 리를 폐지하거나 설치하거나 나누거나 합칠 때에는 그 지방자치단체의 조례로 정한다(§ 7 ②). 인구 감소 등 행정여건 변화로 인하여 필요한 경우 그 지방자치단체의 조례로 정하는 바에 따라 2개 이상의 면을 하나의 면으로 운영하는 등 행정 운영상 면("행정면")을 따로 둘 수 있다(§ 7 ③). 동·리에서는 행정 능률과 주민의 편의를 위하여 그 지방자치단체의 조례로 정하는 바에 따라 하나의 동·리를 2개 이상의 동·리로 운영하거나 2개 이상의 동·리를 하나의 동·리로 운영하는 등 행정 운영상 동·리(이하 "행정동·리"라 한다)를 따로 둘 수 있다(§ 7 ④). 행정동·리에 그 지방자치단체의 조례로 정하는 바에 따라 하부 조직을 둘 수 있다(§ 7 ⑤).

Ⅳ. 시 · 읍의 설치기준 등

시는 그 대부분이 도시의 형태를 갖추고 인구 5만 이상이 되어야 한다(§ 10 ①). 다음 각 호의 어느 하나에 해당하는 지역은 도농 복합형태의 시로 할 수 있다(§ 10 ②).

1. 제1항에 따라 설치된 시와 군을 통합한 지역
2. 인구 5만 이상의 도시 형태를 갖춘 지역이 있는 군
3. 인구 2만 이상의 도시 형태를 갖춘 2개 이상의 지역 인구가 5만 이상인 군. 이 경우 군의 인구는 15만 이상으로서 대통령령으로 정하는 요건을 갖추어야 한다.
4. 국가의 정책으로 인하여 도시가 형성되고, 제128조에 따라 도의 출장소가 설치된 지역으로서 그 지역의 인구가 3만 이상이고, 인구 15만 이상의 도농 복합형태의 시의 일부인 지역

읍은 그 대부분이 도시의 형태를 갖추고 인구 2만 이상이 되어야 한다. 다만, 다음 각 호의 어느 하나에 해당하면 인구 2만 미만인 경우에도 읍으로 할 수 있다(§ 10 ③).

1. 군사무소 소재지의 면
2. 읍이 없는 도농 복합형태의 시에서 그 면 중 1개 면

시 · 읍의 설치에 관한 세부기준은 대통령령으로 정한다(§ 10 ④).

CHAPTER

제 4 절
지방자치단체의 사무

Ⅰ. 지방자치단체와 그 사무

지방자치단체의 사무에 관해서는 학설상 전혀 논란이 없지는 않지만 대체로 자치사무(고유사무)와 국가사무(위임사무)로 구분하는 것이 일반적이다. 지방자치단체의 사무에 관해서는 '사무이원론' 모델(Aufgabendualismus: dual task model)과 '사무일원론' 모델(Aufgabenmonismus: uniform task model)로 나뉜다. 후자에 따르면 모든 사무는 일단 지방자치단체에게 이양된 이상, 모든 의사결정이 원칙적으로 선출된 지방의회에 의해 주도된다는 의미에서 지방자치단체의 전체적이고 또 고유한 책임에 속한다고 한다. 일원론 모델은 지방자치단체와 국가의 관계에 있어 후자의 감독권은 오로지 합법성 심사에 관해서만 인정된다는 사고를 전제로 한다. 역사적으로 일원론 모델은 영국과 스웨덴에서 발전되어 왔다. 반면 '사무이원론' 모델은 지방자치단체의 사무를 고유사무와 위임사무 두 가지 유형으로 구분하고, 고유사무는 지방의회의 결정만으로 수행하고 국가로부터는 오로지 합법성 통제(legality review)만 받는데 비해, 위임사무는 국가에 의해 지방자치단체에게 위임된 사무로서 지방의회 지방행정의 장에 의해 수행되고 국가로부터 포괄적인 통제를 받는 사무이다. 사무이원론 모델은 역사적으로 독일과 프랑스의 특징을 이루어 왔다.[1)]

독일의 경우, 사무의 이원론이 지배적이기는 하지만, 절대적인 것은 아니라고 한다. Schmidt-Aßmann에 따르면 각주의 지방자치법들이 그 개념과 기본관념에 있어 서로 상이하기 때문에 법적으로 유의미한 사무 구분이 매우 어렵

1) Wollmann, H. Comparing Local Government Reforms in England, Sweden, France and Germany, 2008. in: www.wuestenrot-stiftung.de/download/local-government, 17-18.

다고 한다.1) 독일의 경우 지방자치단체의 사무에 관해서는 이원적 모델과 일원적 모델이 병존하고 있는데, 그 경우 중요한 구별기준은 헌법상 지방자치의 보장의 주요개념들과 부합하기는 하지만 언제나 완벽하게 조화되고 있지는 않다고 한다.2)

사무이원론 모델은 공공사무를 그 내용에 따라 자치사무와 국가사무로 구분한다. 이에 따르면 자치사무는 지방자치단체의 고유사무(eigener Wirkungskreis)인데 비하여 국가사무는 법률상의 위임의 방법으로 원칙적으로 위임사무(Auftragsangelegenheit)로서 지방자치단체에게 주어진 사무라 할 수 있다.3) 반면 사무일원론 모델은 이른바 '바인하이머 초안'(Weinheimer Entwurf)4)에서 유래하는 구별방법으로서 국가사무와 자치단체 고유사무의 구별 대신에 공공사무라는 통일적 개념을 출발점으로 삼는다. 이에 따르면 지방자치단체의 영역 내에서의 모든 공공사무는 법률에서 달리 정하지 아니 하는 한 지방자치단체만이 그리고 그 고유한 책임으로 수행해야 할 사무라고 하게 된다. 물론 그것만으로 국가의 영향과잉 문제가 해결된 것은 아니다.5)

우리나라 지방자치법 역시 여전히 사무이원론 모델을 따르고 있다.

Ⅱ. 지방자치단체 사무의 구분

1. 전통적인 사무구분론

지방자치법은 "지방자치단체는 관할구역의 자치사무와 법령에 따라 지방자

1) Schmidt-Aßmann, Eberhard. 2008. Kommunalrecht. in: Besonderes Verwaltungsrecht, 14.Aufl., 9-126, 41 1.Kap, Rn.33.
2) Schmidt-Aßmann, 41-43 Rn.33-39.
3) Schmidt-Aßmann, 41 1.Kap, Rn.34.
4) 1948년 Weinheimer에서 연방각주의 내무장관, 지방자치단체장들이 모여 제안한 독일연방공화국의 각 주를 위한 지방자치법 초안을 말한다.
5) Schmidt-Aßmann, 41 1.Kap, Rn.37.

치단체에 속하는 사무를 처리한다."고 규정하고 있다(§ 11 ①). 지방자치단체의 사무는 자치사무와 법령에 따라 자치단체에 속하는 사무, 즉 단체위임사무, 두 가지로 이루어진다. 한편, 단체위임사무 외에 지방자치단체의 장 또는 기타의 기관에 대하여 위임한 기관위임사무가 있다.[1] 그러나 기관위임사무는 그 처리의 효과가 국가에 귀속되는 사무이고, 이를 수임・처리하는 지방자치단체의 기관은 그 범위 안에서 국가기관의 지위에 서게 된다는 점에서 기관위임사무는 지방자치단체의 사무라고 할 수 없다.

사무구분의 실익은 자치입법에 의한 규율여부, 감독권의 범위와 소재, 경비부담, 지방의회의 관여, 배상책임의 귀속 등과 관련하여 차이가 있다는 데 있다.

2. 지방분권의 추진과 사무구분체계의 변화

전통적인 사무체계에 대해서는 많은 비판이 제기되어 왔다.

> 대표적으로 이기우교수는 현행 지방자치법상 사무체계는 주민의 입장보다는 사무의 처리주체인 국가와 지방정부를 중심으로 하는 사고방식, 또 지방정부는 공공주체가 아니라 사회영역에 속한다고 보는 국가와 사회의 업무이원론에 기초한 것인데, 오늘날 지방정부는 중앙정부와 더불어 공공업무를 처리하는 공공주체로서 등장하고 있어, 업무이원론의 이론적 기반이 상실되었다고 비판한다. 주민의 입장에서는 지방정부가 처리하는 사무가 어떤 성질을 갖는지는 별로 중요하지 않으며, 단지 지방정부가 처리하는 공공업무로서 이해하고 있을 뿐이다. 현행법상 사무체계에 대한 대안으로 1945년 이후에 독일에서 도입된 업무일원론, 일본에서 최근에 채택한 기관위임사무의 폐지를 전향적으로 도입할 필요가 있다고 주장한다.[2]

1) 종종 단체위임사무와 기관위임사무의 상위개념으로서 (넓은 의미의) '위임사무'라는 용어를 사용하기도 한다. 그러나 전술한 바와 같이 지방자치법 제9조 제1항에 따른 '위임사무'는 단체위임사무만을 의미하므로, '위임사무'라는 용어는 이를 좁은 의미로만 사용하기로 한다.

2) 이기우, "지방자치제도의 개선방안", 분권과 혁신(대구사회연구소), 2003. 1.16-17. 『전국시장 군수 구청장 협의회 지방자치 대 토론회』 발제문(http://www.tiss.re.kr/divpower26/divpower4.html).

사실 기관위임사무는 사무에 대한 통제는 국가나 상급지방자치단체가 가지면서 그 수행만을 지방자치단체의 기관에게 맡기는 일종의 편법이고 지방자치의 이념에는 잘 들어맞지 않는 방식이다. 하지만 과거 중앙집권시대는 물론 지방자치가 본격 실시된 이후에도 팽배해 있는 국가중심적 사고방식 때문인지 오히려 더 확대되어 왔고 지방자치단체의 사무에서 여전히 큰 비중을 차지하고 있다.[1] 기관위임사무의 경우 국가로부터 합법성·합목적성 등 모든 면에서 사전・사후, 예방적·교정적 통제를 받고, 지방의회의 조례제정권이 미치지 않아 지방자치단체의 자주성이 크게 제약되는 반면, 기관위임사무의 실시에 따른 수임기관의 재정적 부담이 커서 그러지 않아도 열악한 지방재정을 악화시키는 요인이 되었던 것이 사실이다.[2] 역대정부가 추진해 온 지방분권정책에서 기관위임사무 폐지를 포함한 사무구분체계 개편이 주요과제로 대두된 것도 바로 그런 배경에서 이해될 수 있다.

또 자치사무와 기관위임사무, 단체위임사무의 구별이 용이하지 않은 경우가 많고, 단체위임사무와 자치사무와의 구별도(특히 자치사무도 전래사무로 파악할 경우) 애매모호한 경우가 많아 실무상 혼란과 불확실성을 낳는 이유가 되고 있다.

이 같은 이유에서 전통적인 사무구분체계는 지방분권이라는 정책적 맥락에서 전례없는 도전을 받게 되었고, 그 과정에서 입법정책적으로 사무구분체계의 개편이 추진되어 왔다. 실제로 「지방분권법」은 제11조에서 권한이양 및 사무구분체계의 정비 등을 정책목표로 설정하고 있다.[3] 이에 따르면 국가는 제9

---

1) 지방자치단체의 사무중 기관위임사무의 비율에 관해서는 다소 불분명한 부분이 있다. 예컨대, 정하중, 행정법개론, 970은 기관위임사무의 비율이 70%에 달한다고 하지만, "참여정부의 지방분권 추진결과 평가와 항후 지방자치 분야별 대응전략", 정책브리프 제20호(강원개발연구원 2007.12)(http://gw.codil.or.kr/filebank/original/ RK/OTGWRK960572/convert/OTGWRK960572.pdf), 12에서는 자치단체사무의 40%로 잡고 있다. 한편 참여정부 출범당시에는 국가사무(73%), 국가위임사무(3%), 자치사무(24%)로 배분되어 있었다고 한다(행정자치부, 희망대한민국 행정자치부정책백서, 2008. 2., 416).

2) 이기우・하승수, 지방자치법, 대영문화사, 2007, 163-165.

3) 중앙행정권한의 지방이양은 양상은 달랐지만 역대정부가 공통적으로 추진해 온 과제였다. 국민의 정부도 1999년 「중앙행정권한의 지방이양 촉진등에 관한 법률」을 제정하여 이를 추진하였으나 큰 성과를 거두지는 못했다. 참여정부는 참여정부 출범 이후 2003년 7월 정부혁신・지방분권위원회에서 '지방분권추진 로드맵'을 발표하여 ① 선분권・후보완의 원칙 ② 보충성의 원칙 ③ 포괄성의 원칙으로 대표되는 '지방분권추진 3대 원칙'을 수립하고 2004년

조에 따른 사무배분의 원칙에 따라 그 권한 및 사무를 적극적으로 지방자치단체에 이양하여야 하며, 그 과정에서 국가사무 또는 시·도의 사무로서 시·도 또는 시·군·구의 장에게 위임된 사무는 원칙적으로 폐지하고 자치사무와 국가사무로 이분화하여야 한다(§ 11 ①). 아울러 국가는 권한 및 사무를 지방자치단체에 포괄적·일괄적으로 이양하기 위하여 필요한 법적 조치를 마련하고(§ 11 ②), 지방자치단체에 이양한 권한 및 사무가 원활히 처리될 수 있도록 행정적·재정적 지원을 병행하여야 한다(§ 11 ③). 지방자치단체도 이양받은 권한 및 사무를 원활히 처리할 수 있도록 기구·인력의 효율적인 배치 및 예산 조정 등 필요한 조치를 하여야 한다(§ 11 ④).

Ⅲ. 지방자치단체의 사무의 종류

1. 자치사무

1.1. 개 념

지방자치단체는 본래 지역적 공공사무의 처리를 목적으로 하므로 주민의 복리증진에 관한 사무가 자치사무의 핵심을 이룬다. 헌법은 '지방자치단체는 주민의 복리에 관한 사무를 처리하고'라고 규정하고 있고(§ 117 ①항), 지방자치법은 '주민의 복지증진에 관한 사무'를 지방자치단체의 사무로 열거하고 있는데(§ 13 ② 제2호) 이는 자치사무의 유개념적 특징을 반영한 것이다. 자치사무로는 당해 지방자치단체가 그 시행여부를 자유로이 결정할 수 있는 수의사무(임의적 사무)와 초·중등학교의 설치(초·중등교육법 § 12 ②), 오물의 처리(폐기물관리법 § 13), 상하수도의 설치와 관리(수도법 § 8 ①; 하수도법 § 3 ②) 등과 같이 법령에 의하여 그 시행의무가 부과된 필요사무(의무적 사무)가 있다.

지방분권특별법을 제정하여 비교적 많은 성과를 거두었다. 이에 대해서는 금창호, "참여정부의 지방분권정책 평가와 향후 발전과제", 지방행정연구(한국지방행정연구원) 제23권 제1호(통권 76호), 2009. 3. 3~25를 참조.

1.2. 자치사무의 유형

지방자치법은 자치사무와 단체위임사무를 구별하거나 자치사무의 개념이나 범위를 별도로 명시하지 않고 '지방자치단체의 사무' 즉, '자치사무와 법령에 따라 지방자치단체에 속하는 사무'를 예시하면서, 다만 법률에 이와 다른 규정이 있으면 그러하지 아니하다고 규정하고 있다(§ 13 ②). 지방자치법 제13조 제2항은 이른바 예시적 열거주의에 따라 7개 분야, 61개 사무를 규정하고 있는데, 사무의 대구분(분야)만을 소개하면 다음과 같다.

1. 지방자치단체의 구역, 조직, 행정관리 등
2. 주민의 복지증진
3. 농림·수산·상공업 등 산업 진흥
4. 지역개발과 자연환경보전 및 생활환경시설의 설치·관리
5. 교육·체육·문화·예술의 진흥
6. 지역민방위 및 지방소방
7. 국제교류 및 협력

이처럼 지방자치법 제13조 제2항은 예시적 규정에 불과하고 또 단체위임사무도 포함하고 있으며, 자치사무와 단체위임사무를 구별하고 있지도 않다고 보는 것이 일반적이지만, 그 대부분이 자치사무라고 보는 것이 지배적인 견해이다.[1] 물론 지방자치법 제13조 제2항에 열거된 사무라도 개별 법령에 따라 국가사무로 되어 있는 경우에는 위임사무로 보아야 할 것이다.

---

1) 가령 대표적으로 정하중, 행정법개론, 967; 장태주, 행정법개론 제8판, 2010, 1059 등을 참조. 단체위임사무는 그 개념상 법령의 규정에 의해 비로소 지방자치단체에 속하게 되는 것이므로, 개별 법령에 앞서 예시하는 것은 의미가 없고 따라서 제9조 제2항에 예시된 사무는 전부 자치사무라고 보아야 한다는 견해가 유력하게 주장되고 있다(오진환, "조례의 무효와 그 조례에 근거한 행정처분의 당연무효 여부", 특별법연구 제5권, 특별소송실무연구회, 1997, 145).

< 지방자치단체가 설립·경영하는 학교의 부지 확보,
부지의 사용료 지급 등의 사무의 성질 >

"헌법 제31조 제2항, 제3항, 제4항, 제6항, 지방자치법 제9조 제2항 제5호 (가)목, 초·중등교육법 제12조 제1항, 제2항, 구 지방교육자치에 관한 법률(2006. 12. 20. 법률 제8069호로 전부 개정되기 전의 것) 제39조 제1항, 제40조, 제41조 제1항, 교육기본법 제5조 제1항, 제7조 제1항 및 지방교육재정교부금법의 관련 규정들의 취지를 종합하여 보면, 지방자치단체가 설립·경영하는 학교의 부지 확보, 부지의 사용료 지급 등의 사무는 특별한 사정이 없는 한 지방교육자치의 주체인 지방자치단체의 고유사무인 자치사무이고, 국가는 법률과 예산의 범위 안에서 지방교육자치를 실현하고 있는 지방자치단체에 재정을 지원할 의무가 있으며, 이러한 국가의 지원범위를 벗어나 지방자치단체가 법률상 원인 없이 국유재산을 학교부지로 임의 사용하는 경우에는 민법상 부당이득이 성립될 수 있다."[1)]

< 시·도지사의 학교용지 부담금 부과·징수사무의 성질 >

구 학교용지확보에 관한 특례법(2005. 3. 24. 법률 제7397호로 개정되기 전의 것, 이하 '법'이라 한다) 제1조에 의하면, "이 법은 공립의 초등학교·중학교 및 고등학교용 학교용지의 조성·개발·공급 및 관련 경비의 부담 등에 관한 특례를 규정함으로써 학교용지의 확보를 용이하게 함을 목적으로 한다."라고 규정하고 있고, 법 제5조 제1항은 시·도지사로 하여금 학교용지부담금(이하 '부담금'이라 한다)을 부과·징수할 수 있도록 하고 있으며, 법 제6조 제3호는 시·도는 학교용지의 확보를 위하여 시·도의 일반회계가 부담하는 경비를 법 제5조의 규정에 의하여 부과·징수하는 부담금을 재원으로 조달할 수 있도록 규정하고 있는 한편, 구 지방자치법 제9조 제2항 제5호 (가)목은 교육에 관한 사무로서 초등학교·중학교·고등학교의 설치사무를 지방자치단체의 사무로 예시하고 있으므로, 시·도지사가 부담금을 부과·징수하는 것은 국가기관의 지위에서 수행하는 사무가 아니라 지방자치단체의 고유사무인 자치사무라고 할 것이다."[2)]

1) 대법원 2014. 12. 24. 선고 2010다69704 판결(부당이득금반환); 대법원 2014. 12. 24. 선고 2011다92497 판결.
2) 대법원 2008. 1. 17. 선고 2007다59295 판결(부당이득금).

< 지역주민에 대한 공항고속도로 통행료 지원사무의 성질 >

"인천광역시의회가 의결한 '인천광역시 공항고속도로 통행료지원 조례안'이 규정하고 있는 인천국제공항고속도로를 이용하는 지역주민에게 통행료를 지원하는 내용의 사무는, 구 지방자치법(2007. 5. 11. 법률 제8423호로 전문 개정되기 전의 것) 제9조 제2항 제2호 (가)목에 정한 주민복지에 관한 사업으로서 지방자치사무이다."[1]

< 인권교육의 편성·실시 사무의 성질 >

"초·중등교육법 제7조, 제23조, 교육부장관이 고시한 '초·중등학교 교육과정' Ⅱ.4.가.(1)항, Ⅲ.1.나.(15)항의 내용 및 체계와 아울러, 학교는 교육과정을 운영하는 주체로서 대통령령이 정하는 교과를 포함하여 교육부장관이 고시하는 기본적인 교육과정을 구성하는 과목 외의 내용을 교육내용에 포함시킬 수 있는 재량이 있다고 보이는 점, 교육감은 지방자치단체의 교육·학예에 관한 사무를 담당하는 주체로서 교육부장관이 정한 교육과정의 범위 안에서 지역의 실정에 맞는 교육과정의 기준과 내용을 정할 수 있을 뿐만 아니라 관할 구역 내 학교의 교육과정 운영에 대한 장학지도를 할 수 있는 점, 교육부장관이 정한 기본적인 교육과정과 대통령령에 정한 교과 외의 교육내용에 관한 결정 및 그에 대한 지도는 전국적으로 통일하여 규율되어야 할 사무가 아니라 각 지역과 학교의 실정에 맞는 규율이 허용되는 사무라고 할 것인 점 등에 비추어 보면, 학기당 2시간 정도의 인권교육의 편성·실시는 지방자치법 제9조 제2항 제5호가 지방자치단체의 사무로 예시한 교육에 관한 사무로서 초등학교·중학교·고등학교 등의 운영·지도에 관한 사무에 속한다."[2]

2. 단체위임사무

국가나 지방자치단체가 법령에 따라 그 사무를 지방자치단체에게 위임하여 처리하도록 한 경우, 그 사무를 단체위임사무라고 한다. 지방자치법은 '법령에 따라 지방자치단체에 속하는 사무'라고 규정하고 있다(§ 13 ①). 현행법상 단

1) 대법원 2008. 6. 12. 선고 2007추42 판결(조례안재의결무효확인).
2) 대법원 2015. 5. 14. 선고 2013추98 판결(조례안의결무효확인: 학생인권조례안 사건).

체위임사무의 예는 그리 많지 않다. 가령 시·군의 도세징수사무(지방세법 § 53)가 그 예이다.

3. 기관위임사무

기관위임사무란 국가 또는 다른 지방자치단체로부터 지방자치단체의 장 등에게 위임된 사무를 말한다. 병역, 선거, 경찰, 지적, 통계, 양곡관리, 소방, 그 밖의 각종 인·허가사무 등 그 예가 많다. 기관위임사무는 여전히 지방자치단체가 수행하는 사무의 주종을 이루고 있다.

기관위임사무의 근거는 "시·도와 시·군 및 자치구에서 시행하는 국가사무는 법령에 다른 규정이 없으면 시·도지사와 시장·군수 및 자치구의 구청장에게 위임하여 행한다."고 규정한 지방자치법 제115조(국가사무의 위임)와 "지방자치단체의 장은 그 지방자치단체의 사무와 법령에 따라 그 지방자치단체의 장에게 위임된 사무를 관리하고 집행한다."고 규정한 제116조(사무의 관리 및 집행권)에서 찾는 것이 일반적이다. "행정기관은 법령으로 정하는 바에 따라 그 소관사무의 일부를 보조기관 또는 하급행정기관에 위임하거나 다른 행정기관·지방자치단체 또는 그 기관에 위탁 또는 위임할 수 있다."고 규정한 정부조직법 제6조 제1항 전단을 그 근거로 보기도 한다.[1]

이와 관련하여 지방자치법의 위임규정에만 근거하여 국가 등의 사무를 위임할 수 있는지 아니면 별도의 위임규정을 필요로 하는 것인지가 문제되는데, 전자가 판례의 입장이다.

"지방자치법 제102조, 제106조[2] 및 지방자치에관한임시조치법 제5조의2의 각 규정취지를 종합하면 국가행정사무를 지방자치단체의 장에게 위임하여 수행할 수 있으므로 지방자치단체의 장은 국가사무를 처리하는 범위 내에서는 국가의 보통 지방행정기관의 지위에 있는 것이며, 공유수면관리법 제3조에 공유수면은 도지사가 관리하도록 되어 있으니 도지사는 위 규정들에 의하여 조

1) 김철용, 행정법 II, 95-96.
2) 현행 지방자치법 제102조, 제103조에 각각 상응하는 규정들이다(인용자 주).

례가 정하는 바에 따라 그 권한에 속하는 사무의 일부를 시장에게 위임할 수 있다고 해석되므로 피고(삼천포 시장)의 이사건 공유수면에 대한 점용허가의 취소처분의 당부를 심리판단함이 없이 공유수면 관리법 및 동법시행령에 도지사의 위임에 관한 규정이 없다는 직권판단만으로 피고의 위 점용허가취소 처분이 당연무효라고 단정함은 위법하다."[1]

3. 자치사무, 단체위임사무 및 기관위임사무의 구별

3.1. 구별의 실익

자치사무, 단체위임사무 및 기관위임사무를 구별하는 실익은 다음 표에서 보는 바와 같이 법적 근거, 자치입법에 의한 규율여부, 경비부담, 국가 등의 감독과 범위, 지방의회의 관여, 배상책임의 귀속 등과 관련하여 차이를 보인다는 데 있다.

< 지방자치단체 사무의 구별 >

구 별	자치사무	단체위임사무	기관위임사무
사무의 성질	주민복리에 관한 지자체의 고유사무	법령에 따라 지자체에 위임된 사무	국가·지자체가 법령·조례로 지자체 기관에 위임한 사무
법적 근거	지방자치법 § 13 ①전단	지방자치법 § 13 ①후단	지방자치법 §§ 115, 116
단체장의 지위	지자체의 기관	지자체의 기관(간접국가기관)	국가기관
자치입법 규율여부	조례·규칙으로 규율 가능	조례·규칙으로 규율가능	조례로 규율 불가, 법령상 조례위임이 있으면 가능 규칙은 가능
경비 부담	지자체 부담	국가부담설(다수설) cf. 국가와 지자체 분담: 지방재정법 § 21 ①[2]	국가가 전액 부담(실제와 상이)

1) 대법원 1984. 7. 10. 선고 82누563 판결(행정처분취소).

2) 지방재정법은 제21조에서 부담금과 교부금에 관하여 지방자치단체 또는 그 기관이 법령에

<table>
<tr><td rowspan="2">국가감독</td><td>감독속성</td><td>합법성 감독
사후적 감독</td><td>합법성 · 합목적성 감독
사후적 감독</td><td>합법성 · 합목적성 감독
적극적 · 예방적 감독</td></tr>
<tr><td>감독기관</td><td>행정안전부장관, 시 · 도지사(법률에 특별한 규정 있으면 예외)</td><td>주무부처의 장</td><td>주무부처의 장</td></tr>
<tr><td colspan="2">지방의회 관여</td><td>가능</td><td>대부분 가능</td><td>원칙적 불가능(지방자치법 § 49 ③ 예외)</td></tr>
<tr><td colspan="2">배상책임</td><td>지자체가 부담</td><td>국가 또는 지자체가 부담(국가배상법 § 6)</td><td>원칙적으로 국가, 예외적으로 지자체 부담(국가배상법 § 6)</td></tr>
</table>

3.2. 자치사무, 단체위임사무 및 기관위임사무의 구별기준

입법권자가 개별 법령에서 사무의 유형과 그 처리주체, 경비부담 등을 분명하게 구별하여 규정한 경우는 특별한 문제가 없다. 그러나 실제는 대부분 그러하지 못하다. 특히 법령상 지방자치단체의 장이 처리하도록 규정되어 있는 사무가 자치사무인지 기관위임사무에 해당하는지 여부가 불분명한 경우가 많다. 그런 경우 사무의 유형을 판단함에 있어 그에 관한 법령의 규정 형식과 취지를 우선적으로 고려하되, 그 밖에도 사무의 성질이 전국적으로 통일적인 처리가 요구되는 사무인지 여부나 그에 관한 경비부담과 최종적인 책임귀속의 주체 등도 아울러 고려하여 개별적으로 판단해야 할 것이다. 판례 또한 동일한 입장을 보이고 있다.[1)]

첫째, 사무의 구별기준으로 일차적으로 고려할 것은 근거법령의 문언, 즉 규

의하여 처리하여야 할 사무로서 국가와 지방자치단체 상호간에 이해관계가 있는 경우에, 그 원활한 사무처리를 위하여 국가에서 부담하지 아니하면 아니 되는 경비는 국가가 그 전부 또는 일부를 부담하며(§ 21 ①), 국가가 스스로 행하여야 할 사무를 지방자치단체 또는 그 기관에 위임하여 수행하는 경우에, 그 소요되는 경비는 국가가 그 전부를 당해 지방자치단체에 교부하여야 한다고 규정하고 있다(§ 21 ②). 이와 같이 국가와 지방자치단체가 부담할 경비 중 지방자치단체가 부담할 경비의 종목 및 부담비율에 관하여는 대통령령으로 정한다(§ 22 ①).

1) 대법원 2001. 11. 27. 선고 2001추57 판결; 2008. 1. 17. 선고 2007다59295 판결(부당이득금) 등을 참조. 한편 판례에 의한 기준도 불명확성을 해소해 주지 못해 부적합하며 입법적 해결책이 필요하다는 비판으로는 이기우 · 하승수, 지방자치법, 대영문화사, 2007, 162-163을 참조.

정 형식과 취지이다. 만일 어떤 법령에서 대통령과 국무총리 또는 각 행정각부처의 장 등 중앙행정기관의 장의 권한으로 규정하고 있다면 이는 국가사무로 볼 수 있다. 그와 같은 국가사무 중 지방자치단체의 장 즉, 시·도지사나 시장·군수·구청장 등에게 위임된 사무는 기관위임사무로 보아야 할 것이고, 지방자치단체의 장이 아니라 지방자치단체에 위임된 것은 단체위임사무로 보아야 할 것이다. 법령에서 '지방자치단체의 장이 행한다'고 규정한 경우, 기관으로서 지방자치단체의 장에게 권한을 부여한 것이라는 점에서 통상 기관위임사무로 추정할 수 있겠지만, 경우에 따라서는 본래적 자치사무에 대하여 단지 지방자치단체의 대표자로서 그 '장'이 행한다는 의미일 수도 있으므로, 입법권자의 의사를 따져 보아야 한다. 관계법령에서 사무처리의 권한이나 임무를 부여한 취지를 판단함에 있어 사무의 성질이 전국적으로 통일적 처리가 요구되는 사무인지 여부 등을 고려해야 할 것이다.

둘째, 법령의 규정이 불분명한 경우에는 관계법령상 경비부담, 감독관련 규정들을 고려하여 판단해야 한다. 만일 사무에 소요되는 경비를 전적으로 지방자치단체가 부담하고 그로 인한 수입도 지방자치단체에게 귀속시키는 규정이 있다면 이는 자치사무의 경우로 볼 수 있을 것이다.

셋째, 지방자치법 제13조 제2항과 제14조를 보충적으로 고려하여 판단하여야 할 것이다. 만일 제13조 제2항에 예시된 사무에 해당한다면, 특별한 사정이 없는 한, 이를 자치사무로 보아도 무방할 것이고 반면 제14조 각호에 열거된 범주에 해당한다면 의당 이를 국가사무라고 보아야 할 것이다.

< 자치사무와 기관위임사무의 구별 및 조례제정 범위 >

"구 지방자치법(2007. 5. 11. 법률 제8423호로 전문 개정되기 전의 것) 제15조, 제9조에 의하면, 지방자치단체가 자치조례를 제정할 수 있는 사항은 지방자치단체의 고유사무인 자치사무와 개별법령에 의하여 지방자치단체에 위임된 단체위임사무에 한하는 것이고, 국가사무가 지방자치단체의 장에게 위임된 기관위임사무는 원칙적으로 자치조례의 제정범위에 속하지 않는다 할 것이고, 다만 기관위임사무에 있어서도 그에 관한 개별법령에서 일정한 사항을 조

례로 정하도록 위임하고 있는 경우에는 위임받은 사항에 관하여 개별법령의 취지에 부합하는 범위 내에서 이른바 위임조례를 정할 수 있다(대법원 2000. 5. 30. 선고 99추85 판결 등 참조). 그리고 법령상 지방자치단체의 장이 처리하도록 규정하고 있는 사무가 자치사무인지 기관위임사무에 해당하는지 여부를 판단함에 있어서는 그에 관한 법령의 규정 형식과 취지를 우선 고려하여야 할 것이지만 그 외에도 그 사무의 성질이 전국적으로 통일적인 처리가 요구되는 사무인지 여부나 그에 관한 경비부담과 최종적인 책임귀속의 주체 등도 아울러 고려하여 판단하여야 한다(대법원 2001. 11. 27. 선고 2001추57 판결 등 참조)."[1]

< 법령상 지자체 장의 처리 사무가
자치사무인지 기관위임사무인지 여부와 판단 방법 >

"국가가 본래 그의 사무의 일부를 지방자치단체의 장에게 위임하여 처리하게 하는 기관위임사무의 경우 지방자치단체는 국가기관의 일부로 볼 수 있고, 지방자치단체가 그 고유의 자치사무를 처리하는 경우 지방자치단체는 국가기관의 일부가 아니라 국가기관과는 별도의 독립한 공법인으로서 양벌규정에 의한 처벌대상이 되는 법인에 해당한다. 또한, 법령상 지방자치단체의 장이 처리하도록 하고 있는 사무가 자치사무인지, 기관위임사무에 해당하는지 여부를 판단하는 때에는 그에 관한 법령의 규정 형식과 취지를 우선 고려하여야 하며, 그 외에도 그 사무의 성질이 전국적으로 통일적인 처리가 요구되는 사무인지 여부나 그에 관한 경비부담과 최종적인 책임귀속의 주체 등도 아울러 고려하여 판단하여야 한다."[2]

1) 대법원 2008. 1. 17. 선고 2007다59295 판결(부당이득금).
2) 대법원 2009. 6. 11. 선고 2008도6530 판결(자동차관리법위반): 지방자치단체 소속 공무원이 지정항만순찰 등의 업무를 위해 관할관청의 승인 없이 개조한 승합차를 운행함으로써 구 자동차관리법(2007. 10. 17. 법률 제8658호로 개정되기 전의 것)을 위반한 사안에서, 지방자치법, 구 항만법, 구 항만법 시행령 등에 비추어 위 항만순찰 등의 업무가 지방자치단체의 장이 국가로부터 위임받은 기관위임사무에 해당하여, 해당 지방자치단체가 구 자동차관리법 제83조의 양벌규정에 따른 처벌대상이 될 수 없다고 한 사례.

3.3. 실 례

판례에서 국가사무, 즉 기관위임사무로 본 경우로는 국도의 유지・수선사무(대법원 1993.1.26. 선고 92다2684 판결), 묘지등의 허가사무(대법원 1995.12. 22. 선고 95추32 판결), 부랑인선도시설 또는 정신질환자요양시설의 지도・감독사무(대법원 2006.7.28. 선고 2004다759 판결), 항만순찰 등의 업무(대법원 2009.6.11. 선고 2008도6530 판결) 등이 있고, 자치사무로 본 경우로는 호적사무(대법원 1995.3.28. 선고 94다45654 판결), 도지사의 의료기관감독사무(대법원 1994.9.13. 선고 94누3599 판결), 시・도지사의 학교용지부담금 부과・징수사무(대법원 2008.1.17. 선고 2007다59295 판결), 약국개설자의 약사법 위반에 대한 업무 정지 명령이나 과징금 부과 사무(대법원 2014. 10. 27. 선고 2012두15920 판결) 등이 있다.

Ⅳ. 지방자치단체 사무의 배분 및 처리의 기본원칙

1. 지방자치단체의 사무 배분

1.1. 지방자치단체와 국가 간 사무의 배분

지방자치법은 '국가사무의 처리제한'이란 제명 아래 지방자치단체가 처리할 수 없는 사무를 열거하는 한편(§ 15 본문), 법률에 이와 다른 규정이 있는 경우에는 국가사무를 처리할 수 있다고 규정하여(§ 15 단서) 법률에 특별한 규정을 두어 지방자치단체에게 국가사무의 처리를 맡길 수 있는 여지를 남겨 놓았다.

> 1. 외교, 국방, 사법(司法), 국세 등 국가의 존립에 필요한 사무
> 2. 물가정책, 금융정책, 수출입정책 등 전국적으로 통일적 처리를 요하는 사무
> 3. 농산물・임산물・축산물・수산물 및 양곡의 수급조절과 수출입 등 전국적

규모의 사무
4. 국가종합경제개발계획, 국가하천, 국유림, 국토종합개발계획, 지정항만, 고속국도·일반국도, 국립공원 등 전국적 규모나 이와 비슷한 규모의 사무
5. 근로기준, 측량단위 등 전국적으로 기준을 통일하고 조정하여야 할 필요가 있는 사무
6. 우편, 철도 등 전국적 규모나 이와 비슷한 규모의 사무
7. 고도의 기술을 요하는 검사·시험·연구, 항공관리, 기상행정, 원자력개발 등 지방자치단체의 기술과 재정능력으로 감당하기 어려운 사무

지방자치법은 제15조 본문과 각호에 따른 사무들이 국가사무라는 것을 전제로 하고 있다. 따라서 이와 같은 범주에 해당하는 사무들은 국가사무로서 법률에 특별한 규정이 없는 한 지방자치단체가 처리할 수 없다. 그런 한도에서 위 조항은 국가전속사무를 설정한 것으로서, 국가사무를 구체적으로 세부항목 수준까지 열거하고 있지는 않을지라도 지방자치단체의 개입 여지를 배제하는 법적 구속력을 가진다. 다시 말해 지방자치단체가 이들 범주에 해당하는 사무에 관하여 조례를 제정할 경우에는 바로 제15조 본문 위반으로 위법을 면치 못하게 된다.

반면, 위 제15조는 국가사무를 위에 열거된 사무들로 한정한 것이라고는 보기 어렵다. 즉, 위에 열거된 사무들만이 국가사무인 것은 아니다. 그렇다면, 일단 그러한 범주에 속하지 아니 하는 국가사무의 경우에는 제15조 본문의 처리제한이 적용되지 않는다는 결과가 되는지, 다시 말해 그러한 사무들은 이를 지방자치단체가 처리할 수 있다는 뜻인지 여부가 문제된다.

지방자치법 제15조 본문과 각호의 규정은 국가사무를 한정적으로 열거한 것은 아니지만 그 반대해석을 통해 그 밖의 모든 국가사무에 대해 지방자치단체의 처리를 (법률의 특별한 수권 없이도) 가능케 하는 것이라기보다는, 의문이 없지 않지만, 오히려 그 단서 조항을 통해 그와 같은 국가사무들도 법률에 다른 규정이 있으면 지방자치단체가 처리할 수 있다는 것을 분명히 하려는 조항이라고 해석된다. 그 한도에서 위 제15조 각호의 국가사무가 가지는 국가전속사무로서의 의미는 반감된다. 또 위 제15조 각호에 해당하지 아니 하는 국가

사무도, 그것이 국가사무인 한, 지방자치단체에 맡기려면 별도의 법률적 근거가 필요하다고 보아야 할 것이다.

이와 관련하여 법 제15조 단서가 '법률에 이와 다른 규정이 있는 경우'에 국가사무를 처리할 수 있다고 규정하여 명시적으로 '법률'을 언급하고 있는 이상, 지방자치단체가 조례에 의해 국가사무의 범주에 해당하거나 저촉되는 사무를 처리하는 것은 허용되지 않지만, 법률에서 어떤 국가사무를 지방자치단체가 처리하도록 하면서 단지 그 구체적인 사항을 조례로 정하도록 위임한 경우에는, 적어도 모법인 법률에 그런 취지의 규정이 있는 이상, 위 제15조의 요구를 충족시켰다고 보아야 할 것이다.

한편, 「지방분권법」 제9조는 국가와 지방자치단체간 사무배분의 원칙을 다음과 같이 천명하고 있다.

> ① 국가는 지방자치단체가 행정을 종합적·자율적으로 수행할 수 있도록 국가와 지방자치단체 간 또는 지방자치단체 상호간의 사무를 주민의 편익증진, 집행의 효과 등을 고려하여 서로 중복되지 아니하도록 배분하여야 한다.
> ② 국가는 제1항에 따라 사무를 배분하는 경우, 지역주민생활과 밀접한 관련이 있는 사무는 원칙적으로 시·군 및 자치구(이하 "시·군·구"라 한다)의 사무로, 시·군·구가 처리하기 어려운 사무는 특별시·광역시·특별자치시·도 및 특별자치도(이하 "시·도"라 한다)의 사무로, 시·도가 처리하기 어려운 사무는 국가의 사무로 각각 배분하여야 한다.
> ③ 국가가 지방자치단체에 사무를 배분하거나 지방자치단체가 사무를 다른 지방자치단체에 재배분하는 때에는 사무를 배분 또는 재배분 받는 지방자치단체가 그 사무를 자기의 책임 하에 종합적으로 처리할 수 있도록 관련 사무를 포괄적으로 배분하여야 한다.
> ④ 국가 및 지방자치단체는 제1항부터 제3항까지의 규정에 따라 사무를 배분하는 때에는 민간부문의 자율성을 존중하여 국가 또는 지방자치단체의 관여를 최소화하여야 하며, 민간의 행정참여기회를 확대하여야 한다.

이 조항은 주로 지방분권 추진이라는 관점에서 국가와 지방자치단체가 사무배분에 있어 준수해야 할 기준을 정한 입법정책적 의미를 가지는 규범이지만,

지방자치법상 사무의 귀속이 불분명한 경우에도 참조할 수 있는 지침으로 활용할 수 있을 것이다.

1.2. 지방자치단체간 사무의 배분

1.2.1. 지방자치단체의 종류별 사무배분기준

지방자치법은 제13조에 따른 지방자치단체의 종류별 사무배분기준을 다음과 같이 제시하고 있다(§ 14 ① 본문). 다만, 제13조제2항제1호의 사무, 즉 '지방자치단체의 구역, 조직, 행정관리 등에 관한 사무'[1]는 각 지방자치단체에 공통된 사무로 되어 있다(§ 14 ① 단서).

1. 시·도
   가. 행정처리 결과가 2개 이상의 시·군 및 자치구에 미치는 광역적 사무
   나. 시·도 단위로 동일한 기준에 따라 처리되어야 할 성질의 사무
   다. 지역적 특성을 살리면서 시·도 단위로 통일성을 유지할 필요가 있는 사무
   라. 국가와 시·군 및 자치구 사이의 연락·조정 등의 사무
   마. 시·군 및 자치구가 독자적으로 처리하기 어려운 사무
   바. 2개 이상의 시·군 및 자치구가 공동으로 설치하는 것이 적당하다고 인정되는 규모의 시설을 설치하고 관리하는 사무
2. 시·군 및 자치구
   제1호에서 시·도가 처리하는 것으로 되어 있는 사무를 제외한 사무. 다만, 인구 50만 이상의 시에 대해서는 도가 처리하는 사무의 일부를 직접 처리하게 할 수 있다.

위 배분기준에 따른 지방자치단체의 종류별 사무는 대통령령으로 정한다(§

1) 가. 관할 구역 안 행정구역의 명칭·위치 및 구역의 조정; 나. 조례·규칙의 제정·개정·폐지 및 그 운영·관리; 다. 산하(傘下) 행정기관의 조직관리; 라. 산하 행정기관 및 단체의 지도·감독; 마. 소속 공무원의 인사·후생복지 및 교육; 바. 지방세 및 지방세 외 수입의 부과 및 징수; 사. 예산의 편성·집행 및 회계감사와 재산관리; 아. 행정장비관리, 행정전산화 및 행정관리개선; 자. 공유재산관리; 차. 가족관계등록 및 주민등록 관리; 카. 지방자치단체에 필요한 각종 조사 및 통계의 작성

14 ②).

1.2.2. 불경합성 · 보충성의 원칙

지방자치법은 시 · 도와 시 · 군 및 자치구는 사무를 처리할 때 서로 겹치지 아니하도록 하여야 한다는 불경합성의 원칙과, 사무가 서로 겹치면 시 · 군 및 자치구에서 먼저 처리한다는 의미의 보충성 원칙을 채택하고 있다(§ 14 ③).

2. 사무처리의 기본원칙

지방자치법은 지방자치단체가 사무를 처리함에 있어 준수해야 할 기본원칙을 다음과 같이 천명하고 있다. 즉, 지방자치단체는 첫째, 그 사무를 처리할 때 주민의 편의와 복리증진을 위하여 노력하여야 하며(§ 12 ①), 조직과 운영을 합리적으로 하고 그 규모를 적정하게 유지하여야 한다(§ 12 ②).

그리고 지방자치단체는 법령을 위반하여 사무를 처리할 수 없으며, 시 · 군 및 자치구는 해당 구역을 관할하는 시 · 도의 조례를 위반하여 사무를 처리할 수 없다(§ 12 ③).

제 3 장

지방자치단체의 기관

◆ Section ◆

CHAPTER

제 1 절 개 설

지방자치단체의 기관은 그 권한의 일반성과 특정성에 따라, 보통기관과 특별기관으로 나눌 수 있다. 보통기관은 다시 단체의사를 결정하는 의결기관과 단체의사를 집행하는 집행기관 두 가지로 나뉜다. 지방자치단체의 의결기관으로는 지방의회가 있고, 집행기관은 일반집행기관과 교육·학예 특별기관으로 나뉘며, 일반집행기관으로는 지방자치단체의 장, 그 장의 소속기관, 지방자치단체의 하급집행기관이 있고, 교육·학예 특별기관으로 교육감이 있다.

지방자치단체의 특별기관으로는 선거관리위원회, 인사위원회, 지방공무원소청심사위원회 등이 있다.

2021년 1월 12일의 개정지방자치법은 지방자치단체의 의회와 집행기관에 관한 이 법의 규정에도 불구하고 따로 법률로 정하는 바에 따라 지방자치단체의 장의 선임방법을 포함한 지방자치단체의 기관구성 형태를 달리 할 수 있도록 하되, 그 경우 「주민투표법」에 따른 주민투표를 실시하여 주민의 의견을 듣도록 하였다(§ 4). 이에 따라 지방자치단체의 권력구조를 단체장-지방의회 기관대립형 외에도 의원내각제와 유사한 기관통합형 등 다양한 형태로 구현할 수 있는 법제도적 근거가 마련된 셈이다.[1] 그 요건은 별도의 법률에 따른 근거와 주민투표법에 따른 주민의견 반영이다.

1) 지방자치단체의 기관구성에 관해서는 박정훈, 자치단체 기관구성 다양화를 위한 입법사례 연구, 2014, 온나라 정책연구원을 참조.

CHAPTER

제 2 절

지방의회

Ⅰ. 법적 지위 및 조직

지방의회는 첫째, 주민의 대의기관으로서 헌법상 반드시 구성해야 한다는 의미에서 헌법기관이다(헌법 § 118). 둘째, 지방의회는 지방자치단체의 자치입법기관이다. 셋째, 지방의회는 의원으로 구성되는 회의제 의결기관으로서 지방자치단체의 의사결정기능을 수행한다. 지방의회는 자치입법등 지방자치단체의 최고 정책결정기능을 담당하는 지방자치제도의 핵심적 구성요소지만, 대외적으로 독립하여 그 의사를 표시하는 권한은 가지지 아니 한다. 따라서 행정청은 아니다. 지방의회는 지방자치법 제47조에 규정된 사항을 의결하지만 그 의결은 지방의회가 아니라 해당 지방자치단체의 결정으로 귀속되며 그 형식이나 내용 등에 따라 조례, 규칙 등 입법이 될 수도 있고 개별처분의 법적 형식을 띨 수도 있다.

지방의회는 국회와 달리 중앙정부와의 관계에서는 지방자치단체의 장과 함께 지방자치행정의 핵심기관으로 나타난다. 그런 맥락에서 지방의회가 본질적으로 행정기관의 지위를 가진다고 하는 견해도 있으나, 지방자치를 단순히 지방자치행정으로 파악할 수 있는지는 의문스럽다. 물론 국가행정과 지방자치행정이 연계되어야 하고 또 그러한 기능적 연관관계를 맺는 것은 사실이지만, 지방자치는 지방자치행정보다는 더 넓은 개념이며, 지방자치단체를 국가행정의 하위체계로 보는 시각은 국가와 지방자치단체 간의 수직적 권력분립을 전제로 한 지방자치의 헌법적 보장 정신에도 부합하지 아니 한다. 더욱이 지방의회의 의결이, 가령 지방의회의원에 대한 징계의결처럼, 대외적인 관계에서 개별처분의 형태로 나타날 수 있다고 해서 지방의회가 행정기관의 지위를 가

지는 것은 아니다.[1)]

지방의회는 법인격이나 권리능력은 없지만, 지방자치단체의 다른 기관과의 관계에서 조직법상 권리의무의 귀속주체가 될 수 있고, 또 그 범위 안에서 헌법 및 지방자치법 등에서 부여된 권리·권한을 행사할 수 있다.

끝으로 지방의회는 주민 대의기관으로서의 지위에 입각하여 집행기관에 대한 감시·통제 기관으로서의 지위도 가진다.

> "헌법 제117조 제1항과 지방자치법 제22조에 의하면, 지방자치단체는 법령의 범위 안에서 그 사무에 관하여 자치조례를 제정할 수 있고, 지방자치법은 의결기관으로서의 지방의회와 집행기관으로서의 지방자치단체장에게 독자적 권한을 부여하는 한편, 지방의회는 행정사무감사와 조사권 등에 의하여 지방자치단체장의 사무집행을 감시 통제할 수 있고 지방자치단체장은 지방의회의 의결에 대한 재의요구권 등으로 의회의 의결권행사에 제동을 가할 수 있게 함으로써 상호 견제와 균형을 유지하도록 하고 있으므로, 지방의회는 자치사무에 관하여 법률에 특별한 규정이 없는 한 조례로써 위와 같은 지방자치단체장의 고유권한을 침해하지 않는 범위 내에서 조례를 제정할 수 있다(대법원 1992. 7. 28. 선고 92추31 판결, 대법원 2000. 6. 13. 선고 99추92 판결 등 참조)."[2)]

Ⅱ. 지방의회의 권한과 의무

1. 개 설

지방의회는 (1) 의결권, (2) 행정사무감사·조사권, (3) 선거권, (4) 집행감시권, (5) 청원 처리권, (6) 자율권 등의 권한을 가진다. 한편 법은 제46조에서 지방의회의 의무 등을 규정하고 있다.

1) 김철용, 행정법 II, 129.
2) 대법원 2009. 12. 24. 선고 2009추121 판결(조례안재의결무효확인).

1.1. 의결권

지방자치법은 지방의회의 의결권에 대하여 열거주의를 취하고 있는 바, 지방의회는 ① 조례의 제정·개폐, ② 예산의 심의·확정, ③ 결산의 승인, ④ 법령에 규정된 것을 제외한 사용료·수수료·분담금·지방세 또는 가입금의 부과·징수,[1] ⑤ 기금의 설치·운용, ⑥ 대통령령으로 정하는 중요재산의 취득·처분,[2] ⑦ 대통령령으로 정하는 공공시설의 설치·처분, ⑧ 법령과 조례에 규정된 것을 제외한 예산 외의 의무부담이나 권리의 포기, ⑨ 청원의 수리와 처리, ⑩ 그 밖에 법령에 따라 그 권한에 속하는 사항[3]을 의결하며(§ 47 ①), 그 밖에도 조례가 정하는 바에 따라 지방의회에서 의결되어야 할 사항을 따로 정할 수 있다(§ 47 ②).

지방자치법이 제47조에 지방의회의 의결을 받아야 할 사항을 규정한 것은 대의제에 따른 지방의회 본연의 임무, 즉 주민대의기능을 전제로 한 것이다. 의결사항은 제47조 제1항에 다른 법정의결사항 외에도 같은 조 제2항에 따른 조례에 의해 확장된 의결사항을 포함한다. 그러나 조례에 의한 의결사항의 확장에는 한계가 있다. 즉 조례는 법 제28조에 따라 법령의 범위에서 지방자치단체의 사무에 관한 사항을 정할 수 있고, 지방자치단체 장의 권한이나 중앙정부의 법적 권한을 침해하는 것이어서는 안 되는 등의 제한이 따른다.

지방의회 의결을 받아야 할 사항에 대하여 의결 없이 행한 처분이나 행위는

---

1) 지방세징수는 법률사항이다.

2) 과거에는 지방재정법상 공유재산관리기본계획과의 관계에서 운영상 마찰이 있었다. 지방재정법은 공유재산 취득·처분에 관한 사항을 이 계획에 포함시켜 의결을 받으면 개별적 의결을 받지 않아도 되게 했지만, 그 포함 범위가 불분명하여 개별적 의결을 받는 문제를 둘러싸고 대립한 일이 많았다. 그리하여 지방자치법은 대통령령이 정하는 중요재산만 의결을 받도록 하고 그 범위를 「공유재산 및 물품 관리법」 제10조제1항에 따른 공유재산의 취득과 처분에 관한 관리계획에 포함시킬 범위와 일치시켰다(시행령 § 36).

3) 그 밖의 법령에 의하여 그 권한에 속하게 된 사항: 예컨대 지방세의 부과·징수·감면(지방세법 제3조, 제9조), 도시계획의 의결(「국토의 계획 및 이용에 관한 법률」), 다음 연도 수입의 충당·사용, 일시차입금, 출자, 예산의 목적 외 사용금지와 예산이체, 세출예산의 이월(지방재정법) 등 개별 법률에서 지방의회 의결사항으로 규정한 것이 많다. 지방자치법에서도 사무소 소재지 변경·신설, 행정사무조사권의 발동, 지방채 발행, 지방의회의 조직과 운영에 관한 여러 사항 등이 지방의회의 의결사항으로 규정되어 있다.

무효이다.[1] 그러나 결산의 경우처럼 성질상 무효로 하기 어려운 사항도 있다. 결산 의결이 거부된 경우, 법적 책임보다는 정치적 책임이 따른다고 볼 여지도 없지 않다.

1.2. 선거권

지방의회는 ① 의장·부의장·임시의장(§§ 57, 60), ② 위원회의 위원(§ 64 ③), ③ 결산 검사위원(§ 150 ①) 등을 선출·선임할 권한을 가진다.

1.3. 행정사무감사·조사권

지방의회는 매년 1회 그 지방자치단체의 사무에 대하여 시·도에서는 10일의 범위에서, 시·군 및 자치구에서는 7일의 범위에서 감사를 실시하고, 지방자치단체의 사무 중 특정 사안에 관하여 본회의 의결로 본회의나 위원회에서 조사하게 할 수 있다(§ 49 ①).

지방자치단체 및 그 장이 위임받아 처리하는 국가사무와 시·도의 사무에 대하여 국가 및 시·도의회가 직접 감사하기로 한 사무를 제외하고는 이에 대해서도 감사할 수 있다. 감사는 각각 해당 시·도의회와 시·군 및 자치구의회가 할 수 있으며, 이 경우 국회와 시·도의회는 그 감사결과에 대하여 그 지방의회에 필요한 자료를 요구할 수 있다(§ 49 ③).

감사는 정례적인 것이고 조사는 수시적이라는 데 차이가 있지만, 양자는 본질적으로는 동일한 권한이다. 정기감사제도는 헌법상 국정감사의 예에 따른 것이지만 권력분립 원칙에 비추어 문제가 있다는 지적도 있다. 아무튼 감사·조사권이 남용되지 않도록 하는 것이 중요하다.

감사 및 조사의 절차 방법 등은 「국정감사 및 조사에 관한 법률」에 준하여 대통령령으로 정하도록 하였고(§ 49 ⑦ 전단), 선서·증언·감정 등에 관한 절차는 「국회에서의 증언감정 등에 관한 법률」에 준하여 대통령령으로 정하도록

---

1) 대법원 1957. 5. 16. 선고 4290민상72 판결; 1978. 10. 10. 선고 78다1024 판결; 1984. 10. 23. 선고 84다카707 판결; 1994. 11. 4. 선고 93다12978 판결(공동부담청구) 등.

하였다(§ 49 ⑦ 후단: 시행령 § 43).

감사와 조사의 방법은 현지확인이나 자료제출요구의 방법에 의하는 것이 일반적이다. 자치단체장 또는 관계공무원, 그 사무에 관련된 자를 출석시켜 증인으로서 선서한 후 증언하게 하거나 참고인으로 의견진술을 요구하는 방법에 의하기도 한다.

허위증언을 한 자는 고발할 수 있고 출석요구를 받은 증인이 정당한 이유없이 출석을 하지 아니하거나 증언을 거부한 경우 500만 원 이하의 과태료를 부과할 수 있다(§ 49 ⑤).

행정사무 조사 및 감사는 당해 지방자치단체의 고유사무에 한하고 위임사무는 위임기관이 속한 곳, 즉 정부의 경우는 국회가, 시·도의 경우에는 시 · 도 의회가 조사 및 감사를 담당하는 것이 원칙이다. 그러나 위임사무의 범위가 너무 넓고 고유사무와의 구분이 명확하지 못한 실정과 지방의회 의원들의 반발을 감안하여, 위임사무의 경우에도 국회 또는 시 · 도 의회가 직접 감사하기로 한 사무를 제외하고는 지방자치단체 및 그 장이 위임받아 처리하는 국가사무와 시 · 도의 사무에 대해서도 해당 지방의회에서 감사를 담당하고 국회 등은 감사결과에 관한 자료를 요구할 수 있도록 법을 개정한 바 있다(§ 49 ③).

1.4. 집행감시권

지방의회나 그 위원회는 서류제출요구권을 가지며(§ 48 ①), 지방자치단체의 장 또는 관계공무원을 출석시켜 행정사무 처리상황을 보고받거나 의견진술을 듣고 질의에 응하게 할 수 있다(§ 51 ②). 또 지방자치단체의 장은 출납 폐쇄 후 80일 이내에 결산서와 증빙서류를 작성하고 지방의회가 선임한 검사위원의 검사의견서를 첨부하여 다음 연도 지방의회의 승인을 받아야 하는데, 그 경우 지방의회의 승인권 역시 중요한 재정통제권한이라 할 수 있다(§ 150 ①).

1.5. 청원 처리권

지방의회는 청원을 심사하며, 지방자치단체의 장이 처리하는 것이 타당하다고 인정되는 경우에는 의견서를 첨부하여 그 장에게 이송하여 처리하게 할 수 있다(§§ 85-88).

1.6. 자율권

지방의회는 회의 기타 내부운영에 관하여 이 법에 정한 것을 제외하고는 그 내부조직·의원신분·회의·원내질서 등에 대하여 스스로 결정·규제할 수 있는 자율권을 가진다(§§ 52, 56, 57 ①, 74, 83, 91, 92, 94 등).

2. 지방의회의 의무

지방자치법 제46조에 따라 지방의회는 지방의회의원이 준수하여야 할 지방의회의원의 윤리강령과 윤리실천규범을 조례로 정하고(§ 46 ①), 소속 의원들이 의정활동에 필요한 전문성을 확보하도록 노력하여야 한다(§ 46 ②). 지방자치법이 지방의회의원의 윤리강령과 윤리실천규범의 조례입법의무를 명시한 것은 「부패방지 및 국민권익위원회의 설치와 운영에 관한 법률」 제8조에서 국가기관에게 공직자행동강령을 제정하게 한 것에 상응하는 조항으로 주목된다.

이와 관련하여 2021년의 개정법률은 지방의회의원의 겸직 및 영리행위 등에 관한 의장의 자문과 지방의회의원 징계에 관한 윤리특별위원회의 자문 등에 응하기 위하여 윤리특별위원회에 윤리심사자문위원회를 두도록 하고, 윤리심사자문위원회의 위원은 민간전문가 중에서 지방의회의 의장이 위촉하도록 하였다(§ 66).

Ⅲ. 지방의회의 구성원과 내부조직

1. 지방의회 의원

1.1. 지방의회 의원의 임기와 권리·의무

(1) 임　기

지방의회 의원은 임기 4년의 명예직이며, 정당은 지방의회 의원의 후보를 추천할 수 있다(공직선거법 § 47).

(2) 지방의회 의원의 권리

지방의회 의원은 지방의회에서의 선거권과 피선거권, 의사참여와 투표권을 가진다. 지방의회의원은 명예직이지만 의정활동비, 여비, 월정수당과 회기중 직무로 인하여 상해를 입거나 사망한 때에는 보상금을 지급받을 권리가 있다(§§ 40, 42).

< 의정비심의위원회의 의견수렴 절차와 '의정활동비 등의 상한액' 결정의 위법 여부 >

구 지방자치법 및 시행령에 따른 지방자치단체의 의정비심의위원회의 의견수렴 절차에 관한 규정의 취지는 의정활동비 등 상한액 결정의 적정성과 투명성을 도모하기 위하여 심의회의 내부 심의만으로 그 상한액을 결정하는 것보다는 지역주민의 여론을 수렴하는 과정을 거치도록 하는 절차적 의무를 부과한 것에 그치고, 의정활동비 등에 관한 지역주민의 의견을 실질적으로 확인하여 그 결과를 반영하여야 할 것까지 요구한다고 볼 수는 없다. 따라서 심의회는 지역주민의 의견수렴 절차의 형식과 내용을 어떻게 형성할 것인지에 관하여 폭넓은 재량이 있고, 심의회가 그 재량 범위 내에서 지역주민의 의견수렴 절차를 거쳤다면, 그것이 다소 미흡하다고 하더라도 그 절차를 거치지 아니한 것과 동일하게 볼 수 있을 정도로 관계 법령의 취지를 명백히 저버린 채 진행된 것이 아닌 한 위법하다고 할 수 없다(대법원 2014. 2. 27. 선고 2011두7489 판결 등 참조).

…… 이 사건 강북구 심의회가 실시한 지역주민의 의견수렴 절차에 일부 미흡한 점이 있다고 하더라도, 그 절차를 거치지 아니한 것과 동일하게 볼 수 있을 정도로 관계 법령의 취지를 명백히 저버린 것으로 평가하기는 어렵고, 따라서 이를 위법하다고 할 것은 아니다.

심의회가 자율적으로 '의정활동비 등의 상한액'을 결정한 경우에는 그 결정 과정에서 주민의 정서나 여론조사 결과에 일부 부합하지 아니한 부분이 있다고 하더라도 그것이 법령에서 심의회의 의결을 반영하는 절차를 둔 입법 취지를 달성할 수 없을 정도로 형식적인 절차를 거친 것에 불과하여 실질적으로 그 절차를 거치지 아니한 것과 다름없는 정도에 이른 것이 아닌 이상 심의회가 행한 '의정활동비 등의 상한액' 결정이 위법하다고 할 수 없다(대법원 2012. 7. 26. 선고 2010두13524 판결 참조).1)

지방의회 의원은 그 의정활동 지원을 위한 정책지원 전문인력의 도움을 받을 수 있다. 지방의회의원 정수의 2분의 1 범위에서 해당 지방자치단체의 조례로 정하는 바에 따라 지방의회에 정책지원 전문인력을 둘 수 있는데(§ 41 ①), 정책지원 전문인력은 지방공무원으로 보하며, 직급·직무 및 임용절차 등 운영에 필요한 사항은 대통령령으로 정한다(§ 41 ②).

(3) 겸직금지 등

지방의회 의원은 지방자치법 제43조에 따라 겸직 등이 금지된다. 종래 겸직금지 대상이 불명확하여 각종 분쟁이 발생했기 때문에 2021년의 개정법률은 지방자치법 제43조제1항에서 겸직 금지 대상을 명시하여 열거한 것이다. 그 내용을 살펴보면 다음과 같다.

첫째, 의원은 다음 어느 하나에 해당하는 직을 겸할 수 없다.

1. 국회의원, 다른 지방의회의원
2. 헌법재판소 재판관, 각급 선거관리위원회 위원
3. 「국가공무원법」 제2조에 따른 국가공무원과 「지방공무원법」 제2조에 따른 지방공무원(「정당법」 제22조에 따라 정당의 당원이 될 수 있는 교원은 제외한다)
4. 「공공기관의 운영에 관한 법률」 제4조에 따른 공공기관(한국방송공사, 한국교육방송공사 및 한국은행을 포함한다)의 임직원
5. 「지방공기업법」 제2조에 따른 지방공사와 지방공단의 임직원
6. 농업협동조합, 수산업협동조합, 산림조합, 엽연초생산협동조합, 신용협동조

---

1) 대법원 2014. 5. 16. 선고 2011두9324 판결.

합, 새마을금고(이들 조합·금고의 중앙회와 연합회를 포함한다)의 임직원과 이들 조합·금고의 중앙회장이나 연합회장
7. 「정당법」 제22조에 따라 정당의 당원이 될 수 없는 교원
8. 다른 법령에 따라 공무원의 신분을 가지는 직
9. 그 밖에 다른 법률에서 겸임할 수 없도록 정하는 직

한편 「정당법」 제22조에 따라 정당의 당원이 될 수 있는 교원이 지방의회의원으로 당선되면 임기 중 그 교원의 직은 휴직된다(§ 43 ②).

둘째, 지방의회의원이 당선 전부터 제1항 각 호의 직을 제외한 다른 직을 가진 경우에는 임기 개시 후 1개월 이내에, 임기 중 그 다른 직에 취임한 경우에는 취임 후 15일 이내에 지방의회의 의장에게 서면으로 신고하여야 하며, 그 방법과 절차는 해당 지방자치단체의 조례로 정한다(§ 43 ③).

지방의회의 의장은 위 제3항에 따라 지방의회의원의 겸직신고를 받으면 그 내용을 연 1회 이상 해당 지방의회의 인터넷 홈페이지에 게시하거나 지방자치단체의 조례로 정하는 방법에 따라 공개하여야 한다(§ 43 ④).

셋째, 지방의회의원이 다음 각 호의 기관·단체 및 그 기관·단체가 설립·운영하는 시설의 대표, 임원, 상근직원 또는 그 소속 위원회(자문위원회는 제외한다)의 위원이 된 경우에는 그 겸한 직을 사임하여야 한다(§ 43 ⑤).

1. 해당 지방자치단체가 출자·출연(재출자·재출연을 포함한다)한 기관·단체
2. 해당 지방자치단체의 사무를 위탁받아 수행하고 있는 기관·단체
3. 해당 지방자치단체로부터 운영비, 사업비 등을 지원받고 있는 기관·단체
4. 법령에 따라 해당 지방자치단체의 장의 인가를 받아 설립된 조합(조합설립을 위한 추진위원회 등 준비단체를 포함한다)의 임직원

이로써 해당 지방자치단체가 출자·출연한 기관·단체 또는 해당 지방자치단체로부터 사무를 위탁받아 수행하는 기관·단체 등이 겸직금지대상으로 명시되어 해당 지방자치단체 및 공공단체와 영리를 목적으로 하는 거래를 할 수

없고, 이와 관련된 시설 또는 재산의 양수인 또는 관리인이 될 수 없게 되었다(§ 43 ⑤).

넷째, 지방의회의 의장은 지방의회의원이 겸직행위가 지방의회의원의 의무를 위반한다고 인정될 때, 즉 위 제5항에 해당하는 데도 불구하고 겸한 직을 사임하지 아니하거나, 다른 직을 겸하는 것이 제44조제2항에 위반된다고 인정될 때에는 그 겸한 직을 사임할 것을 권고하여야 하며, 그 경우 의장은 제66조에 따른 윤리심사자문위원회의 의견을 듣고 그 의견을 존중하여야 한다(§ 43 ⑥). 또한 지방의회의 의장은 지방의회의원의 행위 또는 양수인이나 관리인의 지위가 제5항 또는 제6항에 따라 제한되는지와 관련하여 제66조에 따른 윤리심사자문위원회의 의견을 들을 수 있다(§ 43 ⑦).

(4) 지방의회 의원의 의무

의원은 성실 의무, 청렴 의무, 품위유지 의무 및 지위남용금지 의무를 진다(§ 44).

지방의회의 의장이나 의원은 본인·배우자·직계존비속 또는 형제자매와 직접 이해관계가 있는 안건에 관하여는 그 의사에 참여할 수 없으며, 다만, 의회의 동의가 있으면 의회에 출석하여 발언할 수 있다(§ 82).

(5) 지방의회 의원에 대한 형사사법적 배려

지방의회 의원에게는 국회의원처럼 회기중 불체포특권은 인정되지 아니 한다. 그러나 체포 또는 구금된 경우에는 관계 수사기관의 장은 지체 없이 해당 의장에게 영장의 사본을 첨부하여 그 사실을 알려야 하며, 형사사건으로 공소가 제기되어 그 판결이 확정된 때에도 각급 법원장은 지체 없이 해당 의장에게 이를 알리도록 되어 있다(§ 45).

1.2. 의원의 사직·퇴직·자격심사·징계 등

지방자치법은 제9절(§§ 89-93)에서 의원의 사직·퇴직과 자격심사, 자격상실을, 제11절에서는 의원의 징계(§§ 98-101)를 각각 규정하고 있다. 상세한 설명은 생략한다.

< 재량권 한계와 지방의회의 의원 징계 >

"징계권자가 재량권의 행사로서 한 징계처분이 사회통념상 현저하게 타당성을 잃어 재량권을 남용한 것이라고 인정되는 경우 그 처분은 위법한바, 징계권의 행사가 공익적 목적을 위하여 징계권을 행사하여야 할 공익의 원칙에 반하거나 일반적으로 징계사유로 삼은 비행의 정도에 비하여 균형을 잃은 과중한 징계처분을 선택함으로써 비례의 원칙에 반하거나 또는 같은 정도의 비행에 대하여 일반적으로 적용하여 온 기준에 비추어 합리적인 이유 없이 공평을 잃은 징계처분을 선택함으로써 평등의 원칙을 위반한 경우 이러한 징계처분은 재량권의 한계를 벗어난 처분으로서 위법하다. 그리고 지방의회에서의 의원에 대한 징계에 관하여도 위와 같은 법리가 적용된다."[1]

2. 지방의회의 내부조직

지방의회의 내부조직은 의장과 부의장, 임시의장, 위원회로 구성된다. 지방의회는 의원 중에서 시·도의 경우 의장 1명과 부의장 2명을, 시·군 및 자치구의 경우 의장과 부의장 각 1명을 무기명투표로 선거하여야 하며, 의장과 부의장의 임기는 2년으로 한다(§ 57). 의장은 의회를 대표하고 議事를 정리하며, 회의장 내의 질서를 유지하고 의회의 사무를 감독한다(§ 58). 의장 또는 부의장이 법령을 위반하거나 정당한 이유 없이 직무를 수행하지 아니한 때에는 재적의원 4분의 1이상의 발의와 재적의원 과반수의 찬성으로 불신임을 의결할 수 있고 불신임의결을 받으면 의장은 그 직에서 해임된다. 불신임결의의 법적 성격에 관하여는 행정처분의 일종으로서 항고소송의 대상이 된다는 것이 판례이다.

"지방의회를 대표하고 의사를 정리하며 회의장 내의 질서를 유지하고 의회의 사무를 감독하며 위원회에 출석하여 발언할 수 있는 등의 직무권한을 가지는

1) 대법원 2015. 1. 29. 선고 2014두40616 판결(제명의결처분무효확인).

지방의회 의장에 대한 불신임의결은 의장으로서의 권한을 박탈하는 행정처분의 일종으로서 항고소송의 대상이 된다."[1]

지방자치법은 시·도의회의 사무처와 시·군 및 자치구의회의 사무국 또는 사무과 등 지방의회에 사무기구를 둘 수 있도록 한편 사무기구에 직원을 두도록 하고 있다(§§ 102-104). 2021년의 개정법률은 지방의회 사무기구 인력운영의 자율성을 제고하기 위하여 지방의회 사무직원에 대한 임면·교육·훈련·복무·징계 등을 지방의회의 의장이 처리하도록 하였다(§ 103 ②).

Ⅳ. 소집과 회기

1. 소 집

지방의회의 회의는 정례회와 임시회로 이루어진다. 지방의회는 매년 2회 정례회를 개최한다(§ 53 ①). 정례회의 집회일, 그 밖에 정례회의 운영에 관하여 필요한 사항은 해당 지방자치단체의 조례로 정한다(§ 53 ②).

임시회는, 총선거 후 최초로 집회되는 임시회는 지방의회 사무처장·사무국장·사무과장이 지방의회의원 임기 개시일부터 25일 이내에 소집하며(§ 54 ①), 그 밖에는 지방자치단체의 장이나 재적의원 3분의 1 이상의 의원이 요구하면 지방의회의장은 15일 이내에 임시회를 소집한다. 의장과 부의장이 사고로 임시회를 소집할 수 없으면 의원 중 최다선의원이, 최다선의원이 2명 이상인 경우에는 그 중 연장자의 순으로 소집할 수 있다(§ 54 ②).

2. 회기 등

지방자치법은 지방의회의 개회·휴회·폐회와 회기를 지방의회가 의결로 정

1) 대법원 1994. 10. 11. 자 94두23 결정(행정처분효력정지).

하도록 하고 있다(§ 56 ①). 연간 회의 총일수와 정례회 및 임시회의 회기는 해당 지방자치단체의 조례로 정하도록 되어 있다(§ 54 ②).

V. 회 의

지방의회의 회의에 관해서는 제7절에서 규정하고 있다. 의사정족수는 재적의원 3분의 1 이상의 출석으로 되어 있고(§ 72 ①), 의결정족수는 지방자치법에 특별히 규정된 경우 외에는 재적의원 과반수의 출석과 출석의원 과반수의 찬성으로 되어 있다(§ 73 ①). 의장은 의결에서 표결권을 가지며, 찬성과 반대가 같으면 부결된 것으로 본다(§ 73 ②).

지방의회에서 의결할 의안은 지방자치단체의 장이나 재적의원 5분의 1 이상 또는 의원 10명 이상의 연서로 발의하며(§ 76 ①) 위원회는 그 직무에 속하는 사항에 관하여 의안을 제출할 수 있다(§ 76 ②).

지방의회의 회의에 관해서는 회의의 공개의 원칙(§ 75), 회기계속의 원칙(§ 79), 일사부재의의 원칙(§ 80)이 적용된다. 지방의회의 회의는 공개함이 원칙이지만, 다만, 의원 3명 이상이 발의하고 출석의원 3분의 2 이상이 찬성한 경우 또는 의장이 사회의 안녕질서 유지를 위하여 필요하다고 인정하는 경우에는 공개하지 아니할 수 있다(§ 75 ①). 의장은 공개된 회의의 방청허가를 받은 장애인에게 정당한 편의를 제공하여야 한다(§ 75 ②). 위원회에서 본회의에 부칠 필요가 없다고 결정된 의안은 본회의에 부칠 수 없으며, 다만, 위원회의 결정이 본회의에 보고된 날부터 폐회나 휴회 중의 기간을 제외한 7일 이내에 의장이나 재적의원 3분의 1 이상이 요구하면 그 의안을 본 회의에 부쳐야 한다(§ 81 ①).

Ⅵ. 청 원

지방자치법은 제8절에서 청원에 관한 사항을 규율하고 있다.

Ⅶ. 질 서

지방자치법은 제10절에서 회의의 질서유지(§ 82), 모욕 등 발언의 금지(§ 83), 발언방해 등의 금지(§ 84), 방청인에 대한 단속(§ 85) 등 지방의회의 내부질서 유지에 관한 규정들을 두고 있다. 자세한 설명은 생략한다.

CHAPTER 제 3 절

지방자치단체의 집행기관

Ⅰ. 지방자치행정조직

1. 개 설

지방자치단체의 행정조직은 지방자치단체의 장을 중심으로 구성되는 직접적 행정조직과 지방공사, 지방공단 등 간접적 행정조직기업으로 이루어진다.

2. 직접적 지방자치행정조직

2.1. 지방자치단체의 장

지방자치법은 지방자치단체의 장으로 특별시에 특별시장, 광역시에 광역시장, 특별자치시에 특별자치시장, 도와 특별자치도에 도지사를 두고, 시에 시장, 군에 군수, 자치구에 구청장을 두도록 하고 있다(§ 106).

2.2. 보조기관

특별시와 광역시 및 특별자치시에 부시장, 도와 특별자치도에 부지사, 시에 부시장, 군에 부군수, 자치구에 부구청장을 두며 해당 지방자치단체의 장을 보좌하여 사무를 총괄하고, 소속직원을 지휘·감독한다(§ 123 ①, ⑤). 그 정수는 다음과 같다(§ 123 ①).

1. 특별시의 부시장의 정수: 3명을 넘지 아니하는 범위에서 대통령령으로 정

한다.
2. 광역시와 특별자치시의 부시장 및 도와 특별자치도의 부지사의 정수: 2명(인구 800만 이상의 광역시나 도는 3명)을 초과하지 아니하는 범위에서 대통령령으로 정한다.
3. 시의 부시장, 군의 부군수 및 자치구의 부구청장의 정수: 1명으로 한다.

2.3. 소속행정기관

지방자치단체는 소관 사무의 범위 안에서 필요하면 대통령령이나 대통령령으로 정하는 바에 따라 그 지방자치단체의 조례로 자치경찰기관(제주특별자치도만 해당한다), 소방기관, 교육훈련기관, 보건진료기관, 시험연구기관 및 중소기업지도기관 등을 직속기관으로 설치할 수 있다(§ 126). 그 밖에도 사업소(§ 127), 출장소(§ 128), 합의제행정기관(§ 129), 심의회·위원회 등 자문기관(§ 130)[1] 등을 둘 수 있다.

< 도지사의 지방의료원 폐업결정 취소소송과 소의 이익 >

[1] 갑 도지사가 도에서 설치·운영하는 을 지방의료원을 폐업하겠다는 결정을 발표하고 그에 따라 폐업을 위한 일련의 조치가 이루어진 후 을 지방의료원을 해산한다는 내용의 조례를 공포하고 을 지방의료원의 청산절차가 마쳐진 사안에서, 지방의료원의 설립·통합·해산은 지방자치단체의 조례로 결정할 사항이므로, 도가 설치·운영하는 을 지방의료원의 폐업·해산은 도의 조례로 결정할 사항인 점 등을 종합하면, <u>갑 도지사의 폐업결정은 행정청이 행하는 구체적 사실에 관한 법집행으로서의 공권력 행사로서 입원환자들과 소속 직원들의 권리·의무에 직접 영향을 미치는 것이므로 항고소송의 대상에 해당하지만, 폐업결정 후 을 지방의료원을 해산한다는 내용의 조례가 제정·시행되었고 조례</u>

1) 자문기관이란 소관 사무에 대한 자문에 응하거나 협의, 심의 등을 목적으로 하는 심의회, 위원회 등을 말한다(§ 130 ①). 종래 자문기관의 방만한 설치, 운영 문제를 감안하여 2021년의 개정법률은 자문기관 설치를 제한하였다. 이에 따라 지방자치단체가 자문기관 운영의 효율성 향상을 위하여 중복되는 자문기관을 설치할 수 없도록 하고 조례로 정하는 바에 따라 성격과 기능이 유사한 다른 자문기관의 기능을 포함하여 운영할 수 있도록 하는 한편(§ 130 ④), 지방자치단체의 장은 자문기관 정비계획 및 조치결과 등을 종합하여 작성한 자문기관 운영현황을 매년 지방의회에 보고하도록 의무화하였다(§ 130 ⑤).

가 무효라고 볼 사정도 없어 을 지방의료원을 폐업 전의 상태로 되돌리는 원상회복은 불가능하므로 법원이 폐업결정을 취소하더라도 단지 폐업결정이 위법함을 확인하는 의미밖에 없고, 폐업결정의 취소로 회복할 수 있는 다른 권리나 이익이 남아있다고 보기도 어려우므로, 갑 도지사의 폐업결정이 법적으로 권한 없는 자에 의하여 이루어진 것으로서 위법하더라도 취소를 구할 소의 이익을 인정하기 어렵다고 한 사례.

[2] 국가배상법 제2조 제1항은 "국가나 지방자치단체는 공무원 또는 공무를 위탁받은 사인(이하 '공무원'이라고 한다)이 직무를 집행하면서 고의 또는 과실로 법령을 위반하여 타인에게 손해를 입히거나, 자동차손해배상 보장법에 따라 손해배상의 책임이 있을 때에는 이 법에 따라 그 손해를 배상하여야 한다."라고 규정하고 있다. 따라서 국가배상책임이 성립하기 위해서는 공무원의 직무집행이 위법하다는 점만으로는 부족하고, 그로 인해 타인의 권리·이익이 침해되어 구체적 손해가 발생하여야 한다.[1]

2.4. 하부행정기관·하부행정기구

자치구가 아닌 구, 읍, 면, 동[2]을 하부행정기관이라고 한다. 자치구가 아닌 구에 구청장, 읍에 읍장, 면에 면장, 동에 동장을 둔다(§ 131). 자치구가 아닌 구의 구청장은 시장의, 읍장·면장은 시장이나 군수의, 동장은 시장(구가 없는 시의 시장을 말한다)이나 구청장(자치구의 구청장을 포함한다)의 지휘·감독을 받아 소관 국가사무와 지방자치단체의 사무를 맡아 처리하고 소속 직원을 지휘·감독한다(§ 133).

한편, 지방자치단체는 조례로 정하는 바에 따라 자치구가 아닌 구와 읍·면·동에 그 소관 행정사무를 분장하기 위하여 필요한 행정기구, 즉 하부행정기구를 둘 수 있다. 이 경우 면·동은 행정면·행정동을 말한다(§ 134).

1) 대법원 2016. 8. 30. 선고 2015두60617 판결(폐업처분무효확인등).
2) 이 경우 면·동은 제4조의2제3항 및 제4항에 따른 행정면·행정동을 말한다(§§ 117, 120).

2.5. 지방직영기업

지방자치단체는 지방자치법(§ 163) 및 지방공기업법에 의거하여 지방공기업을 설치하여 운영할 수 있다. 지방공기업법에 의한 지방공기업 중 지방직영기업은 이를 직접적 행정조직에 해당하는 것으로 보는 것이 일반적이다. 지방공기업이란 주택사업이나 하수도사업과 같이 지방자치단체가 자기의 경제적 부담에 의하여 스스로 관리·경영하는 기업을 말한다. 법인격의 유무를 불문하고 지방자치단체의 공기업경영에 관하여 일반법으로 기능하는 지방공기업법은 수도사업(간이상수도사업 제외)·공업용수도사업·궤도사업(도시철도사업 포함)·자동차운송사업·지방도로사업(유료사업에 한함)·하수도사업·주택사업·토지개발사업(그에 부대되는 사업을 포함한다) 중 제5조의 규정에 의하여 지방자치단체가 직접 설치·경영하는 사업으로서 대통령령이 정하는 기준 이상의 사업, 즉 "지방직영기업", 지방공사와 지방공단이 경영하는 사업에 대하여 각각 적용하도록 되어 있다(지방공기업법 § 2 ①; 시행령 § 2 ① 및 § 2 ②).

여기서 지방공기업중 '지방직영기업'은 지방자치단체가 직접 설치·경영하는 사업이지만 특별회계를 마련하여 독립채산제로 운영할 수도 있다. 이에 대하여는 지방공기업법 외에 지방자치단체의 조례가 적용되며, 지방공기업은 일반직 공무원에 의하여 직접 관리·집행된다. 반면 독립법인의 형태를 갖는 지방공사나 지방공단은 지방자치단체에 의한 간접적 행정과 경제활동이 함께 이루어지는 경우로서 다음에 설명하는 간접행정조직에 해당한다.

3. 간접적 지방자치행정조직

앞서 본 지방직영기업 외에 지방자치단체는 지방자치법(§ 163) 및 지방공기업법(§§ 49~77의2)에 의거하여 지방공사나 지방공단을 설치·운영할 수 있다. 지방공사의 예로는 서울특별시의 강남병원, 서울특별시지하철공사 등을, 지방공단의 예로는 서울특별시의 서울시설관리공단을 들 수 있다. 지방공사나 지방공단은 주로 지방자치단체의 개발행정의 일부를 분담하여 행하는 것으로서 여러 가지 특별법에 근거를 두어 설립되는 경우가 많다.

그 밖에 지방자치행정의 영역에서도 사법상으로 조직된 행정조직이 있을 수 있다는 점에 대하여는 국가의 경우와 다를 바 없으므로 설명을 생략한다.

Ⅱ. 지방자치단체의 장

1. 지방자치단체의 장의 선거 및 퇴직

지방자치단체의 장은 주민의 보통·평등·직접·비밀선거에 따라 4년 임기로 선출하며 3기까지 계속 재임할 수 있다(§§ 107, 108). 정당은 지방자치단체의 장의 후보를 추천할 수 있다(공직선거법 § 47).

「공직선거법」 제191조에 따른 지방자치단체의 장의 당선인(같은 법 제14조 제3항 단서에 따라 당선이 결정된 사람을 포함)에게는 이 법에서 정하는 바에 따라 지방자치단체의 장의 직 인수를 위하여 필요한 권한이 주어지며(§ 105 ①), 당선인을 보좌하여 지방자치단체의 장의 직 인수와 관련된 업무를 담당하기 위하여 당선이 결정된 때부터 해당 지방자치단체에 지방자치단체의 장의 직 인수위원회를 설치할 수 있다(§ 105 ②).

종래에는 지방자치단체의 장의 직 인수위원회에 대한 설치 근거가 없어 지방자치단체 간 인수위원회의 구성과 운영이 통일되지 못했다. 이에 2021년의 개정법률에서 인수위원회의 설치근거, 설치 기간, 구성 및 업무 등을 명시한 것이다.

한편, 지방자치단체의 장이 그 직을 사임하려면 지방의회의 의장에게 미리 사임일을 적은 서면, 즉 사임통지서로 알려야 하며(지방자치법 § 112 ①), 지방자치단체 장이 겸임할 수 없는 직에 취임하거나 피선거권이 없게 된 때(이 경우 지방자치단체의 구역이 변경되거나 없어지거나 합한 것 외의 다른 사유로 그 지방자치단체의 구역 밖으로 주민등록을 이전하였을 때를 포함), 그리고 제110조에 따라 지방자치단체의 장의 직을 상실할 때에는 그 직에서 퇴직된다(§ 112).

2. 지방자치단체의 장의 지위와 권한

2.1. 지방자치단체의 장의 지위

지방자치의 조직형태를 정책결정기능과 정책집행기능을 담당하는 기관들의 관계를 중심으로 기관통합형, 기관대립형 및 절충형 등으로 분류한다면, 헌법은 기관대립형, 즉 정책결정은 지방의회가, 정책집행은 지방자치단체장을 수반으로 하는 집행기관이 각각 담당하고 양자간 견제와 균형을 이루도록 하는 형태를 택하고 있다. 직접적 지방자치행정조직은 지방자치단체장을 중심으로 구성된다.

지방자치단체의 장은 지방자치단체를 대표하고, 그 사무를 총괄한다(§ 114). 지방자치단체의 장은 그 지방자치단체의 사무와 법령에 따라 그 지방자치단체의 장에게 위임된 사무를 관리하고 집행한다(§ 116).

2.2. 지방자치단체의 장의 권한

지방자치단체의 장은 위와 같은 사무를 처리하기 위하여 ① 지방자치단체의 통할대표권(§ 114), ② 사무의 관리·집행권(§ 116), ③ 사무의 위임·위탁(§ 117), ④ 직원의 임면 및 감독권(§ 118), ⑤ 하급행정청·공공단체 등에 대한 행정지도 및 감독권(§§ 184-191), ⑥ 규칙제정권(§ 29), ⑦ 조례안 제안·조례공포권·재의요구권(§§ 76 ①, 32 ②, 148), ⑧ 주민투표부의권(§ 18), ⑨ 소속 행정기관 설치권(§§ 126이하) 등의 권한을 갖는다.

3. 지방자치단체의 장과 지방의회와의 관계

3.1. 지방의회의 지방자치단체의 장에 대한 권한

지방의회가 가지는 권한 가운데 ① 의결권, ② 행정사무 감사 및 조사권, ③ 청원 처리권, ④ 예산·결산에 대한 권한, ⑤ 지방의회의장의 조례공포권 등은 지방자치단체 장에 대한 견제수단인 동시에 협력을 위한 법적 장치라 할 수 있다.

3.2. 지방자치단체 장의 지방의회에 대한 권한

지방자치단체의 장이 가지는 ① 임시회 소집권, ② 부의안건 공포권, ③ 조례공포권, ④ 의안발의권 등은 지방자치단체의 장과 지방의회 간의 협력수단이라 할 수 있다. 지방의회에 대한 견제수단으로는 ⑤ 지방의회의 의결에 대한 재의요구 및 제소권, ⑥ 선결처분권 등이 있다.

3.2.1. 지방의회의 의결에 대한 재의요구 및 제소

(1) 지방의회의 의결에 대한 재의요구와 제소

지방자치단체의 장은 지방의회의 의결이 월권이거나 법령에 위반되거나 공익을 현저히 해친다고 인정되면 그 의결사항을 이송받은 날부터 20일 이내에 이유를 붙여 재의를 요구할 수 있다(§ 120 ①). 이 요구에 대하여 재의한 결과 재적의원 과반수의 출석과 출석의원 3분의 2 이상의 찬성으로 전과 같은 의결을 하면 그 의결사항은 확정된다(§ 120 ②).

지방자치단체의 장은 제2항에 따라 재의결된 사항이 법령에 위반된다고 인정되면 대법원에 소(訴)를 제기할 수 있으며, 이 경우 제192조제4항을 준용한다(§ 120 ③). 이 소송의 성질은 기관소송이다.

(2) 예산상 집행 불가능한 의결의 재의요구

지방자치단체의 장은 지방의회의 의결이 예산상 집행할 수 없는 경비를 포함하고 있다고 인정되거나 법령에 따라 지방자치단체에서 의무적으로 부담하여야 할 경비 또는 비상재해로 인한 시설의 응급 복구를 위하여 필요한 경비를 줄이는 의결을 할 때에는 그 의결사항을 이송 받은 날부터 20일 이내에 이유를 붙여 재의를 요구할 수 있다(§ 121 ①, ②). 그 경우 제120조제2항을 준용한다(§ 121 ③).

3.2.2. 지방자치단체의 장의 선결처분

지방자치단체의 장에게는 지방의회가 성립되지 아니한 때(의원이 구속되는 등의 사유로 제73조에 따른 의결정족수에 미달하게 될 때를 말한다)와 지방의회의 의결사항 중 주민의 생명과 재산보호를 위하여 긴급하게 필요한 사항으로서 지방의회를 소집할 시간적 여유가 없거나 지방의회에서 의결이 지체되어 의결되지 아니할 때 선결처분(先決處分)을 할 수 있는 권한이 부여되어 있다(§ 122 ①). 선결처분은 지체 없이 지방의회에 보고하여 승인을 받아야 하며(§ 122 ②), 승인을 받지 못하면 그 선결처분은 그때부터 효력을 상실한다(§ 122 ③). 지방자치단체의 장은 승인을 받은 사실 또는 승인을 받지 못한 사실을 지체 없이 공고하여야 한다(§ 122 ④).

Ⅲ. 교육 · 과학 및 체육에 관한 기관

지방자치법은 제135조에서 지방자치단체의 교육 · 과학 및 체육에 관한 사무를 분장하기 위하여 별도의 기관을 둔다고 규정하고 그 기관의 조직과 운영에 필요한 사항은 따로 법률로 정하도록 하였다.

이 중 교육의 자주성 · 전문성과 정치적 중립성을 보장한 헌법 제31조의 취지를 구현하기 위하여 지방자치법 제112조와 「지방교육자치에 관한 법률」은 지방자치단체의 일반집행기관과는 별도로 교육에 관한 사무의 집행기관으로 교육감을 두고 있다.[1] 교육감은 주민의 보통 · 평등 · 직접 · 비밀선거에 따라 선출한다(지방교육자치법 § 43). 지방교육자치는 광역지방자치단체에서만 실시되고 시 · 군 · 구단위에서는 실시하지 않고 있다.

1) 교육위원회 및 교육의원 제도가 2014년 6월 30일 폐지됨에 따라(법률 제10046호 (2010.2.26.) 부칙 제2조제1항) 시 · 도 의회에 교육 · 학예에 관한 사무를 심사하는 상임위원회로 교육위원회가 설치되어 있다.

Ⅳ. 특별기관

지방자치단체에는 지방의회와 집행기관 이외에 의회 또는 장으로부터 직무상 독립하여 특정사무를 처리하는 행정위원회적인 기관들이 있다. 특별집행기관으로서의 선거관리위원회·인사위원회 및 특별의결기관으로서의 지방공무원 소청심사위원회가 이에 해당한다.

제 4 장

지방자치단체의 권한

◆ Section ◆

CHAPTER

제 1 절 개 설

지방자치단체가 그 사무를 처리하고 존립을 유지하기 위하여 가지는 권한을 자치권이라 부른다. 지방자치단체의 자치권의 성질에 대하여는 지방자치단체가 갖는 고유의 자치권으로 보는 고유권설과 국가의 통치권으로부터 유래된 것으로 보는 전래설이 대립한다. 후자가 우리나라의 통설이다.

지방자치단체의 자치권은 자치입법권, 자치조직·인사권, 자치행정권, 자치재정권 등을 포함한다.

CHAPTER

제 2 절 자치입법권

제 1 관 개 설

Ⅰ. 의 의

헌법은 제117조 제1항에서 "지방자치단체는 주민의 복리에 관한 사무를 처리하고 재산을 관리하며, 법령의 범위 안에서 자치에 관한 규정을 제정할 수 있다"고 규정하여 자치입법권을 보장하고 있다. 자치입법권은 지방자치법 제3장 조례와 규칙에 관한 규정들, 그리고 「지방교육자치에 관한 법률」 제35조를 통해 구체화되고 있는데, 자치입법의 종류로는 조례와 규칙, 그리고 교육규칙(지방교육자치법 § 25) 등을 들 수 있다.

Ⅱ. 자치입법권의 성질

헌법은 제117조 제1항에 의거하여 지방자치법 제28조는 "지방자치단체는 법령의 범위에서 그 사무에 관하여 조례를 제정할 수 있다. 다만, 주민의 권리 제한 또는 의무 부과에 관한 사항이나 벌칙을 정할 때에는 법률의 위임이 있어야 한다."고 규정하고 있다.

헌법이 보장하는 자치입법권의 성질에 관하여 자주입법설과 위임입법설이 대립한다. 위 헌법 조항을 어떻게 이해할 것인가와 관련하여 전자는 '확인규정설', 후자는 '창설규정설'로도 불린다. 자치입법설은 지방자치권의 본질에 관한 고유권설을 근거로 자치입법권은 지방자치단체의 고유한 권한이며 헌법 제

117조 제1항은 이를 단지 확인한 것에 불과하다고 보는 반면, 위임입법설은 전래권설에 입각하여 자치입법권은 국가의 통치권으로부터 전래된 권한이며 헌법 제117조 제1항에 따라 비로소 창설적으로 인정된 것이라고 한다. 후자가 우리나라의 통설이다. 통설을 따르더라도 자치입법권은 어디까지나 헌법적 근거를 가지는 것이므로, 개별 법률의 위임에 따라 제정되는 경우가 있을지라도, 개별 법률의 위임이 있을 경우에 그에 따라 제정되는 위임명령과는 그 수권의 성질과 차원이 다르다.

제 2 관 조 례

Ⅰ. 의의 및 성질

조례란 지방자치단체가 법령의 범위 안에서 그 사무에 관하여 지방의회의 의결을 거쳐 제정하는 자치입법의 한 형식이다. 조례는 선거를 통해서 그 지역적인 민주적 정당성을 획득한 주민의 대표기관인 지방의회가 제정하는 자주법이라는 점에서 이른바 '행정상 입법'과는 본질을 달리 하며 오히려 그 정당성의 기초 면에서 법률과 더 유사한 속성을 가진다.1)

Ⅱ. 조례제정권의 범위와 한계

1. 조례제정권의 범위

조례제정권의 범위는 헌법으로부터 주어진다. 헌법은 지방자치단체는 법령의 범위 안에서 자치에 관한 규정을 제정할 수 있다고 규정하고 있다(헌법 § 117 ①). 이에 따라 지방자치법은, 지방자치단체는 법령의 범위에서 그 사무

1) 김철용, 행정법 II, 106.

에 관하여 조례를 제정할 수 있다고 규정한다(지방자치법 § 28). 따라서 조례제정권의 범위는 '법령의 범위에서 그 사무에 관하여'라는 기준에 의해 설정된다고 볼 수 있다.

여기서 말하는 "법령의 범위에서"란 "법령에 위반되지 아니하는 범위 내에서"[1]라는 뜻으로 이해된다. 이것은 "법률에 의하여"나 "법률의 위임에 의하여"라는 식의 요건과는 다른 것이다. 즉 법률의 위임이 없더라도 조례를 제정할 수 있다는 뜻이다. 이와 관련한 주요 쟁점들을 살펴보기로 한다.

1.1. 자치조례와 위임조례

헌법이나 지방자치법이 예정하고 있는 조례는 이를 '자치조례'라고 부를 수 있다. 반면 조례로 주민의 권리 제한 또는 의무 부과에 관한 사항이나 벌칙을 정할 때에는 법률의 위임이 있어야 하므로 그 경우 제정되는 조례, 또는 그러한 경우 외에 법률의 위임에 따라, 즉 법률에서 어떤 사항을 조례로 정하도록 위임함에 따라 제정되는 조례는 이를 '위임조례'라고 한다. 자치조례의 경우에는, 헌법 제117조 제1항과 지방자치법 제28조에 따라, 주민의 권리 제한 또는 의무 부과에 관한 사항이나 벌칙이 아닌 이상, 그 사무에 관하여 법률의 위임이 없더라도 법령의 범위에서 자유롭게 조례를 제정할 수 있다.

반면, 위임조례인 경우에는 법률의 개별적 위임에 따라 그 범위 안에서 제정되는 것이므로 위임명령과 마찬가지로 헌법상 위임입법의 범위와 한계에 관한 법리의 제약을 받을 수밖에 없으나 위임조례의 경우 후술하는 바와 같이 포괄적인 위임도 허용되므로 그 범위 안에서 포괄적인 규율이 가능하다.

1.2. 사무의 종류에 따른 조례제정권의 범위

조례는 지방자치법 제28조 본문에 따라 "그 사무에 관하여" 제정할 수 있다. 이 경우 지방자치법 제28조, 제13조의 규정에 따라 지방자치단체가 조례를

1) 대법원 2004. 7. 22. 선고 2003추51 판결; 조정환. (2000). "자치입법권 특히 조례제정권과 법률우위와의 관계문제". 「공법연구」. 제29집 제1호), 375-400(384) 등을 참조.

제정할 수 있는 사항은 지방자치단체의 고유사무인 자치사무와 개별법령에 의하여 자치단체에 위임된 이른바 단체위임사무에 한한다는 것이 학계의 지배적 견해이자 대법원의 확립된 판례이다.[1] 따라서 지방자치단체는 그 사무의 범위 안에서만 조례를 제정할 수 있고, 기관위임사무에 대한 조례의 제정은 허용되지 않는다. 이 점은 비단 국가와 지방자치단체간의 기관위임뿐만 아니라 상급지방자치단체와 하급지방자치단체 사이의 기관위임에 대해서도 마찬가지로 적용된다.

1.3. 조례규정사항

조례는 주민에 대해 법적 구속력을 가지는 법규사항을 정하는 것 외에도 지방자치단체 내부에서 사무처리의 준칙을 정할 수 있고 그 경우 조례는 지방자치단체 기관 내부에서만 효력을 가진 행정규칙적 성질을 띠게 된다.

조례규정사항은 법령의 위임에 따라 조례로 정해야 하는 위임조례규정사항과 법령의 위임 없이 정할 수 있는 직권조례규정사항, 법령이 특히 조례로써 정하도록 규정한 경우인 필수조례규정사항과 법령에 규정이 없더라도 지방자치단체의 권한에 속하는 사무에 관하여 정할 수 있는 임의조례규정사항으로 나뉜다.[2]

2021년의 개정법률은 '법령에서 조례로 정하도록 위임한 사항은 그 법령의 하위 법령에서 그 위임의 내용과 범위를 제한하거나 직접 규정할 수 없다'고(§ 28 ②) 규정하여 조례위임사항에 대한 해당 하위법령의 관여를 배제함으로써 자치입법의 영역을 확보해 주고 있다(개정법률 시행 이후 최초로 제정·개정되는 하위 법령부터 적용. 부칙 제3조).

---

1) 대법원 1992. 7. 28. 선고 92추31 판결(광주서구주택건설사업계획입지심의위원회운영조례안); 1994. 5. 10. 선고 93추144 판결(경기도도시계획위원회조례개정안); 1995. 5. 12. 선고 94추28 판결(전북공동주택입주자보호를위한조례안); 1994. 5. 10. 선고 93추151 판결 등.

2) 김철용, 행정법 II, 107.

2. 조례입법권의 한계

조례제정권의 한계로는 그 사물적 관할, 즉 규율사항의 한계, 지역적 관할에서 오는 한계, 대인적 한계, 헌법 등 상위법에 위배되어서는 아니 된다는 법규범 위계구조상의 한계를 포함하는 법적 한계 등을 꼽을 수 있다.[1] 이 중 중요한 쟁점 중심으로 살펴보기로 한다.

2.1. 상위법우월의 원칙에 따른 한계

지방자치법 제28조 본문의 규정에 따르면 지방자치단체는 '법령의 범위 안에서'만 조례를 제정할 수 있다. 여기서 말하는 "법령의 범위에서"란 "법령에 위반되지 않는 범위 내에서"를 가리키므로 지방자치단체가 제정한 조례가 법령에 위반되는 경우에는 효력이 없다.[2]

< 학생인권조례의 적법 여부 >

[1] 초·중등교육법 제7조, 제23조, 교육부장관이 고시한 '초·중등학교 교육과정' Ⅱ.4.가.(1)항, Ⅲ.1.나.(15)항의 내용 및 체계와 아울러, 학교는 교육과정을 운영하는 주체로서 대통령령이 정하는 교과를 포함하여 교육부장관이 고시하는 기본적인 교육과정을 구성하는 과목 외의 내용을 교육내용에 포함시킬 수 있는 재량이 있다고 보이는 점, 교육감은 지방자치단체의 교육·학예에 관한 사무를 담당하는 주체로서 교육부장관이 정한 교육과정의 범위 안에서 지역의 실정에 맞는 교육과정의 기준과 내용을 정할 수 있을 뿐만 아니라 관할구역 내 학교의 교육과정 운영에 대한 장학지도를 할 수 있는 점, 교육부장관이 정한 기본적인 교육과정과 대통령령에 정한 교과 외의 교육내용에 관한 결정 및 그에 대한 지도는 전국적으로 통일하여 규율되어야 할 사무가 아니라 각 지역과 학교의 실정에 맞는 규율이 허용되는 사무라고 할 것인 점

1) 이에 관해서는 홍준형, "자치입법권의 범위와 한계", 자치의정(한국지방의회발전연구원), 1998년 9 ~ 10월(통권 제2호).

2) 대법원 2004. 7 .22. 선고 2003추51 판결(재의결무효확인). 또한 대법원 2000. 11. 24. 선고 2000추29 판결; 2002. 4. 26. 선고 2002추23 판결; 2003. 5. 27. 선고 2002두7135 판결; 2003. 9. 23. 선고 2003추13 판결 등을 참조.

등에 비추어 보면, 학기당 2시간 정도의 인권교육의 편성·실시는 지방자치법 제9조 제2항 제5호가 지방자치단체의 사무로 예시한 교육에 관한 사무로서 초등학교·중학교·고등학교 등의 운영·지도에 관한 사무에 속한다.

[2] 교육부장관이 관할 교육감에게, 갑 지방의회가 의결한 학생인권조례안에 대하여 재의요구를 하도록 요청하였으나 교육감이 이를 거절하고 학생인권조례를 공포하자, 조례안 의결에 대한 효력 배제를 구하는 소를 제기한 사안에서, 위 조례안은 전체적으로 헌법과 법률의 테두리 안에서 이미 관련 법령에 의하여 인정되는 학생의 권리를 열거하여 그와 같은 권리가 학생에게 보장되는 것임을 확인하고 학교생활과 학교 교육과정에서 학생의 인권 보호가 실현될 수 있도록 내용을 구체화하고 있는 데 불과할 뿐, 법령에 의하여 인정되지 아니하였던 새로운 권리를 학생에게 부여하거나 학교운영자나 학교의 장, 교사 등에게 새로운 의무를 부과하고 있는 것이 아니고, 정규교과 시간 외 교육활동의 강요 금지, 학생인권 교육의 실시 등의 규정 역시 교육의 주체인 학교의 장이나 교사에게 학생의 인권이 학교 교육과정에서 존중되어야 함을 강조하고 그에 필요한 조치를 권고하고 있는 데 지나지 아니하여, 그 규정들이 교사나 학생의 권리를 새롭게 제한하는 것이라고 볼 수 없으므로, 국민의 기본권이나 주민의 권리 제한에서 요구되는 법률유보원칙에 위배된다고 할 수 없고, 내용이 법령의 규정과 모순·저촉되어 법률우위원칙에 어긋난다고 볼 수 없다고 한 사례.

[3] 조례안재의결 무효확인소송에서의 심리대상은 지방자치단체의 장이 지방의회에 재의를 요구할 당시 이의사항으로 지적하여 재의결에서 심의의 대상이 된 것에 국한된다. 이러한 법리는 주무부장관이 지방자치법 제172조 제7항에 따라 지방의회의 의결에 대하여 직접 제소함에 따른 조례안의결 무효확인소송에도 마찬가지로 적용되므로, 조례안의결 무효확인소송의 심리대상은 주무부장관이 재의요구 요청에서 이의사항으로 지적한 것에 한정된다.[1)]

조례는 '법률의 우위' 및 '상위법 우월의 원칙'에 따라 지방자치법은 물론 각종 법률이나 법규명령의 규정에 위반하여서는 아니 된다. 이에 따라 상위법령에 위반하였다는 이유로 무효판정을 받은 조례안들이 속출했다. 의회대표제

1) 대법원 2015. 5. 14. 선고 2013추98 판결(조례안의결무효확인: 학생인권조례안 사건).

가 아닌 주민총회제원리에 따라 방청인에게 발언권을 줄 수 있도록 한 지방의회 회의규칙의 위법성을 확인한 사례,[1] 지방의회의 인사권을 침해했다는 이유로 위법판정을 받은 사례,[2] 지방자치단체간 관할범위를 위반하여 위법으로 판정된 사례,[3] '인천광역시세 감면조례 일부개정조례안'의 외국인투자기업인 경제자유구역 개발사업시행자의 취득세·등록세의 감면계산의 특례를 정한 제27조의3은 행정안전부장관의 허가를 받지 않고 등록세·취득세의 감면대상세액이 축소될 수 있는 과세면제에 관한 사항을 법이 정하는 범위를 벗어나 새로 정한 것으로 지방세법 제9조 등 상위 법령에 위배되어 위법하다고 한 사례[4] 등도 같은 맥락에서 나온 판례들이다. 또한 대법원은 지방자치단체가 제정한 조례가 '1994년 관세 및 무역에 관한 일반협정'(General Agreement on Tariffs and Trade 1994)이나 '정부조달에 관한 협정'(Agreement on Government Procurement)에 위반되는 경우에도 무효로 판시한 바 있다.

< 학교급식에 국내 우수농산물 사용하는 자에 대한 우대 조례의 위법성 >

[1] '1994년 관세 및 무역에 관한 일반협정'(GATT)은 1994. 12. 16. 국회의 동의를 얻어 같은 달 23. 대통령의 비준을 거쳐 같은 달 30. 공포되고 1995. 1. 1. 시행된 조약인 '세계무역기구(WTO) 설립을 위한 마라케쉬협정'(Agreement Establishing the WTO)(조약 1265호)의 부속 협정(다자간 무역협정)이고, '정부조달에 관한 협정'(AGP)은 1994. 12. 16. 국회의 동의를 얻어 1997. 1. 3. 공포시행된 조약(조약 1363호, 복수국가간 무역협정)으로서 각 헌법 제6조 제1항에 의하여 국내법령과 동일한 효력을 가지므로

1) 대법원 1993. 2. 26. 선고 92추109 판결(완주군의회회의규칙안).

2) 대법원 1992. 7. 28. 선고 92추31 판결(광주직할시서구동정자문위조례안); 1992. 8. 21. 선고 92추24 판결(목포시통반설치조례안 및 동정자문위원회조례안); 1993. 2. 9. 선고 92추93 판결: 대구직할시도시계획위원회조례중개정안); 1993. 3. 9. 선고 92추116 판결(전라남도순천·강진의료원설치조례안); 1993. 4. 27. 선고 92추123 판결(원주시도시계획위원회조례안); 1994. 4. 26. 선고 93추175 판결(전라북도행정불만처리조례안); 1994. 5. 10. 선고 93추144 판결(경기도도시계획위원회조례개정안); 1995. 4. 11. 선고 95추18 판결(아산시결산검사위원선임및운영에관한조례안) 등이 있다.

3) 대법원 1995. 6. 30. 선고 95추49 판결(인천연수구공동구설치및점용료징수조례안); 1994. 4. 26. 선고 93추175 판결(전라북도행정불만처리조례안).

4) 대법원 2009. 12. 24. 선고 2007추172 판결(개정조례안재의결무효확인).

지방자치단체가 제정한 조례가 GATT나 AGP에 위반되는 경우에는 그 효력이 없다.

[2] 특정 지방자치단체의 초·중·고등학교에서 실시하는 학교급식을 위해 위 지방자치단체에서 생산되는 우수 농수축산물과 이를 재료로 사용하는 가공식품(이하 '우수농산물'이라고 한다)을 우선적으로 사용하도록 하고 그러한 우수농산물을 사용하는 자를 선별하여 식재료나 식재료 구입비의 일부를 지원하며 지원을 받은 학교는 지원금을 반드시 우수농산물을 구입하는 데 사용하도록 하는 것을 내용으로 하는 위 지방자치단체의 조례안이 내국민대우원칙을 규정한 '1994년 관세 및 무역에 관한 일반협정'(General Agreement on Tariffs and Trade 1994)에 위반되어 그 효력이 없다고 한 사례.[1)]

반면 다음 사례들에서 볼 수 있는 바와 같이 혁신도시 주민지원조례나 지역주민에 대한 공항고속도로 통행료지원조례, 주민에 대한 공공요금지원조례 등이 상위법령에 위배되지 아니 한다고 판시한 경우도 있다.

< 혁신도시 주민지원조례의 적법여부 >

[1] 국가나 지방자치단체가 국민이나 주민을 수혜 대상자로 하여 재정적 지원을 하는 정책을 실행하는 경우 그 정책은 재정 상태에 따라 영향을 받을 수밖에 없다고 할 것인바, 국가나 지방자치단체가 합리적인 기준에 따라 능력이 허용하는 범위 내에서 법적 가치의 상향적 구현을 위한 제도의 단계적인 개선을 추진할 수 있는 길을 선택할 수 없다면, 모든 사항과 계층을 대상으로 하여 동시에 제도의 개선을 추진하는 예외적인 경우를 제외하고는 어떠한 제도의 개선도 그 시행이 불가능하다는 결과에 이르게 되어 불합리할 뿐만 아니라 평등의 원칙이 실현하고자 하는 가치에도 어긋난다. 따라서 '원주 혁신도시 및 기업도시 편입지역 주민지원 조례안'이 <u>원주시 내에 건설되는 혁신도시, 기업도시의 주민 등에게만 일정한 지원을 하도록 하고 있더라도 그것만으로 위 조례안이 평등원칙을 위반하고 있다고 보기는 어렵다.</u>

[2] 지방자치법 제22조 본문은 '지방자치단체는 법령의 범위 안에서 그 사무

1) 대법원 2005. 9. 9. 선고 2004추10 판결(전라북도학교급식조례재의결무효확인). 아울러 대법원 2008. 12. 24. 선고 2004추72 판결(경상남도학교급식조례재의결무효확인) 참조.

에 관하여 조례를 제정할 수 있다'고 규정하고 있으므로 지방자치단체가 제정한 조례가 법령에 위배되는 경우에는 효력이 없는 것이고, 조례가 법령에 위배되는지 여부는 법령과 조례의 각각의 규정 취지, 규정의 목적과 내용 및 효과 등을 비교하여 둘 사이에 모순·저촉이 있는지의 여부에 따라서 개별적·구체적으로 결정하여야 할 것이다.

[3] '원주 혁신도시 및 기업도시 편입지역 주민지원 조례안' 제6조 제3호 규정이 정하고 있는 혁신·기업도시 주민고용센터 설립사업 등은 지방자치단체의 사무로서, 주민의 권리·의무와 직접 관련되는 사무로는 볼 수 없고, 그 위탁에 있어서도 주민생계회사가 법령에서 정하는 자격요건을 충족할 경우에 한하여 재량으로서 할 수 있도록 하고 있으므로, 위 조례안 규정에서 이를 주민생계회사에 위탁할 수 있다고 규정한다 하여 지방자치법 제104조에 의한 위임의 한계를 벗어난 것이라고 할 수 없다.1)

< 인천광역시 공항고속도로 통행료지원 사무의 성질 >

[1] 인천광역시의회가 의결한 '인천광역시 공항고속도로 통행료지원 조례안'이 규정하고 있는 인천국제공항고속도로를 이용하는 지역주민에게 통행료를 지원하는 내용의 사무는, 구 지방자치법(2007. 5. 11. 법률 제8423호로 전문 개정되기 전의 것) 제9조 제2항 제2호 (가)목에 정한 주민복지에 관한 사업으로서 지방자치사무이다.

[2] 구 지방자치법(2007. 5. 11. 법률 제8423호로 전문 개정되기 전의 것) 제15조 본문은 "지방자치단체는 법령의 범위 안에서 그 사무에 관하여 조례를 제정할 수 있다"고 규정하고 있으므로, 지방자치단체가 제정한 조례가 법령을 위반하는 경우에는 효력이 없고, 조례가 법령을 위반하는지 여부는 법령과 조례 각각의 규정 취지, 규정의 목적과 내용 및 효과 등을 비교하여 둘 사이에 모순·저촉이 있는지의 여부에 따라서 개별적·구체적으로 결정하여야 한다.

[3] '인천광역시 공항고속도로 통행료지원 조례안'은 그 내용이 현저하게 합리성을 결여하여 자의적인 기준을 설정한 것이라고 볼 수 없으므로 헌법의 평등원칙에 위배된다고 할 수 없고, 구 지방자치법(2007. 5. 11. 법률 제8423

1) 대법원 2009. 10. 15. 선고 2008추32 판결(조례안재의결무효확인).

호로 전문 개정되기 전의 것) 제13조 제1항 등에도 위배되지 않는다고 한 사례.1)

< 세자녀이상세대 양육비지원조례의 적법 여부 >

[1] 지방자치법 제15조에 의하면 지방자치단체는 그 내용이 주민의 권리의 제한 또는 의무의 부과에 관한 사항이거나 벌칙에 관한 사항이 아닌 한 법률의 위임이 없더라도 그의 사무에 관하여 조례를 제정할 수 있는바, 지방자치단체의 세자녀 이상 세대 양육비 등 지원에 관한 조례안은 저출산 문제의 국가적·사회적 심각성을 십분 감안하여 향후 지방자치단체의 출산을 적극 장려토록 하여 인구정책을 보다 전향적으로 실효성 있게 추진하고자 세 자녀 이상 세대 중 세 번째 이후 자녀에게 양육비 등을 지원할 수 있도록 하는 것으로서, 위와 같은 사무는 지방자치단체 고유의 자치사무 중 주민의 복지증진에 관한 사무를 규정한 지방자치법 제9조 제2항 제2호 (라)목에서 예시하고 있는 아동·청소년 및 부녀의 보호와 복지증진에 해당되는 사무이고, 또한 위 조례안에는 주민의 편의 및 복리증진에 관한 내용을 담고 있어 그 제정에 있어서 반드시 법률의 개별적 위임이 따로 필요한 것은 아니다.

[2] 지방자치단체는 법령에 위반되지 아니하는 범위 내에서 그 사무에 관하여 조례를 제정할 수 있는 것이고, 조례가 규율하는 특정사항에 관하여 그것을 규율하는 국가의 법령이 이미 존재하는 경우에도 조례가 법령과 별도의 목적에 기하여 규율함을 의도하는 것으로서 그 적용에 의하여 법령의 규정이 의도하는 목적과 효과를 전혀 저해하는 바가 없는 때, 또는 양자가 동일한 목적에서 출발한 것이라고 할지라도 국가의 법령이 반드시 그 규정에 의하여 전국에 걸쳐 일률적으로 동일한 내용을 규율하려는 취지가 아니고 각 지방자치단체가 그 지방의 실정에 맞게 별도로 규율하는 것을 용인하는 취지라고 해석되는 때에는 그 조례가 국가의 법령에 위반되는 것은 아니다.

[3] 군민의 출산을 적극 장려하기 위하여 세 자녀 이상의 세대 중 세 번째 이후 자녀에게 양육비 등을 지원할 수 있도록 하는 내용의 '정선군세자녀이상세대양육비등지원에관한조례안'이 법령에 위반되지 않는다고 한 사례.2)

1) 대법원 2008. 6. 12. 선고 2007추42 판결(조례안재의결무효확인).
2) 대법원 2006. 10. 12. 선고 2006추38 판결(지방의회조례안재의결무효확인청구).

< 공공요금 일부 지원 조례안의 적법 여부 >

[1] 구 지방재정법(2013. 7. 16. 법률 제11900호로 개정되기 전의 것, 이하 같다) 제17조 제1항은 "지방자치단체는 개인 또는 단체에 대한 기부·보조·출연, 그 밖의 공금 지출을 할 수 없다. 다만, 지방자치단체의 소관에 속하는 사무와 관련하여 다음 각 호의 어느 하나에 해당하는 경우와 공공기관에 지출하는 경우에는 그러하지 아니하다."라고 규정하면서, 각 호에서 법률에 규정이 있는 경우(제1호), 국고 보조 재원(재원)에 의한 것으로서 국가가 지정한 경우(제2호), 용도를 지정한 기부금의 경우(제3호), 보조금을 지출하지 아니하면 사업을 수행할 수 없는 경우로서 지방자치단체가 권장하는 사업을 위하여 필요하다고 인정되는 경우(제4호)를 들고 있는데, 위 규정은 단서의 각 호와 같은 특별한 사정이 없는 한 지방자치단체의 예산을 특정 개인이나 단체가 아닌 주민 일반에게 골고루 혜택이 돌아가도록 사용하게 함으로써 지방재정이 주민의 복리증진을 위하여 건전하고 효율적으로 사용되게 하려는 데 취지가 있다. 그렇다면 지방자치단체가 지방자치법 제9조 제2항 제2호에 정한 주민의 복지증진에 관한 사무로서 특정 개인이나 단체가 아니라 일정한 조건을 충족한 주민 일반을 대상으로 일정한 지원을 하겠다는 것은 그 조건이 사실상 특정 개인이나 단체를 위해 설정한 것이라는 등의 특별한 사정이 없는 한 구 지방재정법 제17조 제1항에서 정한 '개인 또는 단체에 대한 공금 지출'에 해당하지 아니한다.

[2] 구 지방재정법(2013. 7. 16. 법률 제11900호로 개정되기 전의 것) 제3조 제1항 전단은 지방자치단체는 주민의 복리증진을 위하여 그 재정을 건전하고 효율적으로 운영하여야 한다고 규정함으로써 건전재정운영원칙을 선언하고 있다. 그런데 지방의회가 주민의 복지증진을 위해 조례를 제정·시행하는 것은 지방자치제도의 본질에 부합하므로 이로 인하여 지방자치단체 재정의 건전한 운영에 막대한 지장을 초래하는 것이 아니라면 조례 제정을 무조건 제한할 수는 없다.1)

한편, 인천광역시 중구의 수도 미설치 지역에 거주하는 주민들의 지하수 개

1) 대법원 2016. 5. 12. 선고 2013추531 판결(조례안재의결무효확인: 울진군민에 대하여 공공요금의 일부를 지원하는 조례안의 재의결무효확인 사건).

발·이용에 따른 경제적 부담을 해소시키기 위한 재정적 지원을 내용으로 하는 '인천광역시 중구 지하수 개발·이용 주민 조례안'이 그 상위 법령인 구 지방자치법 제8조 제3항 등에 위배되지 않는다고 판시하면서 그와 같은 혜택을 부여받지 못할 주민들이 비록 혜택을 부여받는 대상과 비교하여 다소 불합리한 결과가 된다 하더라도 추가적인 입법 조치 등이 없는 한 그와 동일한 혜택을 부여할 것을 요구할 수는 없다고 설시한 바 있다.

[1] 주민에게 혜택을 부여하는 내용의 조례 등은 주민의 권리를 제한하거나 새로운 의무를 부과하는 경우보다 광범위한 입법형성의 자유가 인정되는 것이고, 한편 그와 같은 조례 등의 문언 및 논리적인 해석의 결과 그 혜택을 부여받을 대상에 포함되지 않는 것으로 해석되는 경우에는 비록 혜택을 부여받는 대상과 비교하여 다소 불합리한 결과가 된다 하더라도 추가적인 입법 조치 등이 없는 한 그와 동일한 혜택을 부여할 것을 요구할 수는 없다.

[2] 행정청이 재개발사업시행에 따른 급수시설공사를 승인하면서 사업시행자에게 기존에 거주하던 세대와 새로 입주하는 세대를 구분하지 않고 일률적으로 일정금액의 시설분담금을 부과한 사안에서, 시설분담금 부과처분 당시 수도급수조례 등 관계 법령에 기존 거주 세대에 대한 시설분담금 감액에 관한 근거 규정이 없어 추가적인 입법조치가 없는 한 시설분담금 중 기존 거주 세대 부분에 대한 감액을 주장할 수 없고, 기존의 급수설비가 모두 철거되고 새로운 급수설비가 설치된 이상 새로운 급수설비에 대한 시설분담금과 종전 급수설비에 대한 시설분담금의 부과대상이 동일하다고 할 수 없어, 기존 세대에 대한 시설분담금 부과처분이 부담금관리기본법 제5조 제1항에 정한 이중부담금지의 원칙에 위배되지 않는다고 한 사례.1)

상위법 우월의 원칙상 이해관계인의 책임을 법률이 정한 것 이상으로 불리하게 조례로 정하는 것, 또는 법률이 정한 쟁송기간을 조례로 단축하는 것 등은 위법·무효이다. 그러나 법률유보원칙과의 관계에서는 조례는 법률의 개별적 위임이 없는 사항에 관하여도 법령에 저촉되지 않는 한도에서 규율할 수

1) 대법원 2009. 12. 24. 선고 2008추87 판결(지방의회결의무효확인)..

있다.

또한 시·군 및 자치구의 조례는 상급지방자치단체, 즉 시·도의 조례를 위반해서는 아니 된다(§ 30).

2.2. 법률의 위임과 위임조례의 한계

지방자치법은 주민의 권리제한 또는 의무부과에 관한 사항은 법률의 위임이 있어야만 조례로 정할 수 있다(§ 28 단서). 이에 따라 주민에 대한 권리제한·의무부과·벌칙을 내용으로 하는 조례는 관계법률에서 명시적인 위임근거를 마련하지 않는 이상 제정될 수 없다는 결과가 된다.

이에 따라 다수의 조례들이 대법원에 의하여 무효화되는 운명을 맞았다.[1] 즉, 법률의 위임 없이 주민의 권리제한 또는 의무부과에 관한 사항을 정한 조례의 효력은 법률유보의 원칙에 위배되어 무효라는 것이 대법원의 일관된 판례이다.

< 법령의 위임 없이 부설주차장 용도 변경을 금한 조례의 효력 >

[1] 지방자치법 제22조, 행정규제기본법 제4조 제3항에 의하면 지방자치단체가 조례를 제정함에 있어 그 내용이 주민의 권리제한 또는 의무부과에 관한 사항이나 벌칙인 경우에는 법률의 위임이 있어야 하므로, 법률의 위임 없이 주민의 권리제한 또는 의무부과에 관한 사항을 정한 조례는 효력이 없다.

[2] 구 주차장법(2010. 3. 22. 법률 제10159호로 개정되기 전의 것, 이하 '법'이라 한다) 제19조의4 제1항 단서 및 구 주차장법 시행령(2010. 10. 21. 대통령령 제22458호로 개정되기 전의 것, 이하 '시행령'이라 한다) 제12조 제1항 제3호가 일정한 경우 건축물·골프연습장 기타 주차수요를 유발하는 시설 부설주차장의 용도변경을 허용하면서 그에 관하여 조례에 위임하지 않고 있음에도, 순천시 주차장 조례 제13조 제2항(이하 '이 사건 조례 규정'이라 한다) 이 당해 시설물이 소멸될 때까지 부설주차장의 용도를 변경할 수 없도록 규정

1) 대법원 1995. 6. 30. 선고 93추113 판결(서울특별시의회에서의증언감정등에관한조례안); 1995. 6. 30. 선고 93추76 판결; 1995. 6. 30. 선고 93추83 판결; 1995. 4. 25. 선고 93누17850 판결; 1995. 6. 13. 선고 94누13626 판결 등을 참조.

한 사안에서, 이 사건 조례 규정이 부설주차장의 용도변경 제한에 관하여 정한 것은 법 제19조 제4항 및 시행령 제7조 제2항에서 위임한 '시설물의 부지 인근의 범위'와는 무관한 사항이고, 나아가 부설주차장의 용도변경 제한에 관하여는 법 제19조의4 제1항 및 시행령 제12조 제1항에서 지방자치단체의 조례에 위임하지 않고 직접 명확히 규정하고 있으므로, 이 사건 조례 규정은 법률의 위임 없이 주민의 권리제한에 관한 사항을 정한 것으로서 법률유보의 원칙에 위배되어 효력이 없다고 본 원심판단을 정당하다고 한 사례.[1]

그러나 주민의 권리제한·의무부과에 관한 사항을 개별적인 법률의 위임이 있는 경우에 한하여 조례로써 정할 수 있게 함은 지방의회가 주민대표기관이라는 민주적 정당성을 지니고 있다는 점과 헌법이 지방자치단체에 대하여 포괄적인 자치권을 부여한 취지(전권한성의 원칙 및 자기책임의 원칙)에 반하는 감이 없지 않다.

조례위임법률 또는 법률조항의 합헌여부도 바로 그와 같은 관점에서 파악할 필요가 있다. 즉, 조례제정에 침해유보의 원칙이 적용된다 하더라도 그에 관한 법률의 수권은 개괄적인 것으로 족하다고 보아야 할 것이다. 다시 말해 지방자치법이 요구하는 조례에 대한 법률의 위임은, 위임입법의 경우처럼 헌법 제75조에 따라 '법률에서 구체적으로 범위를 정하여' 위임을 받아야 하는 것은 아니므로, 포괄적 위임이어도 무방하다는 것이다. 판례 역시 같은 입장이다.

< 포괄적 조례위임의 합헌성 >

"법률이 주민의 권리의무에 관한 사항에 관하여 구체적으로 아무런 범위도 정하지 아니한 채 조례로 정하도록 포괄적으로 위임하였다고 하더라도, 행정관청의 명령과는 달라, 조례도 주민의 대표기관인 지방의회의 의결로 제정되는 지방자치단체의 자주법인 만큼, 지방자치단체가 법령에 위반되지 않는 범위 내에서 주민의 권리의무에 관한 사항을 조례로 제정할 수 있는 것이다."[2]

"조례의 제정권자인 지방의회는 선거를 통해서 그 지역적인 민주적 정당성을

1) 대법원 2012. 11. 22. 선고 2010두19270 전원합의체 판결(건축허가신청불허가처분취소).
2) 대법원 1991. 8. 27. 선고 90누6613 판결(유지점용료부과처분취소).

지니고 있는 주민의 대표기관이고 헌법이 지방자치단체에 포괄적인 자치권을 보장하고 있는 취지로 볼 때, 조례에 대한 법률의 위임은 법규명령에 대한 법률의 위임과 같이 반드시 구체적으로 범위를 정하여 할 필요가 없으며 포괄적인 것으로 족하다."[1]

"지방자치법 제22조, 제9조 제1항, 행정규제기본법 제4조 제3항에 의하면 지방자치단체는 그 고유사무인 자치사무와 개별법령에 의하여 지방자치단체에 위임된 단체위임사무에 관하여 자치조례를 제정할 수 있지만 그 경우라도 주민의 권리제한 또는 의무부과에 관한 사항이나 벌칙은 법률의 위임이 있어야 하며 그러한 위임 없이 제정된 조례는 효력이 없다(대법원 2007. 12. 13. 선고 2006추52 판결 등 참조). 다만, 법률이 주민의 권리의무에 관한 사항에 관하여 구체적으로 아무런 범위도 정하지 아니한 채 조례로 정하도록 포괄적으로 위임하였다고 하더라도, 행정관청의 명령과는 달라, 조례도 주민의 대표기관인 지방의회의 의결로 제정되는 지방자치단체의 자주법인 만큼 지방자치단체가 법령에 위반되지 않는 범위 내에서 주민의 권리의무에 관한 사항을 조례로 제정할 수 있다(대법원 2006. 9. 8. 선고 2004두947 판결 등 참조)."[2]

"지방의회 불출석 증인에 대한 동행명령장제도는 이에 의하여 불출석 증인을 그 의사에 반하여 일정한 장소에 인치하는 것을 내용으로 하므로, 헌법 제12조가 보장하고 있는 신체의 자유권에 대한 중대한 제한을 가하는 것이 분명하여 지방자치법 제15조 단서에 의하여 법률상 위임이 있어야 할 것인바, 지방자치법이 제36조 제7항에서 행정사무의 감사·조사를 위하여 필요한 사항 및 선서·증언·감정 등에 관한 절차를 대통령령으로 정하도록 위임하여, 같은법 시행령은 제17조의2 내지 제19조에서 이에 관한 중요한 사항에 관하여 규정한 다음 제19조의2에서 법 및 영에 규정한 것 외에 감사 또는 조사에 필요한 사항은 당해 지방자치단체의 조례로 정한다고 규정하여 그 나머지 세부절차를 부분적으로 조례에 재위임하였고, 조례에 위임하고 있는 "감사 또는 조사에 필요한 사항"은 광의의 것으로서 협의의 감사·조사절차와 증언·감정등에 관한 절차를 포괄하는 것으로 보아야 하므로, 동행명령장제도는 지방의회에서의 증

1) 헌법재판소 1995. 4. 20. 선고 92헌마264,279(병합) 전원재판부 결정(부천시담배자동판매기설치금지조례 제4조 등 위헌확인, 강남구담배자동판매기설치금지조례 제4조 등 위헌확인).
2) 대법원 2014. 12. 24. 선고 2013추81 판결(조례안재의결무효확인).

언·감정 등에 관한 절차에서 증인·감정인 등의 출석을 확보하기위한 절차로서 규정된 것으로 같은법 시행령 제19조의2 규정의 "감사 또는 조사에 필요한 사항"에 해당한다고 보아야 할 것이어서, 결국 같은 법 제36조제7항, 같은법 시행령 제19조의2의 규정이 비록 포괄적이고 일반적이기는 하지만 동행명령장 제도를 규정한 조례안의 법률적 위임 근거가 된다고 보는 것이 타당하다."[1)]

다른 한편, 위임명령의 한계 및 그 판단 기준과 법률에서 위임받은 사항에 관한 재위임의 한계에 관한 법리는 조례가 지방자치법 제28조 단서에 따라 주민의 권리제한 또는 의무부과에 관한 사항을 법률로부터 위임받은 후 다시 지방자치단체장이 정하는 규칙이나 고시 등에 재위임하는 경우에도 마찬가지로 적용된다. 이 점은 다음 대법원 판례가 분명히 하고 있다.[2)]

< 조례 위임과 재위임의 허용여부 >

"위임명령은 법률이나 상위명령에서 구체적으로 범위를 정한 개별적인 위임이 있을 때에 가능하고, 여기에서 구체적인 위임의 범위는 규제하고자 하는 대상의 종류와 성격에 따라 달라지는 것이어서 일률적 기준을 정할 수는 없지만, 적어도 위임명령에 규정될 내용 및 범위의 기본사항이 구체적으로 규정되어 있어서 누구라도 당해 법률이나 상위법령으로부터 위임명령에 규정될 내용의 대강을 예측할 수 있어야 하나, 이 경우 그 예측가능성의 유무는 당해 위임조항 하나만을 가지고 판단할 것이 아니라 그 위임조항이 속한 법률의 전반적인 체계와 취지 및 목적, 당해 위임조항의 규정형식과 내용 및 관련 법규를 유기적·체계적으로 종합하여 판단하여야 하며, 나아가 각 규제 대상의 성질에 따라 구체적·개별적으로 검토함을 요한다.

또한 법률에서 위임받은 사항을 전혀 규정하지 않고 재위임하는 것은 복위임금지 원칙에 반할 뿐 아니라 위임명령의 제정 형식에 관한 수권법의 내용을 변경하는 것이 되므로 허용되지 않으나 위임받은 사항에 관하여 대강을 정하고 그 중의 특정사항을 범위를 정하여 하위법령에 다시 위임하는 경우에는 재위임이 허용된다.

1) 대법원 1995. 6. 30. 선고 93추83 판결(경상북도의회에서의증언·감정등에관한조례(안)무효확인청구의소).
2) 대법원 2015. 1. 15. 선고 2013두14238 판결(건축불허가처분취소).

이러한 법리는 조례가 지방자치법 제22조 단서에 따라 주민의 권리제한 또는 의무부과에 관한 사항을 법률로부터 위임받은 후, 이를 다시 지방자치단체장이 정하는 '규칙'이나 '고시' 등에 재위임하는 경우에도 마찬가지이다.

…… 이 사건 고시는 가축분뇨법의 위임조항 및 이 사건 조례 조항의 순차적 위임에 따라 가축사육 제한구역의 실질적 기준을 정한 행정규칙이므로, 상위법령의 위임한계를 벗어나지 않는 한도 내에서만 그 법령의 규정과 결합하여 대외적인 구속력이 있는 법규명령으로서의 효력을 갖게 된다."

다음에는 위임조례의 한계를 쟁점별로 살펴보기로 한다.

첫째, 법령에서 특정사항에 관하여 조례에 위임을 한 경우, 조례가 위임의 한계를 준수하고 있는지 판단하는 기준이 문제된다. 이와 관련하여 대법원은 당해 법령 규정의 입법 목적과 규정 내용, 규정의 체계, 다른 규정과의 관계 등을 종합적으로 살펴야 한다는 관점을 제시하고 있다. 특히 위임 규정 자체에서 그 의미 내용을 정확하게 알 수 있는 용어를 사용하여 위임의 한계를 분명히 하고 있는데도 그 문언적 의미의 한계를 벗어났는지, 수권 규정에서 사용하고 있는 용어의 의미를 넘어 그 범위를 확장하거나 축소하여 위임 내용을 구체화하는 정도를 벗어나 새로운 입법을 하였는지 등도 아울러 고려해야 한다고 한다.

< 위임조례의 한계 준수여부 판단기준 >

법령에서 특정사항에 관하여 조례에 위임을 한 경우 조례가 위임의 한계를 준수하고 있는지를 판단할 때는 당해 법령 규정의 입법 목적과 규정 내용, 규정의 체계, 다른 규정과의 관계 등을 종합적으로 살펴야 하고, 위임 규정 자체에서 그 의미 내용을 정확하게 알 수 있는 용어를 사용하여 위임의 한계를 분명히 하고 있는데도 그 문언적 의미의 한계를 벗어났는지, 수권 규정에서 사용하고 있는 용어의 의미를 넘어 그 범위를 확장하거나 축소하여 위임 내용을 구체화하는 정도를 벗어나 새로운 입법을 하였는지 등도 아울러 고려해야 한다.[1)]

1) 대법원 2017. 4. 7. 선고 2014두37122 판결(건축허가복합민원신청불허재처분취소). 그 밖에

< 장사법 등의 위임에 따라 제한지역 외 지역에 화장시설 설치를 제한한 조례의 적법 여부 >

"장사법령은 화장시설과 관련한 보건위생상의 위해 방지 차원에서 화장시설의 설치가 제한되는 지역에 대한 최소한의 전국적·통일적 기준을 규정하고 있는 반면, 구 국토계획법 및 그 시행령은 국토의 효율적 이용 및 관리를 위하여 지방자치단체로 하여금 관할 구역의 공간구조, 발전방향 및 그 지역 사정에 맞도록 각 용도지역에서 일정한 건축물의 건축제한을 조례로써 정하도록 하고 있으므로, 화장시설의 건축제한과 관련하여 장사법만이 적용된다고 보기는 어렵고 양 법령이 중첩적으로 적용된다고 보아야 한다. 그리고 장사법 제17조, 장사법 시행령 제22조 제4항은 화장시설의 설치가 제한되는 지역을 규정하고 있을 뿐 그 외 나머지 지역에 대하여 당연히 화장시설 설치가 전면적으로 허용되어야 한다고 규정하고 있는 것은 아니므로, 다른 법령 또는 법령의 위임에 따른 조례로써 그 외 나머지 지역에 대하여 화장시설 설치를 제한하는 규정을 둘 수 있는 것이다. 따라서 구 국토계획법에서 직접 화장시설의 설치제한지역을 규정한 것과 마찬가지로, 구 국토계획법 및 그 시행령의 위임에 근거하여 제정된 이 사건 조례규정에 생산관리지역 안에서 건축할 수 있는 건축물에서 특정 용도의 건축물을 제외하는 방식으로 화장시설의 설치를 제한할 수 있다고 봄이 타당하다.

……「김포시 도시계획 조례」가 이 사건 조례규정을 비롯한 〔별표 14〕, 〔별표 15〕, 〔별표 17〕, 〔별표 20〕, 〔별표 21〕의 각 규정에 의하여 구 국토계획법 시행령에서 묘지관련시설의 건축제한 여부를 도시계획조례로 정하도록 위임한 보전녹지지역, 생산녹지지역, 보전관리지역, 생산관리지역, 농림지역, 자연환경보전지역의 경우 '건축할 수 있는 건축물'에서 화장시설을 제외하고 있다고 하더라도, 자연녹지지역과 계획관리지역에서 화장시설의 설치를 허용하고 있는 이상 이 사건 조례규정이 건축물이나 그 밖의 시설의 용도·종류 및 규모 등의 제한은 해당 용도지역의 지정목적에 적합하여야 한다고 규정한 구 국토계획법 제76조 제3항에 위반된다거나 구 국토계획법령의 위임 내용을 구체화하는 단계를 벗어나 새로운 입법을 하였다고 볼 수는 없다."1)

대법원 2015. 1. 29. 선고 2012두11133 판결(화장시설설치신고반려처분취소); 2010. 4. 29. 선고 2009두17797 판결, 2012. 10. 25. 선고 2010두25077 판결 등을 참조.

1) 대법원 2015. 1. 29. 선고 2012두11133 판결(화장시설설치신고반려처분취소). 그럼에도 이

둘째, 대법원은 어느 조례의 규정이 상위법에 저촉되는지가 명백하지 아니하는 경우에는 상위법과 조례의 다른 규정들과 그 입법 취지, 연혁 등을 종합적으로 살펴 상위법에 합치된다는 해석도 가능한 경우라면 그 규정을 상위법 위반으로 무효라고 선언하여서는 안 된다는 입장이다.[1] 이는 일종의 법령합치적 해석(normkonforme Auslegung)의 원칙을 천명한 것으로 법해석론상 경제와 효율, 그리고 지방자치친화적 법해석의 요청에 부응하려는 고려로 이해된다.

"모자보건법 제3조 및 '장애인·노인·임산부 등의 편의증진 보장에 관한 법률'(이하 '장애인등편의법'이라 한다) 제6조에 따라 제정된 이 사건 조례안의 제정 근거와 그 입법 취지, 조례안 규정의 내용 및 체계와 아울러 ① 이 사건 조례안 제3조가 "구청장은 출산 장려 및 임산부를 우대하는 사회분위기를 조성하기 위하여 여행주차장 내 임산부전용주차구역을 설치한다."라고 구청장의 책무를 규정하고 바로 이어서 제4조에서 그 설치기준을 정한 점, ② 여행주차장은 「서울특별시 서초구 주차장 설치 및 관리 조례」제23조에 규정된 여성이 우선하여 사용하는 주차구획으로서, 위 조례에서도 일반 주민이 설치하는 주차장에 관하여 여행주차장 설치의무를 부과한 것으로 해석되지 않는 점, ③ 이 사건 조례안 제5조 제2항은 해당 공공건물 및 공중이용시설의 여건에 따라 여행주차장 내 임산부전용주차구역의 설치 여부를 탄력적으로 운영할 수 있도록 규정한 점, ④ 이 사건 조례안에 임산부전용주차구역을 설치하지 않은 경우에 대한 이행강제수단 내지 제재수단에 관한 규정을 두지 않은 점, ⑤ 이 사건 조례안과 같이 임산부전용주차구역의 설치에 관하여 규정하고 있는 대다수 지방자치단체 조례의 내용도 도·시·군·구청의 본청 혹은 직속기관에 임산부전용주차구역을 설치하도록 하고, 그 밖의 공중이용시설에 대해서는 전용주차구역 설치를 권장하는 것인 점 등을 종합하여 보면, 이 사건 조례안은 상위법인 모자보건법 제3조 및 장애인등편의법 제6조에 따라 임산부전용주차구역의 설

사건 조례규정이 구 국토계획법령이 위임하는 범위를 벗어나고 장사법령에도 반하여 무효이고, 무효인 이 사건 조례규정에 근거한 이 사건 화장시설 설치신고 반려처분이 위법하다고 판단한 원심판결에는 이 사건 조례 규정의 효력에 관한 법리를 오해하여 판결에 영향을 미친 잘못이 있다고 판시하였다.

1) 대법원 2016. 12. 29. 선고 2013추579 판결(조례안재의결무효확인); 대법원 2014. 1. 16. 선고 2011두6264 판결 참조.

치에 관한 지방자치단체장의 책무를 정한 것으로 해석함이 타당하고, 그 외에 일반 주민이 설치·관리하는 주차장에 대하여서도 임산부전용주차구역의 설치 의무를 부과하는 취지라고 볼 수 없다.

그리고 구청장이 설치·관리하는 여행주차장에 임산부전용주차구역을 설치할 경우 이 사건 조례안 제6조 제1항, 제3항에 따라 임산부자동차표지를 부착하지 아니한 자동차는 임산부전용주차구역을 이용할 수 없지만, 관리권자인 구청장이 행정재산인 여행주차장의 사용에 관한 기준을 정한다고 하여 이를 주민의 권리제한에 관한 사항을 정한 것이라고 볼 수도 없다."1)

2.3. 규율하는 대상사무의 종류와 권한에 따른 한계

지방자치단체의 조례입법권은 규율하는 대상사무의 종류와 권한에 따라 제약을 받는다.

먼저, 조례로 정할 수 있는 사항은 자치사무와 단체위임사무에 한정되며, 기관위임사무에 대해서는 조례를 정할 수 없다.

대법원은 "지방자치단체가 조례를 제정할 수 있는 사항은 지방자치단체의 고유사무인 자치사무와 개별 법령에 의하여 지방자치단체에 위임된, 이른바 단체위임사무에 한하고, 국가사무로서 지방자치단체의 장에게 위임되거나 상위 지방자치단체의 사무로서 하위 지방자치단체의 장에게 위임된 이른바 기관위임사무에 관한 사항은 조례제정의 범위 밖"이라고 하여 도지사로부터 시장·군수에게 기관위임된 묘지 등 허가사무를 규율하기 위해 제정된 군조례가 무효라고 판시한 바 있다.2)

---

1) 대법원 2016. 12. 29. 선고 2013추579 판결(조례안재의결무효확인): 임산부가 탑승한 자동차에 대한 배려와 이용편의를 제공하는 내용의 '서울특별시 서초구 임산부전용주차구역 설치 및 운영에 관한 조례안'에 대하여 법령에 위배된다는 등의 이유로 구청장이 재의를 요구하였으나 구의회가 그대로 재의결한 사안에서, 위 조례안이 일반 주민이 설치·관리하는 주차장에 대하여 임산부전용주차구역의 설치의무를 부과하거나 주민의 권리제한에 관한 사항을 정한 것으로 볼 수 없다고 한 사례.

2) 대법원 1995. 12. 22. 선고 95추32 판결 조례안재의결무효확인. 최근 판례로 사립 초등학교·중학교·고등학교 및 이에 준하는 각종 학교를 설치·경영하는 학교법인의 임시이사 선임에 관한 교육감의 권한은 자치사무라고 판시한 대법원 2020. 9. 3. 선고 2019두58650 판결(임시이사선임처분취소청구의소)을 참조.

또한 지방자치법은 지방자치단체로 하여금 제15조에 열거된 국가사무를 처리할 수 없도록 하고 있으므로, 법률에 이와 다른 규정이 있는 경우 외에는, 이에 관한 조례를 제정할 수 없다.

< 기관위임사무에 관한 사항을 정한 조례의 위법 >

[1] 지방자치법 제22조, 제9조에 의하면, 지방자치단체가 조례를 제정할 수 있는 사항은 지방자치단체의 고유사무인 자치사무와 개별 법령에 의하여 지방자치단체에 위임된 단체위임사무에 한하고, 국가사무가 지방자치단체의 장에게 위임되거나 상위 지방자치단체의 사무가 하위 지방자치단체의 장에게 위임된 기관위임사무에 관한 사항은 원칙적으로 조례의 제정범위에 속하지 않는다. 그리고 법령상 지방자치단체의 장이 처리하도록 규정하고 있는 사무가 자치사무인지 기관위임된 국가사무에 해당하는지를 판단할 때에는 법령의 규정 형식과 취지를 우선 고려해야 할 것이지만, 그 밖에도 사무의 성질이 전국적으로 통일적인 처리가 요구되는 사무인지 여부나 경비부담과 최종적인 책임귀속의 주체 등도 아울러 고려하여 판단해야 한다.

[2] 교권보호와 교육활동 지원에 필요한 제반 사항을 정한 조례안에 대하여 교육부장관의 재의요구지시에 따라 교육감이 재의를 요구하였으나 시의회가 원안대로 재의결한 사안에서, 교원의 지위에 관한 사항은 법률로 정하여 전국적으로 통일적인 규율이 필요한 것이고 국가가 이를 위하여 상당한 경비를 부담하고 있으므로, 이에 관한 사무는 국가사무로 보아야 하는데, 위 조례안 제5조가 교원의 지위에 관한 사항에 속하는 교원의 차별 및 불이익 금지 등에 관하여 규정하고, 제6조, 제9조, 제10조가 교원의 지위 보호를 위하여 교권보호위원회 및 교권보호지원센터의 설치·구성·운영에 관한 사항 등을 규정한 것은 국가사무에 관하여 법령의 위임 없이 조례로 정한 것으로 조례제정권의 한계를 벗어나 위법하다고 한 사례.[1]

< 조례규율가능한 대상 사무의 범위 및 자치사무와 기관위임사무의 판단기준 >

"지방자치법 제22조, 제9조에 의하면, 지방자치단체가 조례를 제정할 수 있는 사항은 지방자치단체의 고유사무인 자치사무와 개별 법령에 의하여 지방자치

1) 대법원 2014. 2. 27. 선고 2012추145 판결(조례안재의결무효확인청구의소).

치단체에 위임된 단체위임사무에 한하고, 국가사무가 지방자치단체의 장에게 위임되거나 상위 지방자치단체의 사무가 하위 지방자치단체의 장에게 위임된 기관위임사무에 관한 사항은 원칙적으로 조례의 제정범위에 속하지 않는다. 그리고 법령상 지방자치단체의 장이 처리하도록 규정하고 있는 사무가 자치사무인지 기관위임된 국가사무에 해당하는지를 판단하기 위하여는 그에 관한 법령의 규정 형식과 취지를 우선 고려하여야 할 것이지만, 그 밖에도 그 사무의 성질이 전국적으로 통일적인 처리가 요구되는 사무인지 여부나 그에 관한 경비부담과 최종적인 책임귀속의 주체 등도 아울러 고려하여 판단하여야 한다(대법원 1999. 9. 17. 선고 99추30 판결, 대법원 2013. 4. 11. 선고 2011두12153 판결 참조).

…… 교원의 지위에 관한 사항은 법률로 정하여 전국적으로 통일적인 규율이 필요하고 또 국가가 이를 위하여 상당한 경비를 부담하고 있으므로, 이에 관한 사무는 국가사무로 보아야 한다(대법원 2014. 2. 27. 선고 2012추145 판결 참조)."1)

한편 대법원은 위 2017. 1. 25. 선고 2016추5018 판결에서 교육감이 교육부장관의 재의요구 요청을 거부하여 조례안이 공포된 경우, 교육부장관이 조례안의 법령 위반 여부에 관하여 대법원에 직접 제소할 수 있다고 판시하였다.

"교육자치법 제3조는 지방자치단체의 교육·학예에 관한 사무를 관장하는 기관의 설치와 그 조직 및 운영 등에 관하여 이 법에서 규정한 사항을 제외하고는 그 성질에 반하지 않는 한 지방자치법의 관련 규정을 준용하도록 규정하

1) 대법원 2017. 1. 25. 선고 2016추5018 판결(조례안의결무효확인). 이 사건에서 대법원은 "조례안 제9조가 교원인사에 관한 사항을 심의하기 위하여 학교에 교원인사자문위원회를 두도록 하고 자문위원회의 자문결과에 대하여 학교의 장은 특별한 이유가 없는 한 이를 수용한다고 규정한 것은 국가사무에 관하여 법령의 위임 없이 조례로 정한 것으로 조례제정권의 한계를 벗어나 위법하다"고 판시하였다. 그 밖에도 대법원 2016. 12. 29. 선고 2013추36 판결(조례안재의결무효확인); 대법원 2016. 12. 29. 선고 2013추142 판결(교원의 지위 등에 관하여 규정한 '전라북도 교권과 교육활동 보호 등에 관한 조례안'에 대하여 교육부장관이 재의요구지시를 하였으나 교육감이 따르지 않고 조례를 공포한 사안에서, 위 조례안은 국가사무에 관하여 법령의 위임 없이 조례로 정한 것으로 조례제정권의 한계를 벗어나 위법하다고 한 사례); 대법원 2014. 2. 27. 선고 2012추190 판결(학교의 장이 행하는 학교생활기록의 작성에 관한 사무의 성질 및 교육감의 학교생활기록부 작성에 관한 지도·감독 사무가 국가사무로서 교육감에게 위임된 기관위임사무라고 판시) 등을 참조.

고, 제28조 제4항은 교육감이 재의요구 요청을 받아들여 재의요구를 하였음에도 시·도의회에서 재의결된 사항이 법령에 위반되는 경우에는 교육부장관이 해당 교육감에게 제소를 지시하거나 직접 제소할 수 있도록 규정하고 있는데, 교육자치법 제28조 제4항에서 교육감이 재의요구를 한 경우 교육부장관이 제소할 수 있도록 한 취지가 교육감이 재의요구를 하지 아니한 경우에는 교육부장관의 제소권한을 부정하기 위한 것으로 보기 어렵고, 지방자치법 제172조 제7항을 준용하여 교육감이 재의요구를 거부한 경우에도 의결된 사항이 법령에 위반되는 경우 교육부장관이 제소할 수 있도록 하여 조례의 법령 위반 여부에 대한 사법심사를 받도록 하는 것이 지방자치단체의 교육·학예에 관한 사무의 성질에 반한다거나 교육자치법의 취지에 부합하지 아니한다고 볼 수도 없다(대법원 2015. 5. 14. 선고 2013추98 판결, 대법원 2016. 12. 29. 선고 2013추36 판결 등 참조)."

반면 지방자치단체 고유의 자치사무에 해당하는 사무에 관해서는 법률상 대통령령으로 위임하는 규정이 있더라도 그에 따른 시장 등의 권한의 위임에 관하여 지방자치법의 적용을 배제하고 반드시 대통령령으로 정하는 바에 따라야 한다는 취지로 볼 수 없다는 판례가 있다.

< 약사법의 자치사무 관련 대통령령 위임과 지방자치법의 적용 >

[1] 구 약사법(2011. 3. 30. 법률 제10512호로 개정되기 전의 것, 이하 같다) 제76조 제1항 제3호, 제81조 제1항에 의하면, 시장·군수 또는 구청장(이하 '시장 등'이라고 한다)은 약국개설자가 구 약사법을 위반한 경우 업무의 정지를 명하거나 그 업무정지처분을 갈음하여 과징금을 부과할 수 있는바, 이러한 시장 등의 사무는 구 지방자치법(2011. 7. 14. 법률 제10827호로 개정되기 전의 것) 제9조 제2항 제2호 (가)목의 '주민복지에 관한 사업'으로서 주민의 복지증진에 관한 사무에 해당한다고 볼 수 있는 점, 그 사무의 성질이 반드시 전국적으로 통일적인 처리가 요구되는 사무라고 볼 수 없는 점, 과징금을 내야 할 자가 납부하지 않는 경우 지방세 체납처분의 예에 따라 징수하고(구 약사법 제81조 제4항) 징수한 과징금은 징수한 시장 등이 속한 지방자치단체에 귀속되는 점(구 약사법 제81조 제5항) 등을 고려하면, 지방자치단체 고유

의 자치사무라고 보는 것이 타당하다.

[2] 구 지방자치법(2011. 7. 14. 법률 제10827호로 개정되기 전의 것, 이하 같다) 제104조 제1항은 지방자치단체의 장은 조례나 규칙으로 정하는 바에 따라 그 권한에 속하는 사무의 일부를 보조기관, 소속 행정기관 또는 하부행정기관에 위임할 수 있다고 규정하고 있다.

한편 구 약사법(2011. 3. 30. 법률 제10512호로 개정되기 전의 것, 이하 같다) 제84조 제1항은 시장 등의 구 약사법에 따른 권한의 일부를 보건소장에게 대통령령으로 정하는 바에 따라 위임할 수 있다고 규정하고 있으나, 그 조항의 문언과 취지, 구 지방자치법과 구 약사법의 관계 등에 비추어 보면, 위 구 약사법 규정이 그 법에 따른 시장 등의 권한의 위임에 관하여 구 지방자치법의 적용을 배제하고 반드시 대통령령으로 정하는 바에 따라야 한다는 취지로 볼 수 없다.1)

둘째, 지방자치단체 장의 고유한 권한에 속하는 사항, 가령 인사에 관한 권한 중 지방자치단체 장의 고유권한에 해당하는 사항에 관해서도 지방자치법상의 권력분립의 원리에 비추어 조례제정권의 한계를 인정할 수 있을 것이다. 판례 또한 같은 입장이다. 경우에 따라 지방자치단체 장에게 인사권을 부여한 근거법률의 규정을 위배하는 결과가 되어 위법한 조례로 판단될 수도 있다.2)

< 조례제정권의 범위와 한계: 지방자치단체 장의 고유권한 침해 금지 >

지방자치단체는 헌법 제117조 제1항과 지방자치법 제22조에 따라 법령의 범위 안에서 그 사무에 관하여 자치조례를 제정할 수 있지만, 지방자치법은 의결기관인 지방의회와 집행기관인 지방자치단체장에게 각각 독자적 권한을 부여하여 상호 견제와 균형을 유지하도록 하고 있으므로, 지방의회가 자치사무에 관하여 조례를 제정할 때는 법률에 특별한 규정이 없는 한 지방자치단체장의 고유권한을 침해하지 않아야 한다(대법원 2010. 7. 22. 선고 2010추35 판결 등 참조).3)

1) 대법원 2014. 10. 27. 선고 2012두15920 판결(약사법위반업소행정처분무효확인등청구).
2) 김철용, 행정법 II, 109.
3) 대법원 2016. 11. 10. 선고 2014추19 판결(조례안재의결무효확인).

대법원이 조례가 지방자치단체장의 고유권한을 침해하였다고 인정한 사례들을 소개하면 다음과 같다.

"지방의회가 집행기관의 인사권에 사전에 적극적으로 개입하는 것은 의결기관과 집행기관 사이의 권한분리 및 배분의 취지에 배치되고, 또 집행기관의 인사권에 의장이 개인 자격으로 관여할 수 있는 권한은 없고 조례로써 이를 허용할 수도 없다(대법원 1994. 4. 26. 선고 93추175 판결 등 참조).

이 사건 조례안 제11조 제3항은 의회 의장이 5인 이내의 시의원을 민간투자위원회 위원으로 추천하여 시장이 임명 또는 위촉하도록 규정하고 있는바, 위 규정은 의장이 개인 자격으로 시장의 인사권에 사전에 적극적으로 개입할 수 있도록 하여 시장의 고유권한을 침해하고 있으므로 조례제정권의 한계를 일탈하여 위법하다(이 조항을 의회의 의결로 피추천인을 결정하여 대표자인 의장 명의로 추천하도록 한 규정이라고 해석하여야 한다는 피고의 주장은 문언의 의미를 벗어난 해석으로서 허용될 수 없으므로 받아들일 수 없다)."[1)]

"지방자치법 제91조 제2항은 사무직원은 지방의회의 의장의 추천에 따라 지방자치단체장이 임명하도록 규정하면서, 지방의회 사무직원 중 같은 항 단서 각 호에 해당하는 일부 직원에 대해서만 임용권, 즉 임명·휴직·면직과 징계를 하는 권한을 지방의회 사무국장 등에게 위임하도록 규정하고 있다. 그러므로 지방자치법 제91조 제2항 단서 각 호에 해당하지 않는 나머지 사무직원에 대한 임용권은 여전히 지방자치단체의 장에게 전속적으로 부여되어 있다고 해석함이 타당하다.

…… 그럼에도 이 사건 규정은, 지방자치법 제91조 제2항 단서 각 호에 해당하지 않는 공무원을 포함한 지방의회 사무직원 전부에 대한 '징계권한'을 지방의회 사무국장에게 위임하도록 하고 있다. 이는 지방의회 사무직원 중 지방자치법 제91조 제2항 단서 각 호에 해당하는 공무원에 대한 임용권만을 지방의회 사무국장 등에게 위임하도록 한 지방자치법 제91조 제2항에 위반된다."[2)]

또한 대법원은 같은 맥락에서 법률에 특별한 규정이 없는 한 조례로써 견제

1) 대법원 2009. 12. 24. 선고 2007추141 판결(개정조례안재의결무효확인).
2) 대법원 2016. 11. 10. 선고 2014추19 판결(조례안재의결무효확인).

의 범위를 넘어서 상대방의 고유권한을 침해하는 규정을 제정할 수 없는 것이라고 판시한 바 있고, 또한 정부업무평가기본법 제18조에서 지방자치단체의 장의 권한으로 정하고 있는 자체평가업무에 관한 사항에 대하여 지방의회가 견제의 범위 내에서 소극적·사후적으로 개입한 정도가 아니라 사전에 적극적으로 개입하는 내용을 지방자치단체의 조례로 정하는 것은 허용되지 않는다고 판시한 바 있다.

< 지방의회에 법령에 규정이 없는 새로운 견제장치를 부여하는 조례의 위법 여부 >

[1] 지방자치법 제15조 본문은 "지방자치단체는 법령의 범위 안에서 그 사무에 관하여 조례를 제정할 수 있다."고 규정하는바, 여기서 말하는 '법령의 범위 안에서'란 '법령에 위반되지 않는 범위 내에서'를 가리키므로 지방자치단체가 제정한 조례가 법령에 위반되는 경우에는 효력이 없다.

[2] 지방자치법은 지방자치단체의 의사를 내부적으로 결정하는 최고의결기관으로 지방의회를, 외부에 대하여 지방자치단체의 대표로서 지방자치단체의 의사를 표명하고 그 사무를 통할하는 집행기관으로 단체장을 독립한 기관으로 두고, 의회와 단체장에게 독자적인 권한을 부여하여 상호 견제와 균형을 이루도록 하고 있으므로, 법률에 특별한 규정이 없는 한 조례로써 견제의 범위를 넘어서 상대방의 고유권한을 침해하는 규정을 제정할 수 없는 것인바, 지방의회는 조례의 제정 및 개폐, 예산의 심의·확정, 결산의 승인, 기타 같은 법 제35조에 규정된 사항에 대한 의결권을 가지는 외에 같은 법 제36조 등의 규정에 의하여 지방자치단체사무에 관한 행정사무감사 및 조사권 등을 가지므로, 이처럼 법령에 의하여 주어진 권한의 범위 내에서 집행기관을 견제할 수 있는 것이지 법령에 규정이 없는 새로운 견제장치를 만드는 것은 집행기관의 고유권한을 침해하는 것이 되어 허용할 수 없다.[1]

---

1) 대법원 2003. 9. 23. 선고 2003추13 판결(개정조례안재의결무효확인). 아울러 대법원 2011. 4. 28. 선고 2011추18 판결(개정조례안재의결무효확인청구의소: 지방의회가 의결로 집행기관 소속 특정 공무원에 대하여 의원의 자료제출 요구에 성실히 이행하지 않았다는 구체적인 징계사유를 들어 징계를 요구할 수 있다는 취지의 '서울특별시 서초구 행정사무감사 및 조사에 관한 조례 중 일부 개정 조례안' 제12조 제6항은 법령에 없는 새로운 견제장치로서 지방의회가 집행기관의 고유권한을 침해하는 것으로서 위법하다고 한 사례)을 참조.

< 지방자치단체 장의 자체평가 권한과 지방의회의 사전적·적극적 개입을 규정한 조례의 위법여부 >

[1] 지방자치법은 지방의회와 지방자치단체의 장에게 독자적 권한을 부여하고 상호견제와 균형을 이루도록 하고 있으므로, 지방의회는 법률에 특별한 규정이 없는 한 견제의 범위를 넘어서 상대방의 고유권한을 침해하는 내용의 조례를 제정할 수 없다.

[2] 지방자치법은 지방의회와 지방자치단체의 장에게 독자적 권한을 부여하고 상호견제와 균형을 이루도록 하고 있으므로, 법률에 특별한 규정이 없는 한 조례로써 견제의 범위를 넘어서 상대방의 고유권한을 침해하는 규정을 할 수 없고(대법원 1996. 5. 14. 선고 96추15 판결, 2001. 11. 27. 선고 2001추57 판결 등 참조), 또한 개별적이고 중복적으로 실시되고 있는 각종 정책 등에 대한 평가를 통합·체계화하고 소관 정책을 스스로 평가하는 자체평가를 정부업무평가의 근간으로 하여 자율적인 평가역량을 강화하고, 지방자치단체와 공공기관을 포함한 정부업무 전반에 걸쳐 통합적인 성과관리체계를 구축하기 위하여 제정된 정부업무평가기본법 제18조에서는 지방자치단체의 장은 그 소속기관의 정책·사업·업무 등을 포함하여 자체평가를 실시하여야 하고(제1항), 지방자치단체의 장은 자체평가조직 및 자체평가위원회를 구성·운영하여야 하며, 이 경우 평가의 공정성과 객관성을 담보하기 위하여 자체평가위원의 3분의 2 이상은 민간위원으로 하여야 하고(제2항), 지방자치단체의 장은 정부업무평가시행계획에 기초하여 소관 정책 등의 성과를 높일 수 있도록 제15조 각 호의 사항이 포함된 자체평가계획을 매년 수립하여야 하며(제3항), 행정자치부장관은 평가의 객관성 및 공정성을 높이기 위하여 평가지표, 평가방법, 평가기반의 구축 등에 관하여 지방자치단체를 지원할 수 있고(제4항), 그 밖에 지방자치단체의 자체평가의 대상 및 절차 등에 관하여 필요한 사항은 지방자치단체의 장이 정하도록(제5항) 하고 있으므로, 정부업무평가기본법 소정의 자체평가업무는 지방자치단체의 장의 권한에 속한다고 할 것이고, 따라서 정부업무평가기본법 제18조에서 지방자치단체의 장의 권한으로 정하고 있는 자체평가업무에 관한 사항에 대하여 지방의회가 견제의 범위 내에서 소극적·사후적으로 개입하는 정도가 아니라 사전에 적극적으로 개입하는 내용을 지방자치

단체의 조례로 정하는 것은 허용되지 아니한다고 할 것이다.1)

그러나 대법원은 다음 일련의 판례에서 나타나듯 지방자치법은 의결기관으로서의 지방의회와 집행기관으로서의 지방자치단체장에게 독자적 권한을 부여하고 상호 견제와 균형을 유지하도록 하고 있으므로, 지방의회는 자치사무에 관하여 법률에 특별한 규정이 없는 한 조례로써 위와 같은 지방자치단체장의 고유권한을 침해하지 않는 범위 내에서 조례를 제정할 수 있다는 점을 분명히 하고 있다. 가령 관내 고등학생 교육비 지원 조례안은 집행기관인 지방자치단체장 고유의 재량권을 침해하였다거나 예산배분의 우선순위 결정에 관한 지방자치단체장의 권한을 본질적으로 침해하여 위법하다고 볼 수 없다고 판시하였고, 민간위탁에 관하여 지방의회의 사전 동의를 받도록 한 조례는 지방자치단체장의 민간위탁에 대한 일방적인 독주를 제어하여 민간위탁의 남용을 방지하고 그 효율성과 공정성을 담보하기 위한 장치에 불과하고, 민간위탁 권한을 지방자치단체장으로부터 박탈하려는 것이 아니므로 지방자치단체장의 집행권한을 본질적으로 침해하는 것으로 볼 수 없다고 판시하고 있다.

< 예산낭비 공개 및 예산성과금 제한 조례와
지방자치단체장의 예산집행권 침해여부 >

예산낭비 사례 등을 공개하도록 하고 예산성과금의 지급 한도를 제한하는 내용의 '서울특별시 서초구 예산절감 및 낭비사례 공개에 관한 조례안'에 대하여 구청장이 지방자치법에 위배된다는 이유 등으로 재의를 요구하였으나 구의회가 원안대로 재의결한 사안에서, 위 조례안 제2조 제3호에서 정한 예산낭비에 관한 정의가 불명확하다거나 예산낭비의 해당성 여부가 전적으로 지방의회의 추상적 가치판단에 따라 정해진다고 보기 어렵고, 예산낭비사례 공개 부분 조례안은 관계 법령에서 부여한 지방자치단체의 예산집행 등에 관한 지방의회의 감시 통제권의 일환으로 예산낭비사례를 공개하라는 것에 불과하여 지방자치법 제22조에서 정하고 있는 법령의 범위 내의 규정이므로 지방자치단체장의 예산집행 등에 관한 권한을 본질적으로 침해한다고 할 수 없으며, 지방의회는

1) 대법원 2007. 2. 9. 선고 2006추45 판결(조례안재의결무효).

지방자치단체 예산의 수입과 집행에 대하여 폭넓은 견제 권한을 가지는 점 등에 비추어 예산성과금 지급 부분 조례안이 비록 지방재정법령에서 정한 공무원에 대한 지출절약에 따른 예산성과금의 상한액을 제한하였다고 하여 지방재정법령에 위배된다거나 지방자치단체장의 예산성과금 지급에 관한 권한을 본질적으로 침해하였다고 볼 수 없다고 한 사례.1)

< 수업료등 지원 조례와 단체장의 고유권한 침해 여부 >

[1] 수업료, 입학금 그 자체에 관한 사무는 교육·학예에 관한 사무로서 지방자치단체 중 특별시·광역시·도의 사무에 해당하나, 수업료, 입학금의 지원에 관한 사무는 학생 자녀를 둔 주민의 수업료, 입학금 등에 관한 부담을 경감시킴으로써 청소년에 대한 기본적인 교육여건을 형성함과 동시에 청소년이 평등하게 교육을 받을 수 있도록 하는 것이므로, 이와 같은 사무는 지방자치단체 고유의 자치사무인 지방자치법 제9조 제2항 제2호에서 정한 주민의 복지증진에 관한 사무 중 주민복지에 관한 사업〔(가)목〕 및 노인·아동·심신장애인·청소년 및 부녀의 보호와 복지증진〔(라)목〕에 해당되는 사무이다.

[2] 헌법 제117조 제1항과 지방자치법 제22조에 의하면 지방자치단체는 법령의 범위 안에서 그 사무에 관하여 조례를 제정할 수 있고, 지방자치법은 의결기관으로서의 지방의회와 집행기관으로서의 지방자치단체장에게 독자적 권한을 부여하는 한편, 지방의회는 행정사무감사와 조사권 등에 의하여 지방자치단체장의 사무집행을 감시 통제할 수 있게 하고 지방자치단체장은 지방의회의 의결에 대한 재의요구권 등으로 의회의 의결권행사에 제동을 가할 수 있게 함으로써 상호 견제와 균형을 유지하도록 하고 있으므로, 지방의회는 자치사무에 관하여 법률에 특별한 규정이 없는 한 조례로써 위와 같은 지방자치단체장의 고유권한을 침해하지 않는 범위 내에서 조례를 제정할 수 있다고 할 것이다(대법원 1992. 7. 28. 선고 92추31 판결, 대법원 2009. 8. 20. 선고 2009추77 판결 등 참조).

[3] 화천군의회가 의결한 '화천군 관내 고등학교 학생 교육비 지원 조례안'에 대하여 화천군수가 도의 자치사무에 관한 것이라는 등의 이유로 재의를 요구하였으나 군의회가 조례안을 재의결하여 확정한 사안에서, 수업료, 입학금의

---

1) 대법원 2014. 2. 13. 선고 2013추67 판결(조례안재의결무효확인).

지원에 관한 사무는 지방자치단체 고유의 자치사무인 지방자치법 제9조 제2항 제2호에서 정한 주민의 복지증진에 관한 사무에 속하고, 이러한 사무의 성격을 고려하여 농어업인 삶의 질 향상 및 농어촌지역 개발촉진에 관한 특별법 제23조는 지방자치단체에 수업료 등에 대한 경비 지원에 관한 권한을 부여하고 있고, 위 조례안 제4조는 군수에게 교육비 지원 대상 선정에 일정한 재량권을 부여하고 있는 등 관계 법률과 조례안의 규정 내용 및 위 조례안에 따른 교육비 지원사무에 들 비용이 화천군 예산에서 차지하는 비율 등을 고려할 때, 위 조례안 제6조 제3항이 교육비 지원대상에 해당하는 경우에는 군수로 하여금 교육비를 지급하도록 규정하였다는 이유만으로 집행기관인 지방자치단체장 고유의 재량권을 침해하였다거나 예산배분의 우선순위 결정에 관한 지방자치단체장의 권한을 본질적으로 침해하여 위법하다고 볼 수 없다고 한 사례.[1)]

< 민간위탁에 관하여 지방의회의 사전 동의를 받도록 한 조례의 위법여부 >

[1] 헌법 제117조 제1항과 지방자치법 제22조에 의하면, 지방자치단체는 법령의 범위 안에서 그 사무에 관하여 자치조례를 제정할 수 있고, 지방자치법은 의결기관으로서의 지방의회와 집행기관으로서의 지방자치단체장에게 독자적 권한을 부여하는 한편, 지방의회는 행정사무감사와 조사권 등에 의하여 지방자치단체장의 사무집행을 감시 통제할 수 있고 지방자치단체장은 지방의회의 의결에 대한 재의요구권 등으로 의회의 의결권행사에 제동을 가할 수 있게 함으로써 상호 견제와 균형을 유지하도록 하고 있으므로, 지방의회는 자치사무에 관하여 법률에 특별한 규정이 없는 한 조례로써 위와 같은 지방자치단체장의 고유권한을 침해하지 않는 범위 내에서 조례를 제정할 수 있다(대법원 1992. 7. 28. 선고 92추31 판결, 대법원 2000. 6. 13. 선고 99추92 판결 등 참조).

[2] 민간위탁은 한편으로 제도의 취지에 반하여, 보조금의 교부 등으로 비용이 더 드는 경우가 있고, 공평성의 저해 등에 의한 행정서비스의 질적 저하를 불러올 수 있으며, 위탁기관과 수탁자 간에 책임 한계가 불명확하게 될 우려도 있고, 행정의 민주화와 종합성이 손상될 가능성도 있으므로 지방자치단체장이 일정한 사무에 대해 민간위탁을 하는 경우 위와 같은 단점을 최대한 보완하여

1) 대법원 2013. 4. 11. 선고 2012추22 판결(조례안재의결무효확인).

> 민간위탁이 순기능적으로 작용하도록 할 필요가 있다. 여기에 지방자치법 제104조 제3항에서 지방자치단체의 장은 그 권한에 속하는 사무 중 주민의 권리·의무와 직접 관련이 없는 사무에 대해서는 조례나 규칙으로 정하는 바에 따라 민간에게 위탁할 수 있다고 규정함으로써 지방자치단체 사무의 민간위탁과 관련하여 조례 등에 의한 한계 설정을 예정하고 있는 점을 아울러 고려하여 보면, 이 사건 조례안이 지방자치단체 사무의 민간위탁에 관하여 지방의회의 사전 동의를 받도록 한 것은 지방자치단체장의 민간위탁에 대한 일방적인 독주를 제어하여 민간위탁의 남용을 방지하고 그 효율성과 공정성을 담보하기 위한 장치에 불과하고, 민간위탁 권한을 지방자치단체장으로부터 박탈하려는 것이 아니므로 지방자치단체장의 집행권한을 본질적으로 침해하는 것으로 볼 수 없다.1)

2.4. 국가 법령이 존재하는 경우 조례의 적법요건

지방자치단체는 법률의 위임이 없더라도 그 사무에 관하여 조례를 제정할 수 있고, 지방자치단체의 조례가 규율하는 특정사항을 규율하는 국가의 법령이 이미 존재하는 경우에도, 조례가 별도의 목적에 기초한 것으로서 그 적용에 의하여 법령 규정이 의도하는 목적과 효과를 전혀 저해하지 않을 때, 또는 양자가 동일한 목적에서 출발한 것이라고 할지라도 법령이 각 지방자치단체가 그 지방의 실정에 맞게 별도로 규율하는 것을 용인하는 취지라고 해석되는 때에는 그 조례가 법령에 위반되지 아니한다는 것이 대법원의 판례이다. 국가의 입법선점권을 부인하기는 어렵지만, 최소한의 자치입법 영역을 확보해 주려는

1) 대법원 2009. 12. 24. 선고 2009추121 판결(조례안재의결무효확인); 대법원 2011. 2. 10. 선고 2010추11 판결('서울특별시 중구 사무의 민간위탁에 관한 조례안' 제4조 제3항 등이 지방자치단체 사무의 민간위탁에 관하여 지방의회의 사전 동의를 받도록 한 것과 지방자치단체장이 동일 수탁자에게 위탁사무를 재위탁하거나 기간연장 등 기존 위탁계약의 중요한 사항을 변경하고자 할 때 지방의회의 동의를 받도록 한 것은, 지방자치단체장의 집행권한을 본질적으로 침해하는 것으로 볼 수 없다고 한 사례); 대법원 2009. 12. 24. 선고 2009추121 판결('순천시 지방공기업단지 조성 및 분양에 관한 조례 일부개정 조례안' 등이 지방자치단체 사무의 민간위탁에 관하여 지방의회의 사전 동의를 받도록 한 것은 지방자치단체장의 민간위탁에 대한 일방적인 독주를 제어하여 민간위탁의 남용을 방지하고 그 효율성과 공정성을 담보하기 위한 장치에 불과하고, 민간위탁 권한을 지방자치단체장으로부터 박탈하려는 것이 아니므로, 지방자치단체장의 집행권한을 본질적으로 침해하는 것으로 볼 수 없다고 한 사례)

취지라고 이해된다.

< 국가 법령이 존재하는 경우 조례의 적법요건 >

"지방자치단체의 조례는 자치조례에 해당한다고 하더라도 법령에 위반되지 않는 범위 안에서만 제정할 수 있어서 법령에 위반되는 조례는 효력이 없지만, 조례가 규율하는 특정사항을 규율하는 국가의 법령이 이미 존재하는 경우에도 조례가 별도의 목적에 기초한 것으로서 그 적용에 의하여 법령 규정이 의도하는 목적과 효과를 전혀 저해하지 않을 때, 또는 양자가 동일한 목적에서 출발한 것이라고 할지라도 법령이 각 지방자치단체가 그 지방의 실정에 맞게 별도로 규율하는 것을 용인하는 취지라고 해석되는 때에는 그 조례가 법령에 위반되지 아니한다.

……이 사건 조례안은 유통산업발전법 관련 법령에서 정한 상권영향평가와 별개로 경기도지사가 경기도 상권평가위원회로부터 지역 상권에 미치는 영향을 분석·평가한 정책자료를 제공받고 이를 근거로 시장·군수에게 의견개진과 권고를 하는 내용이므로, 지방자치법 제9조 제2항 제3호 (차)목, 같은 호 (카)목, 같은 조 제4호 (거)목과 지방자치법 시행령 〔별표 1〕에서 시·도의 자치사무로 예시한 지역산업의 육성과 지원, 소비자 보호, 지역경제의 육성과 지원에 관한 것이고, 이러한 사무가 전국적으로 통일적 처리가 요구되는 사무라고 보이지 아니하며, 그 비용도 경기도의 자체예산으로 집행할 것이 예정되어 있음을 알 수 있다. 그리고 이 사건 조례안은 주민의 권리 제한 또는 의무부과에 관한 사항이나 벌칙에 관한 사항을 그 내용으로 삼고 있지 아니하다.

따라서 이 사건 조례안은 관련 법률에 위임이 있어야 하는 기관위임사무에 관한 것이 아니라 경기도의 자치사무에 관한 것이고, 이 사건 조례안이 법령의 위임근거 없이 제정되었다고 하더라도 위법하다고 볼 수 없으므로, 원고의 위 주장은 이유 없다."1)

"지방자치단체의 조례는 그것이 자치조례에 해당하는 것이라도 법령에 위반되지 않는 범위 안에서만 제정할 수 있어서 법령에 위반되는 조례는 그 효력이 없지만, 조례가 규율하는 특정사항에 관하여 그것을 규율하는 국가의 법령

1) 대법원 2016. 10. 27. 선고 2014추514 판결(조례안재의결무효확인); 대법원 2014. 2. 27. 선고 2012두15005 판결(조립명령취소등); 대법원 2007. 12. 13. 선고 2006추52 판결 등.

이 이미 존재하는 경우에도 조례가 법령과 별도의 목적에 기하여 규율함을 의도하는 것으로서 그 적용에 의하여 법령의 규정이 의도하는 목적과 효과를 전혀 저해하는 바가 없는 때에는 그 조례가 국가의 법령에 위배되는 것은 아니라고 보아야 한다(대법원 2007. 12. 13. 선고 2006추52 판결 참조)."[1]

3. 벌칙 등에 관한 사항

지방자치법은 제28조 단서에서 지방자치단체가 조례로 벌칙을 정할 때에는 법률의 위임이 있어야 한다고 규정하는 한편, 제34조에서는 조례위반에 대한 과태료를 부과할 수 있도록 하고 있다. 또한 제156조에서는 사용료의 징수조례 등과 관련하여 지방자치단체에게 과태료 부과권을 부여하고 있다.

이에 따라 지방자치단체는 다음과 같이 조례로 벌칙이나 과태료를 부과할 수 있다.

첫째 지방자치단체는 각 개별법령의 위임 조항에 따라 벌칙을 정할 수 있다. 그 범위나 한계는 해당 개별법령의 위임조항에 따른다.

둘째, 지방자치단체는 조례를 위반한 행위에 대하여 조례로써 1천만원 이하의 과태료를 정할 수 있고(§ 34 ①), 이에 따른 과태료는 해당 지방자치단체의 장이나 그 관할 구역의 지방자치단체의 장이 부과·징수한다(§ 34 ②).

셋째, 지방자치단체는 사기나 그 밖의 부정한 방법으로 사용료·수수료 또는 분담금의 징수를 면한 자에 대하여는 그 징수를 면한 금액의 5배 이내의 과태료를, 공공시설을 부정사용한 자에 대하여는 50만원 이하의 과태료를 부과하는 규정을 조례로 정할 수 있다(§ 156 ②). 이에 따른 과태료의 부과·징수, 재판 및 집행 등의 절차에 관한 사항은 「질서위반행위규제법」에 따른다(§

1) 대법원 2014. 2. 27. 선고 2012두15005 판결(조림명령취소등): 고의 또는 불법으로 임목이 훼손되었거나 지형이 변경된 후 원상회복이 이루어지지 않아 토지이용계획확인서에 그 사실이 명시된 토지에 대한 개발행위 허가를 제한하도록 한 성남시 도시계획조례 제21조 제1항 제3호 및 그 시행규칙 제2조는 법률의 위임에 따른 것으로서 정당하고 산림자원의 조성 및 관리에 관한 법률에 위배되지 않는다고 한 사례. 대법원은 이 사건 조례 규정 등의 효력에 관한 원심의 법리오해에도 불구하고, 이 사건 처분이 이 사건 시행규칙의 부칙 제2항에 반하여 위법하다는 이유로 이를 취소한 원심의 결론은 정당하므로, 그 판단에 판결 결과에 영향을 미친 위법은 없다고 판시하였다.

156 ③).

< 법률의 위임 없이 형벌사항을 규정한 조례의 위헌 · 위법성 >

"지방자치법 제15조 단서는 지방자치단체가 법령의 범위 안에서 그 사무에 관하여 조례를 제정하는 경우에 벌칙을 정할 때에는 법률의 위임이 있어야 한다고 규정하고 있는데, 형벌을 규정한 이 사건 조례안 제12조 내지 제14조에 관하여 법률에 의한 위임이 없었을 뿐만 아니라 개정 전의 구법(1994.3.16. 법률 제4741호로 개정되기 전의 것) 제20조가 조례에 의하여 3월 이하의 징역 등 형벌을 가할 수 있도록 규정하였으나 개정된 지방자치법 제20조는 형벌권은 삭제하여 지방자치단체는 조례로써 조례위반에 대하여 1,000만 원 이하의 과태료만을 부과할 수 있도록 규정하고 있으므로, 조례위반에 형벌을 가할 수 있도록 규정한 위 조례안 규정들은 현행 지방자치법 제20조에도 위반된다고 할 것이다. 따라서 이 사건 조례안 제12조 내지 제14조의 규정들은 적법한 법률의 위임 없이 제정된 것이 되어 지방자치법 제15조 단서에 위반되고, 나아가 죄형법정주의를 선언한 헌법 제12조 제1항에도 위반한 것이 된다."1)

4. 지방자치법 제28조 제1항 단서의 위헌여부

앞서 본 바와 같이 지방자치단체의 자치입법권은 헌법과 지방자치법 등에 의하여 근본적인 제약을 받고 있다. 특히 지방자치법 제28조 제1항 단서는 지방자치단체의 자치입법권을 일반적 · 범주적으로 제한한 악명 높은(?) 조항이다. 그동안 자치입법권이 제대로 행사될 수 없었던 것은 바로 이 조항 때문이었다. 1995년 지방자치가 본격화된 이래 지방자치단체에서 제정한 각종 조례

1) 대법원 1995. 6. 30. 선고 93추113 판결(서울특별시의회에서의증언 · 감정등에관한조례(안) 무효확인청구). 이 사건에서 대법원은 헌법 제117조 제1항이 지방자치에 관한 사무에 관하여는 지방자치단체에 입법권을 부여하고 있기 때문에 헌법 제12조 제1항의 죄형법정주의원칙에서 말하는 법률에는 지방자치사무에 관한 실효성 확보를 위한 형벌을 규정하는 조례도 포함되므로 조례안 제12조 내지 제14조는 헌법상 죄형법정주의원칙이나 지방자치법 제15조 단서에 위반되지 아니한다는 원고의 주장을 배척하였다. 그 밖에 대법원 1995. 6. 30. 선고 93추83 판결(경상북도의회에서의증언.감정등에관한조례(안)무효확인청구의소; 1995. 6. 30. 선고 93추199 판결; 1995. 7. 11. 선고 93추21 판결; 1995. 7. 11. 선고 93추38 판결; 1995. 7. 11. 선고 93추45 판결; 대법원 1995. 6. 30. 선고 93추120 판결; 1995. 6. 30. 선고 93추90 판결; 1995. 6. 30. 선고 93추168 판결 등을 참조.

들이 대법원에 의하여 대부분 무효화된 것만을 보아도 쉽사리 알 수 있다.1) 이 조항에 대하여 "지방자치단체는 주민의 복리에 관한 사무를 처리하고 재산을 관리하며, 법령의 범위안에서 자치에 관한 규정을 제정할 수 있다"고 규정한 헌법 제117조 제1항과 관련하여 끊임없이 위헌의 혐의가 제기되어 왔던 것도 바로 그런 맥락에서 이해될 수 있다.2)

생각건대 이 문제는 헌법과 지방자치법의 관련 조항들을 함께 해석함으로써 판단되어야 한다. 먼저 헌법 제117조 제1항 후단의 규정은 법률에 의해서도 침해될 수 없는 헌법적 보장으로서의 규범적 효력을 가진다는 점을 우선적으로 고려해야 한다.

헌법은 제118조 제2항의 법률유보조항에도 불구하고 입법형성권의 행사는 지방자치의 본질적인 내용, 즉, 自治機能保障·自治團體保障·自治事務保障을 침해하는 일이 없어야 하며, 그러한 침해는 지방자치의 제도적 본질에 대한 침해를 뜻한다는 견지에서 볼 때,3) 「만약 법률이 조례에 의한 지방자치의 본질 실현을 방해한다면 지방자치를 인정하고 있는 현행헌법의 취지에 비추어(일본과 같이 헌법에 "법률은 지방자치의 本旨에 적합하여야 한다."는 규정이 없다 하더라도) 위헌무효의 다툼이 가능하게 될 것이다. 따라서 법률의 해석의 여지가 있는 한 조례에 의한 「지방자치의 본질」의 실현을 방해하지 아니 하도록 합헌적인 법률해석이 행하여져 당해 조례가 그 법률에 반하는지 여부가 확정되어야 할 것」이라는 지적4) 또한 타당함은 물론이다. 한편 金哲洙교수는 이러한 지방자치법 제15조 단서를 매개로 하지 않고 헌법 제117조 제1항과 관련하에서 국민의 권리의무에 관한 사항(법규사항)을 조례로써 규정할 수 있느냐는 문제에 관한 찬·반 양론을 소개한 후, 일본에서의 다수설인 조례법률설에

---

1) 청주시행정정보공개조례의 합법성을 시인한 대법원 1992. 6. 23. 선고 92추17 판결은 극히 드문 예외라 할 수 있다.

2) 朴鈗炘, "법령과 조례의 관계", 경희법학 27권 1호, 1992, 52-56; 吳世卓, "조례의 제정실태와 입법한계", 인권과 정의 216호, 28; 徐元宇, "헌법과 지방자치", 자치연구, 1993(제1호), 18이하; 劉尙炫, 조례의 법적 한계에 관한 연구(경희대법학박사학위논문, 1994) 등. 이것이 다수설임. 이에 반해 합헌을 주장하는 견해로는 洪井善, "조례와 침해유보", 고시계 1993/4, 108-113.

3) 許營, 韓國憲法論, 1991, 783.

4) 정준현, 정보공개조례제정의 가부 및 그 방향, 공법학회 제25회 학술발표회 발표문, 34.

가담하는 한편, 헌법 제117조 제1항 후단의 법령상의 한계를 전제로 삼아 법령에 위반되지 않는다고 생각되는 조례로서 ① 당해사항을 규율할 국가의 법령이 없고 국법상 완전히 공백상태에 있는 사항에 관하여 정하는 조례, ② 국가법령이 규제하고 있는 사항과 동일한 사항에 관하여 당해 국가법령과 다른 목적으로 규제하는 조례, ③ 같은 경우에 국가법령이 규제의 범위 외에 두고 있는 사항을 규제하는 조례 등을 들고 있다.1)

그러나 이러한「지방자치의 본질위배」에 앞서, 헌법 제117조 제1항 후단에 의한 자치입법권의 헌법직접적 보장의 의미를 먼저 음미하여야 할 것이다. 즉, 이 조항은 제118조 제2항의 법률유보에 의하여 제정된 법률에 의해서도 침해될 수 없는 자치입법권의 범위를 헌법적으로 보장한 것이다. 만일 지방자치법의 규정이 이러한 헌법적 수권규정의 범위를 감축·제한한다면 그것은 헌법위반을 면치 못할 것이다. 그러나 일부에서 주장하듯 지방자치법 제15조 단서를, 지방자치권의 보편성(Universalität) 또는 全權性2)을 제한한다는 것만 가지고서 막 바로 그 합헌성을 의심할 수 있는지는 의문이다. 헌법 제117조 제1항 후단에서의「법령의 범위 안에서」란 구절은 우선적으로는 자치입법의 내용적 한계를 정한 것이지만, 반드시「法令의 優位」만을 규정한 데 불과한 것이 아니라 헌법적으로 보장된 자치입법권의 한계를 법률의 유보에 관한 침해유보설적인 견지에서 설정한 것으로 해석할 수 있는 여지가 있기 때문이다. 참고로 독일의 경우 기본법 제28조 제2항 제1문의 "im Rahmen der Gesetze"란 구절을 압도적인 통설이 고유책임성과 보편성, 그리고 기타 모든 보장수준에 관계를 맺고 있는 유보, 다시 말해서「입법권자에게 보장내용의 구체적 형성, 내재적 한계의 설정, 그러나 또한 헌법직접적 보장영역에 대한 침해를 수권하는 유보」조항으로 해석하고 있다는 점에 유의할 필요가 있다.3)

---

1) 김철수, 헌법학개론, 899, 901.

2) 이것은 독일지방자치법상의 개념으로, 어떤 사안이 지역적 단체에 관한 사무에 속하는 한, 그것은 원칙적으로 기본법 제28조 제2항 제1문의 보장내용에 따라 자치단체의 임무분야에 속한다는 원칙을 말한다(Schmidt-Aßmann, Kommunalrecht, in: Ingo von Münch, Bes. VerwR, 8.Aufl., 1988, S.116).

3) Schmidt-Aßmann, aaO.

이렇게 볼 때 지방자치법 제28조 제1항 단서는 헌법 제117조 제1항 후단에 위배되지 아니한다는 결론에 이르게 된다. 대법원 역시 1995년 5월 12일 전라북도공동주택입주자보호를위한조례안무효확인판결에서 지방자치법 제28조 단서 조항의 합헌성을 명시적으로 확인한 바 있다.

> "지방자치법 제15조가 원칙적으로 헌법 제117조 제1항의 규정과 같이 지방자치단체의 자치입법권을 보장하면서, 국민의 권리제한 의무부과에 관한 사항을 규정하는 조례의 중대성에 비추어 입법정책적 고려에서 법률의 위임을 요구한다고 규정하고 있는 바, 이는 기본권 제한에 대하여 법률유보원칙을 선언한 헌법 제37조 제2항의 취지에 부합한다고 할 것이므로 조례제정에 있어서 위와 같은 경우에 법률의 위임근거를 요구하는 것이 위헌성이 있다고 할 수는 없으므로 피고의 위 주장은 이유 없다."[1)]

Ⅲ. 조례제정절차

1. 제안과 의결

조례안은 지방자치단체의 장, 지방의회 재적의원 5분의 1이상 또는 의원 10명 이상의 연서로써 제안하며(§ 76 ①), 지방의회의 의결과 지방자치단체장의 공포에 의하여 제정된다(§ 32).

2. 공포 및 효력발생

조례안이 지방의회에서 의결되면 지방의회의 의장은 의결된 날부터 5일 이내에 그 지방자치단체의 장에게 이를 이송하며, 지방자치단체의 장은 지방의회가 의결한 조례안을 이송 받은 때에는 20일 이내에 공포하여야 한다(§ 32 ①-②).

1) 대법원 1995. 5. 12. 선고 94추28 판결: 전라북도공동주택입주자보호를위한조례안무효확인.

지방자치단체의 장은 이송받은 조례안에 대하여 이의가 있으면 제2항의 기간에 이유를 붙여 지방의회로 환부(還付)하고, 재의(再議)를 요구할 수 있고, 이 경우 지방자치단체의 장은 조례안의 일부에 대하여 또는 조례안을 수정하여 재의를 요구할 수 없다(§ 32 ③). 재의요구를 받은 지방의회가 재의에 부쳐 재적의원 과반수의 출석과 출석의원 3분의 2 이상의 찬성으로 전과 같은 의결을 하면 그 조례안은 조례로서 확정된다(§ 32 ④).

지방자치단체의 장이 20일 이내에 공포나 재의요구를 하지 아니한 때에도 그 조례안은 조례로 확정된다(§ 32 ⑤).

지방자치단체의 장은 제4항과 제5항에 따라 확정된 조례를 지체 없이 공포하여야 한다(§ 32 ⑥ 제1문). 법 제5항에 따라 조례가 확정된 후 또는 제4항에 따른 확정조례가 지방자치단체의 장에게 이송된 후 5일 이내에 지방자치단체의 장이 공포하지 아니하면 지방의회의 의장이 이를 공포한다(§ 32 ⑥ 제2문).

지방자치단체의 장이 조례를 공포한 때에는 즉시 해당 지방의회의 의장에게 통지하여야 하며, 제6항 후단에 따라 지방의회의 의장이 조례를 공포한 때에는 이를 즉시 해당 지방자치단체의 장에게 통지하여야 한다(§ 32 ⑦).

조례는 특별한 규정이 없는 한 공포한 날부터 20일이 지나면 효력을 발생한다(지방자치법 § 32 ⑧).

제 3 관 규 칙

Ⅰ. 의의 및 성질

지방자치단체의 장은 법령이나 조례가 위임한 범위에서 그 권한에 속하는 사무에 관하여 규칙을 제정할 수 있다(§ 29). 규칙은 보통 대외적 효력을 가지지만, 대내적 효력을 가지는데 불과한 것(행정규칙)도 있다.

Ⅱ. 규칙의 규정사항

규칙은 법령 또는 조례의 위임이 있는 사항에 관하여서만 규정할 수 있다. 이 경우 위임은 개별·구체적인 위임이어야 한다. 법령 또는 조례의 위임이 있는 한, 규칙의 규율범위는 자치사무, 단체위임사무 및 기관위임사무의 전부에 미칠 수 있다. 그러나 현행 지방자치법은 규칙에 대하여 벌칙을 위임하지 않았기 때문에 규칙으로는 벌칙을 정할 수 없다. 시장·군수·자치구청장이 제정하는 규칙은 시·도의 조례나 시·도지사가 제정한 규칙에 위반하여서는 아니 된다(§ 30).

Ⅲ. 규칙제정절차

규칙은 지방자치단체의 장이 단독으로 제정하지만, 규칙을 제정하거나 개정하거나 폐지할 경우 공포예정 15일 전에 시·도지사는 행정안전부장관에게, 시장·군수 및 자치구의 구청장은 시·도지사에게 그 전문(全文)을 첨부하여 각각 보고하여야 하며, 보고를 받은 행정안전부장관은 이를 관계 중앙행정기관의 장에게 통보하여야 한다(§ 28). 경우에 따라 다른 행정기관의 사전승인을 받아야 하는 규칙도 있다.

규칙은 특별한 규정이 없으면 공포한 날부터 20일이 지나면 효력을 발생한다(§ 32 ⑧).

CHAPTER

제 3 절

자치조직 · 인사권

자치조직권이란 지방자치단체가 스스로 그 조직을 결정할 수 있는 권한을 말한다. 지방의회의원 및 지방자치단체의 장의 선거에 관한 규정(지방자치법 §§ 38, 107), 행정기구와 공무원에 관한 규정(§ 125) 등은 자치조직권의 예라 할 수 있다.

지방자치단체는 그 소관 사무의 범위 안에서 필요하면 대통령령이나 대통령령으로 정하는 바에 따라 지방자치단체의 조례로 자치경찰기관(제주특별자치도에 한한다), 소방기관, 교육훈련기관, 보건진료기관, 시험연구기관 및 중소기업지도기관 등을 직속기관으로 설치할 수 있고(§ 126), 그 밖에 사업소(§ 127), 출장소(§ 128), 합의제행정기관(§ 129), 자문기관(§ 130) 등을 둘 수 있으며, 조례로 정하는 바에 따라 자치구가 아닌 구와 읍·면·동에 그 소관 행정사무를 분장하기 위하여 필요한 하부행정기구를 둘 수 있다.

행정기구의 설치와 지방공무원의 정원은 인건비 등 대통령령으로 정하는 기준에 따라 그 지방자치단체의 조례로 정하며(§ 125 ②), 행정안전부장관은 지방자치단체의 행정기구와 지방공무원의 정원이 적정하게 운영되고 다른 지방자치단체와의 균형이 유지되도록 하기 위하여 필요한 사항을 권고할 수 있다(§ 125 ③).

지방자치단체는 법령에 특별한 규정이 없는 한 소속 지방공무원에 대한 자주적 인사권을 가진다.

CHAPTER

제 4 절

자치행정권

지방자치단체는 지방자치제도의 취지상 당연히 자치행정권을 가진다. 지방자치단체가 수행하는 자치행정 사무의 내용은 주로 주민의 복리증진을 도모하기 위한 공기업·공동시설 등의 설치·경영·관리와 같은 비권력적 관리행정이다. 그러나 공공의 이익을 위하여 소방행정·공용부담 같은 권력적 행정도 포함될 있다.

CHAPTER

제 5 절 자치재정권

제 1 관 개 설

지방자치단체는 지방자치임무를 수행하기 위하여 스스로 필요한 세입을 확보하고 지출을 관리하는 권한을 필요로 한다. 이를 자치재정권이라고 한다. 지방자치단체는 그 본연의 임무인 주민의 복리증진을 위하여 재원을 조달해야 하며, 자치사무 수행에 필요한 경비와 위임된 사무에 관하여 필요한 경비를 지출할 의무를 진다(지방자치법 § 158). 이러한 수요나 의무 이행에 필요한 재원을 조달하고 관리하기 위하여 필요한 권한이 자치재정권이다.

우리나라 지방자치단체의 재정상태는 전반적으로 매우 열악한 수준이다. 많은 지방자치단체는 필요한 재원을 스스로 조달하기보다는 중앙정부 지원에 의존할 수밖에 없는 취약한 재정구조를 가지고 있다. 반면, 주민의 지역개발과 복지증진에 대한 기대욕구가 높아짐에 따라 지방재정수요도 지속적으로 급증하는 양상을 보이고 있다. 지방자치의 성공은 지방재정력 확보에 따라 좌우된다.[1] 이러한 맥락에서 자치재정권이 가지는 의미는 막중하다.

헌법 제117조는 '지방자치단체는 재산을 관리한다'라고만 규정하고 있으나 이를 지방자치단체의 자주재정권, 즉 재정고권의 근거규정으로 볼 수 있다. 지방자치법은 자치재정에 관하여 '제7장 재무'에서 5개의 절을 두어 비교적 상세하게 규정하고 있다. 그러나 지방재정에 관한 모든 사항을 망라할 수 없기 때문에 추상적으로 재정운영의 방향을 제시하고 제162조에서 재정에 관하여 따로 법률을 제정하도록 예정하고 있다. 이에 따라 제정된 지방재정법은

1) 이에 관해서는 유태현, "지방재정제도의 개선과제", 2006 전국시도지사협의회 제3회 자치발전 워크샵(2006. 5.1 ~ 5.2) 자료집(http://www.gaok.or.kr/kr/downfile/notice/제3차%20자치발전워크샵%20자료.hwp)을 참조.

2005년 지방재정법과 「공유재산 및 물품관리법」 등 다수의 법률로 분화되었다. 지방자치법은 그 밖에 지방공기업의 설치에 관한 규정을 두고 그 세부적 사항은 지방공기업법에 미루고 있다.

제 2 관 지방재정운영의 기본원칙

지방자치법은 지방재정운영의 기본원칙을 건전재정의 운영, 국가시책 구현 및 지방채무 및 지방채권의 관리, 세 가지 사항으로 나누어 정립하고 있다.

법은 첫째, 지방자치단체에게 그 재정을 수지균형의 원칙에 따라 건전하게 운영할 의무를 부과하는 한편(§ 137 ①), 국가에게는 지방재정의 자주성과 건전한 운영을 조장할 의무를 부하고 또 국가의 부담을 지방자치단체에 전가하지 못하도록 하였다(§ 137 ②). 지방자치법은 2014년 1월 21일 법개정을 통해 특히 국가가 지방자치단체에 부담시켜는 안될 비용을 명시하는 조항들을 신설하였다. 이에 따르면, 국가는 다음 어느 하나에 해당하는 기관의 신설·확장·이전·운영과 관련된 비용을 지방자치단체에 부담시켜서는 아니 된다(§ 137 ③).

1. 「정부조직법」과 다른 법률에 의하여 설치된 국가행정기관 및 그 소속 기관
2. 「공공기관의 운영에 관한 법률」 제4조에 따른 공공기관
3. 국가가 출자·출연한 기관(재단법인, 사단법인 등을 포함한다)
4. 국가가 설립·조성·관리하는 시설 또는 단지 등을 지원하기 위하여 설치된 기관(재단법인, 사단법인 등을 포함한다)

또한 국가는 위와 같은 기관을 신설 또는 확장하거나 이전하는 위치를 선정할 경우 지방자치단체의 재정적 부담을 조건으로 하거나 입지 적합성의 선정 항목으로 이용하여서는 아니 된다(§ 137 ④).

재정운영에 관한 기본원칙으로는 수지균형의 원칙 외에도 재정구조 탄력성 확보, 행정수준 확보·향상, 재정운영 효율화, 재정운영 공정성, 재정질서 적

정화, 장기재정의 안정 등에 관한 원칙들을 생각할 수 있으나, 이처럼 수입과 지출의 균형 유지를 최우선적으로 주문한 배경은 열악한 지방재정 사정에서도 민선 단체장이나 의원들이 포퓰리즘에 휩쓸려 과욕을 부리거나 방만한 재정운영을 하지 않도록 경계하기 위한 것이다.

< 울진군민에게 공공요금 일부를 지원하는 조례안의 재의결무효확인 사건 >

[1] 구 지방재정법(2013. 7. 16. 법률 제11900호로 개정되기 전의 것, 이하 같다) 제17조 제1항은 "지방자치단체는 개인 또는 단체에 대한 기부·보조·출연, 그 밖의 공금 지출을 할 수 없다. 다만, 지방자치단체의 소관에 속하는 사무와 관련하여 다음 각 호의 어느 하나에 해당하는 경우와 공공기관에 지출하는 경우에는 그러하지 아니하다."라고 규정하면서, 각 호에서 법률에 규정이 있는 경우(제1호), 국고 보조 재원(財源)에 의한 것으로서 국가가 지정한 경우(제2호), 용도를 지정한 기부금의 경우(제3호), 보조금을 지출하지 아니하면 사업을 수행할 수 없는 경우로서 지방자치단체가 권장하는 사업을 위하여 필요하다고 인정되는 경우(제4호)를 들고 있는데, 위 규정은 단서의 각 호와 같은 특별한 사정이 없는 한 지방자치단체의 예산을 특정 개인이나 단체가 아닌 주민 일반에게 골고루 혜택이 돌아가도록 사용하게 함으로써 지방재정이 주민의 복리증진을 위하여 건전하고 효율적으로 사용되게 하려는 데 취지가 있다. 그렇다면 지방자치단체가 지방자치법 제9조 제2항 제2호에 정한 주민의 복지증진에 관한 사무로서 특정 개인이나 단체가 아니라 일정한 조건을 충족한 주민 일반을 대상으로 일정한 지원을 하겠다는 것은 그 조건이 사실상 특정 개인이나 단체를 위해 설정한 것이라는 등의 특별한 사정이 없는 한 구 지방재정법 제17조 제1항에서 정한 '개인 또는 단체에 대한 공금 지출'에 해당하지 아니한다고 해석함이 타당하다(대법원 2008. 6. 12. 선고 2007추42 판결 참조).

[2] 구 지방재정법(2013. 7. 16. 법률 제11900호로 개정되기 전의 것) 제3조 제1항 전단은 지방자치단체는 주민의 복리증진을 위하여 그 재정을 건전하고 효율적으로 운영하여야 한다고 규정함으로써 건전재정운영원칙을 선언하고 있다. 그런데 지방의회가 주민의 복지증진을 위해 조례를 제정·시행하는 것은 지방자치제도의 본질에 부합하므로 이로 인하여 지방자치단체 재정의 건

전한 운영에 막대한 지장을 초래하는 것이 아니라면 조례 제정을 무조건 제한할 수는 없다.[1)]

둘째, 지방자치단체는 국가시책의 구현을 위하여 노력하여야 하며(§ 138 ①), 국가시책 달성에 필요한 경비에 대한 국가보조율과 지방비부담율은 법령으로 정하도록 위임하고 있다(§ 138 ②). 이에 관한 구체적인 내용은 지방재정법과 「보조금의 예산 및 관리에 관한 법률」에서 규율되고 있다.

셋째, 법 제139조에서는 지방채무와 지방채권의 관리에 관한 기본적 사항을 정하고 있다. 이에 따르면, 지방자치단체의 장이나 지방자치단체조합은 따로 법률로 정하는 바에 따라 지방채를 발행할 수 있다(§ 139 ①). 지방자치단체의 장은 따로 법률로 정하는 바에 따라 지방자치단체의 채무부담의 원인이 될 계약의 체결이나 그 밖의 행위를 할 수 있고(§ 139 ②), 공익을 위하여 필요하다고 인정하면 미리 지방의회의 의결을 받아 보증채무부담행위를 할 수 있다(§ 139 ③). 지방자치단체는 조례나 계약에 의하지 아니하고는 그 채무의 이행을 지체할 수 없으며(§ 139 ④), 법령이나 조례의 규정에 따르거나 지방의회의 의결을 받지 아니하고는 채권에 관하여 채무를 면제하거나 그 효력을 변경할 수 없다(§ 139 ⑤).

제 3 관 지방자치단체의 예산과 결산

Ⅰ. 예 산

1. 회계연도 · 회계의 구분

1) 대법원 2016. 5. 12. 선고 2013추531 판결(조례안재의결무효확인): 일정한 조건을 충족한 울진군민 일반을 대상으로 전기요금, 수도요금의 일부를 지원하는 내용의 '울진군 군민에 대한 공공요금 일부지원 조례안'이 지방재정법 제17조 제1항 등에 위배되지 않는다고 한 사안.

1.1. 회계연도

지방자치단체의 회계연도는 매년 1월 1일에 시작하여 그 해 12월 31일에 끝난다(§ 140).

1.2. 회계의 구분

법은 지방자치단체의 회계를 일반회계와 특별회계로 구분하되(§ 141 ①), 특별회계는 법률이나 지방자치단체의 조례로 설치할 수 있도록 하였다(§ 141 ②).

2. 예산의 편성 및 의결

지방자치단체의 장은 회계연도마다 예산안을 편성하여 시·도는 회계연도 시작 50일 전까지, 시·군 및 자치구는 회계연도 시작 40일 전까지 지방의회에 제출하여야 하고(§ 142 ①), 지방의회는 예산안을 시·도의회의 경우 회계연도 시작 15일 전까지, 시·군 및 자치구의회의 경우 회계연도 시작 10일 전까지 의결하여야 한다(§ 142 ②).

3. 증액·비목신설 등에 대한 동의 등

지방자치법은 지방의회에서 지출예산 각항의 금액을 증액하거나 새 비목을 신설할 때에는 지방자치단체장의 동의를 얻도록 하고, 단체장은 예산안 제출 후 내용의 일부를 수정하고자 할 때에는 수정예산안을 다시 제출하도록 하고 있다(§ 142). 즉 지방자치단체의 장의 동의 없이 지출예산 각 항의 금액을 증가하거나 새로운 비용항목을 설치할 수 없고(§ 142 ③), 지방자치단체의 장이 예산안을 제출한 후 부득이한 사유로 그 내용의 일부를 수정하려면 수정예산안을 작성하여 지방의회에 다시 제출할 수 있다(§ 142 ④).

예산안의 경우 집행기관은 그 편성권을 가지고 지방의회는 의결권을 가지도록 함으로써 서로 견제와 균형이 이루어지도록 할 필요가 있다. 그러한 맥락에서 집행기관의 예산안편성권을 실효적으로 보장하기 위한 수단이 바로 지출예산 증액·비목 신설 등에 대한 동의권이다.

4. 계속비 · 예비비

4.1. 계속비

지방자치단체의 장은 한 회계연도를 넘어 계속하여 경비를 지출할 필요가 있으면 그 총액과 연도별 금액을 정하여 계속비로서 지방의회의 의결을 받아야 한다(§ 143).

4.2. 예비비

지방자치단체는 예측할 수 없는 예산 외의 지출이나 예산초과지출에 충당하기 위하여 세입·세출예산에 예비비를 계상하여야 하며(§ 144 ①), 예비비의 지출은 다음 연도 지방의회의 승인을 받아야 한다(§ 144 ②).

5. 추가경정예산

지방자치단체의 장은 예산을 변경할 필요가 있으면 추가경정예산안을 편성하여 지방의회의 의결을 받아야 한다(§ 130 ①). 이에 대해서는 법 제127조제3항과 제4항을 준용한다(§ 145 ②).

6. 예산이 성립하지 아니할 때의 예산집행

지방의회에서 새로운 회계연도가 시작될 때까지 예산안이 의결되지 못하면 지방자치단체의 장은 지방의회에서 예산안이 의결될 때까지 다음의 목적을 위한 경비는 전년도 예산에 준하여 집행할 수 있다(§ 146).

1. 법령이나 조례에 따라 설치된 기관이나 시설의 유지·운영
2. 법령상 또는 조례상 지출의무의 이행
3. 이미 예산으로 승인된 사업의 계속

7. 지방자치단체를 신설하는 때의 예산

지방자치단체를 신설하는 경우 예산상의 뒷받침이 필수적이다. 법은 이러한 견지에서 지방자치단체를 폐지하거나 설치하거나 나누거나 합쳐 새로운 지방자치단체가 설치된 경우에는 지체 없이 그 지방자치단체의 예산을 편성하도록 의무화하고 있다(§ 147 ①). 해당 지방자치단체의 장은 예산이 성립될 때까지 필요한 경상적 수입과 지출을 할 수 있고, 그 경우 수입과 지출은 새로 성립될 예산에 포함시켜야 한다(§ 147 ②).

8. 재정부담을 수반하는 조례제정 등

지방의회는 새로운 재정부담을 수반하는 조례나 안건을 의결하려면 미리 지방자치단체의 장의 의견을 들어야 한다(§ 132). 이는 예산과 조례의 불일치를 방지하고 이를 통해 의회에 대한 집행기관의 견제를 뒷받침하기 위한 것으로 이해된다.

9. 예산의 이송·고시 등

지방의회의 의장은 예산안이 의결되면 3일 이내에 지방자치단체의 장에게 이송하여야 한다(§ 149 ①). 지방자치단체의 장이 예산을 이송받으면 지체 없이 시·도에서는 행정안전부장관에게, 시·군 및 자치구에서는 시·도지사에게 각각 보고하고, 그 내용을 고시하여야 한다(§ 149 ② 본문). 다만, 제108조에 따른 재의요구를 할 때에는 그러하지 아니하다(§ 149 ② 단서).

Ⅱ. 결 산

지방자치단체의 장은 출납 폐쇄 후 80일 이내에 결산서와 증빙서류를 작성하고 지방의회가 선임한 검사위원의 검사의견서를 첨부하여 다음 연도 지방의회의 승인을 받아야 한다(§ 150 ① 제1문). 검사위원의 선임과 운영에 관하여 필요한 사항은 대통령령으로 정한다(§ 150 ③).

결산의 심사결과 위법 또는 부당한 사항이 있는 경우에 지방의회는 본회의 의결 후 지방자치단체 또는 해당 기관에 변상 및 징계 조치 등 그 시정을 요구하고, 지방자치단체 또는 해당 기관은 시정요구를 받은 사항을 지체 없이 처리하여 그 결과를 지방의회에 보고하여야 한다(§ 150 ① 제2문). 지방자치단체의 장은 제1항에 따른 승인을 받으면 5일 이내에 시·도에서는 행정안전부장관에게, 시·군 및 자치구에서는 시·도지사에게 각각 보고하고 그 내용을 고시하여야 한다(§ 150 ②).

결산은 결산 승인을 얻지 못하더라도 이미 지출한 행위의 효력에는 영향이 없다는 점에서 일종의 정치적 견제장치에 해당한다.

제 4 관 지방자치단체의 수입과 지출

Ⅰ. 지방자치단체의 수입

1. 개 설

지방자치단체의 수입은 크게 지방세와 세외수입으로 구분할 수 있다. 세외수입은 다시 좁은 의미의 세외수입과 지방교부세·국고보조금·지방양여금·지방채 등으로 구분된다.

2. 지방세

지방자치단체는 법률로 정하는 바에 따라 지방세를 부과·징수할 수 있다(§ 152). 지방세는 지방자치단체의 주된 수입원으로서 지방세법이 정하는 바에 따라 징수하며, 지방세의 세목, 과세객체, 과세표준, 세율 기타 부과·징수에 관하여 필요한 사항을 정함에 있어서는 지방세법이 정하는 범위 안에서 조례로써 하여야 한다(지방세법 § 3 ①). 지방자치단체의 장은 이 조례의 시행에 따르는 절차 기타 그 시행에 관하여 필요한 사항을 규칙으로 정할 수 있다(지방세법 § 3 ③).

지방세법은 제5조에서 지방세를 보통세와 목적세로 구분하여 각각의 세목을 열거하고, 제6조에서는 특별시세와 광역시세, 도세, 구세 및 시·군세를 열거하고 있다.

3. 세외수입

3.1. 협의의 세외수입

3.1.1. 종류와 내용

사용료·수수료·분담금, 과태료, 재산수입, 교부금, 이월금, 기부금, 잡수입을 묶어서 협의의 세외수입이라고 한다. 지방자치법상 인정되는 세외수입은 다음과 같다.

- 공공시설의 사용대가인 사용료(§ 153)
- 일정한 역무에 대한 반대급부인 수수료(§ 154)
- (수익자)분담금(§ 155)
- 지방자치단체가 보유하는 재산·기금에서 얻어지는 수입인 재산수입
- 지방자치단체가 경영하는 지방공기업 등의 사업경영을 통해 얻어지는 사업수입
- 기부채납을 통해 얻어지는 기부금

- 과태료 · 체납처분비 · 위약금 등을 통해 얻어지는 잡수입

⑴ 사용료

지방자치단체는 공공시설의 이용 또는 재산의 사용에 대하여 사용료를 징수할 수 있다(§ 136). 사용료는 공공시설의 이용 또는 재산의 사용에 대한 대가이다.

⑵ 수수료

수수료는 특정한 사무에 대한 대가의 의미를 지닌다. 지방자치단체는 그 지방자치단체의 사무가 특정인을 위한 것이면 그 사무에 대하여 수수료를 징수할 수 있다(§ 154 ①).

지방자치법은 기관위임사무의 경우, 지방재정의 사정을 감안하여 수임기관에서 그 수입을 징수하도록 하였다. 즉, 지방자치단체는 국가나 다른 지방자치단체의 위임사무가 특정인을 위한 것이면 그 사무에 대하여 수수료를 징수할 수 있고(§ 154 ②), 이를 그 지방자치단체의 수입으로 한다. 다만, 법령에 달리 정해진 경우에는 그러하지 아니하다(§ 154 ③).

⑶ 분담금

지방자치단체는 그 재산 또는 공공시설의 설치로 주민의 일부가 이익을 받으면 이익을 받는 자로부터 그 이익의 범위에서 분담금을 징수할 수 있다(§ 155). 분담금은 재산이나 공공시설 설치로 인하여 주민의 일부가 특히 이익을 받는 경우에 부과하는 것으로 일종의 수익자부담금에 해당한다. 따라서 분담금을 부과할 경우 이익과 비용부담 사이에 견련(牽連)관계가 있어야 한다.

3.1.2. 사용료의 징수조례 등

사용료 · 수수료 또는 분담금의 징수에 관한 사항은 조례로 정하도록 정해져 있다(§ 156 ① 본문). 다만, 국가가 지방자치단체나 그 기관에 위임한 사무와 자치사무의 수수료 중 전국적으로 통일할 필요가 있는 수수료에 관한 사항은

다른 법령의 규정에도 불구하고 대통령령으로 정하는 표준금액으로 징수하되, 지방자치단체가 다른 금액으로 징수하고자 하는 경우에는 표준금액의 100분의 50의 범위에서 조례로 가감 조정하여 징수할 수 있다(§ 156 ① 단서). 전국적 통일성과 지방자치단체의 자율성(차별화)을 절충한 결과이다.

지방자치단체는 사기나 그 밖의 부정한 방법으로 사용료·수수료 또는 분담금의 징수를 면한 자에 대하여는 그 징수를 면한 금액의 5배 이내의 과태료를, 공공시설을 부정사용한 자에 대하여는 50만원 이하의 과태료를 부과하는 규정을 조례로 정할 수 있다(§ 156 ②). 이에 따른 과태료의 부과·징수, 재판 및 집행 등의 절차에 관한 사항은 「질서위반행위규제법」에 따른다(§ 156 ③).

3.1.3. 사용료 등의 부과·징수, 이의신청

사용료·수수료 또는 분담금은 공평한 방법으로 부과하거나 징수하여야 한다(§ 157 ①). 사용료·수수료 또는 분담금의 부과나 징수에 대하여 이의가 있는 자는 그 처분을 통지받은 날부터 90일 이내에 그 지방자치단체의 장에게 이의신청할 수 있으며(§ 157 ②), 지방자치단체의 장은 제3항의 이의신청을 받은 날부터 60일 이내에 이를 결정하여 알려야 한다(§ 140 ③). 사용료·수수료 또는 분담금의 부과나 징수에 대하여 행정소송을 제기하려면 제4항에 따른 결정을 통지받은 날부터 90일 이내에 처분청을 당사자로 하여 소를 제기하여야 하며(§ 140 ④), 위 결정기간 내에 결정의 통지를 받지 못하면 제5항에도 불구하고 그 결정기간이 지난 날부터 90일 이내에 소를 제기할 수 있다(§ 140 ⑤).

이의신청의 방법과 절차 등에 관하여는 「지방세기본법」 제90조와 제94조부터 제100조까지의 규정을 준용한다(§ 140 ⑥).

지방자치단체의 장은 사용료·수수료 또는 분담금을 내야 할 자가 납부기한까지 그 사용료·수수료 또는 분담금을 내지 아니하면 지방세 체납처분의 예에 따라 징수할 수 있다(§ 140 ⑦).

3.2. 지방교부세 · 국고보조금

3.2.1. 지방교부세

지방교부세란 국가가 재정적 결함이 생긴 지방자치단체에 교부하는 금액을 말한다(지방교부세법 § 1 ① i).

지방교부세는 그 교부목적의 특정 여부와 교부목적에 따라 보통교부세 · 특별교부세 · 분권교부세 및 부동산교부세로 구분한다(지방교부세법 § 3). 보통교부세는 매년도 기준재정수입액이 기준재정수요액에 미달하는 지방자치단체에 대하여 그 미달액을 기초로 교부하며(§ 6 ①), 특별교부세는 ① 기준재정수요액의 산정방법으로 파악할 수 없는 지역 현안에 대한 특별한 재정수요가 있는 경우: 특별교부세 재원의 100분의 30에 해당하는 금액, ② 보통교부세의 산정기일 후에 발생한 재해를 복구하거나 재해예방을 위한 특별한 재정수요가 생기거나 재정수입이 감소한 경우: 특별교부세 재원의 100분의 50에 해당하는 금액, ③ 국가적 장려사업, 국가와 지방자치단체 간에 시급한 협력이 필요한 사업 또는 지역 역점시책 등 특별한 재정수요가 있을 경우: 특별교부세 재원의 100분의 20에 해당하는 금액을 교부한다(§ 9 ①). 이 밖에 지방교육재정교부금법에 의한 지방교육재정교부금이 있다.

3.2.2. 국고보조금

국고보조금이란 국가가 지방자치단체의 경비의 전부 또는 일부를 충당하게 하기 위하여 교부하는 자금을 말한다. 국가는 시책상 필요하다고 인정되는 때 또는 지방자치단체의 재정사정상 특히 필요하다고 인정할 때에는 예산의 범위 안에서 지방자치단체에 보조금을 교부할 수 있다(지방재정법 § 23).

3.3. 지방채 · 일시차입금

3.3.1. 지방채

채권발행의 방법에 의하여 자금을 조달하는 일회계년도를 넘는 장기차입금을 말한다. 지방재정법 제11조에 따르면, 지방자치단체의 장은 다음 각 호를 위한 자금 조달에 필요할 때에는 지방채를 발행할 수 있다. 다만, 제5호 및 제6호는 교육감이 발행하는 경우에 한한다(지방재정법 § 11 ①).

1. 공유재산의 조성 등 소관 재정투자사업과 그에 직접적으로 수반되는 경비의 충당
2. 재해예방 및 복구사업
3. 천재지변으로 발생한 예측할 수 없었던 세입결함의 보전
4. 지방채의 차환
5. 「지방교육재정교부금법」 제9조제3항에 따른 교부금 차액의 보전
6. 명예퇴직(「교육공무원법」 제36조 및 「사립학교법」 제60조의3에 따른 명예퇴직을 말한다. 이하 같다) 신청자가 직전 3개 연도 평균 명예퇴직자의 100분의 120을 초과하는 경우 추가로 발생하는 명예퇴직 비용의 충당

지방자치단체의 장이 지방채를 발행하고자 하는 경우에는 재정상황 및 채무규모 등을 고려하여 대통령령이 정하는 지방채 발행 한도액의 범위 안에서 지방의회의 의결을 얻어야 하며(§ 11 ② 본문), 다만, 지방채 발행 한도액의 범위 안이라도 외채를 발행하는 경우에는 지방의회의 의결을 거치기 전에 행정안전부장관의 승인을 얻어야 한다(지방재정법 § 11 ② 단서).

지방자치단체의 장은 법 제11조 제2항에 불구하고 행정안전부장관의 승인을 얻은 범위 안에서 지방의회의 의결을 얻어 같은 조 제2항의 규정에 의한 지방채발행 한도액의 범위를 초과하여 지방채를 발행할 수 있다(§ 11 ③).

지방자치법 제159조의 규정에 따른 지방자치단체조합의 장은 그 조합의 투자사업과 긴급한 재난복구 등을 위한 경비를 조달할 필요가 있을 때 또는 투자사업이나 재난복구사업을 지원할 목적으로 지방자치단체에 대부할 필요가 있을 때에는 지방채를 발행할 수 있다(§ 11 ④ 본문). 이 경우 행정안전부장관의 승인을 얻은 범위에서 조합의 구성원인 각 지방자치단체의 지방의회의 의결을 얻어야 한다(§ 11 ④ 단서). 이에 따라 발행한 지방채에 대하여는 조합과 그 구성원인 지방자치단체가 그 상환과 이자의 지급에 관하여 연대책임을 진

다(§ 11 ⑤). 지방채발행 절차에 관해서는 지방재정법 제12조에서 정하고 있다.

Ⅱ. 지방자치단체의 지출

지출에 관하여 지방자치법은 지방자치단체에게 자치사무의 수행에 필요한 경비와 위임된 사무에 관하여 필요한 경비를 지출할 의무를 부과하되, 국가사무 또는 지방자치단체의 사무를 위임한 때에는 이를 위임한 국가 또는 자방자치단체에서 그 경비를 부담하도록 하는 내용만 규정하고 있다(§ 158). 경비부담에 관한 구체적 사항은 지방재정법에서 규정하고 있다.

제 5 관 재산 및 공공시설

Ⅰ. 재산과 기금의 설치

지방자치단체는 행정목적을 달성하기 위한 경우나 공익상 필요한 경우에는 재산을 보유하거나 특정한 자금을 운용하기 위한 기금을 설치할 수 있다(§ 159 ①). 여기서 "재산"이란 현금 외의 모든 재산적 가치가 있는 물건과 권리를 말한다(§ 159 ③). 이와 같은 재산의 보유, 기금의 설치·운용에 관하여 필요한 사항은 조례로 정한다(§ 159 ②). 그 경우 조례는 관계 법률의 범위 안에서 제정되어야 함은 물론이다.

Ⅱ. 재산의 관리와 처분

지방자치단체의 재산은 법령이나 조례에 따르지 아니하고는 교환·양여(讓

與)·대여하거나 출자 수단 또는 지급 수단으로 사용할 수 없다(§ 160).

Ⅲ. 공공시설

지방자치단체는 주민의 복지를 증진하기 위하여 공공시설을 설치할 수 있다(§ 161 ①). 공공시설의 설치와 관리에 관하여 다른 법령에 규정이 없으면 조례로 정하며(§ 161 ②), 공공시설은 관계 지방자치단체의 동의를 받아 그 지방자치단체의 구역 밖에 설치할 수도 있다(§ 161 ③).

제 6 관 교육재정권

교육재정에 관하여는 「지방교육자치에 관한 법률」이 제4장 교육재정 편에서 교육·학예에 관한 경비, 의무교육경비, 교육비특별회계, 교육비 보조, 특별부과금의 부과·징수에 관한 별도의 규정을 두고 있다. 상세한 설명은 생략한다.

CHAPTER

제 6 절 자치경찰제

Ⅰ. 자치경찰 창설의 의의

2020년 12월 22일 「국가경찰과 자치경찰의 조직 및 운영에 관한 법률」(법률 제17689호, 시행 2021. 1. 1. 이하 "경찰법"이라 한다.) 약칭 경찰법 전부 개정법률은 우여곡절을 거쳐 자치경찰제를 도입하였다.

자치경찰제의 도입 목적은 지방자치 수준에서의 민생치안, 즉 지방행정과 치안행정의 연계성을 확보하여 지역주민의 치안수요에 적합한 다양한 치안서비스를 제공하고 지역실정에 맞는 주민밀착형 경찰서비스 실현을 도모한다는 데 있다. 「지방자치분권 및 지방행정체제개편에 관한 특별법」(약칭: 지방분권법)은 제12조 제3항에서 특별지방행정기관의 정비와 관련 "국가는 지방행정과 치안행정의 연계성을 확보하고 지역특성에 적합한 치안서비스를 제공하기 위하여 자치경찰제도를 도입하여야 한다."고 명시하였고 같은 조 제4항에서 '자치경찰제도의 실시에 관하여는 따로 법률로 정하도록' 규정한 바 있다. 사실 자치경찰 도입의 필요성은 지방자치와 더불어 지속적으로 제기되었고, 주로 국가경찰과 별도로 자치경찰을 도입하는 이원적 모델을 중심으로 논의되어 왔다.[1] 그러나 입법과정에서 경찰행정에 분권과 민주성 요구를 반영하는 동시에, 국민 안전에 공백이 없도록 국가 전체의 치안 총량과 기존의 안정적 경찰활동 체계의 틀을 유지하는 선에서 기존 조직체계의 변화와 추가 소요비용을 최소화함으로써 국민부담을 경감한다는 일종의 절충안으로서 국가경찰의 틀을

1) 탁현우. (2020). 자치경찰제 도입의 의의와 과제(한국행정연구원 이슈페이퍼 통권 103호 2021-07). p.2. 이에 관한 주요 논의는 앞의 글 참고문헌 목록을 참조. 역대 정부에서 추진한 자치경찰도입 논의에 관해서는 심민규 · 박종승. (2018). "성공적인 자치경찰제 도입을 위한 제언: 문재인 정부의 자치경찰제 추진안을 중심으로" 한국경찰학회보 VOL.20 NO.1 (2018):153-184; 홍준형. (2017). 「행정법」. 법문사, 1363 등을 참조.

바탕으로 자치경찰을 병설하는 일원모델이 채택되었다. 아울러 자치경찰제는 주지하듯, 그리고 그 개정이유에서도 잘 드러나듯 검경수사권 조정에 따라 경찰권 분산 요구에 대한 일종의 정치적 보상 차원에서 도입된 배경을 무시할 수 없다. 하지만 일단 자치경찰이 출범한 이상 그 본원적인 도입목적에 충실할 필요가 있다. 즉 지방행정과 치안행정의 연계성을 확보하여 지역 특성에 맞는 치안 서비스를 제공하는 것[1]이야말로 자치경찰의 존재이유이자 지향점이 되어야 할 것이다.

개정 경찰법은 경찰사무를 국가경찰사무와 자치경찰사무로 나누고, 각 사무별 지휘・감독권자를 분산하며, 시・도자치경찰위원회(이하 "자치경찰위원회"라고 한다.)가 자치경찰사무를 지휘・감독하도록 하는 등 자치경찰제 도입의 법적 근거를 마련하였다. 그러나 자치경찰제의 구체적인 내용에 관해서는 아직까지 적지 않은 모호성과 불확실성이 상존하고 있다. 무엇보다도 자치경찰위원회의 법적 지위와 임무, 권한을 어떻게 볼 것인지, 국가경찰의 그것과 어떤 차이가 있는지가 문제된다.

Ⅱ. 자치경찰위원회의 법적 지위

1. 자치경찰의 지휘체계로서 시・도자치경찰위원회

2020년 12월 22일의 경찰법개정은 기존의 국가경찰 체제를 기본적으로 유지하면서, 국가경찰의 사무에서 자치경찰의 사무를 떼어내어 시・도자치경찰위원회라는 별도의 지휘체계에 따르도록 하였다.

종래 국가경찰 중심체제의 부분적 변경이지만, 경찰청-지방경찰청-일선경찰서 등으로 이루어졌던 단일 지휘체계에서 시・도자치경찰위원회를 정점으로 한 자치경찰 지휘체계를 도입했다는 점은 주목할 만한 제도개선이다.

1) 박재희. (2021). 시도자치경찰위원회의 구성과 역할. 꼭 알아야 할 지방자치 정책브리프. No. 117. 한국지방행정연구원. 2021. 4.

시·도자치경찰위원회를 합의제 행정기관으로 설치할 경우 지방행정과 자치경찰 간 연계성 저하, 시·도지사의 자치행정에 대한 자율성과 책임성이 약화될 우려가 있어 심의·의결기관으로 설치해야 한다는 의견도 있었으나, 자치경찰이 전체 경찰의 약 36% 규모이고 침익적 성질을 가진 경찰권 행사를 한다는 점, 시·도지사가 자치경찰의 조직·인력, 예산편성, 위원회 위원 및 자치경찰본부장(대장) 임명 등의 권한 행사가 가능하므로 자치경찰의 정치적 중립성을 보장하기 위해 시·도경찰위원회를 직무상 독립적인 합의제 행정기관으로 설치하는 쪽으로 결정된 것으로 알려져 있다.[1)]

자치경찰은 그 정치적 중립성을 보장하는 것이 무엇보다도 중요한 성공요인으로 인식되었고 그 결과 제도가 합의제 행정기관으로서 '시·도자치경찰위원회'(이하 필요한 경우 "자치경찰위원회"로 약칭한다)였다. 독립된 합의제 행정기관인 시·도경찰위원회를 둔 취지는 일면 시·도지사로부터의 독립, 즉 시·도지사가 자치경찰을 직접 지휘하거나 통솔할 수 없고 자치경찰의 수사 업무에도 직접 개입할 수 없도록 하고, 타면 국가경찰로부터의 독립을 기하도록 하려는 데 있는 것으로 이해된다. 다시 말해 자치경찰위원회가 시·도지사와 국가 양 측면에서 독립성을 가지도록 함으로써 자치경찰의 정치적 중립성을 확보하기 위한 일종의 방어적 차단장치로 기능할 것을 기대한 것이다.

경찰법은 제28조 제3항 본문에서 자치경찰사무에 대하여 시·도자치경찰위원회가 시·도경찰청장을 지휘·감독하도록 하고 있다. 이에 따라 시·도경찰청장은 시·도자치경찰위원회의 지휘·감독을 받아 관할구역의 소관 사무, 즉 자치경찰사무를 관장하고 소속 공무원 및 소속 경찰기관의 장을 지휘·감독하게 된다. 다만, 수사에 관한 사무에 대해서는 국가수사본부장의 지휘·감독을 받아 관할구역의 소관 사무를 관장하고 소속 공무원 및 소속 경찰기관의 장을 지휘·감독하도록 예외를 두었다(같은 항 단서).

1) 김순은. 2021. "자치경찰제의 추진과정과 의의 및 향후 과제".

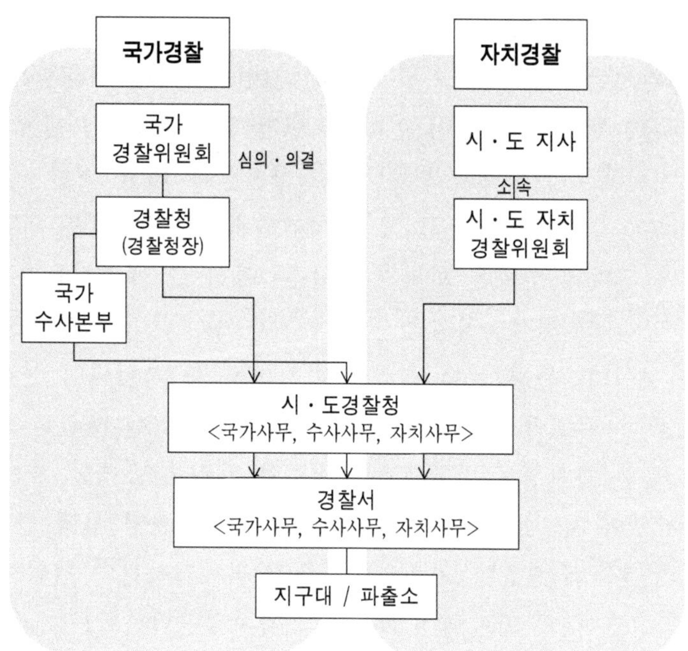

< 자치분권위원회(2020) >

시 · 도자치경찰위원회는 자치경찰사무에 대해 시 · 도경찰청장을 심의 · 의결을 통해 지휘 · 감독한다(제28조 제4항 본문). 합의제기구에서의 심의 · 의결은 안건 작성, 회의 소집 통지 등 사전준비가 필요하고 심의 · 의결 자체는 물론 그 결과 시행에도 통상 적지 않은 시간이 소요된다는 단점이 있다. 자치경찰사무 역시 긴급을 요하는 경우가 적지 않게 발생할 개연성이 크다는 점에서 효율적인 의사결정 메커니즘이 필요하다는 고려가 있을 수 있다.[1] 그러한 배경에서 경찰법은 시 · 도자치경찰위원회가 심의 · 의결할 시간적 여유가 없거나 심의 · 의결이 곤란한 경우 대통령령으로 정하는 바에 따라 시 · 도자치경찰위원회의 지휘 · 감독권을 시 · 도경찰청장에게 위임한 것으로 본다는 예외조항(제28조 제4항 단서)을 두어 대응하도록 하였다. 자치사무에 대한 시 · 도자치경찰위원회의 시 · 도경찰청장 지휘 · 감독권을 긴급 · 곤란의 사유를 근거로 통

1) 경찰법 제26조 제1항은 정기회 개최의무와 임시회의를 규정하고 있으나, 이것만으로는 시시각각 변하는 경찰수요에 적기 대응하기 곤란한 경우가 적지 않다.

상 시·도자치경찰위원회의 지휘·감독을 받는 시·도경찰청장에게 아예 위임된 것으로 간주하는 법률상 예외를 인정한 것인데, 이에 대해서는 이론과 실무 양면에서 논란의 여지가 있어 법리적·법정책적 재검토가 필요하다.

자치경찰 지휘체계의 핵심, 즉 시·도경찰청장에 대한 지휘·감독 관계를 위임 간주(일종의 법정위임)의 법리로 무의미하게 만드는 것은 위임의 법리에 반하는 결과가 된다는 비판을 피하기 어렵다. 특히 그 예외사유가 불확정법개념으로 되어 있어 그 해석·적용을 둘러싼 기관 상호간 갈등과 견해대립을 피하기 어려울 것이다. 물론 이에 대한 사법적 판단이 축적되어 선례가 확립될 수도 있겠지만, 사법부의 판단을 기다려 이러한 문제점을 해결하는 데에는 시간과 노력은 물론 자치경찰 지휘체계의 심각한 혼란을 초래할 가능성이 크다.

「자치경찰사무와 시·도자치경찰위원회의 조직 및 운영 등에 관한 규정」(대통령령 제31733호) 제19조는 '자치경찰사무 지휘·감독권의 위임'이란 표제하에 '경찰법 제28조제4항 단서에 따라 시·도자치경찰위원회는 자치경찰사무에 대한 지휘·감독이 실시간으로 이루어질 수 있도록 미리 경찰청장과 협의하여 시·도경찰청장에게 위임되는 자치경찰사무 지휘·감독권의 범위 및 위임 절차 등을 시·도자치경찰위원회의 의결을 거쳐 정해야 한다'고 규정하고 있으나, 이 조항만으로 앞서 제기된 문제점들이 해소될 것으로는 보이지 않는다.

'자치경찰사무에 대한 지휘·감독이 실시간으로 이루어질 수 있도록'이란 요건은 일단 자치경찰활동이 현장에서 중단이나 공백, 실기함이 없이 원활하게 수행될 수 있도록 하기 위한 배려로 선해할 수 있을 것이다. 하지만, '미리' '시·도경찰청장에게 위임되는 자치경찰사무 지휘·감독권의 범위 및 위임 절차 등'을 '시·도자치경찰위원회의 의결을 거쳐' 정해야 한다면, 이는 대통령령으로 정해야 할 경찰법 제28조 제4항 단서에 따른 위임입법사항을 시·도자치경찰위원회가 그 의결로써 '미리' 정해야 한다는 의미인데, 이는 그와 같은 긴급유사시 대처를 위해서는 시·도자치경찰위원회의 심의·의결을 기다리지 않고 시·도경찰청장이 직접 자치사무를 지휘·감독할 수 있도록 해야 한다는 생각, 그 경우 '지휘·감독권의 위임'은 이미 행해진 것으로 법률상 간주하되, 구체적인 수권의 범위와 한계, 절차 등에 대해서는 대통령령으로 정하도록 위임한다는 생각, 반면 그 수임을 받아 발령된 위 규정은 대통령령으로 직접 정하기보다는 자치경찰 제도의 취지에 맞게 시·도자치경찰위원회가 자율적으로 미리 정해 놓도록 하되, '경찰청장과 협의하여' 그 타당성이나 전국적 통일성 여부 등을 감안할 수 있도록 해야 한다는 생각이 집약되어 통상의 위임입법 방식에 비추어 극히 이례적인 이 조항이 만들어진 것이 아닌가 추측된다.1)

2. 합의제 독립행정기관으로서 시·도자치경찰위원회

경찰법은 제18조 제2항에서 "시·도자치경찰위원회는 합의제 행정기관으로서 그 권한에 속하는 업무를 독립적으로 수행한다."고 규정함으로써 시·도자치경찰위원회의 법적 지위를 시·도지사에 속하지만 그 권한에 속하는 업무, 즉 소관사무를 독립적으로 수행하는 합의제 행정기관으로 설정하였다.

합의제행정기관이란 단독제·독임형 조직에 대응하는 조직으로 행정기관의 구성과 권한 행사가 위원회(Committee, Commission) 형태의 합의기구를 통해 이루어지는 기관을 말한다.2) 독임제의 단점을 해소하기 위하여 복수의 위원들을 합의를 통해 민주적 의사결정과 조정을 도모하려는 취지로 도입된 조직형태로서 19세기 말 미국의 독립규제위원회를 필두로, 우리나라에서도 공정거래위원회, 금융위원회, 국민권익위원회, 원자력안전위원회(국무총리 소속)

---

1) 이에 대해서는 시·도경찰청장에 대한 자치경찰위원회의 지휘·감독권을 어떻게 실질화하느냐에 따라 자치경찰사무의 자율적·창의적 수행 여부가 결정될 것이라는 유보적 견해도 있다. 황문규. (2021). [자치경찰제 전면시행 연속기고] ③ 경찰 패러다임의 전환. 대한민국 정책브리핑(https://www.korea.kr/news/cultureColumnView.do?newsId=148889553&pWise= mMain&pWiseMain=G1).

2) 행정기관에 두는 위원회에 대해서는 설치요건 및 절차, 위원회의 구성·운영 등의 기준을 명확히 하고, 특별한 사정이 없는 한 존속기간을 정하여 위원회를 설치·운영하도록 하여 성격이나 기능이 중복되는 위원회가 설치되지 않도록 하며, 위원회 설치·운영의 내실을 기하기 위해 위원회를 설치·운영하는 각 행정기관의 장과 행정안전부장관의 책임을 명확히 하여 위원회를 체계적으로 관리·운영하려는 취지로 「행정기관 소속 위원회의 설치·운영에 관한 법률」(법률 제14839호 약칭: 행정기관위원회법)이 시행되고 있으나, 이 법률은 「헌법」에 따라 설치되는 위원회와 「정부조직법」 제2조제2항에 따라 다른 법률에 의하여 중앙행정기관으로 설치되는 위원회에 대하여는 적용이 없다(제3조 제2항 본문). 시·도경찰위원회는 그와 같은 중앙행정기관에는 해당하지 않지만, 경찰법에 따라 설치되는 자치행정기관으로서 행정기관위원회법의 적용을 받지 않는다고 보아야 할 것이다.

같이 중앙행정관청의 지위를 지닌 합의제행정기관들이 설치되어 있다.

시·도자치경찰위원회를 합의제 행정기관으로 설치한다는 것은 무엇보다도 그 의사결정을 다원주의 구조로 가져가겠다는 의도를 담은 것으로 볼 수 있다. 자치경찰은 단순한 국가경찰의 분산·분권화를 넘어서 지방자치 체제에 자율적인 경찰·질서행정 시스템을 연계시킨다는 의미를 가지는 것이므로 독임제보다는 합의제가 상대적으로 더 적합하다고 볼 수 있다. 따라서 합의제 원리에 따라 다원적 조직(구성)과 합의제 방식의 의사결정구조를 제도화할 필요가 있다. 경찰법이 시·도자치경찰위원회를 위원장과 1명의 상임위원, 5명의 비상임위원으로 구성하되, 성적 다양성과 인권전문가 임명노력에 관한 조항은 상임으로 하고, 5명의 위원은 비상임으로 구성하도록 한 제19조, 위원의 임명, 결격사유의 법정, 위원의 정치적 중립과 권한 남용 금지 등을 규정한 제20조, 위원추천위원회 설치와 각계각층의 관할 지역주민의 의견이 수렴될 수 있도록 위원을 구성하도록 한 제21조, 시·도자치경찰위원회 위원의 임기, 연임금지 및 신분보장에 관한 제23조, 그 심의·의결의 정족수를 명시한 제25조 등을 둔 것은 바로 그러한 합의제 조직의 원리에 따른 당연한 입법조치로 볼 수 있다.

한편 시·도자치경찰위원회는 합의제 행정기관으로서 뿐만 아니라 그 권한에 속하는 업무를 독립적으로 수행한다는 점도 그 기관의 법적 지위와 정체성을 보여주는 결정적 요소이다. 경찰법은 시·도자치경찰위원회가 지방자치의 영역에서 경찰임무를 수행한다는 측면에서 국가, 특히 국가경찰로부터의 분리와 독립을 전제로 삼고 있으나, 특히 지방자치단체(시·도지사)로부터의 종속현상을 경계하여 그로부터 독립성을 확보하는데 관심을 기울였다. 제24조제2항에서 "시·도자치경찰위원회의 업무와 관련하여 시·도지사는 정치적 목적이나 개인적 이익을 위해 관여하여서는 아니 된다."는 다소 이례적인 행위규범을 법제화한 배경이 바로 거기에 있다.

시·도자치경찰위원회는 시·도지사 소속으로 설치되지만 "시·도지사 소속으로 시·도자치경찰위원회를 둔다."고 규정한 제18조 제1항은, 논란의 여지가 없지는 않지만, 어디까지나 공간적·장소적 의미일 뿐 조직적 측면에서 시

·도지사의 지휘·감독을 받는 소속기관이란 의미는 아니라고 생각된다. 오히려 자치경찰위원회가 시·도지사로부터 독립하여 자치경찰을 관리하도록 하는데 제도개선의 초점이 있었던 것이 사실이고 바로 경찰법 제18조 제2항이 그 점을 분명히 한 것임을 음미해 볼 필요가 있다. 이렇게 볼 때 시·도자치경찰위원회는 시·도지사 소속기관이지만 시·도지사로부터 독립하여 그 권한에 속하는 업무를 독립적으로 수행한다는 특별한 지위를 가진 소속기관이라고 할 수 있다. 시·도지사가 위원을 임명하고 지방자치단체의 공무원 신분을 가지는 위원장과 상임위원을 위원 중에서 임명하도록 한 것(경찰법 제20조 제1항, 제3항), 시·도 의회가 관련 예산의 효율적인 관리를 위하여 의결로써 자치경찰사무에 대해 시·도자치경찰위원장의 출석 및 자료 제출을 요구할 수 있고(제35조 제3항), 과 시·도자치경찰위원회에 대한 행정사무 감사권을 가진다는 점은 시·도지사의 소속기관으로서의 지위를 전제로 한 것으로 이해되지만 시·도지사가 단독으로 인사권을 가지지 아니 하고 시·도의회, 국가경찰위원회 등과 함께 시·도자치경찰위원의 선출(구성)에 관여하는 점(경찰법 제20조 제1항 및 각호), 시·도자치경찰위원회 위원의 임기와 신분 보장(제23조), 시·도지사의 재의요권권 및 행정안전부장관 및 경찰청장의 재의요구 지시권(제26조 제3항 및 제4항) 등은 시·도자치경찰위원회의 시·도지사로부터의 독립적 지위를 보여주는 징표들이다.

Ⅲ. 자치경찰위원회의 임무와 권한

1. 자치경찰의 임무와 사무

경찰법은 경찰의 임무와 사무 구분에 관하여 '경찰'을 국가경찰과 자치경찰을 포함하는 상위개념으로 삼고 있다.

먼저 경찰법은 제3조에서 경찰의 임무를 규정하고 있다. 이 조항은 경찰법의 임무부여조항(Aufgabenzuweisungsnorm)으로서 국가경찰과 자치경찰을 막론하고 적용된다. 경찰의 임무는 경찰법 제2조에서 규정한 국가와 지방자치단체의 책무, 즉 국민의 생명·신체 및 재산을 보호하고 공공의 안녕과 질서유지에 필요한 시책을 수립·시행하여야 할 책무로부터 나온다. 이는 헌법상 국가의 존재이유이자 핵심적 책무이므로 자치경찰 역시 이를 금과옥조로 삼아야 할 것이다. 이 점은 국가경찰이 국가를 위해 복무하고 자치경찰은 지방자치단체를 위해 복무한다고 해서 달라지지 않는다. 자치경찰 역시 경찰인 이상 그 책임 영역 안에서, 그리고 국가경찰과의 조화로운 협력 하에 경찰 본연의 임무를 다해야 하기 때문이다. 이와 같은 자치경찰의 경찰 본연의 임무는 앞서 본 국가경찰과 지방자치단체로부터의 독립성, 정치적 중립에 따른 제약을 받을 뿐만 아니라 자치경찰 특유의 책무, 즉 지역 특성에 맞는 자치분권적 주민참여 거버넌스와 자치경찰 커뮤니티 서비스를 구현해야 할 책무를 통해 구체화되어야 할 것이다.

다음, 경찰사무를 구분하고 있는 경찰법 제4조는 국가경찰의 사무를 출발점으로 삼고 있다. 즉 경찰법은 제3조에 따른 '경찰의 임무'를 수행하기 위한 사무를 '국가경찰사무'로 규정하고 여기서 제2호의 자치경찰사무를 제외한 뒤, 자치경찰사무를 제1항제2호가목부터 다목까지의 사무, 즉 지역 내 주민의 생활안전 활동에 관한 사무, 지역 내 교통활동에 관한 사무, 지역 내 다중운집 행사 관련 혼잡 교통 및 안전 관리에 관한 사무로 열거하고 있다(경찰법 제4조 제1항 및 제2항). 아울러 자치경찰사무의 구체적인 사항 및 범위 등은 대통령령으로 정하는 기준에 따라 시·도조례로 정하도록 위임하는 한편(같은 조 제2항),[1] 제1항제2호라목(범죄 수사 등에 관한 사무)의 자치경찰사무에 관한 구체적인 사항 및 범위 등은 이를 대통령령으로 정하도록 위임하고 있다(같은 조 제3항).[2]

1) 자치경찰사무의 구체적인 사항 및 범위 등을 대통령령으로 정하는 기준에 따라 시·도조례로 정하도록 위임한 데 대해서는 법률유보의 원칙에 부합하지 않는다는 비판이 있다(김원중, 2021: 15, 16-17). 이에 따르면 자치경찰사무 중 "단속과 생활안전, 허가 등"에 대한 사무는 이를 법률에서 구체화한 후 그 세부적 사항을 대통령령에 위임한 후 '비법규적 사항에 대하여 위임입법화하는 것이 법치주의에 부합한다'고 한다.

2) 이러한 위임조항에 따라 「자치경찰사무와 시·도자치경찰위원회의 조직 및 운영 등에 관한 규정」(대통령령 제31733호)가 제정되었다.

여기서 유의할 것은 개별 분야별 경찰법령에서 이미 국가(경찰)사무로 정한 사무는 해당 법령에 특칙을 두거나 위임조항 등 별도의 규정을 명시하지 않는 한, 경찰법 제4조 제1항 제2호에 해당한다고 볼 수 있을 경우에도 자치경찰의 사무에 속하지 않는다는 점이다. 도로교통법에 따른 사무들이 국가사무로 분류되어 경찰청장, 지방경찰청 등이 관장하는 경우(예: 지방경찰청장이 운전면허 관련 처분 권한을 가지는 경우)가 그런 예이다. 경찰법이 국가경찰은 물론 자치경찰에 관하여 일반법적 지위를 가지기 때문에 개별분야별 경찰법이 우선 적용될 수 있다. 이와 관련하여 국가사무 중 법령에 따라 지방자치단체에 위임된 사무, 즉 단체위임사무와 법령에서 지방자치단체 기관에게 위임한 기관위임사무에 해당하는 경우가 문제될 수 있겠지만, 실제로 법령에서 자치경찰위원회에게 국가경찰사무 중 일부를 명시적 예외규정을 두어 사무를 귀속시키거나 위임한 경우는 찾아보기 어렵다.

2. 자치경찰위원회의 권한

2.1. 시·도자치경찰위원회의 권한 일반

자치경찰사무와 관련하여 시·도자치경찰위원회는 주요정책을 심의·의결하고 주요한 인사를 추천하며 감찰 및 징계를 요구하는 등 자치경찰사무 전반에 걸친 권한을 가진다. 시·도자치경찰위원회는 자치경찰사무를 관장하는 기관으로 그 역할은 크게 자치경찰의 정책수립 및 운영, 자치경찰의 통제, 국가경찰과의 협의·조정 등으로 구분할 수 있다(박재희, 2021).

시·도자치경찰위원회의 소관사무, 즉 권한은 경찰법 제24조 제1항에서 열거하고 있다.

자치경찰의 정책 수립 및 운영

1. 자치경찰사무에 관한 목표의 수립 및 평가
2. 자치경찰사무에 관한 인사, 예산, 장비, 통신 등에 관한 주요 정책 및 그 운영지원

3. 자치경찰사무 담당 공무원의 임용, 평가 및 인사위원회 운영
4. 자치경찰사무 담당 공무원의 부패 방지와 청렴도 향상에 관한 주요 정책 개선 및 인권침해 또는 권한남용 소지가 있는 규칙, 제도, 정책, 관행 등의 개선
5. 제2조(국가와 지방자치단체의 책무)에 따른 시책 수립
6. 제28조제2항에 따른 시·도경찰청장의 임용과 관련한 경찰청장과의 협의, 제30조제4항에 따른 경찰서장의 자치경찰사무 수행에 관한 평가 및 결과 통보

자치경찰의 통제

7. 자치경찰사무 감사 및 감사의뢰
8. 자치경찰사무 담당 공무원의 주요 비위사건에 대한 감찰 요구
9. 자치경찰사무 담당 공무원에 대한 징계 요구
10. 자치경찰사무 담당 공무원의 고충심사 및 사기진작
11. 자치경찰사무와 관련된 중요사건·사고 및 현안의 점검
12. 자치경찰사무에 관한 규칙의 제정·개정 또는 폐지

국가경찰과의 협의·조정

13. 지방행정과 치안행정의 업무조정과 그 밖에 필요한 협의·조정
14. 제32조에 따른 비상사태 등 전국적 치안유지를 위한 경찰청장의 지휘·명령에 관한 사무
15. 국가경찰사무·자치경찰사무의 협력·조정과 관련하여 경찰청장과 협의
16. 국가경찰위원회에 대한 심의·조정 요청

기 타

17. 그밖에 시·도지사, 시·도경찰청장이 중요하다고 인정하여 시·도자치경찰위원회 회의에 부친 사항에 대한 심의·의결

위 권한 중 특히 시·도자치경찰위원회에게 자치경찰사무에 관한 규칙의 제정·개정 또는 폐지 권한이 포함되어 있는 것은 그 자율성 확보 차원에서 대단히 의미 있는 규정으로 보인다.

시·도자치경찰위원회의 회의는 재적위원 과반수의 출석과 출석위원 과반수의 찬성으로 의결한다(제25조 제2항). 그러나 경찰법은 시·도지사와 행정안전부장관에게 각각 재의요구권을 부여하였다. 이는 제24조제2항에 따른 시·도

지사의 정치적 목적이나 개인적 이익을 위한 업무 관여 배제 조항에 상응하는 일종의 견제와 균형을 위한 권력분립 장치이다. 지방자치 내부 영역에서는 시·도지사가 재의요구권을 가진다. 이에 따라 시·도지사는 시·도자치경찰위원회의 의결이 적정하지 아니하다고 판단할 때에는 재의를 요구할 수 있다(제25조 제3항). 반면, 외부영역, 즉 국가의 지방자치에 대한 견제의 차원에서 사실상 법적 감독권(Rechtaufsicht)에 준하는 수준으로 행정안전부장관과 경찰청장의 개입권을 부여하였다. 즉, 시·도자치경찰위원회의 의결이 법령에 위반되거나 공익을 현저히 해친다고 판단되면 행정안전부장관은 미리 경찰청장의 의견을 들어 국가경찰위원회를 거쳐 시·도지사에게 제3항의 재의를 요구하게 할 수 있고, 경찰청장은 국가경찰위원회와 행정안전부장관을 거쳐 시·도지사에게 재의를 요구하게 할 수 있다(제25조 제4항). 반면 경찰법은 시·도자치경찰위원회에게도 재의요구에도 불구하고 그 의결을 관철시킬 수 있는 일종의 번복권(override)을 부여하여 시·도자치경찰위원회의 위원장은 재의요구를 받은 날부터 7일 이내에 회의를 소집하여 재의결하여야 하며, 이 경우 재적위원 과반수의 출석과 출석위원 3분의 2 이상의 찬성으로 전과 같은 의결을 하면 그 의결사항은 확정된다고 규정하고 있다(제25조 제5항).

시·도자치경찰위원회는 지방자치 영역에서 활동하는 독립된 행정위원회이므로 앞서 본 제24조 제3항에 따른 경우 외에는 국가적 감독이나 개입으로부터 원칙적으로 자유로우며, 국가나 소관 행정각부, 특히 행정안전부장관과 경찰청장 같은 국가기관과의 관계도 의당 기관 내부관계(In-sich Verhältnis)가 아니라 외부관계에 속한다고 보아야 한다. 위 경찰법 제24조 제3항이 사실상 법적 감독에 준하는 요건을 부과하여 수준으로 행정안전부장관과 경찰청장의 개입권을 제한한 것도 그런 취지로 보아야 함은 물론이다. 따라서 시·도경찰위원회의 자치경찰사무에 관한 의결에 대하여 시·도지사에게 재의요구를 하게 하였음에도 불구하고 당초의 의결을 재의결로 확정한 경우, 그 의결의 취소를 구하는 소송이 허용될 수 있는지 문제될 수 있다. 참고로 지방자치법 제192조 제1항, 제2항에 따른 주무부장관 등의 지방의회 의결의 재의 요구 지시에도 불구하고 재의결로 당초의 의결사항이 확정된 경우, 재의결된 사항이 법령에 위반된다고 판단됨에도 불구하고 해당 지방자치단체의 장이 소를 제기하지 아니할 경우 주무부장관 등이 직접 제소 및 집행정지결정을 신청할 수 있는데(같은 조 제5항) 이처럼 재의결로 확정된 지방의회 의결의 취소를 구하는 소송의 경우,[1] 이를 위한 명시적 근거가 결여되어 있어 소송이 허용된다고 볼 수 있을지 의문시되고 있다.[2]

시·도경찰위원회의 자치경찰사무에 관한 의결에 대한 경찰청장과 행정안전부 장관의 재의요구 지시에 따라 재의요구가 있었음에도 불구하고 당초의 의결이 재의결로 확정된 경우, 경찰법은 행정안전부 장관 등의 직접 제소권을 인정하는 데까지 나아가지는 않았다. 따라서 경찰청장과 행정안전부장관의 재의요구 지시가 경찰법 제25조 제4항의 요건, 즉 '시·도자치경찰위원회의 의결이 법령에 위반되거나 공익을 현저히 해친다'는 요건을 충족하는지 여부는 별론으로 하고, 문제는 결국 그 지시에 따라 시·도지사가 재의를 요구하고 당초의 의결이 재의결로 확정된 경우 그 재의결 취소를 구하는 소송의 허용 여부에 관한 문제로 돌아간다. 그 재의결취소소송의 허용여부는 소를 경찰청장이나 행정안전부장관이 제기하는 경우와 시·도지사가 제기하는 경우로 나누어 전자를 일종의 항고소송으로 볼 수 있지만, 결론을 미리 내린다면, 어느 경우든 그 출소권을 명시적으로 인정하는 규정이 없는 이상 소의 허용성을 인정하기는 어렵지 않을까 생각된다.

---

1) 이에 따라 주무부장관이나 시·도지사, 행정안전부장관이 직접 제기하는 소송의 성질은 동일한 법주체에 속하는 기관간 소송이 아니라는 점에서 기관소송이 아니라 지방자치법상 인정된 특수한 형태의 공법소송으로 보아야 할 것이다. 이에 대해서는 홍준형. 2021. 지방자치법, 214~215를 참조. 또한 지방자치법 제192조 제8항은 지방의회의 의결이 법령에 위반된다고 판단되어 주무부장관이나 시·도지사로부터 재의 요구 지시를 받은 해당 지방자치단체의 장이 재의를 요구하지 아니하는 경우(법령에 위반되는 지방의회의 의결사항이 조례안인 경우로서 재의 요구 지시를 받기 전에 그 조례안을 공포한 경우를 포함)에도 주무부장관이나 시·도지사가 대법원에 직접 제소 및 집행정지 결정을 신청할 수 있도록 하고 있다. 이 역시 동일한 법주체에 속하는 기관간 소송이 아니므로 기관소송이 아니라 지방자치법상 인정된 특수한 형태의 공법소송으로 보아야 할 것이다. 이에 대해서는 홍준형, 앞의 책, 218~219를 참조.

2) 이와 관련 주무부장관이 구 지방자치법 제169조 제1항에 따라 시·도에 대하여 행한 시정명령에 대하여 대법원에 소를 제기할 수 있다는 규정을 두고 있지 않으므로, 시정명령의 취소를 구하는 소송은 허용되지 않는다고 한 대법원 2014. 2. 27. 선고 2012추183 판결(시정명령및직권취소처분취소청구)을 참조..

반면 위와 같은 재의요구 지시와는 상관없이 시 · 도지사가 시 · 도자치경찰위원회의 의결이 적정하지 아니하다고 판단하여 재의를 요구하였음에도 불구하고 시 · 도자치경찰위원회가 재의결하였을 경우 그 의결의 취소를 구하는 소송은 시 · 도자치경찰위원회가 합의제 행정기관으로서 특히 시 · 도지사로부터 독립성을 가진다는 점을 감안할 때, 단순히 지방자치단체 내부에서의 기관 상호간 권한 분쟁이라고만 보기 어려운 측면이 있어 막 바로 기관소송 법정주의를 원용하여 허용되지 않는다고 볼 것인지 논란의 여지가 있다. 생각건대, 그와 같은 소송은 이를 행정소송법상 항고소송의 일종으로 다룰 여지도 없지는 않겠지만, 그럼에도 불구하고 그와 같은 재의결취소소송을 허용하는 명문의 규정이 없는 이상 그 허용성을 인정하기는 어렵지 않을까 생각된다.[1] 물론 '의결의 부적정 판단'이라는 요건이 매우 광범위하고 불확정적이라는 점에서 그 행사를 둘러싼 분쟁을 행정소송을 통해 다투기는 현실적으로도 매우 어려울 것이다.

2.2. 자치경찰사무에 대한 시·도경찰청장 지휘·감독권

시 · 도자치경찰위원회의 권한중 가장 핵심적인 것은 자치경찰사무에 대한 시 · 도경찰청장 지휘 · 감독권이다. 경찰법은 경찰사무를 지역적으로 분장하는 기관으로 시 · 도경찰청을 설치하고, 시 · 도경찰청 소속으로 경찰서, 경찰서 소속으로 지구대 · 파출소 설치하도록 규정한다. 지구대 · 파출소는 최일선 종합행정기관으로, 그 직원들은 경찰서장의 지휘 · 감독을 받는다.

자치경찰사무는 자치경찰위원회의 지휘 · 감독 하에 시 · 도경찰청→경찰서장→지구대 · 파출소가 수행한다. 따라서 시 · 도자치경찰위원회는 이들 일선 경찰기관을 지휘 · 감독할 뿐, 행정법상 외부관계, 즉 그 관할구역의 주민에 대

---

1) 반면 지방자치단체의 장이 재의결된 사항이 법령에 위반된다고 판단되면 재의결된 날부터 20일 이내에 대법원에 소를 제기할 수 있도록 한 지방자치법 제192조 제4항 전단에 따른 소송의 법적 성질에 대해서는 기관소송이라고 보는데 다툼이 없다. 대법원도 지방자치단체의 장이 지방의회 의결에 대한 사전예방적 합법성 보장책으로서 제기하는 기관소송의 성질을 가진다고 보고 있다(대법원 1993. 11. 26. 선고 93누7341 판결). 상세한 것은 홍준형. 2021. 지방자치법, 214~215를 참조.

한 관계에서는 직접 행정절차법이나 행정쟁송법에 따른 행정처분 권한은 법령에 특별한 근거가 있는 경우가 아니면 인정되기 어려울 것이다. 가령 공정거래위원회, 금융위원회 등 다른 합의제 행정위원회가 가지는 시정조치나 과징금 등 처분권은 별도의 법령규정이 없는 한 이를 행사할 여지가 거의 없다고 판단된다.

그러나 시·도자치경찰위원회가 가지는 자치경찰사무에 대한 시·도경찰청장 지휘·감독권이 기관 내부관계에 국한된 권한도 아니고 무의미한 것은 더더욱 아니다.

가령 시·도경찰청장이 시·도자치경찰위원회의 자치경찰사무에 대한 지휘·감독에 따르지 않을 경우에는 당연히 이에 대한 법적 제재를 고려에 넣어야 할 것이다. 경찰법 제28조 제3항에 따라 시·도경찰청장은 자치경찰사무에 대해서는 시·도자치경찰위원회의 지휘·감독을 받아 관할구역의 소관 사무를 관장하고 소속 공무원 및 소속 경찰기관의 장을 지휘·감독하도록 되어 있으므로, 그와 같은 지휘·감독 불응은 위법을 면키 어려울 것이고 그에 따른 징계는 물론 형사법적 처벌도 가능할 것이다. 나아가 시·도경찰청장이 시·도자치경찰위원회의 자치경찰사무에 대한 지휘·감독에 따르지 않은 결과 손해를 입은 피해자는 국가 또는 해당 시·도경찰청장이 속한 지방자치단체를 대상으로 손해배상을 청구할 수 있게 될 것이다.

다음 경찰법은 제30조 제2항에서 경찰서장은 시·도경찰청장의 지휘·감독을 받아 관할구역의 소관 사무를 관장하고 소속 공무원을 지휘·감독한다고 규정한다. 따라서 경찰서장이나 소속 지구대·파출소 등이 시·도자치경찰위원회의 자치경찰사무에 대한 지휘·감독 또는 그에 따른 시·도경찰청장의 지휘·감독에 따르지 않을 경우에도 위에서 본 바와 마찬가지의 법적 책임과 징계책임, 손해배상책임을 면키 어려울 것이다. 경찰법은 여기서 한 걸음 더 나아가 제30조 제4항을 두어 시·도자치경찰위원회는 정기적으로 경찰서장의 자치경찰사무 수행에 관한 평가결과를 경찰청장에게 통보하여야 하며 경찰청장은 이를 반영하여야 한다고 명시하고 있다.

반면 일선 경찰관서에서 시·도경찰청장의 지휘·감독에 따르지 않거나 시・도경찰청장부터 시・도자치경찰위원회의 지휘・감독에 따르지 않을 경우 일정한 요건에 따라 직접처분권을 인정하는 방안도 입법론 수준에서 검토해 볼 필요가 있을 것이다.

2.3. 자치경찰사무에 관한 협의·조정권

시・도자치경찰위위원회는 다양한 차원에서 국가경찰과의 협의・조정권을 가진다. 국가경찰사무, 국가경찰사무・자치경찰사무와 관련하여 시·도의 국가경찰, 국가경찰위원회와 협력하거나 의견을 개진할 수 있는 권한, 즉 지방행정과 치안행정의 업무조정과 그 밖에 필요한 협의・조정, 제32조에 따른 비상사태 등 전국적 치안유지를 위한 경찰청장의 지휘・명령에 관한 사무, 국가경찰사무・자치경찰사무의 협력・조정과 관련하여 경찰청장과 협의, 국가경찰위원회에 대한 심의・조정 요청(제24조 제1항 제13호~제16호), 제28조제2항에 따른 시・도경찰청장의 임용과 관련한 경찰청장과의 협의(제6호) 등의 권한을 가진다. 이러한 권한 역시 자치경찰의 성공적 정착이나 임무수행에 있어 그 중요성을 결코 절하할 수 없을 것이다.

Ⅳ. 전망과 과제

자치경찰은 우리나라 지방자치와 경찰 제도의 역량을 시험하는 시금석이 될 것이다. 시험대에 선 자치경찰이 정치적 중립성과 공정성에 대한 요구에 부응하면서도 체감할 수 있는 민생치안, 커뮤니티 경찰서비스를 효과적으로 수행함으로써 그 존재이유, 도입취지를 증명해 낼 수 있느냐 하는 것이 그 성패의 관건이 될 것이다. 자치경찰이 지방자치와 경찰자치, 민생치안의 모범적 선례가 될 수 있다면 법치경찰의 선구자(pioneer)로서 또 하나의 한국형 자치경찰 모델(K-Autonomy Police)을 자랑할 수 있는 기회의 창이 열릴 것이다.

이를 위해서는 무엇보다도 자치경찰의 지휘체계인 자치경찰위원회의 정치적 중립과 공정성을 확립하는 것이 필수적이다. 입법정책 수준에서는 자치경찰위원회의 자율권은 극대화하되 국가 등의 개입권은 최소한으로 한다는 정신을 공유하는 것이 중요하다. 나아가 중앙정부, 국가경찰로부터의 독립은 물론 시·도지사 등 지방자치단체로부터의 독립을 유지하려면, 자치경찰위원회와 소속기관 구성원은 물론 이를 둘러싼 관련 기관 모두의 실천의지와 협력이 필요하지만 자치경찰위원회의 지위와 임무, 권한이 좀 더 명확하게 설정되어야 한다. 자치경찰위원회의 모호한 지위나 권한 규정들이 향후 자치경찰 본연의 임무수행에 차질을 빚을 수 있다. 그런 문제로 인하여 정치적 중립, 공정성을 확립한다는 것도 공염불로 끝날 수 있다는 데 유의해야 할 것이다. 아울러 자치경찰의 성원들은 권한 남용 문제에 대해서도 늘 스스로 경계를 게을리 해서는 안 된다. "경찰은 그 직무를 수행할 때 헌법과 법률에 따라 국민의 자유와 권리 및 모든 개인이 가지는 불가침의 기본적 인권을 보호하고, 국민 전체에 대한 봉사자로서 공정·중립을 지켜야 하며, 부여된 권한을 남용하여서는 아니 된다."고 규정한 경찰법 제5조는 지방자치 영역에서 주민 생활에 직접 영향을 미치는 자치경찰에 대해 특히 유념해야 할 금과옥조가 되어야 한다.

다음 자치경찰의 핵심적 성공요인은 그 자치경찰 서비스를 통해 전문적 역량을 실증해 보임으로써 주민들은 물론 국민들 사이에 신뢰기관으로 자리 잡을 수 있느냐 하는 데 있다. 가장 어렵고 중요한 과제는 시·도경찰청과 일선 경찰관서에 대한 실효적·실질적 리더십을 행사하는 일이 될 것이다. 그러지 않아도 대민접점(street level)에서 국가경찰과 자치경찰의 구분이 용이하지 않을 뿐만 아니라 지방자치 영역에서 주민들이 신뢰할 수 있는 기관정체성을 확립하기가 쉽지 않은 상황에서 시·도경찰청과 일선 경찰관서에 대한 리더십을 제대로 발휘하지 못하거나 그렇게 하지 못한다는 인상을 준다면 자치경찰의 성공은 기대하기 어렵게 될 것이다. 자치경찰이 과학적·증거기반적 의사결정에 따라 주민들의 가렵고 아픈 부분, 지역현장의 취약점을 치유하고 해소해 주는 주민친화적이면서도 합리적인 자치경찰서비스(community policing)를 주도해 나간다면 오히려 막강한 자원과 경험, '노하우'를 갖춘 국가경찰에 대해서도 선순환적 되먹임(feedback)을 해주는 계기가 될 것이다.

끝으로 빼놓을 수 없는 자치경찰의 성공은 결국 국가적 지원과 사회적 뒷받침이 얼마나 실질적으로 이루어지는지에 달려 있다.

제 5 장

국가와 지방자치단체의 관계

◆ Section ◆

CHAPTER

제 1 절

기본적 관계

Ⅰ. 지방자치단체에 대한 국가 관여의 근거

지방자치단체는 자치권을 본질적 요소로 하지만 통일적인 국가 질서의 일부를 이룬다. 지방자치는 국가로부터이 독립성과 자율성을 요구하지만 지방자치단체와 국가는 부분과 전체의 관계로서 통일적인 국가 질서 형성을 지향한다. 전자가 원심력이라면 후자는 구심력으로 지방자치단체와 국가가 지속가능한 균형을 이루도록 해 주는 것이다.[1]

헌법은 지방자치단체에 대한 국가관여에 대하여 명시적으로 규정하고 있지는 않다. 하지만 지방자치 보장에 대한 근거조항인 헌법 제117조와 118조에서 지방자치단체의 국가에 대한 독립성을 보장하면서 동시에 지방자치의 법률유보를 규정하고 있다. 이러한 의미에서 지방자치의 보장규정은 동시에 국가관여의 근거규정이 된다.[2]

Ⅱ. 병립적 협력관계

지방자치법은 적어도 자치사무에 관한 한 국가와 지방자치단체의 관계를 상명하복의 계서적 관계가 아니라 병립적 협력관계로 설정하고 있다. 이 점은 지방자치단체를 법인으로 한다든가(§ 3), 중앙행정기관의 장이나 시·도지사는 지방자치단체의 사무에 관하여 조언 또는 권고하거나 지도할 수 있으며, 이를 위하여 필요하면 지방자치단체에 자료의 제출을 요구할 수 있다고 규정

1) 이기우·하승수, 지방자치법, 대영문화사, 2007, 180-181.
2) 이기우·하승수, 지방자치법, 182.

한 데서도(§ 184) 드러난다. 무엇보다도 2021년의 개정법률이 국가와 지방자치단체 간의 협력을 도모하고 지방자치 발전과 지역 간 균형발전에 관련되는 중요 정책을 심의하기 위하여 중앙지방협력회의를 두고, 그 구성 및 운영에 관한 사항은 따로 법률로 정하도록 한 것(§ 186)은 바로 이러한 협력관계를 실질적으로 구현하기 위한 법제도적 장치를 마련한 것으로 볼 수 있다.

한편 지방자치법 제185조에서는 국가사무나 시·도사무에 관하여 국가(또는 시·도)가 지도·감독권을 가진다는 점을 명시하고 있다. 이처럼 자치사무에 관한 경우와 뚜렷이 차별화하여 규정한 점을 보더라도, 국가와 지방자치단체의 관계가, 특히 자치사무에 관한 한, 상하급기관간의 계서적 관계가 아니라 서로 기본적으로 대등한 지위에서 협력하는 병립적 협력관계임을 전제하고 있다고 볼 수 있다.

지방자치단체의 자치사무에 관한 한, 헌법이나 지방자치법 등 어디에도 국가나 상급 지방자치단체가 지방자치단체를 감독하거나 통제할 수 있다고 한 명문의 규정은 찾아 볼 수 없다. 다만, 지방자치법 제190조에서 행정안전부장관이나 시·도지사에게 지방자치단체의 자치사무에 있어 법령위반사항에 대한 감사를 허용하는 한편, 후술하는 바와 같이 자치사무에 대한 적법성 감독의 수단으로서 제188조에서 '위법·부당한 명령이나 처분의 시정'이란 표제하에 시정명령권과 취소·정지권을 인정하고 있을 뿐이다.

지방자치법은 이와 같이 국가와 지방자치단체의 관계에 관하여 양자의 관계를 병립협력관계를 기본으로 한다는 전제 위에서[1] 이를 토대로 국가의 지방자치단체에 대한 감독의 개념을 '관여'의 그것으로 대체하고 있다. 국가의 지방자치단체에 대한 관여는 지방자치의 본질에 반하지 않아야 하고 지방자치의 제도적 보장을 파괴해서는 아니 된다.[2]

---

1) 김철용, 행정법 II, 153은 우리 헌법 아래에서의 국가와 지방자치단체의 기본관계는 병립협력관계로 보는 것이 통설이라고 한다.

2) 대법원 1998. 5. 8. 선고 97누15432 판결.

Ⅲ. 국가와 지방자치단체의 관계

국가와 지방자치단체의 관계는 이를 사무의 종류별로 고찰할 수도 있고 국가의 주요 구성부분, 즉 국회, 행정부 및 사법부가 각각 지방자치단체와 맺고 있는 관계를 통해서도 파악할 수 있다. 여기서는 후자의 관점에서 접근하기로 한다.

CHAPTER

제 2 절

국회와 지방자치단체의 관계

국민대표기관인 국회는 입법권을 행사함으로써 지방자치단체에 관여할 수 있다. 이는 권력분립에 입각한 대의제 민주주의의 원리상 당연한 결과라 할 수 있다. 그러나 입법부인 국회의 관여방식은 다른 국가기관에 비해 독특하다. 입법기관인 국회는 법률의 제·개정 등 입법권을 행사함으로써 지방자치단체의 활동에 직접적인 영향을 미치고 있다.

헌법은 지방자치단체의 종류, 지방의회의 조직·권한·의원선거와 지방자치단체의 장의 선임방법 기타 지방자치단체의 조직과 운영 등을 법률로 정하도록 하고 있고(§ 118) 또 지방자치단체의 재정을 좌우하는 조세 역시 법률사항으로 정하고 있다(§ 59).

국회는 또한 예산의 심의를 통해 지방자치단체에 영향력을 미칠 수 있고, 국정감사 및 조사 등을 통해서도 지방자치단체에 법적·정치적 통제를 가할 수 있다. 다만 국정감사 및 조사의 경우에는 제한이 따른다. 「국정감사 및 조사에 관한 법률」은 제7조 제2호에서 감사의 대상기관에 지방자치단체 중 특별시·광역시·도를 포함시키면서도 감사범위는 국가위임사무와 국가가 보조금 등 예산을 지원하는 사업으로 한정하고 있다. 여기서 '국가위임사무'에는 특별시·광역시·도가 수행하는 단체위임사무와 기관위임사무가 포함된다. 따라서 광역자치단체의 경우 자치사무에 관해서는 국가가 보조금 등 예산을 지원하는 사업 외에는 국정감사나 조사가 배제된다.[1)]

한편 시·군·구 등 기초자치단체에 대하여 국정감사나 조사가 가능한지 여부가 문제될 수 있다. 이에 관하여 같은 법률 제7조 제4호는 지방행정기관·감사원법에 의한 감사원의 감사대상기관과 함께 '그 밖의 지방자치단체'를 감사의 대상에 포함시키고 있으나, 그 경우 본회의가 특히 필요하다고 의결한

1) 이에 대한 비판으로는 이기우·하승수, 지방자치법, 183-184를 참조.

경우에 한한다고 규정하고 있다. 따라서 기초자치단체에 대하여 국정감사나 조사가 전적으로 배제된 것은 아닐지라도 본회의의 특별의결이 필요하므로 그 한도 내에서 국회의 관여가 제한되고 있는 셈이다. 기초자치단체에 대한 감사가 특별히 필요하다고 의결한 경우에도 자치사무에 관해서는, 법률상 명문의 규정은 없으나,[1] 특별시·광역시·도의 경우와 달리 취급해야 할 이유가 없는 이상, 제7조 제2호 단서를 유추적용하여 국가가 보조금 등 예산을 지원하는 사업 외에는 국정감사나 조사가 배제된다고 해석해야 할 것이다.

지방자치단체에 대한 감사는 2이상의 위원회가 합동으로 반을 구성하여 이를 행할 수 있다(같은 법률 § 7의2).

1) 제7조 제4호 단서에 '제7조 제2호 단서를 준용한다'는 것을 명시하지 않은 것은 입법의 실수이다.

CHAPTER

제 3 절 국가행정기관과 지방자치단체의 관계

제 1 관 개 설

헌법 제118조 제2항은 "지방의회의 조직·권한·의원선거와 지방자치단체의 장의 선임방법 기타 지방자치단체의 조직과 운영에 관한 사항은 법률로 정한다."고 규정하고 있다. 국가와 지방자치단체의 관계에 대한 규율도 '지방자치단체의 조직과 운영에 관한 사항'에 포함된다고 볼 수 있다.[1] 따라서 지방자치단체에 대한 국가의 관여 역시 법률에 근거가 있어야 한다.

제 2 관 국가관여기관

지방자치단체에 관여하는 국가기관이 누구인지는 사무의 종류에 따라 달리 정해진다.

⑴ 국가사무가 위임된 경우

지방자치단체 또는 그 장이 위임받아 처리하는 국가사무의 경우, 시·도에서는 주무부장관이, 시·군·자치구에서는 1차로 시·도지사가, 2차로 주무부장관이 관여권을 가진다(§ 185 ①).

⑵ 시·도사무가 위임된 경우

시·군·자치구 또는 그 장이 위임받아 처리하는 시·도의 사무에 관하여는 시·도지사가 관여권을 가진다(§ 185 ②).

1) 同旨 김철용, 행정법 II, 155.

(3) 자치사무의 경우

지방자치단체의 자치사무에 대하여는 중앙행정기관의 장이나 시·도지사가 지방자치단체의 사무에 관하여 조언 또는 권고하거나 지도하고 자료제출을 요구하는 방식으로 관여할 수 있다(§ 184 ①).

(4) 회계감사·직무감찰의 경우

지방자치단체에 대한 회계감사 및 직무감찰권은 감사원이 가진다(감사원법 §§ 22 ① ii, 24 ① ii).

제 3 관 국가관여의 방법

Ⅰ. 국가의 지방자치단체에 대한 지도와 감독

1. 합법성감독과 합목적성감독

지방자치단체와의 관계에서 국가는 지도와 감독을 하는 위치에 선다. 국가의 지도와 감독, 넓은 의미의 감독(Aufsicht)은 일반적으로 법감독(Rechtsaufsicht)과 전문감독(Fachaufsicht)을 포함한다. 전자는 합법성통제로, 후자는 합목적성통제라고 부르기도 한다.

지방자치단체의 사무에 대한 국가의 감독은 국가사무와 자치사무의 구별이 있는 경우, 국가사무에 대해서는 합법성통제뿐만 아니라 합목적성통제까지 가능하지만, 자치사무에 대해서는 합법성통제만 허용되는 것이 원칙이다. 또한 다음에 보는 바와 같이, 주요 외국의 입법례를 볼 때, 자치사무 또는 국가사무와 자치사무의 구별이 없는 경우에도 그 중 자치사무에 해당하는 사무에 관한 한 국가의 감독권이 합법성통제로 제한되는 경향이 두드러지게 나타나고 있다.

독일의 경우 지방자치단체에 대한 감독시스템(Aufsichtssystem)은 사무 중심으로 되어 있다(aufgabenorientiert).[1] 지방자치단체의 사무는 일반적으로 자치사무(고유사무)와 국가사무(위임사무)로 구분된다. 사무에 관해서는 이미 앞에서 본 바와 같이 '사무이원론' 모델(Aufgabendualismus)과 '사무일원론' 모델(Aufgabenmonismus)이 대립한다. 후자에 따르면 모든 사무는 일단 지방자치단체에게 이양된 이상, 모든 의사결정이 원칙적으로 선출된 지방의회에 의해 주도된다는 의미에서 지방자치단체의 전체적이고 또 고유한 책임이 된다고 본다. 일원론 모델은 지방자치단체와 국가의 관계에 있어 후자의 감독권은 오로지 합법성 심사에 관해서만 인정된다는 사고를 전제로 한다. 역사적으로 일원론 모델은 영국과 스웨덴에서 채택되어 왔다. 그와 대조적으로 전자, 즉 이원론 모델은 지방자치단체의 사무를 고유사무와 위임사무 두 가지 유형으로 구분하고, 고유사무는 지방의회의 결정만으로 수행하고 국가로부터는 오로지 합법성 통제(legality review)만 받는 반면, 위임사무는 국가에 의해 지방자치단체에게 위임된 사무로서 지방의회 지방행정의 장에 의해 수행되고 국가로부터 포괄적인 통제를 받는 사무이다. 사무이원론 모델은 역사적으로 독일과 프랑스의 특징이 되어 왔다.[2]

전체적으로 보아, 특히 유럽 여러 나라들의 경우, 지방자치의 확대 경향에 따라 지방자치단체의 사무에 대한 국가의 감독이 합목적성통제까지 포함하여 전반적으로 축소·약화되는 경향을 보이는 반면, 자치사무 또는 국가사무와 자치사무의 구별이 없는 경우에는 그 중 자치사무에 해당하는 사무에 관한 한 국가의 통제는 뚜렷이 합법성통제로 제한되는 경향이 날로 두드러지고 있다.[3]

지방자치단체의 자치사무에 관한 한 국가가 합목적성 판단에 간섭하는 것은 지방자치단체의 자기책임성을 본질적으로 침해하는 것이므로 허용되지 아니하며, 국가에 의한 합목적성 통제가 허용된다면 이는 더 이상 자치행정이 아

1) Schmidt-Aßmann, Eberhard. 2008. Kommunalrecht. in: Besonderes Verwaltungsrecht, 14.Aufl., 9-126, 41 1.Kap, Rn.32.

2) Wollmann, H. Comparing Local Government Reforms in England, Sweden, France and Germany, 2008. in: www.wuestenrot-stiftung.de/download/local-government, 17-18.

3) 이에 관하여 상세한 것은 홍준형, "자치사무에 대한 중앙정부의 감사권의 한계", 『공법연구』 제38집 제1호, 한국공법학회, 2009.11., 291~310을 참조.

니라 위임행정을 의미하므로[1] 지방자치의 헌법적 보장에 정면으로 위배된다.

2. 지방자치단체의 사무에 대한 지도와 지원

중앙행정기관의 장이나 시·도지사는 지방자치단체의 사무에 관하여 조언 또는 권고하거나 지도할 수 있으며, 이를 위하여 필요하면 지방자치단체에 자료의 제출을 요구할 수 있다(§ 184 ①).

국가나 시·도는 지방자치단체가 그 지방자치단체의 사무를 처리하는 데에 필요하다고 인정하면 재정지원이나 기술지원을 할 수 있다(§ 184 ②).

3. 국가사무나 시·도사무 처리의 지도·감독

지방자치단체나 그 장이 위임받아 처리하는 국가사무에 관하여 시·도에서는 주무부장관의, 시·군 및 자치구에서는 1차로 시·도지사의, 2차로 주무부장관의 지도·감독을 받는다(§ 185 ①).

시·군 및 자치구나 그 장이 위임받아 처리하는 시·도의 사무에 관하여는 시·도지사의 지도·감독을 받는다(§ 185 ②).

4. 중앙행정기관과 지방자치단체 간 협의조정

중앙행정기관의 장과 지방자치단체의 장이 사무를 처리할 때 의견을 달리하는 경우 이를 협의·조정하기 위하여 국무총리 소속으로 행정협의조정위원회를 둘 수 있다(§ 187 ①).

행정협의조정위원회는 위원장 1명을 포함하여 13명 이내의 위원으로 구성하되(§ 187 ②), 그 위원은 다음 각 호의 사람으로 하고, 위원장은 제3호에 따른 위촉위원 중에서 국무총리가 위촉한다(§ 187 ③).

---

1) 이주희. (2005). 「지방자치법 이론과 운영사례」. 기문당, 962.

1. 기획재정부장관, 행정안전부장관, 국무조정실장 및 법제처장
2. 안건과 관련된 중앙행정기관의 장과 시·도지사 중 위원장이 지명하는 사람
3. 그 밖에 지방자치에 관한 학식과 경험이 풍부한 사람 중에서 국무총리가 위촉하는 사람 4명

그 밖에 행정협의조정위원회의 구성과 운영 등에 필요한 사항은 대통령령으로 정한다(§ 187 ④).

5. 승인유보

지방자치단체의 개별적인 행위에 대하여 사전에 감독관청의 승인을 받도록 하는 제도를 승인유보제도라고 한다.

이러한 승인유보는 자치사무에 대한 자율권을 제약하는 것이기 때문에 법적 근거가 있을 때에만 가능하다. 현행 지방자치법상 감독관청의 승인을 요하는 사항으로는, 구와 읍 면 동의 명칭과 구역의 변경 및 폐치 분합, 사무소 소재지의 설치 변경, 시 군 및 자치구에서의 행정기구 설치, 지방채의 발행 등이 있다.

승인을 받아야 할 행위를 승인없이 한 경우의 법적 효과는 공법적 행위는 무효가 되나, 지방채 발생에 대한 승인과 같이 사법행위에 대한 승인의 경우에는 반드시 무효가 된다고 볼 수는 없다는 것이 일반적인 견해이다.

Ⅱ. 시정명령과 취소·정지

1. 의 의

지방자치법은 지방자치단체의 사무에 관한 그 장의 명령이나 처분이 법령에 위반되거나 현저히 부당하여 공익을 해친다고 인정되면 시·도에 대하여는 주

무부장관이, 시·군 및 자치구에 대하여는 시·도지사가 기간을 정하여 서면으로 시정할 것을 명하고, 그 기간에 이행하지 아니하면 이를 취소하거나 정지할 수 있도록 하고 있다(§ 188 ① 전단). 이 경우 자치사무에 관한 명령이나 처분에 대하여는 법령을 위반하는 것에 한한다(§ 188 ① 후단).

이 조항은 일반적으로 지방자치단체에 대한 국가의 사후적·교정적 감독수단으로서 시정명령과 취소·정지를 수권한 것으로 이해되고 있다. 시정명령이란 지방자치단체의 사무에 관한 그 장의 명령이나 처분이 법령에 위반되거나 현저히 부당하여 공익을 해친다고 인정되는 때에 감독관청이 기간을 정하여 시정을 명하는 감독명령을 말한다. 취소·정지권이란 감독관청의 시정명령을 정해진 기간 내에 이행하지 않을 때에 문제된 단체장의 명령이나 처분을 취소하거나 정지하는 권력적·사후적 감독조치를 말한다.

2021년의 개정법률은 제188조 및 제192조에서 지방자치단체에 대한 적법성 통제를 강화하였다. 종래에는 지금까지는 시·군 및 자치구의 법령 위반에 대한 국가의 실효성 있는 통제 수단이 없어 법령 위반사항이 해소되지 못하고 그 결과 주민의 권리·의무에 악영향을 미치는 경우가 있었다. 이러한 문제를 해결하기 위하여 주무부장관의 권한을 강화한 것이다. 이에 따라 주무부장관은 자치사무에 관한 시장·군수 및 자치구의 구청장의 명령이나 처분이 법령에 위반됨에도 불구하고 시·도지사가 시정명령을 하지 아니하면 시·도지사에게 시정명령을 하도록 명할 수 있고, 시·도지사가 시정명령을 하지 아니하면 주무부장관이 직접 시정명령과 명령·처분에 대한 취소·정지를 할 수 있게 되었다(§ 188). 또한 주무부장관은 시·군 및 자치구의회의 의결이 법령에 위반됨에도 불구하고 시·도지사가 재의를 요구하게 하지 아니하면 시장·군수 및 자치구의 구청장에게 재의를 요구하게 할 수 있게 되었다(§ 192).

2. 대 상

시정명령과 취소·정지의 대상은 '지방자치단체의 사무에 관한 그 장의 명령이나 처분'이다. '지방자치단체의 사무'의 범위와 관련하여 기관위임사무도 포함된다는 견해도 있으나, 자치사무와 단체위임사무만 포함된다고 보는 것이 다수설이다. 따라서 기관위임사무에 속하는 단체장의 명령이나 처분에 대해서는 시정명령이나 취소·정지조치를 할 수 없다.

시정명령과 취소·정지의 대상인 '지방자치단체의 사무에 관한 그 장의 명령이나 처분'은 항고소송의 대상이 되는 행정처분에 국한되는 것은 아니라는 것이 대법원의 판례이다. 즉, 지방자치법 제188조 제1항은 지방자치단체의 자치행정 사무처리가 법령 및 공익의 범위 내에서 행해지도록 감독하기 위한 규정이므로 그 적용대상을 항고소송의 대상이 되는 행정처분으로 제한할 이유가 없다는 것이다.1)

> "이 사건 채용공고는 지방공무원의 임용을 위한 것으로서 지방자치법 제9조 제2항 제1호 마목에 정한 지방자치단체의 사무에 속하고, 이 사건 채용공고를 통하여 임용인원·자격·요건 등 임용에 관한 사항이 대외적으로 공표되어 확정되며, 이를 기초로 이후 임용시험 등의 절차가 진행된다.
>
> 그리고 행정소송법상 항고소송은 행정청이 행하는 구체적 사실에 관한 법집행으로서의 공권력의 행사 또는 그 거부와 그 밖에 이에 준하는 행정작용을 대상으로 하여 그 위법상태를 배제함으로써 국민의 권익을 구제함을 목적으로 하는 것과 달리, 지방자치법 제169조 제1항은 지방자치단체의 자치행정 사무처리가 법령 및 공익의 범위 내에서 행해지도록 감독하기 위한 규정이므로 그 적용대상을 항고소송의 대상이 되는 행정처분으로 제한할 이유가 없다.
>
> 그렇다면 이 사건 채용공고는 지방자치법 제169조 제1항의 직권취소의 대상이 될 수 있는 지방자치단체의 사무에 관한 '처분'에 해당한다고 봄이 타당하다."

3. 관여의 범위

단체장의 자치사무에 관한 명령이나 처분이 법령에 위반되거나 현저히 부당하여 공익을 해친다고 인정되어 시정할 것을 명하고 이를 따르지 않을 경우 취소·정지하는 것이므로 합법성뿐만 아니라 합목적성도 통제하려는 것임을

1) 대법원 2017. 3. 30 선고 2016추5087 판결(직권취소처분취소청구의소(자) 청구기각).

알 수 있다. 다만, 자치사무에 관한 명령이나 처분에 대하여는 법령을 위반하는 것에 한한다고 명시되어 있어(§ 188 ① 후단), 자치사무에 대해서는 합법성 통제만 가능하고 합목적성통제는 허용되지 아니 한다. 반면, 단체위임사무의 경우에는 합법성뿐만 아니라 합목적성도 통제의 대상이 된다.

[1] [다수의견] 지방자치법 제157조 제1항 전문은 "지방자치단체의 사무에 관한 그 장의 명령이나 처분이 법령에 위반되거나 현저히 부당하여 공익을 해한다고 인정될 때에는 시·도에 대하여는 주무부장관이, 시·군 및 자치구에 대하여는 시·도지사가 기간을 정하여 서면으로 시정을 명하고 그 기간 내에 이행하지 아니할 때에는 이를 취소하거나 정지할 수 있다"고 규정하고 있고, 같은 항 후문은 "이 경우 자치사무에 관한 명령이나 처분에 있어서는 법령에 위반하는 것에 한한다"고 규정하고 있는바, 지방자치법 제157조 제1항 전문 및 후문에서 규정하고 있는 지방자치단체의 사무에 관한 그 장의 명령이나 처분이 법령에 위반되는 경우라 함은 명령이나 처분이 현저히 부당하여 공익을 해하는 경우, 즉 합목적성을 현저히 결하는 경우와 대비되는 개념으로, 시·군·구의 장의 사무의 집행이 명시적인 법령의 규정을 구체적으로 위반한 경우뿐만 아니라 그러한 사무의 집행이 재량권을 일탈·남용하여 위법하게 되는 경우를 포함한다고 할 것이므로, 시·군·구의 장의 자치사무의 일종인 당해 지방자치단체 소속 공무원에 대한 승진처분이 재량권을 일탈·남용하여 위법하게 된 경우 시·도지사는 지방자치법 제157조 제1항 후문에 따라 그에 대한 시정명령이나 취소 또는 정지를 할 수 있다.

[대법관 김영란, 박시환, 김지형, 이홍훈, 전수안의 반대의견] 헌법이 보장하는 지방자치제도의 본질상 재량판단의 영역에서는 국가나 상급 지방자치단체가 하급 지방자치단체의 자치사무 처리에 개입하는 것을 엄격히 금지하여야 할 필요성이 있으므로, 지방자치법 제157조 제1항 후문은 지방자치제도의 본질적 내용이 침해되지 않도록 헌법합치적으로 조화롭게 해석하여야 하는바, 일반적으로 '법령위반'의 개념에 '재량권의 일탈·남용'도 포함된다고 보고 있기는 하나, 지방자치법 제157조 제1항에서 정한 취소권의 행사요건은 위임사무에 관하여는 '법령에 위반되거나 현저히 부당하여 공익을 해한다고 인정될 때', 자치사무에 관하여는 '법령에 위반하는 때'라고 규정되어 있어, 여기에서의 '법령위반'이라는 문구는 '현저히 부당하여 공익을 해한다고 인정될 때'와 대비적으

로 쓰이고 있고, 재량권의 한계 위반 여부를 판단할 때에 통상적으로는 '현저히 부당하여 공익을 해하는' 경우를 바로 '재량권이 일탈·남용된 경우'로 보는 견해가 일반적이므로, 위 법조항에서 '현저히 부당하여 공익을 해하는 경우'와 대비되어 규정된 '법령에 위반하는 때'의 개념 속에는 일반적인 '법령위반'의 개념과는 다르게 '재량권의 일탈·남용'은 포함되지 않는 것으로 해석하여야 한다. 가사 이론적으로는 합목적성과 합법성의 심사가 명확히 구분된다고 하더라도 '현저히 부당하여 공익을 해한다는 것'과 '재량권의 한계를 일탈하였다는 것'을 실무적으로 구별하기 매우 어렵다는 점까지 보태어 보면, 지방자치법 제157조 제1항 후문의 '법령위반'에 '재량권의 일탈·남용'이 포함된다고 보는 다수의견의 해석은 잘못된 것이다.[1]

한편 대법원은 시간선택제임기제공무원 40명을 '정책지원요원'으로 임용하여 서울특별시의회 사무처에 소속시킨 후 상임위원회별 입법지원요원(입법조사관)에 대한 업무지원 업무를 담당하도록 한 서울특별시장의 채용공고를 '지방의회의원 개인별 유급 보좌 인력'의 도입을 목적으로 하는 것으로 보아 직권취소한 행정안전부장관의 처분을 수긍한 바 있다.[2]

"지방의회의원에 대하여 유급 보좌 인력을 두는 것은 지방의회의원의 신분·지위 및 그 처우에 관한 현행 법령상의 제도에 중대한 변경을 초래하는 것으로서 국회의 법률로 규정하여야 할 입법사항이다(대법원 2012. 5. 24. 선고 2011추49 판결 등 참조).

지방자치법 제33조, 제34조, 제56조 제1항, 제59조, 제90조, 제112조, 지방공무원 임용령 제21조의3, 지방자치단체의 행정기구와 정원기준 등에 관한 규정」〔별표 5〕 지방의회의원에 대하여 유급 보좌 인력을 둘 수 있는 근거가 될 수는 없고, 그밖에 지방자치법은 물론 다른 법령에서 지방의회의원에 대하여 전문위원이 아닌 유급 보좌 인력을 둘 수 있는 법적 근거를 찾아볼 수가 없다.

이 사건 공무원의 담당업무, 채용규모, 전문위원을 비롯한 다른 사무직원들

1) 대법원 2007. 3. 22. 선고 2005추62 전원합의체 판결(승진임용직권취소처분취소청구).
2) 대법원 2017. 3. 30 선고 2016추5087 판결(직권취소처분취소청구의소(자) 청구기각).

과의 업무 관계와 아울러 이 사건 채용공고의 경위 등을 종합하여 보면, 지방의회에 이 사건 공무원을 두어 의정활동을 지원하게 하는 것은 지방의회의원에 대하여 전문위원이 아닌 유급 보좌 인력을 두는 것과 마찬가지로 봄이 타당하고, 이 사건 공무원이 임기제공무원이라거나 지방의회의원이 위원회의 위원으로 선임되어 안건심사 등의 의정활동을 한다고 하여 달리 볼 것은 아니다.

그렇다면, 이 사건 공무원의 임용은 개별 지방의회에서 정할 사항이 아니라 국회의 법률로써 규정하여야 할 입법사항에 해당하는데, 지방자치법은 물론 다른 법령에서도 이 사건 공무원을 지방의회에 둘 수 있는 법적 근거를 찾을 수 없으므로, 이 사건 공무원의 임용을 위한 이 사건 채용공고는 위법하고, 이에 대한 이 사건 직권취소처분은 적법하다."

4. 법적 성질

단체장의 자치사무에 관한 명령이나 처분에 대한 시정명령은 그 자체만으로 감독관청이 우월적 지위에서 행하는 구체적 사실에 대한 법집행으로서의 공권력 행사에 해당하므로 행정소송법상 처분성을 가진다고 볼 수 있다. 그러나 시정명령 불이행시 취소·정지 조치 역시 처분성을 가지므로, 지방자치법 제188조 제2항은 제1항에 따른 명령이나 취소·정지에 대하여 이의가 있는 경우 대법원에 제소할 수 있도록 하면서 시정명령, 즉 '제1항에 따른 자치사무에 관한 명령'이 아니라 '취소처분' 또는 '정지처분'을 통보받은 날부터 15일 이내에 소를 제기할 수 있다고 규정한 것과 관련하여, 소의 대상을 무엇으로 할 것인지가 문제될 수 있다. 시정명령도 성질상 처분성을 인정하는데 어려움이 없으므로 소의 대상이 될 수 있다고 볼 여지도 없지 않지만, 제188조 제2항의 문언상 '취소처분' 또는 '정지처분'이라는 용어가 사용되고 있는 점, 그리고 출소기간의 기산점을 '취소처분' 또는 '정지처분'을 통보받은 날로 삼은 것으로 보아 시정명령을 받고 이를 이행하지 않아 취소·정지 처분을 받은 다음에야 비로소 소를 제기할 수 있도록 하려는 것이 입법자의 의사라고 볼 수 있다는 점에서 같은 조에 따른 소의 대상은 '취소처분' 또는 '정지처분'에 한한다고 보아야 할 것이다.

대법원도 주무부장관이 지방자치법 제188조 제1항에 따라 시·도에 대하여 행한 시정명령의 취소를 구하는 소송이 허용되는지 여부에 대하여 이를 지방자치법 제188조 제2항의 문리해석을 근거로 부정하고 있다.

< 지방자치법 제169조 제1항에 따른 시정명령 취소를 구하는 소송의 허용 여부 >

"지방교육자치에 관한 법률 제3조에 의하여 준용되는 지방자치법 제169조 제2항은 자치사무에 관한 명령이나 처분의 취소 또는 정지에 대하여서만 소를 제기할 수 있다고 규정하고, 주무부장관이 지방자치법 제169조 제1항에 따라 시·도에 대하여 행한 시정명령에 대하여도 대법원에 소를 제기할 수 있다는 규정을 두고 있지 않으므로, 시정명령의 취소를 구하는 소송은 허용되지 않는다."[1]

반면 단체위임사무에 대한 명령이나 취소·정지의 경우에는 제188조 제2항에서 제1항에 따른 자치사무에 관한 명령이나 처분의 취소 또는 정지에 대해서 출소권을 부여하면서도 단체위임사무에 대해서는 침묵하고 있기 때문에 처분성이 인정되는지 따라서 이에 대한 제소가 허용되는지 여부가 문제될 수 있다. 제188조 제2항을 자치사무에 관한 명령이나 처분의 취소 또는 정지에 대해서만 출소권을 인정한 것으로 해석한다면, 이는 단체위임사무에 대한 명령이나 취소·정지 조치는, 자치사무의 경우와는 달리, 위임자와 수임자 간의 내부관계에서의 행위라고 보았기 때문이 아닐까 생각한다.

또 취소·정지는 당해 지방자치단체 장이 별도로 취소·정지처분을 할 필요 없이 위법 또는 부당한 명령이나 처분의 효력을 직접 상실시키므로 형성적 처분의 성질을 가진다고 할 수 있다.

5. 지방자치단체 장의 불복제소

지방자치단체의 장은 제1항에 따른 자치사무에 관한 명령이나 처분의 취소

1) 대법원 2014. 2. 27. 선고 2012추183 판결(시정명령및직권취소처분취소청구).

또는 정지에 대하여 이의가 있으면 그 취소처분 또는 정지처분을 통보받은 날부터 15일 이내에 대법원에 소를 제기할 수 있다(§ 188 ②).

원고는 지방자치단체의 대표기관인 지방자치단체의 장이고 피고는 감독관청이다. 감독관청의 자치사무에 관한 명령이나 처분의 취소 또는 정지의 법적 성질이 행정행위, 즉 처분에 해당하고, 동일한 지방자치단체의 기관간 소송은 아니므로 이 조항에 따른 소송은 특수한 종류의 항고소송이라고 볼 수 있을 것이다.

Ⅲ. 직무이행명령

1. 지방자치단체의 장에 대한 직무이행명령

1.1. 의 의

지방자치법은 지방자치단체의 장이 법령의 규정에 따라 그 의무에 속하는 국가위임사무나 시·도위임사무의 관리와 집행을 명백히 게을리 하고 있다고 인정되면 시·도에 대하여는 주무부장관이, 시·군 및 자치구에 대하여는 시·도지사가 기간을 정하여 서면으로 이행할 사항을 명령할 수 있다고 규정한다(§ 189 ①). 이를 직무이행명령이라고 한다. 앞에서 살펴 본 시정명령이 지방자치단체 장의 위법한 적극적인 행위의 존재를 전제로 하는 데 반하여, 직무이행명령은 위법한 부작위에 대한 통제수단으로서 의미를 가진다.

1.2. 행사요건

행사요건으로는 ① 법령의 규정에 따라 지방자치단체의 장의 의무에 속하는 국가위임사무나 시·도위임사무가 존재할 것, ② 지방자치단체의 장이 그러한 국가위임사무나 시·도위임사무의 관리와 집행을 명백히 게을리 하고 있다고 인정될 것, ③ 주무부장관 또는 시·도지사가 기간을 정하여 서면으로 이행할 사항을 명령할 것을 꼽을 수 있다.

첫째 요건과 관련하여 직무이행명령의 대상이 되는 '법령의 규정에 따라 지방자치단체의 장의 의무에 속하는 국가위임사무나 시·도위임사무'의 범위 여하가 문제된다. 학설상 단체위임사무설, 위임사무설 등이 있으나, 제189조 제1항의 문언에 비추어 그리고 그 참조입법례인 일본의 제도를 고려할 때, 직무이행명령은 기관위임사무에 관한 것이라고 보는 기관위임사무설이 다수설이다. 직무이행명령의 내용은 이미 법령에 규정되어 있는 의무를 이행하도록 명령하는 것으로 법률관계가 직접 변경되는 형성적 효력은 발생하지 아니 한다.

< 직무이행명령의 대상사무 >

"지방교육자치에 관한 법률 제3조, 지방자치법 제170조 제1항에 따르면, 교육부장관이 교육감에 대하여 할 수 있는 직무이행명령의 대상사무는 '국가위임사무의 관리와 집행'이다. 그 규정의 문언과 함께 직무이행명령 제도의 취지, 즉 교육감이나 지방자치단체의 장 등, 기관에 위임된 국가사무의 통일적 실현을 강제하고자 하는 점 등을 고려하면, 여기서 국가위임사무란 교육감 등에 위임된 국가사무, 즉 기관위임 국가사무를 뜻한다고 보는 것이 타당하다."[1)]

< 교육감의 사무 오인과 직무이행명령 >

"법령상 지방자치단체의 장이 처리하도록 하고 있는 사무가 자치사무인지 아니면 기관위임사무인지 여부를 판단함에는 그에 관한 법령의 규정 형식과 취지를 우선 고려하여야 할 것이지만, 그 밖에 그 사무의 성질이 전국적으로 통일적인 처리가 요구되는 사무인지, 그에 관한 경비부담과 최종적인 책임귀속의 주체가 누구인지 등도 함께 고려하여 판단하여야 하므로, 자치사무와 기관위임사무의 구분이 법령의 규정 내용 자체만으로 언제나 명백한 것은 아니다.……

관계 법령의 해석에 의하면 교육감의 학교생활기록의 작성에 관한 사무에 대한 지도·감독 사무는 기관위임 국가사무에 해당하지만, 지방자치법 제169조에 규정된 취소처분에 대한 이의소송의 입법 취지 등을 고려할 때, 교육감이 위와 같은 지도·감독 사무의 성격에 관한 선례나 학설, 판례 등이 확립되지

1) 대법원 2013. 6. 27. 선고 2009추206 판결; 2013. 12. 26. 선고 2011추63 판결.

아니한 상황에서 이를 자치사무라고 보아 사무를 집행하였는데, 사후적으로 사법절차에서 그 사무가 기관위임 국가사무임이 밝혀졌다는 이유만으로 곧바로 기존에 행한 사무의 구체적인 집행행위가 위법하다고 보아 징계사유에 해당한다고 볼 수는 없다.……

법령에 대한 해석이 그 문언 자체만으로는 명백하지 아니하여 여러 견해가 있을 수 있는데다가 이에 대한 선례나 학설, 판례 등도 귀일된 바 없어 의의(의의)가 있는 경우에 관계 공무원이 그 나름대로 신중을 다하여 합리적인 근거를 찾아 그중 어느 한 견해를 따라 내린 해석이 후에 대법원의 사법적 판단과 같지 아니하여 결과적으로 잘못된 해석으로 돌아가고, 이에 따른 처리가 역시 결과적으로 위법하다고 평가되더라도 그와 같은 처리방법 이상의 것을 평균적 공무원에게 기대하기는 어려운 일이고, 따라서 이러한 경우에까지 그 공무원에 대한 징계사유의 성립을 인정할 수는 없다."[1]

< 국가사무 자치사무 오인과 직무이행명령 >

[1] 교육공무원 징계사무의 성격, 권한의 위임에 관한 교육공무원법령의 규정 형식과 내용 등에 비추어 보면, 국가공무원인 도교육청 교육국장 및 그 하급자인 장학관, 장학사에 대한 징계는 국가사무이고, 그 일부인 징계의결요구의 신청 역시 국가사무에 해당한다. 따라서 교육감이 담당 교육청 소속 국가공무원인 도교육청 교육국장 및 그 하급자들에 대하여 하는 징계의결요구 신청 사무는 기관위임 국가사무라고 보아야 한다(대법원 2014. 2. 27. 선고 2012추213 판결 참조).[2]

[2] 학교생활기록에 관한 초·중등교육법, 고등교육법 및 각 시행령의 규정 내용에 의하면, 어느 학생이 시·도 상호 간 또는 국립학교와 공립·사립학교 상호 간 전출하는 경우에 학교생활기록의 체계적·통일적인 관리가 필요하고,

1) 대법원 2014. 2. 27. 선고 2012추213 판결(직무이행명령취소청구). 대법원은 이 부분 징계대상자들에 대한 징계사유가 인정되지 아니하므로 원고에게 징계의결요구를 신청할 의무가 있다고 할 수 없고, 결국 이 부분 직무이행명령은 위법하다고 판시하였다.

2) 따라서 대법원은 이 사건 직무이행명령은 지방자치법 제170조 제1항에 정한 직무이행명령의 대상사무에 해당하므로, 도교육청 교육국장 및 그 하급자들에 대한 징계의결요구의 신청은 지방자치단체의 교육·학예에 관한 자치사무일 뿐, 기관위임 국가사무로 볼 수 없어 직무이행명령의 대상사무에 해당하지 아니하므로, 이 사건 직무이행명령은 위법하다는 원고의 이 부분 주장은 받아들일 수 없다고 판시하고 있다.

중학생이 다른 시·도 지역에 소재한 고등학교에 진학하는 경우에도 학교생활기록은 고등학교의 입학전형에 반영되며, 고등학생의 학교생활기록은 피고의 지도·감독을 받는 대학교의 입학전형자료로 활용되므로, 학교의 장이 행하는 학교생활기록의 작성에 관한 사무는 국민 전체의 이익을 위하여 통일적으로 처리되어야 할 성격의 사무이다.

따라서 전국적으로 통일적 처리를 요하는 학교생활기록의 작성에 관한 사무에 대한 감독관청의 지도·감독 사무도 국민 전체의 이익을 위하여 통일적으로 처리되어야 하므로, 공립·사립학교의 장이 행하는 학교생활기록부 작성에 관한 교육감의 지도·감독 사무는 국립학교의 장이 행하는 학교생활기록부 작성에 관한 교육부장관의 지도·감독 사무와 마찬가지로 국가사무로서, 시·도 교육감에 위임된 사무이다.

[3] 교육감의 학교생활기록의 작성에 관한 사무에 대한 지도·감독 사무는 기관위임 국가사무에 해당하지만, 지방자치법 제169조에 규정된 취소처분에 대한 이의소송의 입법 취지 등을 고려할 때, 교육감이 지도·감독 사무의 성격에 관한 선례나 학설, 판례 등이 확립되지 않은 상황에서 이를 자치사무라고 보아 사무를 집행하였는데, 사후에 사법절차에서 그 사무가 기관위임 국가사무임이 밝혀졌다는 이유만으로는 곧바로 기존에 행한 사무의 구체적인 집행행위가 위법하다고 보아 징계사유에 해당한다고 볼 수는 없다.[1)]

[4] 감사절차에 관한 국가공무원법 제56조, 지방자치법 제167조, 제171조, 제171조의2, 구 지방자치단체에 대한 행정감사규정(2013. 3. 23. 대통령령 제24425호로 개정되기 전의 것) 제11조 제1항 제1호, 제2호, 제3항, 제12조 제1항, 제2항, 제3항의 규정 내용, 형식 및 입법 취지 등을 고려할 때, 감사대상 시·도교육청 소속 공무원은 교육부장관이나 감사활동 수행자의 감사활동에 협조할 의무를 부담한다. 따라서 징계대상자들이 이러한 법령상 의무를 위반하여 감사를 거부한 행위는 징계사유를 구성한다.

[5] 지방교육자치에 관한 법률 제3조, 지방자치법 제170조 제1항에 따르면, 교육부장관은 교육감이 의무에 속하는 국가위임사무의 관리와 집행을 명백히 게을리하고 있다고 인정되면 교육감에게 이행할 사항을 명할 수 있다.

---

1) 따라서 대법원은 이 부분 징계대상자들에 대한 징계사유가 인정되지 아니하여 원고에게 징계의결요구 신청을 할 의무가 없으므로, 이 부분 직무이행명령은 위법하다고 판시하였다.

여기서 '국가위임사무의 관리와 집행을 명백히 게을리하고 있다'는 요건은 국가위임사무를 관리·집행할 의무가 성립함을 전제로 하는데, 교육감은 의무에 속한 국가위임사무를 이행하는 것이 원칙이므로, 교육감이 특별한 사정이 없이 의무를 이행하지 아니한 때에는 이를 충족한다. 여기서 특별한 사정이란, 국가위임사무를 관리·집행할 수 없는 법령상 장애사유 또는 지방자치단체의 재정상 능력이나 여건의 미비, 인력의 부족 등 사실상의 장애사유를 뜻하고, 교육감이 특정 국가위임사무를 관리·집행할 의무가 있는지에 관하여 교육부장관과 다른 견해를 취하여 이를 이행하고 있지 아니한 사정은 이에 해당한다고 볼 것이 아니다.1)

아울러 대법원은 교육부장관이 '2011년 교원능력개발평가제 시행 기본계획'을 수립한 후 각 시·도에 교원능력개발평가제 추진계획을 제출하게 하자 전라북도교육감이 '2011년 교원능력개발 평가제 추진계획'을 제출하였으나 교육부장관이 추진계획이 교원 등의 연수에 관한 규정 등에 위반된다는 이유로 시정명령과 교원능력개발평가 추진계획에 대한 직무이행명령을 한 사안에서, 시정명령에 대한 취소청구 부분은 부적법하고, 직무이행명령은 적법하다고 판시한 바 있다.

< 교원능력개발평가사무의 성질과 직무이행명령 >

[1] 구 교원 등의 연수에 관한 규정(2011. 10. 25. 대통령령 제23246호로 개정되기 전의 것) 제18조에 따른 교원능력개발평가 사무와 관련된 법령의 규정 내용과 취지, 그 사무의 내용 및 성격 등에 비추어 보면, 교원능력개발평가는 국가사무로서 각 시·도 교육감에게 위임된 기관위임사무라고 보는 것이 타당하다.

[2] 교육부장관이 '2011년 교원능력개발평가제 시행 기본계획(이하 '2011년

1) 대법원은 이 점과 관련하여, 원고에게 이 부분 징계대상자들에 대한 징계의결요구 신청이라는 국가위임사무를 관리·집행할 수 없는 법령상 장애사유 또는 사실상의 장애사유가 있다고 보기 어려운 이상, 원고가 그 의무에 속하는 국가위임사무의 관리와 집행을 명백히 게을리하고 있다고 보아야 하며, 그렇다면 이 부분 징계대상자들에 대한 징계사유가 인정되고 원고에게 징계의결요구 신청을 할 의무도 있으므로, 이 부분 직무이행명령은 적법하다고 판시하였다(대법원 2015. 9. 10. 선고 2013추517 판결(직무이행명령(2013.4.10.)취소).

기본계획'이라 한다)'을 수립한 후 각 시·도에 대하여 교원능력개발평가제 추진계획을 제출하게 하자 전라북도교육감이 '2011년 교원능력개발 평가제 추진계획(이하 '전북추진계획'이라 한다)'을 제출하였으나 교육부장관이 전북추진계획이 교원 등의 연수에 관한 규정(이하 '교원연수규정'이라고 한다) 등에 위반된다는 이유로 위 추진계획을 취소하고 시정하여 새로 제출하라는 시정명령과 2011년 전북교육청 교원능력개발평가 추진계획에 대한 직무이행명령을 한 사안에서, 위 시정명령은 기관위임사무에 관하여 행하여진 것이어서, 지방자치법 제169조 제2항 소정의 소를 제기할 수 있는 대상에 해당하지 않으므로, 시정명령에 대한 취소청구 부분은 부적법하고, 전북추진계획이 여러 항목에서 교원연수규정과 이에 따른 2011년 기본계획에 반하므로, 전라북도교육감으로서는 교원연수규정 및 2011년 기본계획을 준수한 2011년 교원능력개발평가 추진계획을 제출하지 않았다고 볼 수 있고 전라북도교육감이 교육부장관으로부터 교원연수규정 등을 준수한 추진계획을 제출하라는 취지의 시정명령을 받았으나 이를 제대로 이행하지 않았으므로, 전라북도교육감은 기관위임사무인 교원능력개발평가 사무의 관리와 집행을 명백히 게을리하였다고 인정할 수 있어 직무이행명령은 지방자치법 제170조 제1항에 정해진 요건을 충족한 것으로서 적법하다고 한 사례.[1]

한편 대법원은 구 지방자치법 제148조에서 정한 분쟁조정 대상 사무인 자치사무에 관하여 분쟁조정결정이 있었으나 지방자치 단체가 조정결정을 성실히 이행하지 않은 경우에도, 지방자치단체의 장에 대하여 조정결정사항의 이행을 위한 직무이행명령을 할 수 있다고 판시한 바 있다. 이 경우는 다음에 보는 바와 같이 자치사무에 관하여 분쟁조정결정이 있었음에도 조정결정사항을 성실히 이행하지 않은 지방자치단체에 대하여는 구 법 제148조 제7항에 따라 제189조를 준용한 결과라는데 유의할 필요가 있다.

< 자치사무 분쟁조정결정 불이행시 직무이행명령 가부 >

지방자치법 제148조 제7항, 제170조 제1항에 의하면, 지방자치법 제148조

1) 대법원 2013. 5. 23. 선고 2011추56 판결(취소처분등취소).

에서 정한 분쟁조정 대상 사무가 될 수 있는 자치사무에 관하여 분쟁조정결정이 있었음에도 조정결정사항을 성실히 이행하지 않은 지방자치단체에 대하여는 제148조 제7항에 따라 제170조를 준용하여 지방자치단체를 대표하는 지방자치단체의 장에 대하여 조정결정사항의 이행을 위하여 직무이행명령을 할 수 있다.1)

다른 한편 대법원은 교육부장관은 교육감이 직무이행명령을 이행하지 아니할 경우 교육부장관이 지방교육자치에 관한 법률 제3조, 지방자치법 제189조 제2항에 따라 할 수 있는 '행정상 필요한 조치'에 교육감의 징계의결요구신청 없이 징계의결요구를 하는 것이 포함된다고 볼 수 없다고 판시한 바 있다.

< 교육부장관의 징계의결요구와 직무이행령령 >

[1] 교육공무원 징계령 제17조 제1항이 징계처분권자가 징계위원회로부터 징계의결서를 받은 경우에는 받은 날로부터 15일 이내에 집행하여야 한다고 규정하고 있는 점, 교육공무원의 징계에 관한 사항을 징계위원회의 의결사항으로 규정한 것은 임용권자의 자의적인 징계운영을 견제하여 교육공무원의 권익을 보호함과 아울러 징계의 공정성을 담보할 수 있도록 절차의 합리성과 공정한 징계운영을 도모하기 위한 데 입법 취지가 있는 점, 징계의결서를 통보받은 징계처분권자는 국가공무원법 제82조 제2항에 의하여 징계의결이 가볍다고 인정하는 경우에 한하여서만 심사 또는 재심사를 청구할 수 있는 점 등 교육공무원의 징계에 관한 관련 규정을 종합하여 보면, 교육기관·교육행정기관·지방자치단체 또는 교육연구기관의 장이 징계위원회에서 징계의결서를 통보받은 경우에는 징계의결을 집행할 수 없는 법률상·사실상의 장애가 있는 등 특별한 사정이 없는 이상 법정 시한 내에 이를 집행할 의무가 있다.

[2] 구 교육공무원법(2012. 12. 11. 법률 제11527호로 개정되기 전의 것) 제51조 제1항의 규정 내용과 입법 취지 등을 종합하여 보면, 교육부장관은 교육감의 신청이 있어야만 교육장 및 시·도 교육청에 근무하는 국장 이상인 장학관 등에 대하여 징계의결을 요구할 수 있고, 이러한 교육감의 신청 없이 교

1) 대법원 2016. 7. 22. 선고 2012추121 판결(직무이행명령에 대한 이의).

육부장관이 한 징계의결요구는 효력이 없다. 그리고 지방교육자치에 관한 법률 제3조, 지방자치법 제170조 제2항에 따르면, 교육부장관은 교육감이 직무이행명령을 이행하지 아니하면 지방자치단체의 비용부담으로 대집행하거나 행정상·재정상 필요한 조치를 할 수 있지만, 교육감의 징계의결요구신청은 의사의 진술에 해당하고 이러한 의사의 진술을 명하는 직무이행명령을 이행하지 않았다고 하여 법령의 근거 없이 의사의 진술이 있는 것으로 의제할 수는 없는 점을 고려할 때, 교육부장관이 할 수 있는 행정상 필요한 조치에 교육감의 징계의결요구신청 없이 곧바로 징계의결요구를 하는 것이 포함된다고 볼 수 없다.

… 그렇다면 원고의 징계의결요구신청 없이 피고가 한 징계의결요구는 절차상 흠으로 인하여 무효이고, 이에 기초하여 이루어진 특별징계위원회의 징계의결은 이를 집행할 수 없는 법률상의 장애가 있다고 보아야 한다. 따라서 원고가 위 징계의결을 집행하지 않았다고 하더라도 법령의 규정에 따라 그 의무에 속하는 국가위임사무의 관리와 집행을 명백히 게을리하고 있다고 볼 수 없다.[1)]

1.3. 대집행과 직무이행명령에 대한 소송

1.3.1. 대집행 등

주무부장관이나 시·도지사는 해당 지방자치단체의 장이 제1항의 기간에 이행명령을 이행하지 아니하면 그 지방자치단체의 비용부담으로 대집행하거나 행정상·재정상 필요한 조치를 할 수 있다. 이 경우 행정대집행에 관하여는 「행정대집행법」을 준용한다(§ 189 ②).

1.3.2. 직무이행명령에 대한 소송

지방자치단체의 장은 제1항의 이행명령에 이의가 있으면 이행명령서를 접수한 날부터 15일 이내에 대법원에 소를 제기할 수 있다(§ 189 ③ 전단). 이 경우 지방자치단체의 장은 이행명령의 집행을 정지하게 하는 집행정지결정을 신청할 수 있다(§ 189 ③ 후단).

1) 대법원 2015. 9. 10. 선고 2013추524 판결(직무이행명령(2013.4.18.) 취소).

이 소송은 지방자치단체의 장을 원고로 하고 감독관청, 즉 직무이행명령을 내린 주무부장관 또는 시·도지사를 피고로 하여 제기한다. 다수설에 따라 직무이행명령을 기관위임사무의 관리·집행을 게을리 한 경우에 행하는 것으로 새긴다면, 기관위임사무의 감독관청이 한 직무이행명령을 수임기관이 다투는 소송이 된다. 기관위임사무에 있어 지방자치단체의 장은 국가기관의 지위에 서게 되는데 그러한 지위에서 위임자인 감독관청을 피고로 하여 제소하게 되는 셈이다. 아무튼 감독관청과 기관위임사무의 수임자로서 국가기관 간의 소송이라는 점에서 일견 기관소송과 유사한 형태로 볼 여지도 있으나, 동일한 법주체에 속하는 기관간 소송이 아니라는 점에서 이 소송은 지방자치법이 인정한 특수한 종류의 항고소송이라고 보아야 할 것이다.

Ⅳ. 지방자치단체의 사무에 대한 감사

1. 지방자치단체 사무에 대한 외부감사

감사란 '권력적 통제의 한 수단으로 지방자치단체의 행정행위의 합법성 또는 타당성을 심사하여 시정조치를 취하는 사후통제수단'이다. 예외적으로 사전적·예방적 기능을 발휘할 수도 있다.[1)]

지방자치단체의 자치사무에 대한 외부감사는 감사원법에 의한 감사와 지방자치법에 의한 감사, 국정감사 및 조사에 관한 법률에 의한 감사, 주민감사청구제에 의한 감사 등으로 이루어진다. 이 중 지방자치법상의 감사, 즉 행정안전부장관과 광역자치단체장에 의한 감사는 그 중 가장 큰 비중을 지니는 일상화된 감사 유형에 해당한다.

1) 이주희. (2005). 「지방자치법 이론과 운영사례」, 기문당, 961.

2. 자치사무에 대한 감사

2.1. 의 의

지방자치법 제190조 제1항은 "행정안전부장관이나 시·도지사는 지방자치단체의 자치사무에 관하여 보고를 받거나 서류·장부 또는 회계를 감사할 수 있다. 이 경우 감사는 법령위반사항에 대하여만 실시한다."라고 규정하고 있다. 이 조항의 의의는 행정안전부장관이나 시·도지사의 자치사무에 대한 감사의 법적 근거를 제공하고 그 감사범위를 한정한 데 있는 것으로 이해되고 있다.[1]

2.2. 자치사무 감사의 한계

2.2.1. 헌법재판소의 2009. 5. 28. 선고 2006헌라6 결정

구 지방자치법 제171조와 관련하여 2006헌라6 서울특별시와 정부간의 권한쟁의 심판청구사건을 계기로 행정안전부장관이 지방자치단체 자치사무에 대한 포괄적·일반적 사전감사권을 가지고 있는지 여부에 관한 논란이 벌어졌다. 이에 관해서는 헌법이나 지방자치법 그 밖의 관련법령 어디에도 명시적인 규정이 없고, 또한 이 문제를 상세히 논의하고 있는 국내 문헌도 거의 찾아보기 어렵다.

헌법재판소는 2008년 5월 29일의 결정에서 감사원의 지방자치단체에 대한 감사와 관련하여 '감사원이 지방자치단체에 대하여 자치사무의 합법성뿐만 아니라 합목적성에 대하여도 감사한 행위가 법률상 권한 없이 이루어진 것이 아니며, 지방자치단체의 자치사무에 대한 합목적성 감사의 근거가 되는 감사원법 제24조 제1항 제2호 등 관련규정 자체가 지방자치권의 본질을 침해한 것으로서 위헌이라고는 볼 수 없다'고 판시한 바 있었다.[2]

---

1) 최봉석, 「지방자치의 기본법리」, 한국법제연구원, 2007, 168-169.
2) 헌법재판소 2008. 5. 29. 선고 2005헌라3 전원재판부 결정. 이에 관해서는 음선필, "지방자치단체에 대한 감사의 헌법적 한계", 한국공법학회·감사원 공동학술대회 『현대 법치국가

그러나 위 결정이 나온 지 거의 1년 만에 헌법재판소는 행정안전부장관이 2006. 9. 14.부터 2006. 9. 29.까지 서울특별시의 자치사무에 대하여 실시한 정부합동감사는 헌법 및 지방자치법에 의하여 부여된 청구인의 지방자치권을 침해하였다고 판시하여 심판청구를 인용하는 결정을 내렸다.1)

헌법재판소는 위 결정에서 '지방자치단체가 주민의 복리를 위하여 처리하는 자치사무를 법령의 범위 안에서 그 처리 여부와 방법을 자기책임 아래 결정할 수 있다는 것은 지방자치권의 최소한의 본질적 사항이므로 지방자치단체의 자치권을 보장한다고 한다면 최소한 이 같은 자치사무의 자율성만은 침해해서는 안 되며,' '구 지방자치법 제155조, 제156조, 제156조의2 및 제157조의 각 규정은 중앙행정기관의 감독권 발동이 지방자치단체의 구체적 법위반을 전제로 하여 작동되도록 되어 있다는 점과 중앙행정기관과 지방자치단체 간의 분쟁관계를 대등한 권리주체로서의 "외부 법관계"로 보아 규정하고 있으므로, 중앙행정기관의 지방자치단체의 자치사무에 대한 합목적성 감사가 사전 포괄적으로 허용될 수 없음을 "사후적으로" 정해두고 있는 것'이라고 전제한 후, '헌법 및 지방자치법의 개정취지, 이 사건 관련규정 단서의 신설경위, 자치사무에 관한 한 중앙행정기관과 지방자치단체의 관계가 상하의 감독관계에서 상호보완적 지도·지원의 관계로 변화된 법의 취지, 중앙행정기관의 감독권 발동은 지방자치단체의 구체적 법위반을 전제로 하여 작동되도록 제한되어 있는 점, 그리고 국가감독권 행사로서 지방자치단체의 자치사무에 대한 감사원의 사전적·포괄적 합목적성 감사가 인정되므로 국가의 중복감사의 필요성이 없는 점 등을 종합하여 보면, 지방자치단체가 스스로의 책임 하에 수행하는 자치사무에 대해서까지 국가감독이 중복되어 광범위하게 이루어지는 것은 지방자치의 본질을 훼손할 가능성마저 있으므로 지방자치권의 본질적 내용을 침해할 수 없다는 견지에서 중앙행정기관의 지방자치단체의 자치사무에 대한 이 사건 관련규정의 감사권은 사전적·일반적인 포괄감사권이 아니라 그 대상과 범위가 한정적인 제한된 감사권이라 해석함이 마땅하다'고 판시하였다.

에서의 적극행정과 공공감사』 발표논문집 71-92 등을 참조.

1) 헌법재판소 2009. 5. 28. 선고 2006헌라6 전원합의체 결정.

헌법재판소는, 결국 중앙행정기관이 이 사건 관련규정상 감사에 착수하기 위해서는 자치사무에 관하여 특정한 법령위반행위가 확인되었거나 위법행위가 있었으리라는 합리적 의심이 가능한 경우이어야 하고, 또한 그 감사대상을 특정해야 한다고 판단하였다. 따라서 전반기 또는 후반기 감사와 같은 포괄적·사전적 일반감사나 위법사항을 특정하지 않고 개시하는 감사 또는 법령위반사항을 적발하기 위한 감사는 법령위반 여부를 알아보기 위하여 감사하였다가 위법사항을 발견하지 못하였다면 법령위반사항이 아닌데도 감사한 것이 되어 이 사건 관련규정 단서에 반하게 되며, 이것은 결국 지방자치단체의 자치사무에 대한 합목적성 감사는 안 된다고 하면서 실제로는 합목적성 감사를 하는 셈이 되기 때문에 모두 허용될 수 없는 것인데, 이 사건 합동감사의 경우, 피청구인이 감사실시를 통보한 사무는 청구인의 거의 모든 자치사무를 감사대상으로 하고 있어 사실상 피감사대상이 특정되지 아니하였다고 보여질 뿐만 아니라 피청구인은 이 사건 합동감사 실시계획을 통보하면서 구체적으로 어떠한 자치사무가 어떤 법령에 위반되는지 여부를 전혀 밝히지 아니하였는바, 그렇다면 이 사건 합동감사는 위에서 본 이 사건 관련규정상 감사의 개시요건을 전혀 충족하지 못하였다고 판시한 것이다.

당초 헌법재판소의 2005헌라3 결정은 적지 않은 논란을 불러일으켰으나, 헌법적 근거를 가진 독립된 외부감사기관이 법률에 의거하여 감사를 실시해 왔고 감사원법에서 어느 정도 지방자치단체의 자치권을 존중할 수 있는 장치를 마련해두고 있는 등[1] 등 관련규정이 지방자치단체의 고유한 권한을 유명무실하게 할 정도로 지나친 제한을 한 것이라고는 보기 어렵고 따라서 이 사건 감사원의 합목적성감사에 의한 지방자치권의 제한이 지방자치권의 본질을 훼손하는 정도로 불합리한 것이라고 볼 수는 없다는 다분히 현실론적 고려에 따른 결과라고 이해할 여지가 없지 않았다. 2005헌라3 결정으로 감사원의 자치사무에 대한 합목적성감사의 합헌성이 확인되었다고 해서 행정안전부장관의

---

1) 감사원이 지방자치단체의 자체감사가 적정하게 수행되고 있다고 인정할 때에는 감사를 생략할 수 있도록 하고(제28조) 자체감사사무의 발전 효율적인 감사업무의 수행을 위하여 필요한 지원을 할 수 있으며(제30조의2) 일정한 경우 지방자치단체로 하여금 감사사무를 대행하게 할 수 있도록 정하고(제50조의2) 있는 감사법의 규정들을 말한다.

자치사무에 대한 포괄적·무제한적 감사마저 위헌의 혐의로부터 자유롭게 되었다고 결론을 내리는 것은 성급한 일이었다. 오히려 구 지방자치법 제171조의 규정에 의한 자치사무에 대한 행정안전부장관 등의 감사는 감사기관의 독립성이나 지방자치단체의 자치권존중 장치 등이 제대로 갖춰지지 않은데다 감사원 감사의 경우와는 반대로 지방재정의 국가재정에 대한 과도한 의존성 때문에 지방자치의 헌법적 보장에 반하여 지방의 중앙예속 경향이 고착될 우려가 있다는 점을 고려해야 할 것이다. 행정안전부장관의 감사라 해서 독립성이나 전문성이 보장되지 않은 지방자치단체 자체감사의 한계 등으로 인한 외부감사의 필요성을 충족시키기보다는 오히려 중앙정부의 자치사무에 대한 간섭을 조장할 우려가 있고, 보는 각도에 따라서는 감사원의 자치사무에 대한 합목적성감사가 허용되었기 때문에 상대적으로 행정안전부장관의 자치사무 감사의 필요성도 그만큼 감소되었다고 볼 여지도 있다.

2006헌라6 결정은 구 지방자치법 제171조에 따른 행정안전부장관 등의 자치사무 감사의 범위와 한계를 분명히 함으로써 자치사무 감사를 둘러싼 중앙행정기관과 자치단체간 관계에 관한 법적 불확실성을 제거한 리딩케이스가 되었다.1)

2.2.2. 2010년 6월 8일의 지방자치법개정과 현행지방자치법에 따른 감사

2010년 6월 8일 지방자치법 일부개정법률(법률 제10344호)은 지방자치단체 자치사무에 대해 사전·포괄적으로 감사를 실시하는 것은 감사개시요건을 충족하지 못하여 지방자치권을 침해하는 것이라는 헌법재판소 결정(2009. 5. 28. 선고 2006헌라6 결정) 취지를 반영하여 구 법 제171조 제2항과 제171조

---

1) 이 판결에 관해서는 홍준형, "자치사무에 대한 중앙정부의 감사권의 한계", 『공법연구』 제38집 제1호(한국공법학회), 2009, 291~310을 참조. 지방자치단체에 대한 과도한 감사 문제에 대한 대안을 제시한 문헌으로는 김남철. (2009. 9). "지방자치단체 감사체계 개선을 위한 법적 과제". 한국공법학회·감사원 공동학술대회『현대 법치국가에서의 적극행정과 공공감사』발표논문집 93-138; 김종성·육동일·신희권. (2004). "지방 자치법상 지방 자치단체에 대한 국가 감독 제도의 개선방안". 『행정논총』 제42권 제3호; 김해룡, "지방자치단체에 대한 국가의 감사", 자치행정 2009.3, 56-53 등을 참조.

의2를 신설하고 위법행위확인을 위한 감사실시 요건의 강화, 감사중복 금지 등 수감부담 경감을 위한 방안을 도입하였고 이후 몇 차례 개정을 거쳤다.

2.3. 지방자치단체에 대한 감사 절차 등

행정안전부장관 또는 시·도지사는 자치사무에 대한 감사를 실시하려면 사전에 해당 사무의 처리가 법령에 위반되는지 여부 등을 확인하여야 한다(§ 190 ②). 이처럼 지방자치단체 자치사무에 대해 감사를 실시하기 전에 법령위반행위 등을 확인하여 감사를 실시하도록 하여 감사개시요건을 강화한 것은 자치사무에 대해서는 합법성통제만 가능하다는 점을 뒷받침하려는 취지이다.

주무부장관, 행정안전부장관 또는 시·도지사는 이미 감사원 감사 등이 실시된 사안에 대하여는 새로운 사실이 발견되거나 중요한 사항이 누락된 경우 등 대통령령으로 정하는 경우를 제외하고는 감사대상에서 제외하고 종전의 감사결과를 활용하여야 한다(§ 171의2 ①). 이는 지방자치단체에 대한 중복감사와 수감부담문제를 해결하기 위한 것으로 이해된다.

주무부장관과 행정안전부장관은 법 제185조에 따른 주무부장관의 위임사무 감사 또는 법 제190조에 따른 행정안전부장관의 자치사무 감사를 실시하고자 하는 때에는 지방자치단체의 수감부담을 줄이고 감사의 효율성을 높이기 위하여 같은 기간 동안 함께 감사를 실시할 수 있다(§ 190 ②).

1. 제185조에 따른 주무부장관의 위임사무 감사
2. 제190조에 따른 행정안전부장관의 자치사무 감사

제185조, 제190조 및 위 제2항에 따른 감사에 대한 절차·방법 등 필요한 사항은 대통령령으로 정한다(§ 191 ③).

V. 지방의회 의결의 재의요구와 제소

1. 의 의

지방의회 의결이 법령에 위반되거나 공익을 현저히 해친다면 의당 이를 시정할 수 있는 방안을 마련할 필요가 있다. 그 경우 생각할 수 있는 대안으로는 지방자치단체의 장이 지방의회에 대하여 재의를 요구하도록 하여 이를 시정하도록 하는 것이고 그것이 또한 지방자치의 이념에 부합하는 방안일 것이다. 지방자치법은 이러한 발상에서 출발하면서도 감독관청이 지방자치단체의 장에게 재의를 요구하도록 지시하는 방식을 택했다. 그것은 이 제도를 지방자치단체에 대한 감독수단으로 설계하였기 때문이다. 즉, 법 제192조 제1항에 따르면, 지방의회의 의결이 법령에 위반되거나 공익을 현저히 해친다고 판단되면 시·도에 대하여는 주무부장관이, 시·군 및 자치구에 대하여는 시·도지사가 재의를 요구하게 할 수 있고, 재의요구를 받은 지방자치단체의 장은 의결사항을 이송받은 날부터 20일 이내에 지방의회에 이유를 붙여 재의를 요구하여야 한다(§ 192 ①).

이후 절차의 진행은 지방자치단체의 장이 그러한 지시에 따라 재의를 요구한 경우와 재의 요구 지시에 불응한 경우에 따라 상이하므로 두 가지 경우로 나누어 살펴보기로 한다.

2. 지방자치단체의 장이 재의를 요구한 경우

2.1. 재의결과 재의결에 대한 소송

2.1.1. 재의결

지방자치단체의 장은 지방의회의 의결이 법령에 위반되거나 공익을 현저히 해친다고 판단되면 그 의결사항을 이송 받은 날부터 20일 이내에 이유를 붙여 지방의회에 재의를 요구할 수 있다(§ 192 ①). 재의 요구는 시·도에 대해서는 주무부장관이, 시·군 및 자치구에 대해서는 시·도지사가 해당 지방자치단체의 장에게 한다(§ 192 ①). 이 요구에 대하여 재의한 결과 재적의원 과반수의 출석과 출석의원 3분의 2 이상의 찬성으로 전과 같은 의결을 하면 그 의결사항은 확정된다(§ 192 ③).

2.1.2. 재의결에 대한 소송

지방자치단체의 장은 재의결된 사항이 법령에 위반된다고 판단되면 재의결된 날부터 20일 이내에 대법원에 소를 제기할 수 있고, 이 경우 필요하다고 인정되면 그 의결의 집행을 정지하게 하는 집행정지결정을 신청할 수 있다(§ 192 ④).

이 소송의 법적 성질에 대해서는 기관소송이라고 보는데 다툼이 없다. 대법원도 지방자치단체의 장이 지방의회 의결에 대한 사전예방적 합법성 보장책으로서 제기하는 기관소송의 성질을 가진다고 보고 있다.

> "지방자치법 제78조 내지 제81조의 규정에 의거한 지방의회의 의원징계의결은 그로 인해 의원의 권리에 직접 법률효과를 미치는 행정처분의 일종으로서 행정소송의 대상이 된다 할 것이고, 그와 같은 의원징계의결의 당부를 다투는 소송의 관할법원에 관하여는 동법에 특별한 규정이 없으므로 일반법인 행정소송법의 규정에 따라(제9조 제1항) 피고의 소재지를 관할하는 고등법원이 그 소송의 제1심 관할법원으로 되는 것으로 보아야 할 것이다.
>
> 그리고 동법 제159조에는 지방의회의 의결에 대하여 지방자치단체의 장이 이의가 있으면 대법원에 제소하도록 하여 그 제1심 관할법원을 대법원으로 하는 규정을 두고 있으나 그와 같은 소송은 지방자치단체의 장이 지방의회 의결에 대한 사전예방적 합법성 보장책으로서 제기하는 기관소송의 성질을 가진 것인 데 반해 위와 같은 지방의회의 징계의결에 대한 소송은 지방의회의 의결에 의하여 직접 권리를 침해받은 당사자가 그 침해된 권리의 구제를 위해 제기하는 항고소송의 성질을 가지는 것이어서 양자는 그 소송의 제기권자와 성질 및 목적 등의 면에서 서로 달라 위 기관소송에 관한 관할법원의 조항이 징

계의결의 효력을 다투는 항고소송에 그대로 적용된다고 할 수는 없는 것이므로 위 조항이 있다 하여 위와 같은 관할법원에 관한 해석을 달리 할 것은 아니라 할 것이다."[1]

2.2. 감독관청의 제소지시, 직접 제소 및 집행정지신청

주무부장관이나 시 · 도지사는 재의결된 사항이 법령에 위반된다고 판단됨에도 불구하고 해당 지방자치단체의 장이 소를 제기하지 아니하면 시 · 도에 대해서는 주무부장관이, 시 · 군 및 자치구에 대해서는 시 · 도지사(제2항에 따라 주무부장관이 직접 재의 요구 지시를 한 경우에는 주무부장관을 말한다. 이하 이 조에서 같다)가 그 지방자치단체의 장에게 제소를 지시하거나 직접 제소 및 집행정지결정을 신청할 수 있다(§ 192 ⑤).

제1항 또는 제2항에 따른 지방의회의 의결이나 제3항에 따라 재의결된 사항이 둘 이상의 부처와 관련되거나 주무부장관이 불분명하면 행정안전부장관이 재의 요구 또는 제소를 지시하거나 직접 제소 및 집행정지 결정을 신청할 수 있다(§ 192 ⑨).

주무부장관이나 시 · 도지사, 행정안전부장관이 직접 제소하는 경우 그 소송의 성질은 동일한 법주체에 속하는 기관간 소송이 아니라는 점에서 기관소송이 아니라 지방자치법상 인정된 특수한 형태의 공법소송으로 보아야 할 것이다.[2]

< 조례안재의결무효확인의 소와 행정안전부장관의 원고적격 유무 >

[다수의견] 지방의회 의결의 재의와 제소에 관한 지방자치법 제172조 제4항, 제6항의 문언과 입법 취지, 제·개정 연혁 및 지방자치법령의 체계 등을 종합적으로 고려하여 보면, 아래에서 보는 바와 같이 지방자치법 제172조 제4항, 제6항에서 지방의회 재의결에 대하여 제소를 지시하거나 직접 제소할 수 있는 주체로 규정된 '주무부장관이나 시·도지사'는 시·도에 대하여는 주무부장

1) 대법원 1993. 11. 26. 선고 93누7341 판결(의원제명취소무효확인등).
2) 김철용, 행정법 II, 782를 참조.

관을, 시·군 및 자치구에 대하여는 시·도지사를 각 의미한다고 해석하는 것이 타당하다.

가) 지방의회의 재의결에 대한 주무부장관이나 시·도지사의 제소 지시 또는 직접 제소는 해당 지방자치단체의 장의 재의요구에 대하여 지방의회가 전과 같은 내용으로 재의결을 한 경우 비로소 할 수 있는 것이므로, 지방의회의 재의결에 대한 제소 지시 또는 직접 제소 권한(이하 '제소 등 권한'이라고 한다)은 관련 의결에 관하여 해당 지방자치단체의 장을 상대로 재의요구를 지시할 권한이 있는 기관에게만 있다고 해석하는 것이 지방자치법 제172조의 체계에 부합한다.

나) 이와 달리 주무부장관의 경우 재의요구 지시 권한과 상관없이 모든 지방의회의 재의결에 대한 제소 등 권한이 있다고 본다면 시·군 및 자치구의회의 재의결에 관하여는 주무부장관과 시·도지사의 제소 등 권한이 중복됨에도 지방자치법은 그 상호관계를 규율하는 규정을 두고 있지 아니하다. 이는 주무부장관과 시·도지사의 지도·감독 권한이 중복되는 경우에 관한 지방자치법 제163조 제1항 및 제167조 제1항이 '1차로 시·도지사의, 2차로 행정자치부장관 또는 주무부장관의 지도·감독을 받는다'는 명시적인 규정을 두어 중복되는 권한 사이의 상호관계를 규율하고 있는 입법태도와 명백하게 다르다.

다) 지방자치법은 1949년 제정된 이래 장관이 시·군·자치구의회의 재의결에 대하여 직접 통제·감독 권한을 행사할 수 있도록 하는 규정을 두고 있지 아니하다가, 1994. 3. 16. 법률 제4741호로 개정되면서 현행 지방자치법 제172조 제4항과 유사한 규정을 제159조 제4항으로 신설하였으나, 그 개정 이유에서 장관의 감독 권한을 시 · 군·자치구에 대해서까지 확대하는 것인지에 대하여는 전혀 언급이 없는데, 국가와 지방자치단체 사이의 권한 통제라는 중요한 사항에 관하여 입법자가 아무런 설명 없이 권한의 중복관계에 대한 명확한 규정도 두지 아니한 채로 통제 및 감독 권한을 확장하였다고 보기는 어렵다.

라) 그 밖에 지방자치법은 제16조 제3항 내지 제7항, 제170조 제2항, 제172조 제7항 등에서 주민 감사청구에 따른 감사 절차, 직무이행명령의 대집행, 지방의회 의결에 대한 재의요구 지시의 불이행에 따른 제소 지시 또는 직접 제소에 대하여 '주무부장관이나 시·도지사'의 권한과 후속조치를 규정하고 있는데, 관련 규정의 체계와 형식, 내용에 비추어 보면 위 각 조항들은 각조의

제1항에 따라 주무부장관은 시·도에 대하여, 시·도지사는 시·군 및 자치구에 대하여 각각 일정한 권한을 가지고 있는 것이 전제되어 있음을 알 수 있다.

마) 헌법 제107조 제2항은 "명령·규칙 또는 처분이 헌법이나 법률에 위반되는 여부가 재판의 전제가 된 경우에는 대법원은 이를 최종적으로 심사할 권한을 가진다."라고 규정함으로써 명령·규칙에 대한 추상적 규범통제가 아닌 구체적 규범통제를 원칙으로 하고 있으므로, 위법 여부가 문제되는 조례는 사후적으로도 법원에 의한 심사의 대상이 될 수 있다고 할 것이어서, 반드시 주무부장관의 제소 지시 또는 직접 제소 방식에 의하여 조례안에 대한 사전 통제를 해야 할 필요성이 크다고 보기도 어렵다.

[대법관 김창석, 대법관 권순일의 반대의견] 지방자치법 제172조 제4항, 제6항의 문언상 지방자치단체의 조례가 법령에 위반된다고 판단됨에도 지방자치단체의 장이 소를 제기하지 아니함을 이유로 대법원에 제소를 하는 경우에 제소권자를 주무부장관 또는 시·도지사로 병렬적으로 규정하고 있는 점, 위 법률조항의 취지가 국가가 지방자치행정의 합법성을 감독하고 국가법질서의 통일성을 유지하려는 데 있다는 점 등에 비추어 보면, 주무부장관은 지방자치단체가 '시·도' 또는 '시·군 및 자치구'인지 관계없이 제소권을 가진다고 보아야 하고, 다수의견과 같이 '시·도'에 대하여는 주무부장관에게, '시·군 및 자치구'에 대하여는 시·도지사에게만 있다고 해석할 것은 아니다. 만약 이와 달리 주무부장관에게 '시·군 및 자치구' 의회의 조례안 재의결에 대하여 제소할 권한이 없다고 해석한다면, 주무부장관은 조례안 재의결이 법령에 위반된다고 판단하는 경우에도 시·도지사가 제소하지 아니하면 위법한 상태를 용인할 수밖에 없게 되고, 그 결과 법령 위반 여부가 문제 되는 동일한 내용의 조례안이 시·도지사의 제소 여부에 따라 효력을 달리하는 결과가 발생할 우려가 있다.

또한 상위법령에 위배된다고 판단되는 경우에도 형식적 요건만 갖추면 일정한 절차를 거쳐 조례로 제정될 수 있도록 하고, 사후적으로 사법심사를 거쳐 무효화되도록 하는 것은 지방행정의 낭비를 초래하고, 자치입법에 대한 주민의 신뢰를 실추시키는 결과를 야기하며, 회복하기 어려운 법질서의 혼란을 가져올 수 있다는 점 등에 비추어 볼 때, 위 법률조항은 이를 사전에 시정하기 위한 제도적 장치로서 지방자치제도의 본질적 내용을 침해한다고 볼 수 없으므로, 이 점에서도 위 법률조항의 적용 범위를 축소하여 해석할 것은 아니다.[1)]

1) 대법원 2016. 9. 22. 선고 2014추521 전원합의체 판결: 행정자치부장관이 원고가 되어 강화

2.3. 제소지시 · 직접제소 등의 기간제한

제소의 지시는 제4항의 기간이 지난 날부터 7일 이내에 하고, 해당 지방자치단체의 장은 제소 지시를 받은 날부터 7일 이내에 제소하여야 한다(§ 192 ⑥).

주무부장관이나 시 · 도지사는 제6항의 기간이 지난 날부터 7일 이내에 제5항에 따른 직접 제소 및 집행정지결정을 신청할 수 있다(§ 192 ⑦).

3. 지방자치단체의 장이 재의를 요구하지 아니 하는 경우

지방자치법은 제1항 또는 제2항에 따라 지방의회의 의결이 법령에 위반된다고 판단되어 주무부장관이나 시 · 도지사로부터 재의 요구 지시를 받은 해당 지방자치단체의 장이 재의를 요구하지 아니하는 경우(법령에 위반되는 지방의회의 의결사항이 조례안인 경우로서 재의 요구 지시를 받기 전에 그 조례안을 공포한 경우를 포함한다)에는 주무부장관이나 시 · 도지사는 제1항 또는 제2항에 따른 기간이 지난 날부터 7일 이내에 대법원에 직접 제소 및 집행정지 결정을 신청할 수 있도록 하고 있다(§ 192 ⑧). 이 조항(구 법 제172조 제7항)은 2005년 1월 27일 지방자치법 일부개정(법률 제7362호)으로 신설된 것으로, 이전에는 주무부장관 또는 시 · 도지사가 지방의회의 의결이 법령에 위반되었음을 이유로 지방자치단체의 장에게 재의요구 지시를 하더라도 이를 묵살하고 그대로 시행하는 경우 대법원에 제소하여 다툴 수 없다는 문제점이 있었다. 이에 지방자치단체의 장이 법령위반을 이유로 재의요구 지시를 받았음에도 불구하고 이에 불응하거나 재의요구 지시를 받기 전에 법령에 위반된 조례안을 공포한 경우, 주무부장관 또는 시 · 도지사가 대법원에 직접 제소 및 집행정지결정을 신청할 수 있도록 한 것이다. 특히 후자의 경우(또한 같은 항 괄호규정의 경우) 국법질

군의회를 상대로 '강화군 도서지역 주민들에게 정주지원금을 지급하기로 하는 강화군의 조례안이 지방재정법 등에 위배된다'고 주장하며 조례안재의결의 무효확인을 청구한 사건에서, 지방자치법 제172조에 따라 군의회를 상대로 조례안재의결 무효확인의 소를 제기할 수 있는 원고적격은 시 · 도지사에게 있을 뿐이고 행정자치부장관은 군의회를 상대로 한 소의 원고가 될 수 없다고 보아 소를 각하한 사안.

서와 자치법규간 불일치가 생기지 않도록 하려는 데 취지가 있다.

종래 판례는 조례안이 법령에 위반된다는 이유에서 감독관청이 재의요구를 지시했으나 지방자치단체의 장이 이에 불응, 재의 요구 기간인 20일 내에 재의 요구를 하지 아니하여 그 조례안이 조례로서 확정된 경우, 감독관청이 곧바로 지방의회의 조례안 의결이나 그에 따른 조례의 효력을 다투는 소를 제기하는 것은 지방자치법상 이를 허용하는 근거 규정이 없어 허용되지 아니 한다고 하여 각하판결을 내린 바 있었다."[1] 2005년 1월 27일의 법개정으로 그와 같은 소송을 명문화함으로써 조례에 대한 직접 제소 등의 길이 열리게 되었다.

이 소송 역시 동일한 법주체에 속하는 기관간 소송이 아니므로 기관소송이 아니라 지방자치법상 인정된 특수한 형태의 공법소송으로 보아야 할 것이다.

< 지방자치법 제172조 제7항에 따른 조례안의결 무효확인소송의 심리대상 >

조례안재의결 무효확인소송에서의 심리대상은 지방자치단체의 장이 지방의회에 재의를 요구할 당시 이의사항으로 지적하여 재의결에서 심의의 대상이 된 것에 국한된다. 이러한 법리는 주무부장관이 지방자치법 제172조 제7항에 따라 지방의회의 의결에 대하여 직접 제소함에 따른 조례안의결 무효확인소송에도 마찬가지로 적용되므로, 조례안의결 무효확인소송의 심리대상은 주무부장관이 재의요구 요청에서 이의사항으로 지적한 것에 한정된다.[2]

---

1) 대법원 1999. 10. 22. 선고 99추54 판결(대전광역시유성구세특례조례부존재확인): "행정소송법 제3조 제4호와 제45조에 의하면 국가 또는 공공단체의 기관 상호간에 권한의 존부 또는 그 행사에 관한 다툼이 있을 때에 이에 대하여 제기하는 기관소송은 법률이 정한 경우에 법률이 정한 자에 한하여 제기할 수 있다고 규정하여 이른바 기관소송 법정주의를 취하고 있는바, 지방자치법 제159조는 시・도지사가 자치구의 장에게 그 자치구의 지방의회 의결에 대한 재의 요구를 지시하였음에도 자치구의 장이 그에 따르지 아니하였다 하여, 바로 지방의회의 의결이나 그에 의한 조례의 효력을 다투는 소를 자치구의 장을 상대로 제기할 수 있는 것으로 규정하고 있지는 아니하고, 달리 지방자치법상 이러한 소의 제기를 허용하고 있는 근거 규정을 찾아볼 수 없으므로, 시・도지사가 바로 자치구의 장을 상대로 조례안 의결의 효력 혹은 그에 의한 조례의 존재나 효력을 다투는 소를 제기하는 것은 지방자치법상 허용되지 아니하는 것이라고 볼 수밖에 없다."(밑줄 강조 인용자)

2) 대법원 2015. 5. 14. 선고 2013추98 판결(조례안의결무효확인: 학생인권조례안 사건).

CHAPTER

제 4 절 지방자치단체의 국정참여

제 1 관 지방자치단체의 국정참여의 필요성

오늘날 지방자치 없는 국정은 더 이상 생각할 수 없을 정도로 지방자치단체는 이미 국정의 일상 한가운데 들어와 있다. 근 7-8할에 가까운 국가사무를 수행하면서 국정에 대해서는 입을 닫고 있어야 한다는 것은 중앙집권적 억지일 뿐이다. 지방자치단체의 국정참여 문제는 실은 대표되어지는 자와 대표자 간의 주인-대리인 문제에 대한 하나의 해결책이자 대의민주제의 '끊어진 고리'(missing link)를 잇는 문제이기도 하다. 실용적 관점에서도 지방자치단체의 국정참여가 가지는 긍정적인 측면, 즉 지방의 아이디어와 지혜의 상향식 반영과 국가와 지방, 지방상호간 갈등해소를 통한 사회적 비용의 회피 등을 기대할 수 있다는 점에서 대의민주주의적 헌법구조하에서 허용되는 최대한으로 참여기회를 확대하는 것이 소망스럽다.[1)]

제 2 관 지방자치단체의 국정참여의 현황

지방자치단체의 국정참여의 길이 전혀 막혀 있는 것은 아니다. 지방자치단체와 그 협의체 또는 연합체는 국회의원의 소개로 청원서를 제출하거나 국회가 개최하는 공청회·청문회 등에 참여하여 의견을 개진하는 등의 방법으로 국회의 입법과정에 참여할 수 있고, 또 중앙행정기관 등 정부의 법령 제·개정안이나 각종 행정계획안 등에 대해 의견을 제시하는 등의 방법으로 국정에

1) 이에 관하여 상세한 것은 홍준형, "국가 입법·정책결정에 대한 지방자치단체의 참여" (2007) 『공법연구』 제36집 제1호(한국공법학회)를 참조.

참여할 수 있다.

(1) 지방자치연합체를 통한 국정참여

지방자치법 제165조는 지방자치단체의 장이나 지방의회 의장으로 하여금 상호 간의 교류와 협력을 증진하고, 공동의 문제를 협의하기 위하여 전국적 협의체를 설립할 수 있고,[1] 이들 전국적 협의체가 모두 참가하는 지방자치단체 연합체를 설립할 수 있도록 하는 한편, "제1항에 따른 협의체나 제2항에 따른 연합체는 지방자치에 직접적인 영향을 미치는 법령 등에 관하여 행정안전부장관을 거쳐 정부에 의견을 제출할 수 있다."고 규정하고 있다. 이에 따라 현재 지방자치단체의 전국적 협의체로서 시·도지사협의회, 시·도의회의장협의회, 시장·군수·구청장협의회, 시·군·구의장협의회가 구성되어 있다. 2011년 7월 4일 지방자치법 개정법률은 전국적 협의체와 전국적 협의체가 모두 참가하는 지방자치단체 연합체에게 지방자치와 관련된 법률의 제정·개정 또는 폐지가 필요하다고 인정하는 경우에는 국회에 서면으로 의견을 제출할 수 있도록 하였다(현행 제182조 제6항).[2]

(2) 행정절차법에 의한 국정참여

한편, 지방자치단체는 정부의 법령 제·개정안에 대하여 의견을 제출할 수 있는 기회를 가진다. 즉 행정절차법 제42조 제2항에 따라, 행정청은 입법예고를 하는 때에 입법안과 관련이 있다고 인정되는 지방자치단체에게 예고사항을 알 수 있도록 예고사항의 통지 그 밖의 방법 등으로 알려야 하고, 「법제업무운영규정」 제15조 제2항은 이를 보다 상세히 규정하여 법령안 주관기관의 장은 당해법령안의 내용에 관하여 관계지방자치단체(특별시·광역시 및 도를 말한다)와 직접적인 이해관계가 있다고 인정되는 단체 기타의 자에 대하여 직권 또는

---

1) 협의체와 연합체는 각각 시·도지사, 시·도의회의 의장, 시장·군수·자치구의 구청장, 시·군·자치구의회의 의장과 같은 구분에 따라 설립하도록 되어 있다(지방자치법 제165조 제1항).

2) 구 「지방분권촉진에 관한 특별법」은 제16조 제1항에 "국가는 지방자치단체와의 상호협력관계를 공고히 하기 위하여 협의체의 운영을 적극 지원하여야 하며, 협의체와 관련 지방자치단체의 의견이 국정에 적극 반영될 수 있도록 한다."는 규정을 두었다. 그러나 이 조항은 실효성 보장이 없는 일종의 '립서비스'(*lip service*)에 지나지 않는다는 비판을 받았다.

신청에 의하여 예고사항을 통지할 수 있도록 하고 있다. 또한 법제업무운영규정은 제24조 제4항에서 법제처장은 법령정비를 위하여 일반 국민, 지방자치단체 또는 민간단체 등으로부터 의견을 듣고 이를 검토하여야 한다고 규정하고 있다. 이러한 법령의 규정에 따라 지방자치단체는 정부의 법령 제・개정안에 대하여 의견을 제출할 수 있다.

(3) 제주특별자치도에 대한 특례

예외적인 경우이기는 하지만, 「제주특별자치도 설치 및 국제자유도시 조성을 위한 특별법」(이하 "제주특별자치도특별법"이라 한다)은 제주특별자치도지사에게 입법의견제출권을 부여하고 있다. 이 법률 제9조의 규정에 따라 제주특별자치도지사는 제주특별자치도의회 재적의원 3분의 2이상의 동의를 얻어 제주특별자치도와 관련하여 법률에 반영할 필요가 있는 사항에 대한 의견을 국무총리 소속하에 설치된 제주특별자치도지원위원회에 제출할 수 있다(§ 9 ①). 지원위원회는 제출된 의견을 관계중앙행정기관의 장에게 통보하고(§ 9 ②), 관계중앙행정기관의 장은 통보된 내용에 대하여 그 타당성 여부를 검토하여야 하며, 그 경우 검토기간은 그 통보를 받은 날부터 2월을 경과하여서는 아니된다(§ 9 ③).

관계중앙행정기관의 장은 그에 따른 검토결과를 검토기간이 경과한 날부터 7일 이내에 지원위원회에 통보하여야 한다(§ 9 ④ 전단). 이 경우 관계중앙행정기관의 장은 검토결과 그 타당성이 없다고 인정한 때에는 구체적인 사유 및 내용을 명시하여 통보하여야 하며, 타당하다고 인정하는 때에는 관계법률에 그 내용이 반영될 수 있도록 적극 협력하여야 한다(§ 9 ④ 후단).

지원위원회는 검토결과를 심의하여 그 심의결과를 제주특별자치도지사 및 관계중앙행정기관의 장에게 통보하여야 한다(§ 9 ⑤).

(4) 기 타

아울러 개별 단행법 수준에서 지방자치단체에게 의견청취 등의 참여기회를 부여한 경우가 있다. 가령 국토종합계획을 수립하거나 확정된 계획을 변경하기 위하여 국토기본법 제26조의 규정에 의한 국토정책위원회의 심의를 받을 경우 그 심의안에 대하여 시·도지사의 의견을 듣도록 한 국토기본법 제12조 제2항이라든가, 시·도지사가 광역도시계획을 수립 또는 이를 변경하고자 하는 경우 미리 관계 시·도의 의회와 관계 시장 또는 군수의 의견을 듣도록 한 「국토의 계획 및 이용에 관한 법률」 제15조 제1항, 서울특별시장·광역시장 또는 도지사의 의견을 들어 수도권정비계획안을 입안하도록 한 「수도권정비계획법」 제4조 등이 그러한 예들이다.

한편, 지방자치단체의 직접적인 국정참여에는 해당하지 않지만, 국가재정법 제10조 제2항에서 재정운용에 대한 의견수렴 대상에 광역지방자치단체 장을 포함시키고 있다.[1]

제 3 관 지방자치단체의 국정참여의 문제점

현재 우리나라 지방자치단체의 국정참여는 극히 저조한 수준에 머무르고 있다.[2]

> "국가와 지방자치단체의 관계에 있어서 우리나라에서는 국가의 지방자치단체에 대한 입법적, 행정적, 사법적인 관여가 보장되어 있으나 지방자치단체의 상향적인 국정참여에 대하여는 전혀 고려되고 있지 아니하다. 이는 국가의 지방자치단체에 대한 일방적인 영향력의 행사를 보장할 뿐이다. 이로 인하여 지방의 국가권력에 대한 견제기능은 현저히 약화되고, 지방의 상향적인 참여를 통한 실질적인 통합과 지방경험의 국가적인 활용은 무시되며 지방적인 이익을 국가적인 차원에서 실현할 수 있는 길은 봉쇄되어 있다. 이는 지방분권적인 권력구조가 갖추어야 할 쌍방적인 상호관계가 일방통행적인 권력구조로 이루어져 있음을 의미하며 지방의 이해관계와 경험이 국정에 반영될 수 있는 기회를 갖지 못하게 된다."(이기우, 2005: 20)

1) 기획재정부장관은 국가재정운용계획을 수립할 때, 매 회계연도의 예산안을 편성할 때와 기금운용계획안을 마련할 때에는 미리 재정운용에 대한 의견수렴을 위하여 각 부처의 공무원 및 민간전문가 등으로 구성된 자문기구와 광역지방자치단체의 장의 의견수렴을 거쳐야 한다.

2) 일례로 이기우·하승수, 2007: 190을 참조.

국회 입법과정에서의 지방자치단체의 소외 문제는 지방자치단체의 국정참여를 위한 제도화의 수준이 매우 낮다는데 기인한다.[1] 무엇보다도 국회 입법과정에 대한 지방자치단체나 그 협의체의 참여가 극단적으로 제한되어 있다. 지방자치단체나 그 협의체가 국회 입법과정에 직접 참여하는 길은 봉쇄되어 있으며, 단지 국회의원의 소개로 청원서를 제출하거나 국회가 개최하는 공청회·청문회 등에 간접적으로 참여할 수 있을 뿐이다.

전술한 지방자치법 제182조 제4항의 경우 실효성이 낮다는 점이 문제이다. 실제로 1999년부터 2004년까지 4년여 동안 4개 협의체는 중앙정부에 총 633건을 건의했고, 이 중에서 199건(31.4%)이 국정에 전부 또는 부분 반영되었다고 한다.[2]

지방자치단체 국정참여의 대상범위가 지방 또는 지방자치단체와 직접적으로 관련된 현안에 한정되어 있다는 점도 문제점으로 지적될 수 있다.[3] 지방자치법 제165조 제4항은 의견제출의 대상을 '지방자치에 직접적인 영향을 미치는 법령 등'으로 규정하고 있는데 이는 만약에 어떠한 국가의 법령 등이 지방자치에 영향을 미친다 하더라도 직접성이 없으면 의견제출을 할 수 없게 되거나, 또한 직접 지방자치에 영향을 미친다 하더라도 그 수단이 법령이 아닌 경우에는 의견제출을 할 수 없게 될 우려가 있다.[4]

행정절차법 제44조이하에 따른 입법예고의 경우 2007년 5월 17일의 법개정(법률 제8451호)으로 입법안과 관련이 있다고 인정되는 중앙행정기관, 그 밖의 단체 등과 함께 지방자치단체에게 통지 등의 방법으로 예고사항을 의무적

1) 안성호, "지방자치단체 국정참여의 실태와 확충방안 - 김무성 의원 등의 입법발의에 즈음하여 -", 『지방분권, 왜 안 되고 있나?』, 2007. 6. 25. 김무성·김정권·유기준 의원 주최 정책토론회 발제문, 토론회자료집 14-38(http://ydi.or.kr/ht__bbs/download.htmlfile__encode=11828228610372__1.hwp&file__original=070625자료집__완성.hwp&ht__div=t__assem), 28.

2) 정부혁신지방분권위원회, 「지방 4대 협의체 등 지방의 국정참여 활성화 지원방안」(서울: 정부혁신지방분권위원회 지방분권전문위원회), 2004, 9; 안성호, 앞의 글, 28).

3) 안성호 (2003), "행정분권의 과제와 입법 방향", 2003. 5. 19. 지방자치 발전을 위한 지방분권개혁 정책토론회 '지방분권 개혁과제와 입법방향' 발제문, 「분권과 혁신」(대구사회연구소) 2003년 6월(http://www.tiss.re.kr/divpower32/divpower5.html) 중 '〈의제7〉 지방자치단체의 국정참여 확충'.

4) 최철호, "지방자치단체의 국정참가제도 - 일본지방자치법 제263조의 3을 소재로 해서 -", 「토지공법연구」(한국토지공법학회) 제29집, 2005. 12, pp. 437~458. http://www.dbpia.co.kr/view/ar__view.asp?arid=689239.

으로 알리도록 하였지만, 알린 다음에 어떻게 할 것인지에 대해서는 아무런 규정을 두지 않았다. 그 결과 같은 법 제44조에 따라 일반국민과 마찬가지로 '누구든지 예고된 입법안에 대하여 그 의견을 제출할 수 있고'(제1항), '행정청은 당해 입법안에 대한 의견이 제출된 경우 특별한 사유가 없는 한 이를 존중하여 처리하고'(제3항), '의견을 제출한 자에게 그 제출된 의견의 처리결과를 통지하여야 한다'(제4항)는 일반조항의 적용을 받을 수밖에 없다는데 한계가 있다.

또 방금 살펴 본 바와 같이, 일부 개별 법령에 지방자치단체의 국정참여의 기회가 제한적으로 부여되어 있으나, 그 경우에도 지방자치단체를 능동적 참여보다는 수동적인 의견수렴의 대상으로 취급하고 있을 뿐이다.

제 4 관 입법론적 검토

Ⅰ. 지방자치단체 국정참여의 논리

지방자치단체는 국가의 관여대상으로만 머물지 아니 하고 마땅히 국정에 참여할 수 있는 지위와 이유를 가지고 있다. 이것은 빈번히 망각되고 있지만 엄연한 진실이다.[1] 그럼에도 불구하고 과연 지방자치단체에게 국정참여를 허용할 필요성이 있는지 여부가 여러 가지 각도에서 논의되어 왔다. 지금 여기서 다시 상론할 수는 없지만,[2] 그 중 몇 가지 견해만 소개해 보면 다음과 같다.

안성호(2007b: 15-17)는 일부 연구자들에 의해 제시된 논거들을 소개하고 나서 지방분권개혁의 관점에서 지방자치단체 국정참여의 필요성을 부연하면서, 지방분권개혁의 성공적 추진과 실효성 확보를 위하여, 그리고 국회의 입법과정에 대한 지방자치단체의 참여봉쇄를 극복하기 위하여 필요하다고 한다.

이기우・하승수(2007: 190)는 민주주의가 요구하는 '아래에서 위로'의 의사

1) 김기진, 1998: 297에 따르면 이 점은 독일에서는 이미 확립된 이론이다.

2) 지방자치단체 국정참여의 필요성에 관하여 상세한 것은 안성호, 2007b: 15-17을 참조.

소통을 보장할 필요가 있고 이를 통해 지방의 혁신적 아이디어와 경험 및 지방적인 이익을 국가의 의사결정 과정에 반영할 수 있으며, 국가의 지방자치단체에 대한 영향력 행사만을 보장하고 그 반대 방향의 영향력을 인정하지 아니하는 경우에는 균형이 파괴되어 국가권력의 남용이 우려될 수밖에 없다고 한다.1)

김기진(1998: 299-302)은 국민의 전체의사와 전체이익을 통합하는 국가의 의사결정과정에 주민의 부분의사와 부분이익을 대표하는 지방자치단체의 참여가 필요하다는 기능분담론, 지방자치단체의 국정참여를 '실체적 자치권의 절차적 보장수단'으로 간주하는 견해, 지방자치단체의 계획고권을 지방자치단체 국정참여의 논거로 삼는 계획고권설, 지방자치단체 국정참여를 지역이익의 투입과정으로 보는 지역이익단체설, 국가사무와 지방사무의 중첩과 혼합이 일반화된 상황에서 지방자치단체의 기능적 국정참여가 긴요하다는 기능적 자치론, 지방자치에 대한 국가의 관여와 제한을 보상하는 차원에서 지방자치단체의 국정참여가 요구된다는 보상론 등 제 학설을 소개하고 이들 견해들을 상호보완적으로 이해하며 어느 학설의 경우나 지방자치단체 국정참여의 필요성을 인정하는 것이 보편적 추세라고 한다.

김성호(1997: 19-28)에 따르면, 지방자치단체의 국정참여는 매개기능, 참여기능, 건설적 비판과 제안기능, 적정절차의 확보기능을 수행한다. 지방자치단체의 국정참여의 필요성을 중앙정부의 법령미비와 정책결함의 보완, 법령 및 정책의 실효성 확보, 비용절감, 중앙집권에 대한 견제, 지방 현실의 반영, 주민의사와의 공감대 형성, 중앙정부와 지방자치단체 간의 갈등해소 등으로 설명한다.

생각건대, 지방자치단체의 지역사단(kommunale Gebietskörperschaft)으로서의 속성, 역사적 배경, 국민 전체를 토대로 한 대의제적 민주주의에서 오는

1) 이기우(1999: 68-70)는 지방의 혁신적 아이디어와 경험, 이익을 국정에 반영하고, 법치국가적 요청에 기한 국가권력의 남용을 방지하며, 중앙과 지방의 의견교환 촉진 및 이해관계 조정을 통한 지방자치단체의 자발적 협조와 국가통합 도모, 지방에 대한 중앙의 일방적 의사결정 방지를 통한 지방자치단체의 자치권 수호를 위하여 지방자치단체의 국정참여가 필요하다고 한다.

한계 등을 이유로 지방자치단체의 국정참여를 부정적으로 보거나 제한하려는 견해도 있을 수 있고, 또한 지방자치단체의 국정참여에 따른 부작용과 폐단 - 지역적 이해대립으로 인한 갈등과 혼란의 심화 우려, 국가 전체의 관점에서 본 국정운영의 효율성 저해 등 - 을 이유로 신중론을 펴는 입장도 있을 수 있으나, 국가와 지방자치단체의 관계가 과거와 같이 중앙과 이에 종속된 지방, 전체와 부분의 관계에서 이제는 일종의 파트너십에 가까운 준대등관계로 발전해 왔고, 그러한 발상의 전환이 자치분권형 국가발전전략의 철학적 기초이자 시대정신이 되고 있다는 점은 부인하기 어려울 것이다. 따라서 지방자치에 대한 국가의 관여가 필요한 것과 동등한 이유에서 지방자치단체가 국가 정책·입법에 적정한 범위 내에서 참여할 수 있어야 하며, 나아가 그러한 참여를 통해 일종의 '연장된 주민참여'와 국민주권과 지방자치와의 연계를 향한 기회의 창이 열릴 수 있을 것이다.

Ⅱ. 외국의 입법례

독일, 프랑스, 영국, 스위스 등 통상 선진국으로 분류되는 주요 외국의 입법례들을 보면, 대체로 지방자치단체 또는 지방정부에게 국가의 입법과정에 참여할 수 있는 통로와 권한을 부여하는 제도적 장치를 가지고 있다는 사실을 알 수 있다.[1] 특히 주목해야 할 것은 연방제를 채택하고 있는 나라의 경우, 당연히 연방의 구성원으로서 주가 연방입법과정에 일정한 참여권을 가지게 되며, 그 경우 양원제를 전제로 한 지역대표형 상원을 통해 국정참여가 이루어지는 경우가 일반적인 반면, 지방자치단체에게 국가 정책 및 입법에 대한 직접적인 참여방식보다는 지방자치단체연합체 등에게 지방자치관련 법안에 대한 사전통지 및 의견제출 기회 보장 등 간접적인 참여방식을 채택하는 경우가 상대적으로 더 지배적인 경향이라는 점이다.

1) 우리가 참조할만한 주요 외국의 입법례에 관해서는 김성호, 2006; 안성호, 2007b: 17-28; 김기진, 1998 등에 비교적 상세하게 소개되어 있으므로, 여기서 상세한 소개와 논의는 생략하기로 한다.

연방국가인 독일의 경우, 지방자치단체는 지방자치단체 전국연합체(Kommunale Spitzenverbände)을 통하여 직접 연방의 입법과정과 정책결정에 참여할 수 있다. 이 연합체는 지방자치단체를 구성원으로 하는 사법상의 사단법인으로서 총 313개의 모든 란트크라이스들이 속한 독일 란크크라이스연합회(Deutschen Landkreistag), 독일시연합(Deutscher Städtetag), 그리고 독일시군연합(Deutsche Städteund Gemeindebund), 3개의 지방자치단체 전국연합체(kommunale Spitzenverbände)가 있다.[1] 이들 연합체들은 연방 각부의 공통업무처리규정(gemeinsame Geschäftsordnung der Bundesministerien)과 독일연방하원의 회의규칙(Geschäftsordnung des Deutschen Bundestages)에 따라 지방자치단체의 이익에 관련된 법률안에 대한 사전 통지 및 의견제출제의 형태로 연방의 입법절차에 참여할 기회를 부여 받고 있다. 한편 주의 입법과정에 대한 지방자치단체의 참여 양상도 바덴-뷔르템베르크주처럼, 의견제출권의 형태로 인정하는 경우[2] 등, 란트에 따라 각기 다르다. 한편, 바이에른주의 상원(der Bayerische Senat)과 라인란트-팔츠 Rheinland-Pfalz)의 지방상원(der Kommunale Rat)을 필두로 하여 란트 수준에 '지방원'(Kommunalkammer)을 설치하여 동의를 요하는 법률안(zustimmungspflichtige Gesetze)에 대한 동의권을 행사하도록 하는 방안이 논의되어 왔다.[3]

아울러 단방제하에서 비교적 잘 정착된 지방자치제도를 유지해 온 일본 같은 경우 지방자치단체의 전국적 연합조직(이른바 지방6단체)에 의한 의견제출

1) 이들 연합회의 주요 임무는 란트크라이스, 시 및 군들에게 보장된 지방자치를 촉진하고 상호 경험을 교환할 수 있도록 하며 모든 지방자치단체들의 국가 및 일반공중에 대한 이해관계를 옹호하는데 있다. 조정과 협력을 용이하게 하기 위하여 연방 수준에서 이들 지방자치단체 전국연합회들의 업무공동체(Arbeitsgemeinschaft)로 지방자치단체연합회 연방협의회(Bundesvereinigung der kommunalen Spitzenverbände)가 결성되어 있다.(http://www.kreise.de/landkreistag/auswahl-dlt.htm).

2) 상세한 내용은 이기우, 1998; 1999 등을 참조.

3) Ruth Luthi, Mitwirkung von Gemeinden im kantonalen Entscheidungsprozess:Parlamentarische Mitwirkungsrechte anstatt Kommunalkammern(http://www.sgp-ssp.net/cont/fileadmin/pdf/bulletin__sgp-ssp/2003__08/editorial.pdf); Holtkamp, Lars: Kommunale Beteiligung an Entscheidungsprozessen der Bundesländer, in: Zeitschrift fur Parlamentsfragen, Heft 1 2001, 19ff.). 일종의 제2의 원(*zweite Parlamentskammer*)으로서 '지방원'(Kommunalkammer)의 설치에 대한 스위스에서의 논의에 관해서는 Reto Steiner und Andreas Ladner, 2003을 참조.

제를 채택하고 있다는 사실도 주목할 필요가 있을 것이다.1)

Ⅲ. 지방자치단체 국정참여 제도화 방안

지방자치단체 국정참여의 제도화는 다양한 수준에서 이루어질 수 있다. 특히 헌법구조상의 맥락이나 참여의 형태 등이 제도화의 수준과 양상에 영향을 미친다. 먼저, 지방자치단체의 국정참여는 그 헌법적 맥락, 특히 국가형태가 연방제(federal state)인가 단방제(unitary state)인가 아니면 준연방제적 자치분권강화형 국가인가에 따라 제도화의 수준을 달리 한다.

반면, 지방자치단체의 국정참여는 그 참여의 성격과 방식에 따라, 직접적인 정책·입법 참여권 또는 정책·입법에 대한 의견 표명·제출권을 부여하는 경우처럼 국가정책 및 입법에 대한 능동적인 접근권을 부여하는 방식이나 지방자치 관련 정책·입법안에 대한 사전통지제도처럼 수동적인 청취기회를 부여하는 방식으로 나타날 수 있다. 물론 정책·입법에 대한 직접 참여나 의견의 표명·제출은 정책·입법에 대한 정보가 없이는 무의미하므로 사전통지제도와 결합되어 제도화될 수 있고 또 그렇게 하는 것이 합리적이라고 할 수 있다.

1. 국가형태와 지방자치단체 국정참여제도

전술한 바와 같이, 국가형태, 즉 단방제인가 연방제인가 아니면 준연방제적 자치분권강화형인가에 따라 지방자치단체 국정참여의 제도적 형태가 차별화될

1) 1981, 1989년 두 차례에 걸쳐 자치성 주도하에 작성된 정부의 改正試案에는 일정의 요건을 구비한 지방자치단체의 전국적 연합조직(이른바 지방6단체)에 대해서 지방자치단체가 처리하는 사무와 관련이 있는 국가의 법령, 지방자치단체의 부담을 수반하는 법령, 그 외 지방자치에 영향을 미치는 법령의 제정개폐에 관해서 자치대신을 경유하여 내각에, 또 내각을 경유하여 국회에 의견서를 제출할 수 있는 것으로 하고, 내각은 그 의견을 존중하여 필요한 조치를 강구하도록 노력한다는 규정을 담고 있었다. 그러나 이러한 시도는 결국 다른 省廳의 강력한 반대로 인하여 입법화에 실패하였고, 그 대신 1993년에 지방자치법 제263조의 2(1999년 지방자치법 개정에 의해 제263조의 3으로 개정)에 지방자치단체의 장·의회의장의 전국적 연합조직(이른바 지방6단체)에 의한 의견제출이라는 조항이 신설되기에 이르렀다. 이에 관하여 상세한 것은 최철호, 2005: 437-458을 참조.

수 있다. 먼저, 연방제 또는 준연방제인 경우 양원제를 채택하는 경우가 지배적이므로 양원제하에서 지역대표형 상원이 지방자치단체와 주(支邦)의 국정참여가 이루어지는 주요통로가 된다. 우리나라의 경우에도 헌법개정을 통해 지역대표형 상원, 즉 국회에 지방자치단체를 대표하는 상원을 창설하자는 주장이 꾸준히 제기되어 왔다.[1]

이 견해에 따르면, 단원제 국회는 단일국가 내의 동질적 국민의 일반의사를 단원제를 통해 효과적으로 표출할 수 있다는 논리에 근거하지만, 실제로 국민은 지역에 기초한 이질적 집단들로 구성되어 있고, 따라서 이들 집단 간의 이해갈등이 단원제 국회에서 충분히 조정·타협되기 어렵다고 한다. 지역적 소수들의 이익이 다수결원리로부터 보호받을 수 있는 제도적 장치로 국회에 지역을 대표하는 상원을 설치해야 한다는 것이다. 세계적으로도 양원제를 채택하는 나라들이 늘고 있고, 근래 양원제의 확산과 함께 지역대표형 상원이 표준적 상원모형으로 자리를 잡고 있다는 사실에 주의를 환기하면서, 우리나라에서도 상원은 낯선 제도가 아니라고 한다. 제헌국회 때부터 양원제 도입논의가 있었고, 1952년 발췌개헌부터 5·16군사정부에 의한 1962년 개헌시까지 10년 이상 헌법상 양원제 국회가 채택되어 있었으며, 제2공화국 때는 잠시나마 양원제 국회를 운영한 경험도 있다고 지적한다. 제3공화국 때부터 단원제 국회로 전환되었지만, 1990년대 초 양원제 부활 논의가 다시 고개를 들어 김영삼 정부 시절 대통령 자문기구 21세기위원회가 「21세기의 한국」이라는 정책보고서에서 남북통일 후 국민통합을 위해 지역대표성을 반영한 상원을 설치할 것을 제안한 바 있었고, 참여정부 초기에도 지방자치단체의 국정참여 확충에 대한 대선공약과 관련하여 행정부에 상원에 준하는 지역대표기구를 설치해 국회의 입법과정에 참여하는 방안이 모색되었으나,[2] 정치권과 국민의 합의가 선행되어야 하고 법안발의권을 부여하려면 개헌이 필요하다는 이유에서 결국 채택되지 않았다고 한다(안성호, 2007b: 33-34); 정부혁신지방분권위원회, 2004: 12).

---

1) 지역대표형 상원의 논거와 설계구상에 관한 자세한 논의는 안성호, 2007a: 5-34를 참조.

2) 정부혁신지방분권위원회의 '지방의 국정참여 활성화' T/F는 행정부에 시·도별 4명씩 선임위원들로 구성되고 법안제출권을 가지는 '지방원(地方院)'의 설립을 제안한 바 있다.

이러한 입장에서는 법률안제출권, 국민투표요구권 및 표결권 등 연방제에서 각 주가 가지는 권한에 준하는 권한을 부여하는 방안을 선호하게 되지만, 헌법개정을 통해 지역대표형 상원제를 채택하지 않는 이상, 우리나라에서 이를 실천하는 데에는 어려운 문제가 있다. 지역대표형 상원제를 채택하려면 우리나라 국가형태에 대한 근본적인 재검토와 단방제적 헌법구조의 근본적 수정이 불가피하다.

물론 스위스·독일 등과 같은 연방국가(federal state)에서의 주의 국정참여에 관한 입법례를 단일국가(unitary state)인 우리나라의 경우에 참조하는 것을 아예 범주적으로 배제하는 태도에는 동의하기 어렵다. 연방국가와 단일국가는 성문헌법의 규정에 의한 권력의 지역적 분할 여부, 연방헌법 개정 시 주정부의 참여 여부, 상원 설치 여부 등에 따라 지방분권 수준에서 다소의 차이를 보일 뿐이고 연방국가와 단방국가 사이의 이런 차이조차 희석되고 있으며, 준연방제적 자치분권강화형 국가형태를 채택하는 나라들도 있다는 점, 프랑스·일본 등 양원제를 채택한 단일국가들도 적지 않다는 점 등을 고려할 때(안성호, 2007b: 17-18), 그리고 연방국가인 스위스에서도 지방자치(Gemeindeautonomie)가 주에 해당하는 칸톤의 법률에 따라 보장되는 것에 상응하여 지방자치단체가 그와 같은 칸톤의 법률에 중대한 이해관계를 가진다는 이유에서 지방자치대표형 '지방원'(Kommunalkammer)의 설치에 대한 논의가 전개되어 왔고(Reto Steiner und Andreas Ladner, 2003), 독일의 경우에도 란트(Land)의 연방상원(Bundesrat)을 통한 입법권과는 별도로 지방자치단체 전국연합체에게 사전통지 및 의견제출권을 부여하고 있다는 점 등을 고려할 때, 연방국가의 입법례는 단일국가에 대한 관계에서 참조할 여지가 없다는 고정관념에서 벗어날 필요가 있다.1)

반면, 현행 헌법하에서 또는 개헌에 의한 지역대표형 상원제의 도입여부를 일단 배제할 경우, 가장 중요한 장애는 "국회의원과 정부는 법률안을 제출할 수 있다."고 규정한 헌법 제52조이다. 물론 이 조항을 개정하여 지방자치단체

1) 한편, 중앙과 지방간의 입법권을 배분함에 있어 스페인이나 이탈리아의 경우에서 보는 것처럼 연방국가인지 여부는 별로 중요하지 않으며, 우리나라가 단일국가이기 때문에 지방정부에 입법권을 배분할 수 없다는 생각은 타당성이 없다고 한다(이기우, 1998).

또는 그 전국적 협의체나 연합체에게 법률안 제출권을 부여할 수 있다고 주장할 여지도 없지 않지만, 국민대표기관으로서 국회가 가지는 입법권의 본질에 비추어 보거나, 국민으로부터 선출되어 또 다른 민주적 정당성을 갖춘 대통령을 수반으로 하는 정부에게 법률안 제출권을 부여한 것과 달리 지역대표성에 불과한 제한된 민주적 정당성을 가진 지방자치단체에게까지 일반적 국법형식인 법률안을 발의할 권한을 부여할 수 있을 것인지는 의문스럽다. 물론 지방자치단체 장이나 지방의회의 장으로 구성된 전국적 협의체나 연합체의 경우 단위 지방자치단체의 기관보다는 강화된 대표성을 가지겠지만, 제한된 정당성의 총화가 전체 국민으로부터 유출되는 민주적 정당성과 동일시될 수 있는지에 대해서도 의문이 제기될 수 있다.

2. 능동적 참여와 수동적 참여

2.1. 능동적인 접근권 부여 방식

(1) 직접적 정책 · 입법 참여권

헌법 수준에서 지방자치단체에게 국가입법에 대한 접근 또는 참여 기회를 보장하는 방안 중 가장 강력한 것은 직접적인 정책 · 입법 참여권, 즉 법률안 제출권을 부여하는 방안이다. 구체적으로는 앞서 논의한 바 있듯이 지방자치단체 또는 그 전국협의체나 연합체에게 법률안제출권, 국민투표요구권 및 표결권 등 연방제에서 각 주가 가지는 권한에 준하는 권한을 부여하는 방안도 생각해 볼 수 있을 것이지만, 대통령제 헌법으로는 이례적으로 국회의원과 정부에게 법률안 제출권을 부여한 헌법 제52조의 저촉 문제가 걸림돌로 등장하게 된다. 물론, 단일국가체제에서도 법률안 제출권을 국회의원과 정부에게만 인정하는 것이 바람직한 것인지 헌법이론뿐만 아니라 헌법정책의 견지에서 심사숙고해 볼 필요가 있을 것이다. 한편에서는 자치단체가 입법과정에 관여할 수 있는 통로를 보장한 입법례에도 불구하고 이는 우리나라 헌법구조의 근간을 건드리는 문제이므로 국회의원과 정부 외에 법률안 제안권을 부여하는데 대해서는 설사 헌법을 개정하는 경우에도 신중히 판단하여야 할 것이다. 대법원 등 사법부 역시 법률안 제출권은 부여받지 못하고 있다는 점도 고려해 넣어야 할 터이다.

헌법 제52조는 국회의원과 정부에게 법률안제출권을 부여하고 있지만, 이는 국회의원과 정부에게 일종의 재량권을 부여한 것은 아니며, 또 그 밖의 국가기관 또는 주체도 법률안을 제출할 수 있다는 것을 전제로 한 예시규정이 아니라, 법률안제출권을 국회와 정부에 한하여 부여하는 제한적 의미의 수권조항으로 해석하는 것이 옳고 또 그것이 이제까지 학계와 실무의 중론이다. 그런 의미에서 국회법이나 지방자치법 등 법률 수준에서 지방자치단체의 전국적 협의체나 연합체에게 직접 법률안제출권을 부여한다면 위헌의 시비를 피하기 어려울 것이다. 또한 헌법개정을 통해 지방자치단체의 전국적 협의체나 연합체에게 직접 아무런 조건 없이 법률안제출권을 부여한다고 할지라도 그것이 헌법이 채택하고 있는 정부형태 및 대의민주주의구조에 부합되느냐 하는 것이 문제될 수 있다.

이와 관련하여 정부의 법률안제출권이 우리 헌법상 정부형태나 대의민주주의구조의 본질에 속하는 요소인지를 검토해 볼 필요가 있다. 우선, 미국의 대통령에서 정부에게 법률안제출권을 부여하지 않고 있고 그렇기 때문에 대통령의 거부권을 인정하고 있다는 점에 비추어 볼 때, 몽테스키외 식 권력분립 구조에 있어 행정부에게 법률안 제출권을 부여하는 것은 이례적이고 또는 일종의 이물질에 가까운 요소라고 할 수도 있으나, 반면에 법률안 거부권이 인정되고 있는 점을 생각해 볼 때, 행정부를 입법작용으로부터 완전히 배제시키는 것이 대통령제적 권력구조의 본질이라고 할 수도 없다는 점을 알 수 있다. 생각건대, 대통령제 국가에서 행정부에게 법률안 제출권을 부여하는 것이 헌법정책적 견지에서 소망스러운지, 헌법이론적으로 정당화될 수 있는지 여부에 관해서는 논란의 여지가 있을 수 있다.[1] 그러나 행정부의 법률안 제출권은 대통령제의 권력구조에서는 있을 수 없는 요소라고 하기에는 헌법이론이나 헌법

---

1) 권영성(2004: 750)교수는 고도의 경험과 지식을 필요로 하는 경제입법과 사회입법 등의 수요가 증대되고 있는 오늘날에는 대통령제국가에서도 집행부에 법률안 제출권을 인정하는 것이 합목적적이라고 한다. 이에 대한 유보적 견해로는 이관희, 2004: 274를 참조.

현실 면에서 난점이 많다. 대통령제하에서 의회와 더불어 민주적 정당성을 가지는 대통령이 행정부의 수장인 이상 행정부에게 법률안 제출권을 부여하더라도 대의민주주의 헌법구조에 반하는 것은 아니라고 볼 여지가 있기 때문이다. 오히려 우리나라 헌법은 정부에게 법률안제출권을 부여하는 것이 입법권의 국회 귀속 원칙에 반하지 않는다는 견지에 서있다고 볼 수 있다. 또한 '입법권은 국회에 속한다.'고 규정한 헌법 제40조[1]에서 전제 · 요구하고 있는 바, 국회에 속해야 할 '입법권'의 본질 · 내용이 법률안의 발의부터 공포, 발효까지 포괄하는 입법과정 전체를 말하는 것인가 아니며 법률안의 공식적 · 최종적 확정권을 국회가 가질 것을 요구하는 의미인가가 문제될 수 있다. 우리 헌법도 제53조 제1항 및 제3항에서 대통령의 공포권, 거부권을 인정하는데, 이는 후자의 입장을 취한 것으로 볼 수 있는 근거라 할 수 있다. 그렇다면, 헌법개정을 통해 법률안제출권을 다른 국가기관에게 부여하는 것도 법리상 전혀 불가능한 것은 아니라고 볼 수 을 것이다.

이렇게 볼 때, 지방자치와 분권을 촉진시킨다는 견지에서 이 문제에 대한 시각을 전향적으로 재검토해 보는 것은 필요하다고 본다. 가령 지방자치단체의 전국적 협의체나 그 연합체에게 법률안제출권을 부여하되, 법률안이 제출되면 이를 정부가 이어받아 관장하게 한다든지 하여 그에 대한 국회의 심의 및 의결에 개입하지 못하도록 하는 일종의 헌법절충적 대안도 검토해 볼 필요는 있지 않을까 생각한다.

(2) 정책 · 입법과정에 대한 의견 표명 · 제출권

지방자치단체 또는 그 전국적 협의체나 연합체에게 정책 · 입법과정에 대한 의견 표명 · 제출권을 부여하는 것은 연방국가나 단일국가를 막론하고 지방자

---

1) 헌법 제40조는 국회입법의 원칙을 밝힌 것이지만, 헌법상 정부의 법률안 제출권이 이에 반하는 것은 아니라는 것이 헌법학계의 일치된 입장이다. 헌법 제40조의 의미에 관해서는 이를 국회중심입법의 원칙 및 국회단독입법의 원칙을 천명한 것이라고 보는 견해(김철수, 2005: 1125-1126)와 국회단독입법의 원칙이나 국회독점입법의 원칙이라는 의미는 아니라고 보는 견해(허영, 2005: 866, 886)가 대립한다. 헌법이 부여한 정부의 법률안 제출권이나 대통령의 법률안 공포권 내지 법률안 거부권에 대하여, 김철수교수(2005: 1126)는 이를 국회단독입법의 원칙에 대한 예외라고 보는데 비하여 허영교수(2005: 866, 886) 이를 근거로 국회의 입법권은 다른 통치기관의 입법과정 참여를 배제하지 않는다고 한다.

치단체의 국정참여에 관한 가장 표준적인 방식이라 할 수 있다. 구체적으로는 특별한 요건이나 사유없이 개방적으로 의견 표명·제출권을 부여하는 방식과 일정한 요건에 결부시키는 방식이 있다.

가령 현행 지방자치법은 제182조 제4항에서 시·도지사, 시·도의회의 의장, 시장·군수·자치구의 구청장, 시·군·자치구의회의 의장의 전국적 협의체 또는 이들이 모두 참가하는 지방자치단체 연합체에게 지방자치에 직접적인 영향을 미치는 법령 등에 관하여 행정안전부장관을 거쳐 정부에 의견을 제출할 수 있도록 하고 있는데, 이는 의견제출의 대상을 한정하고 또 행정안전부장관 경유라는 절차와 정부에게만 의견을 제출할 수 있도록 하였다는 점에서 제한된 의견 표명·제출제도에 해당한다.

2.2. 수동적인 청취권 부여 방식

지방자치단체의 국정참여를 위한 가장 최소한의 방식으로는 지방자치 관련 정책·입법안에 대한 사전통지제도를 통하여 지방자치에 영향을 미치는 국가정책의 결정이나 변경, 입법 등을 미리 알려주는 것이다. 이는 현행 지방자치법 제182조 제4항의 경우보다도 더 약한 방식이지만, 행정절차법이나 법제업무운영규정과는 달리 입법예고절차를 통하지 않고서도 지방자치단체에게 지방자치 관련 정책·입법안에 대한 사전통지를 받을 수 있는 권리를 보장한다는 점에서 가장 용이하게 실천할 수 있는 방안이라 할 수 있다.

Ⅳ. 실천방안

1. 기본방향

위에서 살펴 본 대안들 가운데는 헌법 수준, 즉 헌법개정을 통한 관련조항의 신설이나 변경을 필요로 하는 것들과 법률 수준, 가령 국회법이나 지방자치법같은 일반법 수준, 각각의 개별법 수준, 법률하위법령 수준, 또는 비입법적 정책 수준에서 관철될 수 있는 것들이 혼재하고 있다. 실현가능성이나 비용·효과의 측면에서 이들 대안 가운데 가장 큰 우선순위를 가지는 방안은 아마도 앞서 소개한 김무성의원등의 지방자치법개정법률안 및 국회법개정법률안처럼 법률개정 수준에서 관철시킬 수 있는 것들일 것으로 판단된다. 가령 제주특별자치도특별법에 의한 입법의견제출제와 같은 제도는 헌법개정 없이도 법률 수준에서 지방자치법이나 국회법 차원에서 도입할 수 있는 정책대안이라 할 수 있다.

그러나 역시 좀 더 근본적인 해결책을 생각한다면 헌법개정이라는 험로를 마냥 회피할 수만은 없을 것이다. 다만, 차기정부 임기중에 단행될 것으로 예상되는 헌법개정이 권력구조와 선거제도에 국한된 이른바 'one point' 개헌이어야 할 필연적인 이유는 없다고 본다면, 그리고 현행 헌법상 지방자치헌법조항인 제117조와 제118조는 비교법적으로는 물론 자치분권형 국가발전전략을 요구하는 시대상황에 비추어 볼 때 지나치게 낙후되어 있고 특히 과거의 중앙집권적 발상에 묶여 있다는 점을 고려하여, 지방자치헌법조항의 수정·보완을 개헌의 목록에 포함시키는 것이 온당하다고 생각한다. 그 철학적 기초는 지방자치를 국가법질서의 불가분의 구성부분으로서 모든 국가행정영역과 관련되는 동시에 한편으로는 국가와 병립적인 협동관계에서 국가영역으로부터 상대적인 자율성을 가진다는 데서 찾아야 할 것이다. 헌법 법리적인 측면에서도 지방자치단체의 국정참여의 물꼬를 제대로 터주기 위해서는 법률안제출권의 부여방안처럼 헌법을 개정하지 않고서는 실현불가능한 부분들이 있을 수 있기 때문이다.

2. 구체적 대안

먼저, 국회에 대한 입법의견 제출제도를 도입하는 방안을 우선적으로 강구해 보아야 할 것이다. 이와 관련하여, 1994년 7월 27일 법원조직법 개정법률(법률 제4765호)에 의해 도입된 대법원장의 입법의견제출 제도를 참조해 볼 필요가 있다. 법원조직법 제9조 제3항의 규정에 따르면, 대법원장은 법원의 조직, 인사, 운영, 재판절차, 등기, 가족관계등록 기타 법원업무에 관련된 법률의 제정 또는 개정이 필요하다고 인정하는 경우에는 국회에 서면으로 그 의견을 제출할 수 있다. 이와 유사하게 지방자치법 또는 국회법에 헌법이 보장하고 있는 지방자치의 발전을 위하여 법률의 제정 또는 개정이 절실히 필요하다고 인정하는 경우에는 지방자치단체의 전국적 협의체 또는 연합체에게 국회에 서면으로 그 의견을 제출할 수 있도록 하는 조항을 신설하는 방안도 검토해 볼 필요가 있을 것이다.

아울러 국회 상임위원회 형태로 가칭 '지방자치 특별위원회'를 설치하여 지방자치 관련 법률안, 결의안 등을 심의하도록 하고, 지방자치에 영향을 미치는 법률안의 입법에 있어 필요적 절차요건으로 법정하거나[1] 지방자치영향평가제도를 도입하여 기능상 연계하는 방안(최환용, 2006)도 구상해 볼 필요가 있다.

반면, 법원행정처장 및 차장이 사법행정에 관하여 국회 또는 국무회의에 출석하여 발언할 수 있도록 한 법원조직법 제69조의 경우처럼 지방자치단체의 전국적 협의체나 연합체 대표에게 지방자치의 현황과 관심사에 관하여 국무회의, 국회 또는 국회 해당 상임위원회에 출석하여 발언할 수 있도록 하는 방안도 생각해 볼 수 있을 것이다.

둘째, 차선책으로 지방자치법 제182조의 개정이 시급히 요구된다. 앞서 살펴 본 바와 같이 의견제출의 대상이 '지방자치에 직접적인 영향을 미치는 법령'으로 한정되어 있고, 또 행정안전부장관 경유라는 절차적 요건이 부과되어 있으며, 그 의견제출의 상대방도 정부에 한정되어 있다는 문제점을 해소할 필요가 있을 것이다. 가령, 지방자치법 제182조 제4항에서 직접성의 요건을 삭제하고, 제출할 의견의 대상 범위도 현행법상 '지방자치에 영향을 미치는 법령 또는 그 밖의 정책 또는 행정결정' 정도로 확대하는 방안을 강구해 볼 필요가 있다. 또한 의견의 제출 대상기관도 정부에 한정할 것이 아니라, 일본의 예에

1) 가령 예산 관련 법률안에 대한 예산결산특별위원회와의 협의를 의무화한 국회법 제83조의2 제1항의 경우처럼 지방자치에 직·간접적 영향을 미치는 법률안을 심사하는 소관위원회는 미리 지방자치특별위원회와의 협의를 거쳐야 한다고 규정하는 방안도 검토해 볼 수 있을 것이다.

서 보듯이 정부와 국회(또는 관련 상임위원회)로 확대할 필요가 있다(박수헌, 2005: 190-191; 최철호, 2005: 455).

그 밖에도 또한 일본의 2000년 지방자치법 개정이나 앞서 본 김무성의원등의 지방자치법개정법률안처럼 국회 또는 정부가 의견을 받은 날부터 일정기간 내에 그 처리결과를 통지하도록 하는 조항을 신설할 필요가 있다(최철호, 2005: 455).

3. 부수적 제도개선

부수적으로 지방자치단체의 국정참여를 보다 용이하게 하기 위해서는 지방자치에 관한 감독권을 가진 행정안전부의 조직과 기능을 재설계하는 방안도 함께 모색해 볼 필요가 있다. 정부조직법(일부개정 2007.5.11 법률 제8417호) 제34조 제1항의 규정에 따르면 행정안전부장관은 지방자치제도, 지방자치단체의 사무지원·재정·세제, 지방자치단체간 분쟁조정에 관한 사무를 관장하도록 되어 있다.

그러나 지방자치단체에 대한 총괄·지원기능을 '행정각부' 조직인 행정안전부에 맡기는 것은 지방자치에 대한 헌법적 보장의 취지에서 보나 미래지향적 국가발전전략인 자치·분권화 정책에 따른 지방자치단체의 국정참여 강화라는 관점에서 보나 온당치 못하다. 이러한 견지에서 행정안전부의 소관업무중 정부조직과 정원의 관리, 정부혁신, 행정능률, 전자정부 등 총무·일반행정에 속하는 기능은 이를 가칭 '대통령부' 또는 '대통령실'로 이관하고, 지방자치 관련기능은 이를 국무총리 소속 국무조정실로 이관하거나 별도로 가칭 '자치행정처'를 만들어 관할하도록 하되, 직접 지방자치단체의 상급감독기관이나 총괄기관으로서의 지위 및 기능이 아니라 지방자치제도 일반과 지방자치단체간 조정만을 담당하도록 하는 방안을 검토해 볼 필요가 있다. 경찰, 소방 등은 국무총리 산하 외청으로 독립시키면 될 것이다. 가장 대표적인 대통령제 모델을 채택한 미국의 경우, 정부혁신이나 행정능률, 전자정부 등을 대통령 소속 관리예산처(Office of Management and Budget(OMB))의 관할로 하여 정책의

통일성과 집행의 실효성·일관성을 확보하고 있는데 이를 참조할 필요가 있다.1)

> 종래 지방자치사무를 빼면 행정안전부의 존속을 염려해야 한다는 우려가 없지 않았다. 그러나 행정안전부장관은 그 밖에도 국무회의의 서무, 법령 및 조약의 공포, 공무원의 복무 및 연금관리 상훈, 정부조직과 정원의 관리, 정부혁신, 행정능률, 전자정부, 정부청사의 관리, 선거, 국민투표, 민방위·재난관리제도에 관한 사무를 관장하고, 국가의 행정사무로서 다른 중앙행정기관의 소관에 속하지 아니하는 사무를 처리하며, 치안에 관한 사무를 관장하기 위한 경찰청과 소방, 방재, 민방위 운영 및 안전관리에 관한 사무를 관장하기 위한 소방방재청의 소속 중앙행정기관으로서의 임무를 수행해야 하므로, 지방자치사무가 없이도 충분한 소관업무를 보유한다. 경우에 따라서는 지방자치에 관한 사무를 제외한 소관업무를 가진 기관으로 행정안전부를 유지하는 방안도 차선책으로 고려할 수 있을 것이다.

V. 결 론

가장 잘못된 해법은 잘못 정의된 문제에 대한 해법이다. 지방자치단체의 국정참여 문제는 과거 중앙집권적 타성에 젖어 당연시 해 왔던 국가중심주의의 유제를 재검토하는 문제이기도 하다. 오늘날 지방자치단체 없는 국정은 더 이상 생각할 수 없다. 지방자치단체는 이미 국정의 일상 한가운데 들어와 있다. 근 7-8할에 가까운 국가사무를 수행하면서 국정에 대해서는 입을 닫고 있어야 한다는 것은 중앙집권적 억지일 뿐이다. 중앙통제가 다른 모든 요구들을 압도하는 현실 속에서는 제대로 된 지방자치를 기대할 수 없고, 나아가 자치분권형 국가발전전략이라는 한 차원 높은 기대 목표 역시 수사적(rhetoric) 수준에

---

1) 미국의 경우 OMB는 법정부서(Statutory Office)로 연방재무관리국(Office of Federal Financial Management), 연방조달국(Office of Federal Procurement Policy), 전자정부 및 IT 국(Office of E-Government & Information Technology), 연방정보·규제사무국(Office of Information & Regulatory Affairs)을 두고 있다(http://www.whitehouse.gov/omb/omb_org_chart.pdf).

그치고 만다. 그러한 관점에서 일본에서의 지방자치단체의 국정에의 참가는 지방자치단체에 있어 1차적인 임무는 주민의 의사를 수렴하는 것이고, 2차적인 임무로서는 이러한 주민의 의사를 국정에 반영하는 것이라는 뜻에서 일종의 확대된 주민참가제도라고 이해되고 있다는 사실(최철호, 2005: 455)은 시사하는 바 크다. 지방자치단체의 국정참여 문제는 실은 대표되어지는 자와 대표자 간의 주인-대리인 문제에 대한 하나의 해결책이자 대의민주제의 '끊어진 고리'(missing link)를 잇는 문제이기도 하다. 실용적 관점에서도 지방자치단체의 국정참여가 가지는 긍정적인 측면, 즉 지방의 아이디어와 지혜의 상향식 반영과 국가와 지방, 지방상호간 갈등해소를 통한 사회적 비용의 회피 등을 기대할 수 있다는 점에서 대의민주주의적 헌법구조하에서 허용되는 최대한으로 참여기회를 확대하는 것이 소망스럽다.

CHAPTER

제 5 절 사법기관과 지방자치단체의 관계

법원은 지방자치단체 및 그 기관과 관련된 각종의 소송을 통해 지방자치단체의 활동에 영향을 미친다. 지방자치단체의 장의 처분에 대한 항고소송, 지방자치법상의 항고소송(§ 188 ⑥; § 189 ⑥), 지방자치단체에 대한 공법상 법률관계에 관한 소송(공법상 당사자소송) 및 지방자치법상의 기관소송(§ 120 ③; § 192 ④) 등이 그 대표적 예라 할 수 있다.

제 6 장

지방자치단체 상호간의 관계

◆ Section ◆

CHAPTER

제 1 절 기본적 관계

지방자치단체들은 광역행정·능률행정을 위해 서로 적극적인 협력관계(사무의 위탁·행정협의회의 설치·지방자치단체조합의 설립 등)를 맺고 또 분쟁이 생겼을 때 이를 대립적인 쟁송보다는 상호간의 협상과 양보를 통한 조정을 통해 해결할 필요가 있다. 지방자치법은 이러한 견지에서 지방자치단체 상호간의 관계를 기본적으로 독립대등한 관계로 설정하고 이를 위한 규정들을 마련하고 있다.

지방자치단체간 협력방식으로는 행정협의회와 지방자치단체조합, 그리고 단체장 및 의회의장 협의회 등의 조직체를 매개로 한 협력과 사무위탁 등 개별사안에 관한 협력방식이 있고, 분쟁의 조정을 위해 분쟁조정기구와 분쟁조정절차가 작동되고 있다. 그리고 헌법상 자치단체간 권한쟁의도 분쟁조정기능을 수행하고 있다.

CHAPTER

제 2 절

지방자치단체간 협력관계

제 1 관 개 설

지방자치단체 상호 간의 관계의 기조는 협력관계이다. 지방자치법 역시 그런 견지에서 다음과 같이 규정하고 있다. 지방자치단체는 다른 지방자치단체로부터 사무의 공동처리에 관한 요청이나 사무처리에 관한 협의 · 조정 · 승인 또는 지원의 요청을 받으면 법령의 범위에서 협력하여야 한다(§ 164).

협력의 방식으로는 사무위탁, 행정협의회, 지방자치단체조합, 지방자치단체의 연합체 등을 들 수 있다.

제 2 관 지방자치단체간 협력방식

Ⅰ. 사무위탁

1. 의 의

지방자치법은 제168조에서 지방자치단체간 협력의 방식으로 사무위탁에 관하여 규정하고 있다. 이에 따르면 지방자치단체나 그 장은 소관 사무의 일부를 다른 지방자치단체나 그 장에게 위탁하여 처리하게 할 수 있다(§ 168 ① 전단).

2. 사무위탁의 대상과 방식

사무위탁은 소관사무의 일부에 대해서만 가능하다. 사무의 위탁은 동급 또는 하급의 지방자치단체 또는 그 장에 대해서 하도록 되어 있다. 이 경우 지방자치단체의 장은 사무 위탁의 당사자가 시·도나 그 장이면 행정안전부장관과 관계 중앙행정기관의 장에게, 시·군 및 자치구나 그 장이면 시·도지사에게 이를 보고하여야 한다(§ 168 ① 후단).

지방자치단체나 그 장이 사무를 위탁하려면 관계 지방자치단체와의 협의에 따라 규약을 정하여 고시하여야 한다(§ 168 ②). 사무위탁에 관한 규약에는 다음 각 호의 사항이 포함되어야 한다(§ 168 ③).

1. 사무를 위탁하는 지방자치단체와 사무를 위탁받는 지방자치단체
2. 위탁사무의 내용과 범위
3. 위탁사무의 관리와 처리방법
4. 위탁사무의 관리와 처리에 드는 경비의 부담과 지출방법
5. 그 밖에 사무위탁에 관하여 필요한 사항

3. 사무위탁의 변경·해지

지방자치단체나 그 장은 사무위탁을 변경하거나 해지하려면 관계 지방자치단체나 그 장과 협의하여 그 사실을 고시하고, 제1항의 예에 따라 행정안전부장관과 관계 중앙행정기관의 장 또는 시·도지사에게 보고하여야 한다(§ 168 ④).

4. 위탁된 사무의 관리와 처리에 관한 조례나 규칙의 적용

사무가 위탁된 경우 위탁된 사무의 관리와 처리에 관한 조례나 규칙은 규약에 다르게 정하여진 경우 외에는 사무를 위탁받은 지방자치단체에 대하여도 적용한다(§ 168 ⑤).

Ⅱ. 행정협의회

1. 의 의

지방자치단체는 두 개 이상의 지방자치단체에 관련된 사무의 일부를 공동으로 처리하기 위하여 지방자치단체간의 행정협의회를 구성할 수 있다.

2. 행정협의회의 구성

지방자치단체는 2개 이상의 지방자치단체에 관련된 사무의 일부를 공동으로 처리하기 위하여 관계 지방자치단체 간의 행정협의회(이하 "협의회"라 한다)를 구성할 수 있다(§ 169 ① 전단). 이 경우 지방자치단체의 장은 시·도가 구성원이면 행정안전부장관과 관계 중앙행정기관의 장에게, 시·군 또는 자치구가 구성원이면 시·도지사에게 이를 보고하여야 한다(§ 169 ① 후단).

지방자치단체는 협의회를 구성하려면 관계 지방자치단체 간의 협의에 따라 규약을 정하여 관계 지방의회의 의결을 각각 거친 다음 고시하여야 한다(§ 169 ②).

행정안전부장관이나 시·도지사는 공익상 필요하면 관계 지방자치단체에 대하여 협의회를 구성하도록 권고할 수 있다(§ 169 ③).

3. 협의회의 조직과 규약

3.1. 협의회의 조직

협의회는 회장과 위원으로 구성하며(§ 169 ①), 회장과 위원은 규약으로 정하는 바에 따라 관계 지방자치단체의 직원 중에서 선임한다(§ 169 ②).

회장은 협의회를 대표하며 회의를 소집하고 협의회의 사무를 총괄한다(§ 170 ③).

3.2. 협의회의 규약

협의회의 규약에는 다음 각 호의 사항이 포함되어야 한다(§ 171).

1. 협의회의 명칭
2. 협의회를 구성하는 지방자치단체
3. 협의회가 처리하는 사무
4. 협의회의 조직과 회장 및 위원의 선임방법
5. 협의회의 운영과 사무 처리에 필요한 경비의 부담이나 지출방법
6. 그 밖에 협의회의 구성과 운영에 관하여 필요한 사항

4. 협의회의 자료제출요구 등

협의회는 사무를 처리하기 위하여 필요하다고 인정하면 관계 지방자치단체의 장에게 자료 제출, 의견 개진, 그 밖에 필요한 협조를 요구할 수 있다(§ 172).

5. 협의사항의 조정

5.1. 조 정

협의회에서 합의가 이루어지지 않은 사항에 대하여 관계 지방자치단체의 장이 조정 요청을 하면 시 · 도 간의 협의사항에 대하여는 행정안전부장관이, 시 · 군 및 자치구 간의 협의사항에 대하여는 시 · 도지사가 조정할 수 있다(§ 173 ① 본문). 다만, 관계되는 시 · 군 및 자치구가 2개 이상의 시 · 도에 걸치는 경우에는 행정안전부장관이 조정할 수 있다(§ 173 ① 단서).

행정안전부장관이나 시 · 도지사가 제1항에 따라 조정을 하려면 관계 중앙행정기관의 장과의 협의를 거쳐 제149조에 따른 분쟁조정위원회의 의결에 따라 조정하여야 한다(§ 173 ②).

5.2. 협의회의 협의 및 사무처리의 효력

협의회를 구성한 관계 지방자치단체는 협의회가 결정한 사항이 있으면 그 결정에 따라 사무를 처리하여야 한다(§ 174 ①).

제156조제1항에 따라 행정안전부장관이나 시·도지사가 조정한 사항에 관하여는 제148조제3항부터 제6항까지의 규정을 준용한다(§ 174 ②).

협의회가 관계 지방자치단체나 그 장의 명의로 한 사무의 처리는 관계 지방자치단체나 그 장이 한 것으로 본다(§ 174 ③).

6. 협의회의 규약변경 및 폐지

지방자치단체가 협의회의 규약을 변경하거나 협의회를 없애려는 경우에는 제169조 제1항과 제2항을 준용한다(§ 175).

Ⅲ. 지방자치단체조합

1. 의 의

지방자치단체조합이란 2개 이상의 지방자치단체가 하나 또는 둘 이상의 사무를 공동으로 처리하기 위하여 설립한 법인이다. 본래 지방자치단체조합에는 자치단체의 사무의 일부를 공동처리하기 위한 '일부사무조합'과 그 전부를 공동처리하기 위한 '전부사무조합'이 있는데, 현행법에서는 하나 또는 둘 이상의 사무의 공동처리를 위한 조합, 즉 일부사무조합만을 인정하고 있다(§ 176 이하).

2. 지방자치단체조합의 설립

2개 이상의 지방자치단체가 하나 또는 둘 이상의 사무를 공동으로 처리할 필요가 있을 때에는 규약을 정하여 그 지방의회의 의결을 거쳐 시·도는 행정안전부장관의, 시·군 및 자치구는 시·도지사의 승인을 받아 지방자치단체조합을 설립할 수 있다(§ 176 ① 전단). 다만, 지방자치단체조합의 구성원인 시·군 및 자치구가 2개 이상의 시·도에 걸치는 지방자치단체조합은 행정안전부장관의 승인을 받아야 한다(§ 176 ① 후단).

지방자치단체조합은 법인으로 한다(§ 176 ②). 조합은 특별지방자치단체의 일종이라는 견해가 있으나 자치권이나 주민, 관할구역의 구비 여부 등과 관련하여 논란의 소지가 있다.

3. 지방자치단체조합의 규약과 조직

3.1. 지방자치단체조합의 규약

지방자치단체조합의 규약에는 다음 각 호의 사항이 포함되어야 한다(§ 179).

1. 지방자치단체조합의 명칭
2. 지방자치단체조합을 구성하는 지방자치단체
3. 사무소의 위치
4. 지방자치단체조합의 사무
5. 지방자치단체조합회의의 조직과 위원의 선임방법
6. 집행기관의 조직과 선임방법
7. 지방자치단체조합의 운영 및 사무처리에 필요한 경비의 부담과 지출방법
8. 그 밖에 지방자치단체조합의 구성과 운영에 관한 사항

3.2. 지방자치단체조합의 조직

지방자치단체조합에는 지방자치단체조합회의와 지방자치단체조합장 및 사무직원을 둔다(§ 177 ①). 지방자치단체조합회의의 위원과 지방자치단체조합장 및 사무직원은 지방자치단체조합규약으로 정하는 바에 따라 선임한다(§ 177

②).

관계 지방자치단체의 의회 의원과 그 지방자치단체의 장은 제35조제1항과 제96조제1항에도 불구하고 지방자치단체조합회의의 위원이나 지방자치단체조합장을 겸할 수 있다(§ 177 ③).

3.3. 지방자치단체조합회의와 조합장

지방자치단체조합회의는 지방자치단체조합의 규약으로 정하는 바에 따라 지방자치단체조합의 중요 사무를 심의·의결한다(§ 178 ①).

지방자치단체조합회의는 지방자치단체조합이 제공하는 역무에 대한 사용료·수수료 또는 분담금을 제139조제1항에 따른 조례의 범위 안에서 정할 수 있다(§ 178 ②).

지방자치단체조합장은 지방자치단체조합을 대표하며 지방자치단체조합의 사무를 총괄한다(§ 178 ③).

4. 지방자치단체조합의 지도·감독

시·도가 구성원인 지방자치단체조합은 행정안전부장관의, 시·군 및 자치구가 구성원인 지방자치단체조합은 1차로 시·도지사의, 2차로 행정안전부장관의 지도·감독을 받는다(§ 180 ① 전단). 다만, 지방자치단체조합의 구성원인 시·군 및 자치구가 2개 이상의 시·도에 걸치는 지방자치단체조합은 행정안전부장관의 지도·감독을 받는다(§ 180 ① 후단).

행정안전부장관은 공익상 필요하면 지방자치단체조합의 설립이나 해산 또는 규약의 변경을 명할 수 있다(§ 180 ②).

5. 지방자치단체조합의 규약변경 및 해산

지방자치단체조합의 규약을 변경하거나 지방자치단체조합을 해산하려는 경우에는 제159조제1항을 준용한다(§ 181 ①).

지방자치단체조합을 해산한 경우에 그 재산의 처분은 관계 지방자치단체의 협의에 따른다(§ 181 ②).

Ⅳ. 지방자치단체의 장 등의 협의체

1. 의 의

지방자치법은 지방자치단체의 장 또는 지방의회의 의장에게 상호간의 교류와 협력을 증진하고 공동의문제를 협의하기 위하여 광역과 기초별로 전국적 협의체를 설립할 수 있도록 법적 근거를 마련해 두고 있다(§ 182). 이는 과거에 임의단체로 있던 조직을 법정단체화한 것으로서 설립시 신고를 하도록 하고 지방자치에 직접적인 영향을 미치는 법령 등에 관하여 행정안전부장관을 거쳐 정부에 의견을 제출할 수 있도록 하였다.

2. 지방자치단체의 장 등의 협의체의 설립

지방자치단체의 장이나 지방의회의 의장은 상호 간의 교류와 협력을 증진하고, 공동의 문제를 협의하기 위하여 다음 각 호의 구분에 따라 각각 전국적 협의체를 설립할 수 있다(§ 182 ①).

1. 시・도지사
2. 시・도의회의 의장
3. 시장・군수・자치구의 구청장
4. 시・군・자치구의회의 의장

위와 같은 전국적 협의체들은 다시 이들 모두가 참가하는 지방자치단체 연합체를 설립할 수 있다(§ 182 ②).

제1항에 따른 협의체나 제2항에 따른 연합체를 설립한 때에는 그 협의체의

대표자는 지체 없이 행정안전부장관에게 신고하여야 하며(§ 182 ③), 그 설립 신고와 운영, 그 밖에 필요한 사항은 대통령령으로 정하도록 위임되어 있다(§ 182 ⑦).

3. 협의체와 연합체의 권한

지방자치법은 이들 협의체나 연합체에게 매우 주목할만한 역할을 부여하고 있다.

협의체나 연합체는 지방자치에 직접적인 영향을 미치는 법령 등에 관한 의견을 행정안전부장관에게 제출할 수 있고, 행정안전부장관은 제출된 의견을 관계 중앙행정기관의 장에게 통보하여야 한다(§ 182 ④). 관계 중앙행정기관의 장은 제4항에 따라 통보된 내용에 대하여 통보를 받은 날부터 2개월 이내에 타당성을 검토하여 행정안전부장관에게 그 결과를 통보하여야 하고, 행정안전부장관은 통보받은 검토 결과를 해당 협의체나 연합체에 지체 없이 통보하여야 한다. 이 경우 관계 중앙행정기관의 장은 검토 결과 타당성이 없다고 인정하면 구체적인 사유 및 내용을 명시하여 통보하여야 하며, 타당하다고 인정하면 관계 법령에 그 내용이 반영될 수 있도록 적극 협력하여야 한다(§ 182 ⑤).

위 협의체와 연합체는 지방자치와 관련된 법률의 제정·개정 또는 폐지가 필요하다고 인정하는 경우 국회에 서면으로 의견을 제출할 수 있다(§ 182 ⑥).

협의체와 연합체의 이 권한들은 법률안 제출권이 아니라 단순한 입법의견 제출권에 불과하고 또 법적 구속력도 없으나, 지방자치단체 장의 전국적 협의체나 연합체가 지방자치에 직접적인 영향을 미치는 법령 등에 관하여 통일된 입법의견을 표명할 경우 사실상 이를 거부하기가 쉽지는 않을 것으로 생각된다.

협의체와 연합체의 설립신고와 운영, 그 밖에 필요한 사항은 대통령령으로 정한다(§ 182 ⑦).

CHAPTER

제 3 절

지방자치단체 상호간의 분쟁 조정

제 1 관 지방자치단체간 분쟁조정제도의 의의와 필요성

지방자치단체간 분쟁이란 자치단체 상호간 또는 단체장 상호간에 사무를 처리함에 있어서 의견을 달리 하여 다툼이 있는 상태를 말한다. 이러한 지방자치단체간 분쟁은 당사자 간에 원만하게 조정이 되면 가장 바람직하지만 그렇게 합의조정되지 못할 경우에는 결국 법에 따라 재판을 통해 해결될 수밖에 없다. 그러나 사법적 해결은 시간이 많이 걸리고 비용부담이 크며 도 불확실성이 따를 뿐만 아니라 주로 해결책을 법적 척도에 의존하는데 따르는 경직성 등 한계가 따른다. 그리하여 지방자치법은 지방자치의 이념과 제도 취지를 잘 살릴 수 있으면서도 사법적 해결에 비해 더 신속하고 효율적인 분쟁해결방안, 즉 대체적 분쟁해결(ADR)로서 조정(調整)제도를 도입하게 된 것이다.

제 2 관 지방자치단체간 분쟁조정

Ⅰ. 의 의

지방자치단체 상호 간이나 지방자치단체의 장 상호 간 사무를 처리할 때 의견이 달라 다툼이 생기면 다른 법률에 특별한 규정이 없으면 행정안전부장관이나 시·도지사가 당사자의 신청에 따라 조정(調整)할 수 있다(§ 164 ① 본문). 당사자의 신청에 따른 임의조정이 원칙이지만 예외적으로 직권조정도 가능하다. 다만, 그 분쟁이 공익을 현저히 저해하여 조속한 조정이 필요하다고 인정되면 당사자의 신청이 없어도 직권으로 조정할 수 있다(§ 164 ① 단서).

Ⅱ. 지방자치단체중앙분쟁조정위원회 등의 설치와 구성 · 운영

1. 설 치

법 제148조제1항에 따른 분쟁 조정과 제156조제1항에 따른 협의사항 조정에 필요한 사항을 심의 · 의결하기 위하여 행정안전부에 지방자치단체중앙분쟁조정위원회("중앙분쟁조정위원회")와 시 · 도에 지방자치단체지방분쟁조정위원회("지방분쟁조정위원회")를 둔다(§ 165 ①).

2. 분쟁조정위원회의 관할

2.1. 중앙분쟁조정위원회

중앙분쟁조정위원회는 다음 각 호의 분쟁을 심의 · 의결한다(§ 166 ②).

1. 시 · 도 간 또는 그 장 간의 분쟁
2. 시 · 도를 달리하는 시 · 군 및 자치구 간 또는 그 장 간의 분쟁
3. 시 · 도와 시 · 군 및 자치구 간 또는 그 장 간의 분쟁
4. 시 · 도와 지방자치단체조합 간 또는 그 장 간의 분쟁
5. 시 · 도를 달리하는 시 · 군 및 자치구와 지방자치단체조합 간 또는 그 장 간의 분쟁
6. 시 · 도를 달리하는 지방자치단체조합 간 또는 그 장 간의 분쟁

2.2. 지방분쟁조정위원회

지방분쟁조정위원회는 제2항 각 호에 해당하지 아니하는 지방자치단체 · 지방자치단체조합 간 또는 그 장 간의 분쟁을 심의 · 의결한다(§ 166 ③).

3. 구 성

중앙분쟁조정위원회와 지방분쟁조정위원회(이하 "분쟁조정위원회"라 한다)는 각각 위원장을 포함한 11명 이내의 위원으로 구성한다(§ 166 ④).

중앙분쟁조정위원회의 위원장과 위원 중 5명은 다음 각 호에 해당하는 자 중에서 행정안전부장관의 제청으로 대통령이 임명하거나 위촉하고, 대통령령으로 정하는 중앙행정기관 소속 공무원은 당연직위원이 된다(§ 166 ⑤).

1. 대학에서 부교수 이상으로 3년 이상 재직 중이거나 재직한 자
2. 판사·검사 또는 변호사의 직에 6년 이상 재직 중이거나 재직한 자
3. 그 밖에 지방자치사무에 관한 학식과 경험이 풍부한 자

지방분쟁조정위원회의 위원장과 위원 중 5명은 위 각 호에 해당하는 자 중에서 시·도지사가 임명하거나 위촉하고, 조례로 정하는 해당 지방자치단체 소속 공무원은 당연직위원이 된다(§ 166 ⑥).

공무원이 아닌 위원장 및 위원의 임기는 3년으로 하되, 연임할 수 있다. 다만, 보궐위원의 임기는 전임자의 남은 임기로 한다(§ 166 ⑦).

3. 분쟁조정위원회의 운영 등

분쟁조정위원회는 위원장을 포함한 위원 7명 이상의 출석으로 개의하고, 출석위원 3분의 2 이상의 찬성으로 의결한다(§ 167 ①).

분쟁조정위원회의 위원장은 분쟁의 조정과 관련하여 필요하다고 인정하면 관계 공무원, 지방자치단체조합의 직원 또는 관계 전문가를 출석시켜 의견을 듣거나 관계 기관이나 단체에 대하여 자료 및 의견 제출 등을 요구할 수 있다(§ 167 ② 전단). 이 경우 분쟁의 당사자에게는 의견을 진술할 기회를 주어야 한다(§ 167 ② 후단).

이 법에서 정한 사항 외에 분쟁조정위원회의 구성과 운영 등에 관하여 필요한 사항은 대통령령으로 정하도록 되어 있다(§ 167 ③).

Ⅲ. 분쟁조정절차

1. 통 지

분쟁조정은 통상 당사자의 신청에 따라 제기되기 때문에 별도의 통지가 없어도 당사자가 분쟁조정절차의 개시를 알게 되겠지만, 직권분쟁조정의 경우 이를 당사자에게 반드시 알려주어야 할 필요가 있다. 이에 지방자치법은 행정안전부장관이나 시・도지사가 직권으로 분쟁을 조정하는 경우에는 그 취지를 미리 당사자에게 알려야 한다고 규정하고 있다(§ 165 ②).

2. 분쟁조정위원회의 의결

행정안전부장관이나 시・도지사가 분쟁을 조정하고자 할 때에는 관계 중앙행정기관의 장과의 협의를 거쳐 제166조에 따른 지방자치단체중앙분쟁조정위원회나 지방자치단체지방분쟁조정위원회의 의결에 따라 조정하여야 한다(§ 165 ③).

3. 조정결정의 통보와 효력

행정안전부장관이나 시・도지사는 조정에 대하여 결정을 하면 서면으로 지체 없이 관계 지방자치단체의 장에게 통보하여야 하며, 통보를 받은 지방자치단체의 장은 그 조정결정사항을 이행하여야 한다(§ 165 ④).

이와 관련 대법원은 지방자치법 제165조 제1항에 따른 행정안전부장관이나 시・도지사의 분쟁조정결정의 처분성을 부정하고 있다.

< 지방자치 분쟁조정결정의 처분성 인정여부 >

"지방자치법 제148조 제4항, 제7항, 제170조 제3항의 내용과 체계, 지방자

치법 제148조 제1항에 따른 지방자치단체 또는 지방자치단체의 장 상호 간 분쟁에 대한 조정결정(이하 '분쟁조정결정'이라 한다)의 법적 성격 및 분쟁조정결정과 이행명령 사이의 관계 등에 비추어 보면, 행정자치부장관이나 시·도지사의 분쟁조정결정에 대하여는 후속의 이행명령을 기다려 대법원에 이행명령을 다투는 소를 제기한 후 그 사건에서 이행의무의 존부와 관련하여 분쟁조정결정의 위법까지 함께 다투는 것이 가능할 뿐, 별도로 분쟁조정결정 자체의 취소를 구하는 소송을 대법원에 제기하는 것은 지방자치법상 허용되지 아니한다. 나아가 분쟁조정결정은 상대방이나 내용 등에 비추어 행정소송법상 항고소송의 대상이 되는 처분에 해당한다고 보기 어려우므로, 통상의 항고소송을 통한 불복의 여지도 없다."1)

한편 지방자치단체의 자치사무가 다른 지방자치단체나 그 주민의 보호할 만한 가치가 있는 이익을 침해하는 경우, 지방자치법 제165조에서 정한 분쟁조정 대상 사무가 될 수 있으며, 지방자치법 제165조에서 정한 분쟁조정 대상 사무인 자치사무에 관하여 분쟁조정결정이 있었으나 지방자치 단체가 조정결정을 성실히 이행하지 않은 경우, 지방자치단체의 장에 대하여 조정결정사항의 이행을 위한 직무이행명령을 할 수 있다는 것이 대법원의 판례이다.

< 자치사무와 분쟁조정 및 직무이행명령 가부 >

[1] 지방자치법 제148조 제1항, 제3항, 제4항의 내용 및 체계에다가 지방자치법이 분쟁조정절차를 둔 입법 취지가 지방자치단체 상호 간이나 지방자치단체의 장 상호 간 사무처리 과정에서 분쟁이 발생하는 경우 당사자의 신청 또는 직권으로 구속력 있는 조정절차를 진행하여 이를 해결하고자 하는 데 있는 점, 분쟁조정 대상에서 자치사무를 배제하고 있지 않은 점 등을 종합하면, 지방자치단체의 자치사무라도 당해 지방자치단체에 내부적인 효과만을 발생시키는 것이 아니라 그 사무로 인하여 다른 지방자치단체나 그 주민의 보호할 만한 가치가 있는 이익을 침해하는 경우에는 지방자치법 제148조에서 정한 분쟁조정 대상 사무가 될 수 있다.

1) 대법원 2015. 9. 24. 선고 2014추613 판결(충남남포지구부사공구매립지귀속지방자치단체결정취소).

[2] 지방자치법 제148조 제7항, 제170조 제1항에 의하면, 지방자치법 제148조에서 정한 분쟁조정 대상 사무가 될 수 있는 자치사무에 관하여 분쟁조정결정이 있었음에도 조정결정사항을 성실히 이행하지 않은 지방자치단체에 대하여는 제148조 제7항에 따라 제170조를 준용하여 지방자치단체를 대표하는 지방자치단체의 장에 대하여 조정결정사항의 이행을 위하여 직무이행명령을 할 수 있다.[1)]

4. 지방자치단체 장의 의무

조정결정사항 중 예산이 수반되는 사항에 대하여는 관계 지방자치단체는 필요한 예산을 우선적으로 편성하여야 하며(§ 148 ⑤ 전단), 그 경우 연차적으로 추진하여야 할 사항은 연도별 추진계획을 행정안전부장관이나 시ㆍ도지사에게 보고하여야 한다(§ 165 ⑤ 후단).

행정안전부장관이나 시ㆍ도지사는 조정결정에 따른 시설의 설치 또는 역무의 제공으로 이익을 받거나 그 원인을 일으켰다고 인정되는 지방자치단체에 대하여는 그 시설비나 운영비 등의 전부나 일부를 행정안전부장관이 정하는 기준에 따라 부담하게 할 수 있다(§ 165 ⑥).

조정결정사항의 실효성을 확보하기 위하여 법은 관계 지방자치단체가 조정결정사항의 이행을 명백히 태만하는 경우 제170조를 준용하여 직무이행명령을 발할 수 있도록 하고, 소정의 기간 안에 이행하지 아니하는 경우는 당해 지방자치단체장의 비용으로 대집행을 하거나 행정ㆍ재정상의 필요한 조치를 할 수 있도록 하였다(§ 165 ⑦).

< 참고: 관할 허가청인 지방자치단체 장 상대로 한 건축협의취소의 취소 가능 여부 >

"구 건축법(2011. 5. 30. 법률 제10755호로 개정되기 전의 것) 제29조 제1항, 제2항, 제11조 제1항 등의 규정 내용에 의하면, 건축협의의 실질은 지방자치단체 등에 대한 건축허가와 다르지 않으므로, 지방자치단체 등이 건축물

1) 대법원 2016. 7. 22. 선고 2012추121 판결(직무이행명령에 대한 이의).

을 건축하려는 경우 등에는 미리 건축물의 소재지를 관할하는 허가권자인 지방자치단체의 장과 건축협의를 하지 않으면, 지방자치단체라 하더라도 건축물을 건축할 수 없다. 그리고 구 지방자치법 등 관련 법령을 살펴보아도 지방자치단체의 장이 다른 지방자치단체를 상대로 한 건축협의 취소에 관하여 다툼이 있는 경우에 법적 분쟁을 실효적으로 해결할 구제수단을 찾기도 어렵다.

따라서 건축협의 취소는 상대방이 다른 지방자치단체 등 행정주체라 하더라도 '행정청이 행하는 구체적 사실에 관한 법집행으로서의 공권력 행사'(행정소송법 제2조 제1항 제1호)로서 처분에 해당한다고 볼 수 있고, 지방자치단체인 원고가 이를 다툴 실효적 해결 수단이 없는 이상, 원고는 건축물 소재지 관할 허가권자인 지방자치단체의 장을 상대로 항고소송을 통해 건축협의 취소의 취소를 구할 수 있다."[1]

제 3 관 헌법재판소에 의한 권한쟁의심판

조정불성립시 지방자치단체 상호간의 권한쟁의는 헌법재판소의 권한쟁의 심판을 통해 해결된다(헌법 § 111 ① iv, 헌법재판소법 § 62). 이에 대한 설명은 생략한다.

1) 대법원 2014. 2. 27. 선고 2012두22980 판결(건축협의취소처분취소).

CHAPTER 제 4 절

서울특별시 등 대도시행정의 특례

지방자치법은 서울특별시 등 대도시와 세종특별자치시 및 제주특별자치도에 대하여 행정특례를 인정하는 규정을 두고 있다.

첫째, 대도시 관할구역 안의 자치구 상호간의 재정조정에 관한 사항인 바, 특별시장이나 광역시장은 「지방재정법」에서 정하는 바에 따라 해당 지방자치단체의 관할 구역 안의 자치구 상호 간의 재원을 조정하여야 한다(§ 196).

둘째, 서울특별시의 지위·조직 및 운영에 대하여는 수도로서의 특수성을 고려하여 법률로 정하는 바에 따라 특례를 둘 수 있고(§ 197), 이에 따라 「서울특별시행정특례에 관한 법률」이 제정되어 시행되고 있다. 이 법률에 따른 특례는 조직상 특례, 일반행정운영상 특례, 수도권광역행정운영상 특례 등 세 가지 유형으로 이루어져 있다.

셋째, 제1항에도 불구하고 서울특별시·광역시 및 특별자치시를 제외한 다음 각 호의 어느 하나에 해당하는 대도시 및 시·군·구의 행정, 재정 운영 및 국가의 지도·감독에 대해서는 그 특성을 고려하여 관계 법률로 정하는 바에 따라 추가로 특례를 둘 수 있다(§ 198 ②).

1. 인구 100만 이상 대도시(이하 "특례시"라 한다)
2. 실질적인 행정수요, 국가균형발전 및 지방소멸위기 등을 고려하여 대통령령으로 정하는 기준과 절차에 따라 행정안전부장관이 지정하는 시·군·구

제1항에 따른 인구 50만 이상 대도시와 제2항제1호에 따른 특례시의 인구 인정기준은 대통령령으로 정한다(§ 198 ③).

제 7 장

입 법 론

◆ Section ◆

CHAPTER 제 1 절

자치 · 분권국가를 향한 헌법개정의 방향[1)]

Ⅰ. 지방자치와 헌법개정

국가간 경쟁이 갈수록 치열해지고 제도와 시스템 경쟁력에 대한 의존도가 점점 더 커지고 있는 21세기 들어, 주요 선진국들이 새로운 도약을 위해 대대적인 국가시스템 구조개혁에 나서고 있다는 것은 이미 잘 알려진 사실이다.

지방자치와 분권화를 강화하기 위하여 헌법을 문제 삼아야 하는 이유는 무엇인가? 현행 헌법 관련조항만으로는 지방자치를 본격적으로 개화(開花)시키기 어려우며 지방자치와 분권화를 충실히 구현하려면 헌법적 수준의 처방이 불가결하기 때문이다.

물론 헌법 개정만이 능사는 아니고 헌법만능주의에 빠져서는 안 된다. 하지만 헌법을 고치지 않고 진정한 의미의 지방자치와 분권화를 실현할 수 없기 때문에 헌법을 지방자치 친화적으로 바꾸는 길을 강구하지 않을 수 없다.

지방자치와 분권화에 친화적인 헌법을 만들기 위해서는 지방자치에 장애가 되는 헌법적 요소들을 제거하는데 그치지 않고, 헌법에 지방자치의 적극적 · 실효적 구현을 위한 거점을 구축함으로써 헌법 자체를 자치분권형으로 변모시켜 나가는 방안을 모색해야 한다. 또한 개헌 논의 과정에서 다양한 의견을 수렴하고 대안을 생산하여 자연스럽게 국민적 이해를 증진하며 동시에 동의 정도를 확인하는 계기도 만들 수 있을 것이다.

지방자치 강화를 위한 헌법개정의 불가피성을 몇 가지로 나누어 살펴보기로 한다. 먼저, 헌법개정은 법리적 측면에서 지방자치 강화를 가로막는 헌법적 애로를 해소함과 아울러 또 그 보장을 법제도적으로 항구화하는 효과를 가진

1) 홍준형 (2007). 「분권헌법: 선진화로 가는 길」(공저), 동아시아연구원, 45-67을 참조.

다. 특히 헌법을 개정하지 않고서는 실현할 수 없는 과제들이 있는데, 대표적인 예로 지방자치법 제22조의 조례제정권 제약을 들 수 있다. 이것은 헌법 제37조 제2항에 따른 기본권 제한의 한계 아래서는 법률개정만으로는 극복할 수 없는 헌법적 애로이다. 자치입법권 범위와 한계에 관한 헌법조항을 신설하는 등의 방법으로 그 헌법적 애로를 해소하는 것이 불가피하다. 이 경우 문제해결을 위해 헌법개정은 선택사항이 아니라 필수적인 요구이다. 아울러 헌법을 개정하여 분권화와 자치의 법정책적 대안들을 헌법에 확고하게 정착시키면, 이후 입법 등에 의한 도전 또는 위협으로부터 방어할 수 있다.

둘째, 지방자치와 분권화를 강화하는 헌법개정은 입법자나 다양한 수준의 정책결정권자들에 대하여 정책적 지향점을 제시해 준다. 일국의 최고법으로서 헌법은 입법정책 향도기능을 가진다. 이를 통해 입법과 정책이 지방자치 친화적인 방향으로 형성되어 갈 수 있다. 이러한 효과는 어떤 특정한 내용의 입법을 강제하는 것은 아닐지라도, 적어도 헌법규정에 반하는 입법이나 정책이 생성될 수 있는 여지를 감소시켜 주는 한편, 경우에 따라 입법과정이나 정책결정과정에서 지방자치친화적인 대안을 뒷받침해 주는 강력한 근거로 작용하기도 한다. 나아가 행정과 사법과정에서도 지방자치 관련 법령의 해석·적용에 있어 '헌법합치적 해석'의 원칙에 따라 지방자치 친화적 방향으로 결론을 내릴 수 있도록 해 준다.

아룰러 헌법개정은 헌법의 통합기능을 통해 헌법실현 과정에 대한 시민 참여 계기와 법적 거점을 제공하는 결과를 가져온다. 분권화와 자치를 강화하는 헌법개정은 특히 지방자치 수준에서 시민참여를 획기적으로 활성화시켜 주는 계기가 될 수 있다. 가령 지방자치단체 자치입법권을 확대하는 내용의 헌법조항은 이를 근거로 한 헌법소원이나 위헌심판 등 각종 헌법재판이 활성화하도록 만드는 동시에 다양한 유형의 자치입법이 형성될 여지를 제공해 준다. 분권화와 자치를 강화하는 헌법조항이 추가 또는 보완될 경우, 이를 거점으로 다양한 유형의 헌법구체화 입법을 촉구하는 시민운동이 전개될 수 있다.

Ⅱ. 지방자치의 헌법적 보장

1. 제도적 보장 이론

지방자치에 대한 헌법적 보장의 본질과 법적 성격을 어떻게 이해할 것인가는 동시에 국가와 지방자치의 본질적 관계를 어떻게 볼 것인가 하는 문제와 연결된다. 이 문제에 대한 이론은, 독일 공법학자들 사이에서 논의되어 온 바에 따르면, 크게 고유권설, 전래권설 그리고 제도적 보장설로 구분된다.

전래권설과 마찬가지로 제도적 보장설은 지방자치단체의 권한이 국가의 통치권에서 발생하며 지방자치제도가 헌법 또는 지방자치법에 관련 규정을 둠으로써 보장된다는 주장이다. 다만 역사적・전통적으로 형성된 일정한 공법상의 제도를 헌법에 보장함으로써 입법에 의한 변경과 침해가 발생하지 못하도록 보호한 것이라고 이해한다는 것이 다르다. 이 견해는 우리나라 헌법(제8장 지방자치제도)에 대해서도 주류적인 학설로 통용되어 왔다. 헌법재판소 역시 일련의 판례를 통해 지방자치제도는 제도적 보장의 하나로서 일반적인 법에 의한 폐지나 제도본질의 침해를 금지한다는 의미의 최소보장 원칙이 적용되며, 과잉금지 원칙이 적용되는 기본권과 구분된다는 입장을 견지해 오고 있다.

지방자치는 천부적이고 전국가적(前國家的)인 자유권과는 달리 국가 법질서에 의하여 인정된 제도이므로 입법자에 의한 제한은 가능하지만, '지방자치제도 자체'를 폐지할 수는 없으며 따라서 실질적 내용을 침해하거나 본질적 부분을 박탈하는 법률 등은 위헌임을 면치 못한다. 제도적 보장으로서 지방자치는 기본권과는 달리 주관적 권리가 아니고 객관적 법규범이므로 그 보장적 기능도 기본권이 '최대한 보장'을 내용으로 함에 비하여 제도적 보장은 '최소한 보장'을 의미하는 것으로 이해된다.

그러나 제도적 보장은 헌법상 기본권 보장과 결합되는 경우와 제도적 보장의 본질적 내용이 곧바로 기본권 보장의 내용과 일치하는 경우도 있으므로, '제도적 보장 = 최소한 보장'이라는 종래의 한정적 접근은 현재 타당성을 일부 상실한 것으로 보아야 할 것이다.

지방자치에 대한 제도적 보장의 구체적 내용으로는 첫째 지방자치단체의 존립 보장, 둘째 지방자치제도의 객관적 보장, 셋째 주관적인 법적 지위의 보장 등이 거론되고 있다.

2. 지방자치와 헌법 - 제도적 보장 이론을 넘어서

과거 바이마르 시대의 역사적 상황 하에서 지방자치권을 강화시켰던 제도적 보장 이론이 만일 지방자치를 단지 전형적인 개념표지를 가지는 제도 그 자체로만 보호하려는 것이라면 바로 그 이유 때문에 제도적 보장 이론은 오늘날 지방자치에 대한 속박으로 기능할 수 있다. 따라서 단지 입법의 침해를 방지하는 소극적 의미를 넘어, 헌법이 지향하는 지방자치의 의의와 기능에 따라 보다 적극적인 지방자치 보장을 지향할 필요가 있다.

제도적 보장의 의미를 이처럼 발전되고 보완된 내용으로 이해할 경우, 현행 헌법 하에서 지방자치를 강화시키는 것이 전혀 불가능한 것은 아니다. 그러나 제도적 보장이라는 시각에서 그 본래 이념에 충실하게 지방자치를 강화하려면 어쩔 수 없는 한계가 따른다.

지방자치에 대한 헌법적 보장의 내용이 지방자치의 현대적 의의와 기능에 따른 적극적인 것이어야 하지만, 이는 선험적·이론적인 것이 아니라 시대적·사회적 상황에 따른 경험적·목적론적인 것일 수밖에 없다. 따라서 헌법은 지방자치 보장에 관한 기본적 결단 및 구체적 내용에 대한 윤곽을 획정해주는 규정을 두어야 한다. 헌법 수준에서 지방자치의 미래지향적·전향적 구현 및 신장을 위한 헌법정책을 구체화하여 천명할 필요가 있다.

Ⅲ. 지방자치·분권화 강화를 위한 헌법개정의 방향

1. 헌법개정의 전제

헌법이 지향하는 기본권 존중, 국가권력의 조직 및 통제에 관한 원리는 최고규범으로서의 결단이며, 지방자치 역시 이러한 헌법적 규율 밑에 놓여 있다. 그러나 지방자치는 그 자체로서 민주적 정당성을 가지며 현대 국가에 있어 단순히 행정의 한 유형을 넘어 민주주의적, 권력분립적 그리고 사회국가적 기능을 수행한다는 점에서 지방자치에 대해서는 일반 국가행정에 대한 헌법의 기본적 결단과는 다른 지방자치에 특수한 규율의 필요성이 인정된다. 이 점은 조례제정권과 법률유보의 관계 및 자주재정권과 조세법률주의의 관계 등에 대하여 많은 법적 논쟁을 통해서도 잘 드러난다.

또한 현행 헌법상 지방자치에 관한 규정인 제117조와 제118조는 비교법적으로는 물론 지방자치의 헌법적 보장의 현대적 의미에 비추어 볼 때에도 지방자치권의 내용과 범위를 규명하기에 지나치게 단순하며 지방자치의 구체적 내용의 대부분을 법률유보사항으로 하고 있다는 점에서 지방자치의 적극적 보호를 위한 기본 결단으로 보기는 부족하다.

지방자치에 대하여 현행 헌법이 간접적 국가행정의 한 유형으로 파악하고 있다는 오해를 불식하려면, 헌법 개정을 통하여 일반 국가행정에 있어 예외로 인정될 수 있는 지방자치 영역과 그 규율의 내용과 기준을 필요최소한 수준에서 규율할 기본적 규정을 두고, 이를 토대로 소극적인 방어 개념을 넘어 지방자치의 의의와 기능을 적극적으로 보장한다는 취지를 분명히 할 필요가 있다.

현대국가에서 지방자치는 국가법질서의 일환으로서 모든 국가행정 영역과 관련되는 동시에 한편으로는 국가와 병립적인 협동관계에서 국가행정 영역과 독립적 법질서라는 대비되는 특성을 가짐에도 불구하고, 현행 헌법규정은 일반적 권력구조에 관한 것에만 중심을 두고 그러한 법질서를 전제로 한 관념을 지방자치 영역에 획일적으로 강요하는 문제점을 내포하고 있다. 지방자치의 특수성에 대한 헌법적 인식을 헌법 원리 또는 규정을 통해 명시적으로 반영하는 근본적 결단이 필요하다.[1)]

1) 이와 관련, 문재인 대통령은 2017년 6월 14일 오전 청와대에서 열린 시도지사 간담회에서 "연방제에 버금가는 강력한 지방분권제를 만들겠다"고 다짐한 바 있다(서울=연합뉴스).

2. 헌법정책적 지향점과 헌법개정의 구상

2.1. 헌법정책적 지향점

지방자치와 분권화에 대한 헌법정책적 지향점을 새롭게 설정할 필요가 있다. 지방자치와 분권화란, 단지 국가 사무나 권한을 지방에 내려주는 단순한 것이 아니라 종래의 집권적·일방적 행정스타일을 자치단체다운 지역자율·주민참여 행정스타일로 변신시켜 간다는 의미에서 새로운 다 부문 협치, 즉 거버넌스를 구현해 나가는 혁신과정이라는 점도 고려해야 한다. 이러한 관점에서 지방자치와 분권화에 대한 헌법정책적 대전환이 요구되며 헌법적 수준에서 지방자치와 분권화를 강화시킬 수 있는 구체적인 입법적 실천방안을 강구해 나가야 할 것이다.

21세기 국가시스템이 지방자치와 분권화를 지향하는 것은 그것이 국민과 주민의 복지 및 삶의 질 향상을 확보할 수 있는 길이라는 방향의식에 따른 것이지만, 좀 더 현실적이고 구체적으로 판단한다면 그것이 곧 국가공동체 전체의 정당성과 효율성 그리고 경쟁력을 확보하는 길이기 때문이다. 최근 수년간 시도를 거듭한 끝에 연방제개혁을 단행한 독일의 경험에서 볼 수 있듯이, 중앙집권적 방식에 의한 하향식(top down) '재분배'(Umverteilung)보다는 지방자치와 분권화에 입각한 상향식(bottom up) '경쟁'(Wettbewerb)을 지향하는 것이 현명한 일이다.

2.2. 헌법개정의 구상

헌법적 차원에서의 구체적인 실천 방안을 구상해 보면 다음과 같다.

첫째, 헌법의 기본원리로서 분권화와 지방자치에 대한 규정이 필요하다. 비록 지역사단적 요소, 자기책임적 요소 그리고 권리능력의 소지 등의 특색을 갖추지 못한 지방자치단체를 설치하거나, 지방자치단체를 모두 폐지하는 것은 헌법상 허용되지 않더라도 헌법적 규정을 통해 국가 이념의 차원과 발전전략 제시라는 효용성을 기대할 수 있을 것이기 때문이다.

가령 “프랑스는 단방제공화국(République unitaire)으로서... 국가조직은 분권화에 기초한다.”고 규정한 개정 프랑스헌법(2003.3.28.) 제1조의 규정처럼 지방자치와 분권화를 헌법의 기본원리로서 헌법전문 또는 총강에 명문화하는 방안이라든가, 주민에 가까운 정부에게 일차적인 관할권을 부여함으로써 주민근접적인 문제해결을 하고자하는 원칙으로서 보충성 원칙을 토대로 하여 “공공의 사무는 가능한 한 주민에 가까운 지방자치단체에서 우선적으로 처리한다”는 조항을 신설하는 방안 등 제도적 보장의 소극성·방어성·최소성을 넘어 더 전향적인 헌법정책적 방향전환이 요구된다. 오늘날 헌법에 담아야 할 지방자치의 가치는 민주주의와 권력분립의 현대적 구현 및 주민의 기본권 보장 강화에 있으며, 기본적으로 국가와 지방자치단체는 대립·예속의 관계가 아니라 대등한 협력관계에 기초해야 하기 때문이다.

둘째, 지방자치의 객관적 보장 범주이다. 원론적 차원에서 지방자치단체는 지방자치구역으로 한정될 수 있으나 이를 보다 적극적으로 해석하면 지역의 일정한 현안을 처리하거나 기능·조직을 유지하기 위한 일련의 행위들이 포괄될 수 있을 것이다. 우선 자치사무를 처리하기 위한 권리와 이에 필요한 재원을 마련하기 위한 재정권과 과세권, 자치사무 처리와 기구, 조직을 유지하기 위한 인사권·조직권, 나아가 환경권·치안권·교육권 등으로 범위 확장이 가능할 것이다. 입법권, 즉 조례 제정권은 지방자치의 객관적 보장에 필요한 일련의 행위들에 대한 기준과 제도적 근거로서 기능한다.

셋째, 지방자치의 주관적인 법적 보장의 범주이다. 법적 지위 보장에는 지방자치 침해에 대한 배제를 요구할 수 있는 소극적 권리와 관련 결정에 대한 절차적 참여를 요구할 수 있는 적극적 권리가 포함될 수 있을 것이다.

넷째, 주민 참여 규정이 필요하다. 여기서 주민 참여란 대표를 선출하는 소극적인 수준에 국한하는 것이 아니라 보다 적극적으로 주민 의사를 표출하고 이해와 이익의 반영을 요구하기 위한 제반 활동을 보장한다는 적극적인 수준으로 확장하여 접근하는 것이 바람직할 것이다.

CHAPTER

제 2 절

자치입법권의 강화 · 활성화를 위한 법정책적 방안

지방자치단체의 자치입법권은 '자치'입법이라는 말이 무색할 정도로 엄격한 제약을 받아 그동안 자치정책 차원에서 추진된 참신한 내용의 조례들을 좌절시키는 결과를 초래했다. 특히 지방자치단체들이 나름대로 심혈을 기울여 성취한 행정혁신을 제도화한 조례들과 지방자치에서 권력의 균형과 견제를 구현하기 위한 조례들이 대부분 무효화되었다. 이러한 현상은 지방자치를 활성화시켜야 한다는 법정책적 관점에서는 대단히 바람직하지 못한 것이다. 이와같은 자치입법권에 대한 제약이 존속하는 한, 진정한 의미의 지방자치도 실현되기 어렵기 때문이다. 물론 자치입법권만을 강조하여 '법률의 유보'나 '법률의 우위'를 통하여 국민의 기본권을 보장하고 권력을 제한하려고 하는 법치주의에 대한 헌법적 요구를 도외시할 수는 없을 것이다. 그러나 지방자치법 제28조가 자치입법의 활성화를 통한 성숙된 지방자치의 실현을 가로막는 장애요인이 되어 왔다는 것은 부인할 수 없는 사실이다. 그렇다면 자치입법의 활성화를 위하여 무엇을 어떻게 할 것인가?

첫째, 해석론적 차원에서 지방자치단체의 자치입법권을 최대한 확보해주는 뜻에서 대법원이 청주시 행정정보공개조례사건판결에서 취했던 바와 같이 구 지방자치법 제15조 단서의 규정을 엄격히 제한하여 해석하는 방안을 강구할 필요가 있다. 이러한 '지방자치친화적 해석론'을 통해서도 어느 정도 지방자치단체의 자치입법권을 확충시킬 수 있다.

실례로 대법원은 청주시정보공개조례사건에서 "지방자치단체는, 그 내용이 주민의 권리의 제한 또는 의무의 부과에 관한 사항이거나 벌칙에 관한 사항이 아닌 한 법률의 위임이 없더라도 조례를 제정할 수 있다 할 것인데 청주 시의회에서 의결한 청주시행정정보공개조례안은 행정에 대한 주민의 알 권리의 실현을 그 근본내용으로 하면서도 이로 인한 개인의 권익침해 가능성을 배제하고 있으므로 이를 들어 주민의 권리를 제한하거나 의무를 부과하는 조례라고는 단정할 수 없고, 따라서 그 제정에 있어서 반드시 법률의 개별적 위임이 따로 필요한 것은 아니다"고 판시하였고(대법원 1992. 6. 23. 선고 92추17 판결), 또 최근 광주광역시 동구의회가 제정한 저소득주민생계보호지원조례안무효확인사건에서 "지방자치단체는 법령에 위반되지 아니하는 범위 내에서 그 사무에 관하여 조례를 제정할 수 있는 것이고, 조례가 규율하는 특정사항에 관하여 그것을 규율하는 국가의 법령이 이미 존재하는 경우에도 조례가 법령과 별도의 목적에 기하여 규율함을 의도하는 것으로서 그 적용에 의하여 법령의 규정이 의도하는 목적과 효과를 전혀 저해하는 바가 없는 때, 또는 양자가 동일한 목적에서 출발한 것이라고 할지라도 국가의 법령이 반드시 그 규정에 의하여 전국에 걸쳐 일률적으로 동일한 내용을 규율하려는 취지가 아니고 각 지방자치단체가 그 지방의 실정에 맞게 별도로 규율하는 것을 용인하는 취지라고 해석되는 때에는 그 조례가 국가의 법령에 위반되는 것은 아니다"고 판시함으로써(대법원 1997. 4. 25. 선고 96추244 판결) 지방자치친화적인 법해석론을 전개한 바 있다.

그러나 이같은 접근방식은 어디까지나 미봉책에 불과하다. 대법원이 계속 그러한 지방자치친화적인 태도를 유지할지도 불분명하지만, 조례의 내용상 주민의 권리제한이나 의무부과, 벌칙에 관한 사항을 포함하는 불가피한 경우가 적지 않기 때문에 이를 해석론적 차원에서 극복하는데는 근본적인 한계가 따르기 때문이다. 그런 까닭에 입법적 차원에서 보다 분명한 대응책을 강구할 필요가 있다.

둘째, 입법적 차원에서 자치입법의 발목을 묶고 있는 법제도적 제약들을 과감하게 제거하여야 한다. 이를 위해서는 자치입법권의 범위를 결정해주는 기준이 되고 있는 사무배분체계를 새로 설계하고 조례제정권에 대한 제한을 완화하는 것이 급선무이다. 지방사무중 기관위임사무의 비중이 높아 중앙정부의 과도한 통제와 간섭이 이루어지고 있다. 특히 고유사무와 단체위임사무, 기관위임사무간의 구분이 불분명하여 사업의 성격상 중앙정부가 수행해야 할 것인데도 이를 지방자치단체로 하여금 수행하도록 하고 또 그 소요경비를 지방자치단체에 떠넘기는 경우가 적지 않고, 그럼에도 불구하고 지방자치단체는 그러한 사무에 관하여 조례입법권을 행사할 수 없다. 이러한 문제점을 해결하기 위하여 국가와 지방자치단체간의 사무배분체계를 근본적으로 재검토하여 기관위임사무는 이를 폐지하거나 과감하게 축소함으로써 국가사무와 지방자치사무의 양대체계를 확립하는 것이 바람직하다. 우리와 유사한 제도를 가지고 있는 일본의 경우 지방분권추진위원회에서 기관위임사무를 지방사무로 이양한다는 원칙 아래 중앙정부의 이해관계만 있는 사무는 "법정수탁사무"로 분류한 바 있는데 이 점 시사하는 바가 크다.

또한 지방자치법상 조례제정권에 대한 법적 제한을 완화시키는 입법적 개선이 시급히 요청된다. 자치입법 활성화에 대한 법적 장애물이 되어온 지방자치법 제28조를 근본적으로 재검토할 필요가 있다. 지방자치법 제28조는 과거 권위주의시대의 중앙집권적 발상에 따른 것으로 헌법 제117조에 의한 지방자치의 보장에 반하기 때문에 위헌이라는 비판이 줄기차게 제기되어 왔다. 물론 지방자치법 제28조 단서는 이를 반드시 위헌이라고는 할 수 없을지라도 과거 권위적 중앙집권시대의 산물로서, 지방자치에 대한 시대적 요청에 역행하는 요소라고 하지 않을 수 없다. 따라서 지방자치법 제28조 단서를 조례제정권의 범위를 확대하는 방향으로 개정하고 동시에 각 개별법수준에서 지방자치단체에 조례제정권을 부여하는 법적 근거를 확충해 나가야 한다.

개별법 수준에서 자치입법을 활성화시키기 위해서는 헌법상 지방자치이념을 최대한 보장하는 차원에서 전국최저기준입법(national minimum legislation) 방식을 활용하는 방안을 검호할 필요가 있다.[1] 최저기준입법방식에 대하여는

---

1) 그 예로는 "서울특별시장·광역시장·도지사는 지역환경의 특수성을 고려하여 필요하다고 인정하는 때에는 환경처장관의 승인을 얻어 당해 지방자치단체의 조례로 별도의 환경기준을 설정할 수 있다"고 규정한 환경정책기본법 제10조 제3항을 들 수 있다. 이는 국가의 환경기준을 일종의 '전국최저기준'(National Minimum)으로 파악하여 각 지방자치단체가 지역환경의 특수성을 고려하여 조례로써 환경기준을 상회하는 지역적 환경기준을 정할 수 있도록 수권한 것이라고 이해되고 있다. 또한 수질환경보전법 제8조는 폐수배출시설에서 배출되는 오염물질의 배출허용기준을 환경부령으로 정하도록 위임하면서도 제3항에서 "특별시·광역시 또는 도는 환경정책기본법 제10조제3항의 규정에 의한 지역환경기준의 유지가 곤란하다고 인정하는 때에는 조례로 제1항의 기준보다 엄격한 배출허용기준을 정할 수 있

지방자치적 행정절차의 수준이 국가법을 하회할 수 없다는 것은 이미 지방자치적 규율을 허용한 근본취지에 배치되는 점이 없지 않고 또 행정현실에도 적절하지 않다는 비판도 있을 수 있으나, 이것은 어디까지나 입법정책적인 차원의 문제라고 보아야 할 것이다.[1] 그러나 이러한 최저기준입법방식을 무분별하게 확대할 것까지는 없다. 가령 기초자치단체의 경우 자칫 불필요한 자치입법의 비용을 초래할 우려가 있기 때문이다. 따라서 지방자치단체별로 자율성과 다양성을 살려나갈 필요가 있는 분야를 중심으로 국가적 수준에서의 입법을 전국적 기준(national standard)으로 삼아 그 법의 취지에 반하지 않는 범위 내에서 조례를 제정할 수 있도록 위임하는 방안을 강구할 필요가 있다.

셋째, 그러나 자치입법의 활성화를 위해서는 지방자치단체, 특히 지방의회의 자구노력이 필요하다. 무엇보다도 조례제정권의 범위에 관한 법령의 규정과 판례의 동향을 면밀히 분석하여 그 한계를 넘지 않도록 만전을 기해야 할 것이다. 일례로 대법원은 1997년 4월 11일 충청북도청소리옴부즈만조례안에 대하여 '집행기관의 하나인 옴부즈만(Ombudsman)에 4급 이상의 지방공무원 1명을 상임 옴부즈만으로 임명하도록 하고 있는 옴부즈만조례안은 당해 지방자치단체에 두는 지방공무원의 현 정원이 지방자치법령상의 산식에 의한 총정원을 초과하고 있는 상태에서 의결됨으로써 지방자치단체에 두는 지방공무원의 총정원을 결과적으로 늘리는 것을 내용으로 하고 있고 따라서 그 의결시 내무부장관의 사전승인을 얻지 아니하여 무효'라고 판시하기는 했지만, 합의제 행정기관인 옴부즈만을 집행기관의 장인 도지사 소속으로 설치하는 데 있어서는 지방자치법 제107조 제1항의 규정에 따라 당해 지방자치단체의 조례로 정하면 되는 것이지 헌법이나 다른 법령상으로 별도의 설치근거가 있어야 되는

다"는 명문의 규정을 두고 있다. 대기환경보전법도 제8조 제3항에 유사한 규정을 두고 있다.

1) 한편 대강입법(Rahmengesetzgebung)의 방식도 자치입법의 형성을 촉진하는 방안으로 검토될 수 있다. 이것은 국가가 최소한의 지침만을 법률로 정하고 나머지 세부적인 규율은 각 지방자치단체가 당해지역의 실정에 맞게 형성해 나가도록 포괄적으로 위임하는 방식이다. 이것은 주로 독일과 같이 연방국가에서 채용되는 입법방식이어서 우리나라에 적합한 것인지는 논란의 여지가 있다. 그러나 향후 지방자치의 활성화가 이루어지고 통일이후 지방자치제도의 발전방향을 감안한다면 개별법분야의 특수성에 따라 이같은 입법방식을 채용할 여지가 전혀 없는 것은 아니다.

것은 아니라고 판시하는등 다른 중요한 쟁점에 대하여 피고인 충청북도 의회의 견해를 받아들였다.[1] 이 판결은 대법원이 조례안을 무효화하는 판단을 내렸다는 점 보다는 오히려 조례에 의한 옴부즈만제도의 도입가능성을 시인하였다는 점에서 주목된다. 이같은 판례는 앞으로 지방자치단체가 옴부즈만제도를 도입하는 조례를 제정함에 있어 하나의 지침을 제시한 것이라 할 수 있다. 지방의회는 대법원의 판결취지를 고려하여 이 사건에서 위법으로 판단된 부분을 보완하고 현행법령하에서 가능한 한도내에서 조직·인사상의 조치를 취하는 내용의 조례를 제정하는 방안을 강구해야 할 것이다. 이처럼 지방의회는 헌법 및 지방자치법에 따른 조례입법권의 법적 한계를 존중하면서 각 지역의 특수성을 최대한 반영할 수 있는 입법적 대안을 다양하게 모색할 필요가 있다. 아울러 자치입법의 독자성과 전문성을 살려나가기 위한 행재정적 지원체제의 구축에도 소홀함이 없어야 할 것임은 물론이다.

지방자치의 활성화는 21세기 무한경쟁에서 살아남기 위한 생존전략이자 국가경쟁력 강화의 관건이다. 지방자치를 통해 지방과 중앙의 네트워킹이 가능해지며, 중앙정부가 할 수 없거나 하기에 부적합한 일을 지방의 새로운 정책과 아이디어에 의해 해결할 수 있기 때문이다. 다행히 역사상 최초의 선거를 통한 수평적 정권교체를 실현한 김대중 국민의 정부는 지방자치의 강화를 국정과제로 삼는등 비교적 우호적인 노선을 취하고 있다. 그러나 지방자치단체들이 중앙정부로부터의 배려만을 만연히 기다린다면 그 자체가 지방자치의 이념에 반할 뿐만 아니라 모처럼 맞이한 지방자치 개화의 기회를 스스로 포기하는 결과가 될 수도 있다. 그러기에 중앙정부 차원에서 대책이 나오기 전에 먼저 지방자치단체가 자기혁신에 나서야 한다. 이러한 과제를 달성하기 위해서는 자치입법의 활성화가 절대적으로 필요하다. 현시점에서 지방자치는 자치개혁이며 자치개혁은 자치입법을 통한 개혁이다. 자치입법의 활성화 역시 '스스로 돕는' 작업이 되지 않으면 안된다. 중앙정부 차원에서의 정책전환을 기다리기 앞서 지방자치단체 스스로 자치입법의 활성화를 위한 자구노력에 나서야 할 때이다.

---

1) 대법원 1997. 4. 11. 선고 96추138 판결.

부 록

지 방 자 치 법

[시행 2022. 1. 13] [법률 제17893호, 2021. 1. 12, 전부개정]
행정안전부(자치분권제도과-지방자치법 총괄) 044-205-3307
행정안전부(선거의회과-지방의회, 제30~92조) 044-205-3378

◇ 개정이유

민선지방자치 출범 이후 변화된 지방행정환경을 반영하여 새로운 시대에 걸맞은 주민중심의 지방자치를 구현하고 지방자치단체의 자율성 강화와 이에 따른 투명성 및 책임성을 확보하기 위하여 지방자치단체의 기관구성을 다양화할 수 있는 근거를 마련하고, 지방자치단체에 대하여 주민에 대한 정보공개 의무를 부여하며, 주민의 감사청구 제도를 개선하고, 중앙지방협력회의의 설치 근거를 마련하며, 특별지방자치단체의 설치·운영에 관한 법적 근거를 마련하고, 관할구역 경계조정 제도를 개선하는 한편,

주민의 조례에 대한 제정과 개정·폐지 청구에 관한 사항을 현행 법률에서 분리하여 별도의 법률로 제정하기로 함에 따라 관련 규정을 정비하는 등 그 내용을 반영하여 「지방자치법」을 전부개정하려는 것임.

◇ 주요내용

가. 이 법에 따른 지방자치단체의 의회 및 집행기관의 구성을 따로 법률로 정하는 바에 따라 달리 할 수 있도록 하며, 이 경우에는 「주민투표법」에 따른 주민투표를 실시하여 주민의 의견을 듣도록 함(제4조).

나. 매립지 및 등록 누락지가 속할 지방자치단체 결정 절차를 개선함(제5조).

1) 종전에는 행정안전부장관이 매립지 및 등록 누락지가 귀속될 지방자치단체를 결정하는 경우, 이의제기기간 중 다른 지방자치단체로부터 이의제기가 없더라도 지방자치단체중앙분쟁조정위원회의 심의·의결을 거쳐 결정하도록 하였으나, 앞으로는 이의제기기간 동안 아무런 이의제기가 없는 경우에는 지방자치단체중앙분쟁조정위원회의 심의·의결 없이 매립지 등이 귀속될 지방자치단체를 결정하도록 그 절차를 간소화함.

2) 매립지 귀속과 관련되어 시·군·구 상호 간 비용 분담 등에 대하여 분쟁이 발생하는 경우, 종전에는 시·도에 설치되어 있는 지방자치단체지방분쟁조정

위원회의 심의·의결을 거쳐 시·도지사가 조정하도록 하였으나, 앞으로는 지방자치단체중앙분쟁조정위원회에서 매립지 귀속 결정과 함께 병합하여 심의·의결하여 행정안전부장관이 조정하도록 함으로써 매립지 귀속 결정과 관련된 분쟁을 보다 효율적으로 해결할 수 있도록 함.

다. 지방자치단체 관할 구역 경계변경 제도를 개선함(제6조).

1) 관계 지방자치단체의 장은 주민생활에 불편이 큰 경우 등에는 행정안전부장관에게 관할 구역 경계변경에 관한 조정을 신청하도록 하고, 행정안전부장관은 그 신청내용을 공고한 후 경계변경자율협의체를 구성·운영하게 하여 상호 협의하도록 하는 장을 마련하며, 경계변경자율협의체의 구성을 요청받은 날부터 120일 이내에 협의체를 구성하지 못하거나 법에서 정한 협의 기간 이내에 경계변경 여부 등에 관한 합의를 하지 못한 경우 지방자치단체중앙분쟁조정위원회의 심의·의결을 거쳐 행정안전부장관이 경계변경에 관한 사항을 조정하도록 함.

2) 지방자치단체 간 경계변경에 관한 합의가 된 경우이거나 지방자치단체중앙분쟁조정위원회에서 경계변경이 필요하다고 의결한 경우에는 행정안전부장관은 그 내용을 검토한 후 이를 반영하여 대통령령안을 입안하도록 함.

3) 지방자치단체 간 관할 구역 경계변경 과정에서 상호 비용 부담, 그 밖의 행정적·재정적 분쟁이 발생한 경우 경계변경에 관한 조정과 병합하여 지방자치단체중앙분쟁조정위원회의 심의·의결을 거쳐 행정안전부장관이 조정하도록 함으로써 관할 구역 경계변경에 관한 분쟁을 효율적으로 조정하도록 함.

라. 주민이 지방자치단체 규칙에 대하여 제정 및 개정·폐지 의견을 제출할 수 있도록 함(제20조).

1) 지방자치단체의 규칙이 상위법령이나 조례의 위임에 따라 주민의 권리·의무에 영향을 미치는 경우가 발생하나 규칙에 대한 주민의 제정 및 개정·폐지 의견제출에 대한 처리가 미흡한 측면이 있었음.

2) 주민은 권리·의무와 직접 관련되는 규칙에 대한 제정 및 개정·폐지 의견을 지방자치단체의 장에게 제출할 수 있고, 지방자치단체의 장은 제출된 의견에 대하여 그 의견이 제출된 날부터 30일 이내에 검토 결과를 통보하도록 함.

마. 주민의 감사청구 제도를 개선함(제21조).

1) 주민의 감사청구 제도가 주민의 권익침해에 대한 실질적인 구제 수단으로 운영되도록 하기 위하여 감사청구 연령 기준을 종전의 19세에서 18세로 낮추고, 청구주민 수 기준을 시·도의 경우 종전의 500명 이내에서 조례로 정하는 수에서 300명 이내에서 조례로 정하는 수로 하여 주민의 감사청구 요건을 완화함.

2) 주민 감사청구의 실효성을 높일 수 있도록 주민 감사청구를 사무처리가 있었던 날이나 끝난 날부터 2년 이내에 제기하도록 하던 것을 앞으로는 3년 이내에 제기할 수 있도록 제기기간을 연장함.

바. 지방자치단체는 지방의회의 의정활동 등의 정보를 주민에게 공개하도록 하고, 행정안전부장관은 이 법 또는 다른 법령에 따라 공개된 지방자치정보를 체계적으로 수집하고 주민에게 제공하기 위한 정보공개시스템을 구축·운영할 수 있도록 함(제26조).

사. 지방의회의 역량 강화 및 인사권 독립에 관한 사항을 규정함(제41조 및 제103조제2항).

1) 지방의회의 전문성을 강화하고 지방의회의원의 의정활동을 지원하기 위하여 지방의회에 정책지원 전문인력을 둘 수 있도록 함.

2) 지방의회 사무기구 인력운영의 자율성을 제고하기 위하여 지방의회 사무직원에 대한 임면·교육·훈련·복무·징계 등을 지방의회의 의장이 처리하도록 함.

아. 지방의회의원의 겸직금지 조항을 정비함(제43조).

1) 지방의회의원의 겸직금지 대상이 불명확하여 각종 분쟁이 발생함에 따라, 해당 지방자치단체가 출자·출연한 기관·단체 또는 해당 지방자치단체로부터 사무를 위탁받아 수행하는 기관·단체 등으로 지방의원이 겸직할 수 없는 기관·단체의 범위와 의미를 명확하게 정함.

2) 지방의회의 의장이 지방의회의원의 겸직신고 내용을 연 1회 이상 공개하도록 하고, 지방의회의 의장은 지방의회의원의 겸직행위가 지방의회의원의 의무를 위반한다고 인정될 때에는 그 겸한 직의 사임을 권고하도록 함.

자. 지방자치단체의 폐지·신설·분할·통합 등에 따라 새로운 지방자치단체가 차질없이 출범할 수 있도록 새로운 지방자치단체가 설치된 경우 최초의 지방의회 임시회는 지방의회 사무처장·사무국장·사무과장이 해당 지방자치단체가 설치되는 날에 소집하도록 함(제54조제2항).

차. 지방의회의원의 겸직 및 영리행위 등에 관한 의장의 자문과 지방의회의원 징계에 관한 윤리특별위원회의 자문 등에 응하기 위하여 윤리특별위원회에 윤리심사자문위원회를 두도록 하고, 윤리심사자문위원회의 위원은 민간전문가 중에서 지방의회의 의장이 위촉하도록 함(제66조).

카. 지방자치단체의 장의 직 인수위원회 설치 근거를 마련함(제105조).

1) 지금까지는 지방자치단체의 장의 직 인수위원회에 대한 설치 근거가 없어 지방자치단체 간 인수위원회의 구성과 운영이 통일되지 못한 문제가 있음.

2) 당선인을 보좌하여 지방자치단체의 장의 직 인수와 관련된 업무를 담당하기

위하여 당선이 결정된 때부터 해당 지방자치단체에 인수위원회를 설치할 수 있도록 하고, 인수위원회의 설치 기간, 구성 및 업무 등을 규정함.

타. 지방자치단체는 자문기관 운영의 효율성 향상을 위하여 중복되는 자문기관을 설치할 수 없도록 하고, 지방자치단체의 장은 자문기관 정비계획 및 조치결과 등을 종합하여 작성한 자문기관 운영현황을 매년 지방의회에 보고하도록 의무화함(제130조).

파. 국가와 지방자치단체 간의 협력을 도모하고 지방자치 발전과 지역 간 균형발전에 관련되는 중요 정책을 심의하기 위하여 중앙지방협력회의를 두고, 그 구성 및 운영에 관한 사항은 따로 법률로 정하도록 함(제186조).

하. 지방자치단체에 대한 적법성 통제를 강화함(제188조 및 제192조).

1) 지금까지는 시·군 및 자치구의 법령 위반에 대한 국가의 실효성 있는 통제수단이 없어 법령 위반사항이 해소되지 못하고 주민의 권리·의무에 영향을 미치는 문제가 있었음.

2) 주무부장관은 자치사무에 관한 시장·군수 및 자치구의 구청장의 명령이나 처분이 법령에 위반됨에도 불구하고 시·도지사가 시정명령을 하지 아니하면 시·도지사에게 시정명령을 하도록 명할 수 있고, 시·도지사가 시정명령을 하지 아니하면 주무부장관이 직접 시정명령과 명령·처분에 대한 취소·정지를 할 수 있도록 함.

3) 주무부장관은 시·군 및 자치구의회의 의결이 법령에 위반됨에도 불구하고 시·도지사가 재의를 요구하게 하지 아니하면 시장·군수 및 자치구의 구청장에게 재의를 요구하게 할 수 있도록 함.

거. 특별지방자치단체의 설치 근거를 마련함(제199조부터 제211조까지).

1) 지금까지는 광역행정수요에 효과적으로 대응할 수 있도록 특별지방자치단체의 설치 근거는 있으나, 구체적인 규정이 없어 특별지방자치단체를 설치·운영할 수 없는 문제가 있었음.

2) 특별지방자치단체는 법인으로 하고, 특별지방자치단체 설치 시 상호 협의에 따른 규약을 정하여 행정안전부장관의 승인을 받도록 하며, 특별지방자치단체의 지방의회와 집행기관의 조직·운영 등은 규약으로 정하도록 하는 등 특별지방자치단체 설치·운영과 관련한 세부 내용을 규정함.

〈법제처 제공〉

제 1 장 총강(總綱)

제1절 총 칙

제1조(목적) 이 법은 지방자치단체의 종류와 조직 및 운영, 주민의 지방자치행정 참여에 관한 사항과 국가와 지방자치단체 사이의 기본적인 관계를 정함으로써 지방자치행정을 민주적이고 능률적으로 수행하고, 지방을 균형 있게 발전시키며, 대한민국을 민주적으로 발전시키려는 것을 목적으로 한다.

제2조(지방자치단체의 종류) ① 지방자치단체는 다음의 두 가지 종류로 구분한다.

1. 특별시, 광역시, 특별자치시, 도, 특별자치도
2. 시, 군, 구

② 지방자치단체인 구(이하 "자치구"라 한다)는 특별시와 광역시의 관할 구역의 구만을 말하며, 자치구의 자치권의 범위는 법령으로 정하는 바에 따라 시·군과 다르게 할 수 있다.

③ 제1항의 지방자치단체 외에 특정한 목적을 수행하기 위하여 필요하면 따로 특별지방자치단체를 설치할 수 있다. 이 경우 특별지방자치단체의 설치 등에 관하여는 제12장에서 정하는 바에 따른다.

제3조(지방자치단체의 법인격과 관할) ① 지방자치단체는 법인으로 한다.

② 특별시, 광역시, 특별자치시, 도, 특별자치도(이하 "시·도"라 한다)는 정부의 직할(直轄)로 두고, 시는 도의 관할 구역 안에, 군은 광역시나 도의 관할 구역 안에 두며, 자치구는 특별시와 광역시의 관할 구역 안에 둔다.

③ 특별시·광역시 또는 특별자치시가 아닌 인구 50만 이상의 시에는 자치구가 아닌 구를 둘 수 있고, 군에는 읍·면을 두며, 시와 구(자치구를 포함한다)에는 동을, 읍·면에는 리를 둔다.

④ 제10조제2항에 따라 설치된 시에는 도시의 형태를 갖춘 지역에는 동을, 그 밖의 지역에는 읍·면을 두되, 자치구가 아닌 구를 둘 경우에는 그 구에 읍·면·동을 둘 수 있다.

⑤ 특별자치시와 특별자치도의 하부행정기관에 관한 사항은 따로 법률로 정한다.

제4조(지방자치단체의 기관구성 형태의 특례) ① 지방자치단체의 의회(이하 "지방의회"라 한다)와 집행기관에 관한 이 법의 규정에도 불구하고 따로 법률로 정하는 바에 따라 지방자치단체의 장의 선임방법을 포함한 지방자치단체의 기관구성 형태를 달리 할 수 있다.

② 제1항에 따라 지방의회와 집행기관의 구성을 달리하려는 경우에는 「주민투표법」에 따른 주민투표를 거쳐야 한다.

제 2 절 지방자치단체의 관할 구역

제5조(지방자치단체의 명칭과 구역) ① 지방자치단체의 명칭과 구역은 종전과 같이 하고, 명칭과 구역을 바꾸거나 지방자치단체를 폐지하거나 설치하거나 나누거나 합칠 때에는 법률로 정한다.

② 제1항에도 불구하고 지방자치단체의 구역변경 중 관할 구역 경계변경(이하 "경계변경"이라 한다)과 지방자치단체의 한자 명칭의 변경은 대통령령으로 정한다. 이 경우 경계변경의 절차는 제6조에서 정한 절차에 따른다.

③ 다음 각 호의 어느 하나에 해당할 때에는 관계 지방의회의 의견을 들어야 한다. 다만, 「주민투표법」 제8조에 따라 주민투표를 한 경우에는 그러하지 아니하다.

1. 지방자치단체를 폐지하거나 설치하거나 나누거나 합칠 때
2. 지방자치단체의 구역을 변경할 때(경계변경을 할 때는 제외한다)
3. 지방자치단체의 명칭을 변경할 때(한자 명칭을 변경할 때를 포함한다)

④ 제1항 및 제2항에도 불구하고 다음 각 호의 지역이 속할 지방자치단체는 제5항부터 제8항까지의 규정에 따라 행정안전부장관이 결정한다.

1. 「공유수면 관리 및 매립에 관한 법률」에 따른 매립지
2. 「공간정보의 구축 및 관리 등에 관한 법률」 제2조제19호의 지적공부(이하 "지적공부"라 한다)에 등록이 누락된 토지

⑤ 제4항제1호의 경우에는 「공유수면 관리 및 매립에 관한 법률」 제28조에 따른 매립면허관청(이하 이 조에서 "면허관청"이라 한다) 또는 관련 지방자치단체의 장이 같은 법 제45조에 따른 준공검사를 하기 전에, 제4항제2호의 경우에는 「공간정보의 구축 및 관리 등에 관한 법률」 제2조제18호에 따른 지적소관청(이하 이 조에서 "지적소관청"이라 한다)이 지적공부에 등록하기 전에 각각 해당 지역의 위치, 귀속희망 지방자치단체(복수인 경우를 포함한다) 등을 명시하여 행정안전부장관에게 그 지역이 속할 지방자치단체의 결정을 신청하여야 한다. 이 경우 제4항제1호에 따른 매립지의 매립면허를 받은 자는 면허관청에 해당 매립지가 속할 지방자치단체의 결정 신청을 요구할 수 있다.

⑥ 행정안전부장관은 제5항에 따른 신청을 받은 후 지체 없이 제5항에 따른 신청내용을 20일 이상 관보나 인터넷 홈페이지에 게재하는 등의 방법으로 널리 알려야 한다. 이 경우 알리는 방법, 의견 제출 등에 관하여는 「행정절차법」 제42조 · 제44조 및 제45조를 준용한다.

⑦ 행정안전부장관은 제6항에 따른 기간이 끝나면 다음 각 호에서 정하는 바에 따라 결정하고, 그 결과를 면허관청이나 지적소관청, 관계 지방자치단체의 장 등에게 통보하고 공고하여야 한다.

1. 제6항에 따른 기간 내에 신청내용에 대하여 이의가 제기된 경우: 제166조에 따른 지방자치단체중앙분쟁조정위원회(이하 이 조 및 제6조에서 "위원회"라 한다)의 심의 · 의결에 따라 제4항 각 호의 지역이 속할 지방자치단체를 결정
2. 제6항에 따른 기간 내에 신청내용에 대하여 이의가 제기되지 아니한 경우: 위원회의 심의 · 의결을 거치지 아니하고 신청내용에 따라 제4항 각 호의 지역이 속할 지방자치단체를 결정

⑧ 위원회의 위원장은 제7항제1호에 따른 심의과정에서 필요하다고 인정되면 관계 중앙행정기관 및 지방자치단체의 공무원 또는 관련 전문가를 출석시켜 의견을 듣거나 관계 기관이나 단체에 자료 및 의견 제출 등을 요구할 수 있다. 이 경우 관계 지방자치단체의 장에게는 의견을 진술할 기회를 주어야 한다.

⑨ 관계 지방자치단체의 장은 제4항부터 제7항까지의 규정에 따른 행정안전부장관의 결정에 이의가 있으면 그 결과를 통보받은 날부터 15일 이내에 대법원에 소송을 제기할 수 있다.

⑩ 행정안전부장관은 제9항에 따른 소송 결과 대법원의 인용결정이 있으면 그 취지에 따라 다시 결정하여야 한다.

⑪ 행정안전부장관은 제4항 각 호의 지역이 속할 지방자치단체 결정과 관련하여 제7항제1호에 따라 위원회의 심의를 할 때 같은 시 · 도 안에 있는 관계 시 · 군 및 자치구 상호 간 매립지 조성 비용 및 관리 비용 부담 등에 관한 조정(調整)이 필요한 경우 제165조제1항부

터 제3항까지의 규정에도 불구하고 당사자의 신청 또는 직권으로 위원회의 심의·의결에 따라 조정할 수 있다. 이 경우 그 조정 결과의 통보 및 조정 결정 사항의 이행은 제165조제4항부터 제7항까지의 규정에 따른다.

제6조(지방자치단체의 관할 구역 경계변경 등) ① 지방자치단체의 장은 관할 구역과 생활권과의 불일치 등으로 인하여 주민생활에 불편이 큰 경우 등 대통령령으로 정하는 사유가 있는 경우에는 행정안전부장관에게 경계변경이 필요한 지역 등을 명시하여 경계변경에 대한 조정을 신청할 수 있다. 이 경우 지방자치단체의 장은 지방의회 재적의원 과반수의 출석과 출석의원 3분의 2 이상의 동의를 받아야 한다.

② 관계 중앙행정기관의 장 또는 둘 이상의 지방자치단체에 걸친 개발사업 등의 시행자는 대통령령으로 정하는 바에 따라 관계 지방자치단체의 장에게 제1항에 따른 경계변경에 대한 조정을 신청하여 줄 것을 요구할 수 있다.

③ 행정안전부장관은 제1항에 따른 경계변경에 대한 조정 신청을 받으면 지체 없이 그 신청내용을 관계 지방자치단체의 장에게 통지하고, 20일 이상 관보나 인터넷 홈페이지에 게재하는 등의 방법으로 널리 알려야 한다. 이 경우 알리는 방법, 의견의 제출 등에 관하여는 「행정절차법」 제42조·제44조 및 제45조를 준용한다.

④ 행정안전부장관은 제3항에 따른 기간이 끝난 후 지체 없이 대통령령으로 정하는 바에 따라 관계 지방자치단체 등 당사자 간 경계변경에 관한 사항을 효율적으로 협의할 수 있도록 경계변경자율협의체(이하 이 조에서 "협의체"라 한다)를 구성·운영할 것을 관계 지방자치단체의 장에게 요청하여야 한다.

⑤ 관계 지방자치단체는 제4항에 따른 협의체 구성·운영 요청을 받은 후 지체 없이 협의체를 구성하고, 경계변경 여부 및 대상 등에 대하여 같은 항에 따른 행정안전부장관의 요청을 받은 날부터 120일 이내에 협의를 하여야 한다. 다만, 대통령령으로 정하는 부득이한 사유가 있는 경우에는 30일의 범위에서 그 기간을 연장할 수 있다.

⑥ 제5항에 따라 협의체를 구성한 지방자치단체의 장은 같은 항에 따른 협의 기간 이내에 협의체의 협의 결과를 행정안전부장관에게 알려야 한다.

⑦ 행정안전부장관은 다음 각 호의 어느 하나에 해당하는 경우에는 위원회의 심의·의결을 거쳐 경계변경에 대하여 조정할 수 있다.

1. 관계 지방자치단체가 제4항에 따른 행정안전부장관의 요청을 받은 날부터 120일 이내에 협의체를 구성하지 못한 경우
2. 관계 지방자치단체가 제5항에 따른 협의 기간 이내에 경계변경 여부 및 대상 등에 대하여 합의를 하지 못한 경우

⑧ 위원회는 제7항에 따라 경계변경에 대한 사항을 심의할 때에는 관계 지방의회의 의견을 들어야 하며, 관련 전문가 및 지방자치단체의 장의 의견 청취 등에 관하여는 제5조제8항을 준용한다.

⑨ 행정안전부장관은 다음 각 호의 어느 하나에 해당하는 경우 지체 없이 그 내용을 검토한 후 이를 반영하여 경계변경에 관한 대통령령안을 입안하여야 한다.

1. 제5항에 따른 협의체의 협의 결과 관계 지방자치단체 간 경계변경에 합의를 하고, 관계 지방자치단체의 장이 제6항에 따라 그 내용을 각각 알린 경우
2. 위원회가 제7항에 따른 심의 결과 경계변경이 필요하다고 의결한 경우

⑩ 행정안전부장관은 경계변경의 조정과 관련하여 제7항에 따라 위원회의 심의를 할 때 같은 시·도 안에 있는 관계 시·군 및 자치구 상호 간 경계변경에 관련된 비용 부담, 행정적·

재정적 사항 등에 관하여 조정이 필요한 경우 제165조제1항부터 제3항까지의 규정에도 불구하고 당사자의 신청 또는 직권으로 위원회의 심의·의결에 따라 조정할 수 있다. 이 경우 그 조정 결과의 통보 및 조정 결정 사항의 이행은 제165조제4항부터 제7항까지의 규정에 따른다.

제7조(자치구가 아닌 구와 읍·면·동 등의 명칭과 구역) ① 자치구가 아닌 구와 읍·면·동의 명칭과 구역은 종전과 같이 하고, 자치구가 아닌 구와 읍·면·동을 폐지하거나 설치하거나 나누거나 합칠 때에는 행정안전부장관의 승인을 받아 그 지방자치단체의 조례로 정한다. 다만, 명칭과 구역의 변경은 그 지방자치단체의 조례로 정하고, 그 결과를 특별시장·광역시장·도지사에게 보고하여야 한다.

② 리의 구역은 자연 촌락을 기준으로 하되, 그 명칭과 구역은 종전과 같이 하고, 명칭과 구역을 변경하거나 리를 폐지하거나 설치하거나 나누거나 합칠 때에는 그 지방자치단체의 조례로 정한다.

③ 인구 감소 등 행정여건 변화로 인하여 필요한 경우 그 지방자치단체의 조례로 정하는 바에 따라 2개 이상의 면을 하나의 면으로 운영하는 등 행정 운영상 면[이하 "행정면"(行政面)이라 한다]을 따로 둘 수 있다.

④ 동·리에서는 행정 능률과 주민의 편의를 위하여 그 지방자치단체의 조례로 정하는 바에 따라 하나의 동·리를 2개 이상의 동·리로 운영하거나 2개 이상의 동·리를 하나의 동·리로 운영하는 등 행정 운영상 동·리(이하 "행정동·리"라 한다)를 따로 둘 수 있다.

⑤ 행정동·리에 그 지방자치단체의 조례로 정하는 바에 따라 하부 조직을 둘 수 있다.

제8조(구역의 변경 또는 폐지·설치·분리·합병 시의 사무와 재산의 승계) ① 지방자치단체의 구역을 변경하거나 지방자치단체를 폐지하거나 설치하거나 나누거나 합칠 때에는 새로 그 지역을 관할하게 된 지방자치단체가 그 사무와 재산을 승계한다.

② 제1항의 경우에 지역으로 지방자치단체의 사무와 재산을 구분하기 곤란하면 시·도에서는 행정안전부장관이, 시·군 및 자치구에서는 특별시장·광역시장·특별자치시장·도지사·특별자치도지사(이하 "시·도지사"라 한다)가 그 사무와 재산의 한계 및 승계할 지방자치단체를 지정한다.

제9조(사무소의 소재지) ① 지방자치단체의 사무소 소재지와 자치구가 아닌 구 및 읍·면·동의 사무소 소재지는 종전과 같이 하고, 이를 변경하거나 새로 설정하려면 지방자치단체의 조례로 정한다. 이 경우 면·동은 행정면·행정동(行政洞)을 말한다.

② 제1항의 사항을 조례로 정할 때에는 그 지방의회의 재적의원 과반수의 찬성이 있어야 한다.

제10조(시·읍의 설치기준 등) ① 시는 그 대부분이 도시의 형태를 갖추고 인구 5만 이상이 되어야 한다.

② 다음 각 호의 어느 하나에 해당하는 지역은 도농(都農) 복합형태의 시로 할 수 있다.

1. 제1항에 따라 설치된 시와 군을 통합한 지역
2. 인구 5만 이상의 도시 형태를 갖춘 지역이 있는 군
3. 인구 2만 이상의 도시 형태를 갖춘 2개 이상의 지역 인구가 5만 이상인 군. 이 경우 군의 인구는 15만 이상으로서 대통령령으로 정하는 요건을 갖추어야 한다.
4. 국가의 정책으로 인하여 도시가 형성되고, 제128조에 따라 도의 출장소가 설치된 지역으로서 그 지역의 인구가 3만 이상이며, 인구 15만 이상의 도농 복합형태의 시의 일부

인 지역
③ 읍은 그 대부분이 도시의 형태를 갖추고 인구 2만 이상이 되어야 한다. 다만, 다음 각 호의 어느 하나에 해당하면 인구 2만 미만인 경우에도 읍으로 할 수 있다.
1. 군사무소 소재지의 면
2. 읍이 없는 도농 복합형태의 시에서 그 시에 있는 면 중 1개 면
④ 시·읍의 설치에 관한 세부기준은 대통령령으로 정한다.

제 3 절 지방자치단체의 기능과 사무

제11조(사무배분의 기본원칙) ① 국가는 지방자치단체가 사무를 종합적·자율적으로 수행할 수 있도록 국가와 지방자치단체 간 또는 지방자치단체 상호 간의 사무를 주민의 편익증진, 집행의 효과 등을 고려하여 서로 중복되지 아니하도록 배분하여야 한다.
② 국가는 제1항에 따라 사무를 배분하는 경우 지역주민생활과 밀접한 관련이 있는 사무는 원칙적으로 시·군 및 자치구의 사무로, 시·군 및 자치구가 처리하기 어려운 사무는 시·도의 사무로, 시·도가 처리하기 어려운 사무는 국가의 사무로 각각 배분하여야 한다.
③ 국가가 지방자치단체에 사무를 배분하거나 지방자치단체가 사무를 다른 지방자치단체에 재배분할 때에는 사무를 배분받거나 재배분받는 지방자치단체가 그 사무를 자기의 책임하에 종합적으로 처리할 수 있도록 관련 사무를 포괄적으로 배분하여야 한다.

제12조(사무처리의 기본원칙) ① 지방자치단체는 사무를 처리할 때 주민의 편의와 복리증진을 위하여 노력하여야 한다.
② 지방자치단체는 조직과 운영을 합리적으로 하고 규모를 적절하게 유지하여야 한다.
③ 지방자치단체는 법령을 위반하여 사무를 처리할 수 없으며, 시·군 및 자치구는 해당 구역을 관할하는 시·도의 조례를 위반하여 사무를 처리할 수 없다.

제13조(지방자치단체의 사무 범위) ① 지방자치단체는 관할 구역의 자치사무와 법령에 따라 지방자치단체에 속하는 사무를 처리한다.
② 제1항에 따른 지방자치단체의 사무를 예시하면 다음 각 호와 같다. 다만, 법률에 이와 다른 규정이 있으면 그러하지 아니하다.
1. 지방자치단체의 구역, 조직, 행정관리 등
가. 관할 구역 안 행정구역의 명칭·위치 및 구역의 조정
나. 조례·규칙의 제정·개정·폐지 및 그 운영·관리
다. 산하(傘下) 행정기관의 조직관리
라. 산하 행정기관 및 단체의 지도·감독
마. 소속 공무원의 인사·후생복지 및 교육
바. 지방세 및 지방세 외 수입의 부과 및 징수
사. 예산의 편성·집행 및 회계감사와 재산관리
아. 행정장비관리, 행정전산화 및 행정관리개선
자. 공유재산(公有財産) 관리
차. 주민등록 관리
카. 지방자치단체에 필요한 각종 조사 및 통계의 작성
2. 주민의 복지증진
가. 주민복지에 관한 사업

나. 사회복지시설의 설치·운영 및 관리
다. 생활이 어려운 사람의 보호 및 지원
라. 노인·아동·장애인·청소년 및 여성의 보호와 복지증진
마. 공공보건의료기관의 설립·운영
바. 감염병과 그 밖의 질병의 예방과 방역
사. 묘지·화장장(火葬場) 및 봉안당의 운영·관리
아. 공중접객업소의 위생을 개선하기 위한 지도
자. 청소, 생활폐기물의 수거 및 처리
차. 지방공기업의 설치 및 운영
3. 농림·수산·상공업 등 산업 진흥
가. 못·늪지·보(洑) 등 농업용수시설의 설치 및 관리
나. 농산물·임산물·축산물·수산물의 생산 및 유통 지원
다. 농업자재의 관리
라. 복합영농의 운영·지도
마. 농업 외 소득사업의 육성·지도
바. 농가 부업의 장려
사. 공유림 관리
아. 소규모 축산 개발사업 및 낙농 진흥사업
자. 가축전염병 예방
차. 지역산업의 육성·지원
카. 소비자 보호 및 저축 장려
타. 중소기업의 육성
파. 지역특화산업의 개발과 육성·지원
하. 우수지역특산품 개발과 관광민예품 개발
4. 지역개발과 자연환경보전 및 생활환경시설의 설치·관리
가. 지역개발사업
나. 지방 토목·건설사업의 시행
다. 도시·군계획사업의 시행
라. 지방도(地方道), 시도(市道)·군도(郡道)·구도(區道)의 신설·개선·보수 및 유지
마. 주거생활환경 개선의 장려 및 지원
바. 농어촌주택 개량 및 취락구조 개선
사. 자연보호활동
아. 지방하천 및 소하천의 관리
자. 상수도·하수도의 설치 및 관리
차. 소규모급수시설의 설치 및 관리
카. 도립공원, 광역시립공원, 군립공원, 시립공원 및 구립공원 등의 지정 및 관리
타. 도시공원 및 공원시설, 녹지, 유원지 등과 그 휴양시설의 설치 및 관리
파. 관광지, 관광단지 및 관광시설의 설치 및 관리
하. 지방 궤도사업의 경영
거. 주차장·교통표지 등 교통편의시설의 설치 및 관리
너. 재해대책의 수립 및 집행

더. 지역경제의 육성 및 지원
5. 교육 · 체육 · 문화 · 예술의 진흥
가. 어린이집 · 유치원 · 초등학교 · 중학교 · 고등학교 및 이에 준하는 각종 학교의 설치 · 운영 · 지도
나. 도서관 · 운동장 · 광장 · 체육관 · 박물관 · 공연장 · 미술관 · 음악당 등 공공교육 · 체육 · 문화시설의 설치 및 관리
다. 지방문화재의 지정 · 등록 · 보존 및 관리
라. 지방문화 · 예술의 진흥
마. 지방문화 · 예술단체의 육성
6. 지역민방위 및 지방소방
가. 지역 및 직장 민방위조직(의용소방대를 포함한다)의 편성과 운영 및 지도 · 감독
나. 지역의 화재예방 · 경계 · 진압 · 조사 및 구조 · 구급
7. 국제교류 및 협력
가. 국제기구 · 행사 · 대회의 유치 · 지원
나. 외국 지방자치단체와의 교류 · 협력

제14조(지방자치단체의 종류별 사무배분기준) ① 제13조에 따른 지방자치단체의 사무를 지방자치단체의 종류별로 배분하는 기준은 다음 각 호와 같다. 다만, 제13조제2항제1호의 사무는 각 지방자치단체에 공통된 사무로 한다.
1. 시 · 도
가. 행정처리 결과가 2개 이상의 시 · 군 및 자치구에 미치는 광역적 사무
나. 시 · 도 단위로 동일한 기준에 따라 처리되어야 할 성질의 사무
다. 지역적 특성을 살리면서 시 · 도 단위로 통일성을 유지할 필요가 있는 사무
라. 국가와 시 · 군 및 자치구 사이의 연락 · 조정 등의 사무
마. 시 · 군 및 자치구가 독자적으로 처리하기 어려운 사무
바. 2개 이상의 시 · 군 및 자치구가 공동으로 설치하는 것이 적당하다고 인정되는 규모의 시설을 설치하고 관리하는 사무
2. 시 · 군 및 자치구
제1호에서 시 · 도가 처리하는 것으로 되어 있는 사무를 제외한 사무. 다만, 인구 50만 이상의 시에 대해서는 도가 처리하는 사무의 일부를 직접 처리하게 할 수 있다.

② 제1항의 배분기준에 따른 지방자치단체의 종류별 사무는 대통령령으로 정한다.

③ 시 · 도와 시 · 군 및 자치구는 사무를 처리할 때 서로 겹치지 아니하도록 하여야 하며, 사무가 서로 겹치면 시 · 군 및 자치구에서 먼저 처리한다.

제15조(국가사무의 처리 제한) 지방자치단체는 다음 각 호의 국가사무를 처리할 수 없다. 다만, 법률에 이와 다른 규정이 있는 경우에는 국가사무를 처리할 수 있다.
1. 외교, 국방, 사법(司法), 국세 등 국가의 존립에 필요한 사무
2. 물가정책, 금융정책, 수출입정책 등 전국적으로 통일적 처리를 할 필요가 있는 사무
3. 농산물 · 임산물 · 축산물 · 수산물 및 양곡의 수급조절과 수출입 등 전국적 규모의 사무
4. 국가종합경제개발계획, 국가하천, 국유림, 국토종합개발계획, 지정항만, 고속국도 · 일반국도, 국립공원 등 전국적 규모나 이와 비슷한 규모의 사무
5. 근로기준, 측량단위 등 전국적으로 기준을 통일하고 조정하여야 할 필요가 있는 사무
6. 우편, 철도 등 전국적 규모나 이와 비슷한 규모의 사무

7. 고도의 기술이 필요한 검사·시험·연구, 항공관리, 기상행정, 원자력개발 등 지방자치단체의 기술과 재정능력으로 감당하기 어려운 사무

제2장 주 민

제16조(주민의 자격) 지방자치단체의 구역에 주소를 가진 자는 그 지방자치단체의 주민이 된다.

제17조(주민의 권리) ① 주민은 법령으로 정하는 바에 따라 주민생활에 영향을 미치는 지방자치단체의 정책의 결정 및 집행 과정에 참여할 권리를 가진다.

② 주민은 법령으로 정하는 바에 따라 소속 지방자치단체의 재산과 공공시설을 이용할 권리와 그 지방자치단체로부터 균등하게 행정의 혜택을 받을 권리를 가진다.

③ 주민은 법령으로 정하는 바에 따라 그 지방자치단체에서 실시하는 지방의회의원과 지방자치단체의 장의 선거(이하 "지방선거"라 한다)에 참여할 권리를 가진다.

제18조(주민투표) ① 지방자치단체의 장은 주민에게 과도한 부담을 주거나 중대한 영향을 미치는 지방자치단체의 주요 결정사항 등에 대하여 주민투표에 부칠 수 있다.

② 주민투표의 대상·발의자·발의요건, 그 밖에 투표절차 등에 관한 사항은 따로 법률로 정한다.

제19조(조례의 제정과 개정·폐지 청구) ① 주민은 지방자치단체의 조례를 제정하거나 개정하거나 폐지할 것을 청구할 수 있다.

② 조례의 제정·개정 또는 폐지 청구의 청구권자·청구대상·청구요건 및 절차 등에 관한 사항은 따로 법률로 정한다.

제20조(규칙의 제정과 개정·폐지 의견 제출) ① 주민은 제29조에 따른 규칙(권리·의무와 직접 관련되는 사항으로 한정한다)의 제정, 개정 또는 폐지와 관련된 의견을 해당 지방자치단체의 장에게 제출할 수 있다.

② 법령이나 조례를 위반하거나 법령이나 조례에서 위임한 범위를 벗어나는 사항은 제1항에 따른 의견 제출 대상에서 제외한다.

③ 지방자치단체의 장은 제1항에 따라 제출된 의견에 대하여 의견이 제출된 날부터 30일 이내에 검토 결과를 그 의견을 제출한 주민에게 통보하여야 한다.

④ 제1항에 따른 의견 제출, 제3항에 따른 의견의 검토와 결과 통보의 방법 및 절차는 해당 지방자치단체의 조례로 정한다.

제21조(주민의 감사 청구) ① 지방자치단체의 18세 이상의 주민으로서 다음 각 호의 어느 하나에 해당하는 사람(「공직선거법」 제18조에 따른 선거권이 없는 사람은 제외한다. 이하 이 조에서 "18세 이상의 주민"이라 한다)은 시·도는 300명, 제198조에 따른 인구 50만 이상 대도시는 200명, 그 밖의 시·군 및 자치구는 150명 이내에서 그 지방자치단체의 조례로 정하는 수 이상의 18세 이상의 주민이 연대 서명하여 그 지방자치단체와 그 장의 권한에 속하는 사무의 처리가 법령에 위반되거나 공익을 현저히 해친다고 인정되면 시·도의 경우에는 주무부장관에게, 시·군 및 자치구의 경우에는 시·도지사에게 감사를 청구할 수 있다.

1. 해당 지방자치단체의 관할 구역에 주민등록이 되어 있는 사람
2. 「출입국관리법」 제10조에 따른 영주(永住)할 수 있는 체류자격 취득일 후 3년이 경과한 외국인으로서 같은 법 제34조에 따라 해당 지방자치단체의 외국인등록대장에 올라 있는 사람

② 다음 각 호의 사항은 감사 청구의 대상에서 제외한다.
1. 수사나 재판에 관여하게 되는 사항
2. 개인의 사생활을 침해할 우려가 있는 사항
3. 다른 기관에서 감사하였거나 감사 중인 사항. 다만, 다른 기관에서 감사한 사항이라도 새로운 사항이 발견되거나 중요 사항이 감사에서 누락된 경우와 제22조제1항에 따라 주민소송의 대상이 되는 경우에는 그러하지 아니하다.
4. 동일한 사항에 대하여 제22조제2항 각 호의 어느 하나에 해당하는 소송이 진행 중이거나 그 판결이 확정된 사항

③ 제1항에 따른 청구는 사무처리가 있었던 날이나 끝난 날부터 3년이 지나면 제기할 수 없다.

④ 지방자치단체의 18세 이상의 주민이 제1항에 따라 감사를 청구하려면 청구인의 대표자를 선정하여 청구인명부에 적어야 하며, 청구인의 대표자는 감사청구서를 작성하여 주무부장관 또는 시·도지사에게 제출하여야 한다.

⑤ 주무부장관이나 시·도지사는 제1항에 따른 청구를 받으면 청구를 받은 날부터 5일 이내에 그 내용을 공표하여야 하며, 청구를 공표한 날부터 10일간 청구인명부나 그 사본을 공개된 장소에 갖추어 두어 열람할 수 있도록 하여야 한다.

⑥ 청구인명부의 서명에 관하여 이의가 있는 사람은 제5항에 따른 열람기간에 해당 주무부장관이나 시·도지사에게 이의를 신청할 수 있다.

⑦ 주무부장관이나 시·도지사는 제6항에 따른 이의신청을 받으면 제5항에 따른 열람기간이 끝난 날부터 14일 이내에 심사·결정하되, 그 신청이 이유 있다고 결정한 경우에는 청구인명부를 수정하고, 그 사실을 이의신청을 한 사람과 제4항에 따른 청구인의 대표자에게 알려야 하며, 그 이의신청이 이유 없다고 결정한 경우에는 그 사실을 즉시 이의신청을 한 사람에게 알려야 한다.

⑧ 주무부장관이나 시·도지사는 제6항에 따른 이의신청이 없는 경우 또는 제6항에 따라 제기된 모든 이의신청에 대하여 제7항에 따른 결정이 끝난 경우로서 제1항부터 제3항까지의 규정에 따른 요건을 갖춘 경우에는 청구를 수리하고, 그러하지 아니한 경우에는 청구를 각하하되, 수리 또는 각하 사실을 청구인의 대표자에게 알려야 한다.

⑨ 주무부장관이나 시·도지사는 감사 청구를 수리한 날부터 60일 이내에 감사 청구된 사항에 대하여 감사를 끝내야 하며, 감사 결과를 청구인의 대표자와 해당 지방자치단체의 장에게 서면으로 알리고, 공표하여야 한다. 다만, 그 기간에 감사를 끝내기가 어려운 정당한 사유가 있으면 그 기간을 연장할 수 있으며, 기간을 연장할 때에는 미리 청구인의 대표자와 해당 지방자치단체의 장에게 알리고, 공표하여야 한다.

⑩ 주무부장관이나 시·도지사는 주민이 감사를 청구한 사항이 다른 기관에서 이미 감사한 사항이거나 감사 중인 사항이면 그 기관에서 한 감사 결과 또는 감사 중인 사실과 감사가 끝난 후 그 결과를 알리겠다는 사실을 청구인의 대표자와 해당 기관에 지체 없이 알려야 한다.

⑪ 주무부장관이나 시·도지사는 주민 감사 청구를 처리(각하를 포함한다)할 때 청구인의 대표자에게 반드시 증거 제출 및 의견 진술의 기회를 주어야 한다.

⑫ 주무부장관이나 시·도지사는 제9항에 따른 감사 결과에 따라 기간을 정하여 해당 지방자치단체의 장에게 필요한 조치를 요구할 수 있다. 이 경우 그 지방자치단체의 장은 이를 성실히 이행하여야 하고, 그 조치 결과를 지방의회와 주무부장관 또는 시·도지사에게 보고

하여야 한다.

⑬ 주무부장관이나 시·도지사는 제12항에 따른 조치 요구 내용과 지방자치단체의 장의 조치 결과를 청구인의 대표자에게 서면으로 알리고, 공표하여야 한다.

⑭ 제1항부터 제13항까지에서 규정한 사항 외에 18세 이상의 주민의 감사 청구에 필요한 사항은 대통령령으로 정한다.

제22조(주민소송) ① 제21조제1항에 따라 공금의 지출에 관한 사항, 재산의 취득·관리·처분에 관한 사항, 해당 지방자치단체를 당사자로 하는 매매·임차·도급 계약이나 그 밖의 계약의 체결·이행에 관한 사항 또는 지방세·사용료·수수료·과태료 등 공금의 부과·징수를 게을리한 사항을 감사 청구한 주민은 다음 각 호의 어느 하나에 해당하는 경우에 그 감사 청구한 사항과 관련이 있는 위법한 행위나 업무를 게을리한 사실에 대하여 해당 지방자치단체의 장(해당 사항의 사무처리에 관한 권한을 소속 기관의 장에게 위임한 경우에는 그 소속 기관의 장을 말한다. 이하 이 조에서 같다)을 상대방으로 하여 소송을 제기할 수 있다.

1. 주무부장관이나 시·도지사가 감사 청구를 수리한 날부터 60일(제21조제9항 단서에 따라 감사기간이 연장된 경우에는 연장된 기간이 끝난 날을 말한다)이 지나도 감사를 끝내지 아니한 경우
2. 제21조제9항 및 제10항에 따른 감사 결과 또는 같은 조 제12항에 따른 조치 요구에 불복하는 경우
3. 제21조제12항에 따른 주무부장관이나 시·도지사의 조치 요구를 지방자치단체의 장이 이행하지 아니한 경우
4. 제21조제12항에 따른 지방자치단체의 장의 이행 조치에 불복하는 경우

② 제1항에 따라 주민이 제기할 수 있는 소송은 다음 각 호와 같다.

1. 해당 행위를 계속하면 회복하기 어려운 손해를 발생시킬 우려가 있는 경우에는 그 행위의 전부나 일부를 중지할 것을 요구하는 소송
2. 행정처분인 해당 행위의 취소 또는 변경을 요구하거나 그 행위의 효력 유무 또는 존재 여부의 확인을 요구하는 소송
3. 게을리한 사실의 위법 확인을 요구하는 소송
4. 해당 지방자치단체의 장 및 직원, 지방의회의원, 해당 행위와 관련이 있는 상대방에게 손해배상청구 또는 부당이득반환청구를 할 것을 요구하는 소송. 다만, 그 지방자치단체의 직원이 「회계관계직원 등의 책임에 관한 법률」 제4조에 따른 변상책임을 져야 하는 경우에는 변상명령을 할 것을 요구하는 소송을 말한다.

③ 제2항제1호의 중지청구소송은 해당 행위를 중지할 경우 생명이나 신체에 중대한 위해가 생길 우려가 있거나 그 밖에 공공복리를 현저하게 해칠 우려가 있으면 제기할 수 없다.

④ 제2항에 따른 소송은 다음 각 호의 구분에 따른 날부터 90일 이내에 제기하여야 한다.

1. 제1항제1호: 해당 60일이 끝난 날(제21조제9항 단서에 따라 감사기간이 연장된 경우에는 연장기간이 끝난 날을 말한다)
2. 제1항제2호: 해당 감사 결과나 조치 요구 내용에 대한 통지를 받은 날
3. 제1항제3호: 해당 조치를 요구할 때에 지정한 처리기간이 끝난 날
4. 제1항제4호: 해당 이행 조치 결과에 대한 통지를 받은 날

⑤ 제2항 각 호의 소송이 진행 중이면 다른 주민은 같은 사항에 대하여 별도의 소송을 제기할 수 없다.

⑥ 소송의 계속(繫屬) 중에 소송을 제기한 주민이 사망하거나 제16조에 따른 주민의 자격을

잃으면 소송절차는 중단된다. 소송대리인이 있는 경우에도 또한 같다.

⑦ 감사 청구에 연대 서명한 다른 주민은 제6항에 따른 사유가 발생한 사실을 안 날부터 6개월 이내에 소송절차를 수계(受繼)할 수 있다. 이 기간에 수계절차가 이루어지지 아니할 경우 그 소송절차는 종료된다.

⑧ 법원은 제6항에 따라 소송이 중단되면 감사 청구에 연대 서명한 다른 주민에게 소송절차를 중단한 사유와 소송절차 수계방법을 지체 없이 알려야 한다. 이 경우 법원은 감사 청구에 적힌 주소로 통지서를 우편으로 보낼 수 있고, 우편물이 통상 도달할 수 있을 때에 감사 청구에 연대 서명한 다른 주민은 제6항의 사유가 발생한 사실을 안 것으로 본다.

⑨ 제2항에 따른 소송은 해당 지방자치단체의 사무소 소재지를 관할하는 행정법원(행정법원이 설치되지 아니한 지역에서는 행정법원의 권한에 속하는 사건을 관할하는 지방법원 본원을 말한다)의 관할로 한다.

⑩ 해당 지방자치단체의 장은 제2항제1호부터 제3호까지의 규정에 따른 소송이 제기된 경우 그 소송 결과에 따라 권리나 이익의 침해를 받을 제3자가 있으면 그 제3자에 대하여, 제2항제4호에 따른 소송이 제기된 경우 그 직원, 지방의회의원 또는 상대방에 대하여 소송고지를 해 줄 것을 법원에 신청하여야 한다.

⑪ 제2항제4호에 따른 소송이 제기된 경우에 지방자치단체의 장이 한 소송고지신청은 그 소송에 관한 손해배상청구권 또는 부당이득반환청구권의 시효중단에 관하여 「민법」 제168조제1호에 따른 청구로 본다.

⑫ 제11항에 따른 시효중단의 효력은 그 소송이 끝난 날부터 6개월 이내에 재판상 청구, 파산절차참가, 압류 또는 가압류, 가처분을 하지 아니하면 효력이 생기지 아니한다.

⑬ 국가, 상급 지방자치단체 및 감사 청구에 연대 서명한 다른 주민과 제10항에 따라 소송고지를 받은 자는 법원에서 계속 중인 소송에 참가할 수 있다.

⑭ 제2항에 따른 소송에서 당사자는 법원의 허가를 받지 아니하고는 소의 취하, 소송의 화해 또는 청구의 포기를 할 수 없다.

⑮ 법원은 제14항에 따른 허가를 하기 전에 감사 청구에 연대 서명한 다른 주민에게 그 사실을 알려야 하며, 알린 때부터 1개월 이내에 허가 여부를 결정하여야 한다. 이 경우 통지방법 등에 관하여는 제8항 후단을 준용한다.

⑯ 제2항에 따른 소송은 「민사소송 등 인지법」 제2조제4항에 따른 비재산권을 목적으로 하는 소송으로 본다.

⑰ 소송을 제기한 주민은 승소(일부 승소를 포함한다)한 경우 그 지방자치단체에 대하여 변호사 보수 등의 소송비용, 감사 청구절차의 진행 등을 위하여 사용된 여비, 그 밖에 실제로 든 비용을 보상할 것을 청구할 수 있다. 이 경우 지방자치단체는 청구된 금액의 범위에서 그 소송을 진행하는 데 객관적으로 사용된 것으로 인정되는 금액을 지급하여야 한다.

⑱ 제1항에 따른 소송에 관하여 이 법에 규정된 것 외에는 「행정소송법」에 따른다.

제23조(손해배상금 등의 지급청구 등) ① 지방자치단체의 장(해당 사항의 사무처리에 관한 권한을 소속 기관의 장에게 위임한 경우에는 그 소속 기관의 장을 말한다. 이하 이 조에서 같다)은 제22조제2항제4호 본문에 따른 소송에 대하여 손해배상청구나 부당이득반환청구를 명하는 판결이 확정되면 판결이 확정된 날부터 60일 이내를 기한으로 하여 당사자에게 그 판결에 따라 결정된 손해배상금이나 부당이득반환금의 지급을 청구하여야 한다. 다만, 손해배상금이나 부당이득반환금을 지급하여야 할 당사자가 지방자치단체의 장이면 지방의회의 의장이 지급을 청구하여야 한다.

② 지방자치단체는 제1항에 따라 지급청구를 받은 자가 같은 항의 기한까지 손해배상금이나 부당이득반환금을 지급하지 아니하면 손해배상·부당이득반환의 청구를 목적으로 하는 소송을 제기하여야 한다. 이 경우 그 소송의 상대방이 지방자치단체의 장이면 그 지방의회의 의장이 그 지방자치단체를 대표한다.

제24조(변상명령 등) ① 지방자치단체의 장은 제22조제2항제4호 단서에 따른 소송에 대하여 변상할 것을 명하는 판결이 확정되면 판결이 확정된 날부터 60일 이내를 기한으로 하여 당사자에게 그 판결에 따라 결정된 금액을 변상할 것을 명령하여야 한다.

② 제1항에 따라 변상할 것을 명령받은 자가 같은 항의 기한까지 변상금을 지불하지 아니하면 지방세 체납처분의 예에 따라 징수할 수 있다.

③ 제1항에 따라 변상할 것을 명령받은 자는 그 명령에 불복하는 경우 행정소송을 제기할 수 있다. 다만, 「행정심판법」에 따른 행정심판청구는 제기할 수 없다.

제25조(주민소환) ① 주민은 그 지방자치단체의 장 및 지방의회의원(비례대표 지방의회의원은 제외한다)을 소환할 권리를 가진다.

② 주민소환의 투표 청구권자·청구요건·절차 및 효력 등에 관한 사항은 따로 법률로 정한다.

제26조(주민에 대한 정보공개) ① 지방자치단체는 사무처리의 투명성을 높이기 위하여 「공공기관의 정보공개에 관한 법률」에서 정하는 바에 따라 지방의회의 의정활동, 집행기관의 조직, 재무 등 지방자치에 관한 정보(이하 "지방자치정보"라 한다)를 주민에게 공개하여야 한다.

② 행정안전부장관은 주민의 지방자치정보에 대한 접근성을 높이기 위하여 이 법 또는 다른 법령에 따라 공개된 지방자치정보를 체계적으로 수집하고 주민에게 제공하기 위한 정보공개시스템을 구축·운영할 수 있다.

제27조(주민의 의무) 주민은 법령으로 정하는 바에 따라 소속 지방자치단체의 비용을 분담하여야 하는 의무를 진다.

제 3 장 조례와 규칙

제28조(조례) ① 지방자치단체는 법령의 범위에서 그 사무에 관하여 조례를 제정할 수 있다. 다만, 주민의 권리 제한 또는 의무 부과에 관한 사항이나 벌칙을 정할 때에는 법률의 위임이 있어야 한다.

② 법령에서 조례로 정하도록 위임한 사항은 그 법령의 하위 법령에서 그 위임의 내용과 범위를 제한하거나 직접 규정할 수 없다.

제29조(규칙) 지방자치단체의 장은 법령 또는 조례의 범위에서 그 권한에 속하는 사무에 관하여 규칙을 제정할 수 있다.

제30조(조례와 규칙의 입법한계) 시·군 및 자치구의 조례나 규칙은 시·도의 조례나 규칙을 위반해서는 아니 된다.

제31조(지방자치단체를 신설하거나 격을 변경할 때의 조례·규칙 시행) 지방자치단체를 나누거나 합하여 새로운 지방자치단체가 설치되거나 지방자치단체의 격이 변경되면 그 지방자치단체의 장은 필요한 사항에 관하여 새로운 조례나 규칙이 제정·시행될 때까지 종래 그 지역에 시행되던 조례나 규칙을 계속 시행할 수 있다.

제32조(조례와 규칙의 제정 절차 등) ① 조례안이 지방의회에서 의결되면 지방의회의 의장은 의결된 날부터 5일 이내에 그 지방자치단체의 장에게 이송하여야 한다.

② 지방자치단체의 장은 제1항의 조례안을 이송받으면 20일 이내에 공포하여야 한다.

③ 지방자치단체의 장은 이송받은 조례안에 대하여 이의가 있으면 제2항의 기간에 이유를 붙여 지방의회로 환부(還付)하고, 재의(再議)를 요구할 수 있다. 이 경우 지방자치단체의 장은 조례안의 일부에 대하여 또는 조례안을 수정하여 재의를 요구할 수 없다.

④ 지방의회는 제3항에 따라 재의 요구를 받으면 조례안을 재의에 부치고 재적의원 과반수의 출석과 출석의원 3분의 2 이상의 찬성으로 전(前)과 같은 의결을 하면 그 조례안은 조례로서 확정된다.

⑤ 지방자치단체의 장이 제2항의 기간에 공포하지 아니하거나 재의 요구를 하지 아니하더라도 그 조례안은 조례로서 확정된다.

⑥ 지방자치단체의 장은 제4항 또는 제5항에 따라 확정된 조례를 지체 없이 공포하여야 한다. 이 경우 제5항에 따라 조례가 확정된 후 또는 제4항에 따라 확정된 조례가 지방자치단체의 장에게 이송된 후 5일 이내에 지방자치단체의 장이 공포하지 아니하면 지방의회의 의장이 공포한다.

⑦ 제2항 및 제6항 전단에 따라 지방자치단체의 장이 조례를 공포하였을 때에는 즉시 해당 지방의회의 의장에게 통지하여야 하며, 제6항 후단에 따라 지방의회의 의장이 조례를 공포하였을 때에는 그 사실을 즉시 해당 지방자치단체의 장에게 통지하여야 한다.

⑧ 조례와 규칙은 특별한 규정이 없으면 공포한 날부터 20일이 지나면 효력을 발생한다.

제33조(조례와 규칙의 공포 방법 등) ① 조례와 규칙의 공포는 해당 지방자치단체의 공보에 게재하는 방법으로 한다. 다만, 제32조제6항 후단에 따라 지방의회의 의장이 조례를 공포하는 경우에는 공보나 일간신문에 게재하거나 게시판에 게시한다.

② 제1항에 따른 공보는 종이로 발행되는 공보(이하 이 조에서 "종이공보"라 한다) 또는 전자적인 형태로 발행되는 공보(이하 이 조에서 "전자공보"라 한다)로 운영한다.

③ 공보의 내용 해석 및 적용 시기 등에 대하여 종이공보와 전자공보는 동일한 효력을 가진다.

④ 조례와 규칙의 공포에 관하여 그 밖에 필요한 사항은 대통령령으로 정한다.

제34조(조례 위반에 대한 과태료) ① 지방자치단체는 조례를 위반한 행위에 대하여 조례로써 1천만원 이하의 과태료를 정할 수 있다.

② 제1항에 따른 과태료는 해당 지방자치단체의 장이나 그 관할 구역의 지방자치단체의 장이 부과·징수한다.

제35조(보고) 조례나 규칙을 제정하거나 개정하거나 폐지할 경우 조례는 지방의회에서 이송된 날부터 5일 이내에, 규칙은 공포 예정일 15일 전에 시·도지사는 행정안전부장관에게, 시장·군수 및 자치구의 구청장은 시·도지사에게 그 전문(全文)을 첨부하여 각각 보고하여야 하며, 보고를 받은 행정안전부장관은 그 내용을 관계 중앙행정기관의 장에게 통보하여야 한다.

제4장 선 거

제36조(지방선거에 관한 법률의 제정) 지방선거에 관하여 이 법에서 정한 것 외에 필요한 사항은 따로 법률로 정한다.

제 5 장　지방의회

제 1 절　조　직

제37조(의회의 설치) 지방자치단체에 주민의 대의기관인 의회를 둔다.

제38조(지방의회의원의 선거) 지방의회의원은 주민이 보통·평등·직접·비밀선거로 선출한다.

제 2 절　지방의회의원

제39조(의원의 임기) 지방의회의원의 임기는 4년으로 한다.

제40조(의원의 의정활동비 등) ① 지방의회의원에게는 다음 각 호의 비용을 지급한다.

1. 의정(議政) 자료를 수집하고 연구하거나 이를 위한 보조 활동에 사용되는 비용을 보전(補塡)하기 위하여 매월 지급하는 의정활동비
2. 지방의회의원의 직무활동에 대하여 지급하는 월정수당
3. 본회의 의결, 위원회 의결 또는 지방의회의 의장의 명에 따라 공무로 여행할 때 지급하는 여비

② 제1항 각 호에 규정된 비용은 대통령령으로 정하는 기준을 고려하여 해당 지방자치단체의 의정비심의위원회에서 결정하는 금액 이내에서 지방자치단체의 조례로 정한다. 다만, 제1항제3호에 따른 비용은 의정비심의위원회 결정 대상에서 제외한다.

③ 의정비심의위원회의 구성·운영 등에 필요한 사항은 대통령령으로 정한다.

제41조(의원의 정책지원 전문인력) ① 지방의회의원의 의정활동을 지원하기 위하여 지방의회의원 정수의 2분의 1 범위에서 해당 지방자치단체의 조례로 정하는 바에 따라 지방의회에 정책지원 전문인력을 둘 수 있다.

② 정책지원 전문인력은 지방공무원으로 보하며, 직급·직무 및 임용절차 등 운영에 필요한 사항은 대통령령으로 정한다.

제42조(상해·사망 등의 보상) ① 지방의회의원이 직무로 인하여 신체에 상해를 입거나 사망한 경우와 그 상해나 직무로 인한 질병으로 사망한 경우에는 보상금을 지급할 수 있다.

② 제1항의 보상금의 지급기준은 대통령령으로 정하는 범위에서 해당 지방자치단체의 조례로 정한다.

제43조(겸직 등 금지) ① 지방의회의원은 다음 각 호의 어느 하나에 해당하는 직(職)을 겸할 수 없다.

1. 국회의원, 다른 지방의회의원
2. 헌법재판소 재판관, 각급 선거관리위원회 위원
3. 「국가공무원법」 제2조에 따른 국가공무원과 「지방공무원법」 제2조에 따른 지방공무원(「정당법」 제22조에 따라 정당의 당원이 될 수 있는 교원은 제외한다)
4. 「공공기관의 운영에 관한 법률」 제4조에 따른 공공기관(한국방송공사, 한국교육방송공사 및 한국은행을 포함한다)의 임직원
5. 「지방공기업법」 제2조에 따른 지방공사와 지방공단의 임직원
6. 농업협동조합, 수산업협동조합, 산림조합, 엽연초생산협동조합, 신용협동조합, 새마을금고(이들 조합·금고의 중앙회와 연합회를 포함한다)의 임직원과 이들 조합·금고의 중

앙회장이나 연합회장
7. 「정당법」 제22조에 따라 정당의 당원이 될 수 없는 교원
8. 다른 법령에 따라 공무원의 신분을 가지는 직
9. 그 밖에 다른 법률에서 겸임할 수 없도록 정하는 직

② 「정당법」 제22조에 따라 정당의 당원이 될 수 있는 교원이 지방의회의원으로 당선되면 임기 중 그 교원의 직은 휴직된다.

③ 지방의회의원이 당선 전부터 제1항 각 호의 직을 제외한 다른 직을 가진 경우에는 임기 개시 후 1개월 이내에, 임기 중 그 다른 직에 취임한 경우에는 취임 후 15일 이내에 지방의회의 의장에게 서면으로 신고하여야 하며, 그 방법과 절차는 해당 지방자치단체의 조례로 정한다.

④ 지방의회의 의장은 제3항에 따라 지방의회의원의 겸직신고를 받으면 그 내용을 연 1회 이상 해당 지방의회의 인터넷 홈페이지에 게시하거나 지방자치단체의 조례로 정하는 방법에 따라 공개하여야 한다.

⑤ 지방의회의원이 다음 각 호의 기관·단체 및 그 기관·단체가 설립·운영하는 시설의 대표, 임원, 상근직원 또는 그 소속 위원회(자문위원회는 제외한다)의 위원이 된 경우에는 그 겸한 직을 사임하여야 한다.

1. 해당 지방자치단체가 출자·출연(재출자·재출연을 포함한다)한 기관·단체
2. 해당 지방자치단체의 사무를 위탁받아 수행하고 있는 기관·단체
3. 해당 지방자치단체로부터 운영비, 사업비 등을 지원받고 있는 기관·단체
4. 법령에 따라 해당 지방자치단체의 장의 인가를 받아 설립된 조합(조합설립을 위한 추진위원회 등 준비단체를 포함한다)의 임직원

⑥ 지방의회의 의장은 지방의회의원이 다음 각 호의 어느 하나에 해당하는 경우에는 그 겸한 직을 사임할 것을 권고하여야 한다. 이 경우 지방의회의 의장은 제66조에 따른 윤리심사자문위원회의 의견을 들어야 하며 그 의견을 존중하여야 한다.

1. 제5항에 해당하는 데도 불구하고 겸한 직을 사임하지 아니할 때
2. 다른 직을 겸하는 것이 제44조제2항에 위반된다고 인정될 때

⑦ 지방의회의 의장은 지방의회의원의 행위 또는 양수인이나 관리인의 지위가 제5항 또는 제6항에 따라 제한되는지와 관련하여 제66조에 따른 윤리심사자문위원회의 의견을 들을 수 있다.

제44조(의원의 의무) ① 지방의회의원은 공공의 이익을 우선하여 양심에 따라 그 직무를 성실히 수행하여야 한다.

② 지방의회의원은 청렴의 의무를 지며, 지방의회의원으로서의 품위를 유지하여야 한다.

③ 지방의회의원은 지위를 남용하여 재산상의 권리·이익 또는 직위를 취득하거나 다른 사람을 위하여 그 취득을 알선해서는 아니 된다.

④ 지방의회의원은 해당 지방자치단체, 제43조제5항 각 호의 어느 하나에 해당하는 기관·단체 및 그 기관·단체가 설립·운영하는 시설과 영리를 목적으로 하는 거래를 하여서는 아니 된다.

⑤ 지방의회의원은 소관 상임위원회의 직무와 관련된 영리행위를 할 수 없으며, 그 범위는 해당 지방자치단체의 조례로 정한다.

제45조(의원체포 및 확정판결의 통지) ① 수사기관의 장은 체포되거나 구금된 지방의회의원이 있으면 지체 없이 해당 지방의회의 의장에게 영장의 사본을 첨부하여 그 사실을 알려야 한다.

② 각급 법원장은 지방의회의원이 형사사건으로 공소(公訴)가 제기되어 판결이 확정되면 지체 없이 해당 지방의회의 의장에게 그 사실을 알려야 한다.

第46条(지방의회의 의무 등) ① 지방의회는 지방의회의원이 준수하여야 할 지방의회의원의 윤리강령과 윤리실천규범을 조례로 정하여야 한다.

② 지방의회는 소속 의원들이 의정활동에 필요한 전문성을 확보하도록 노력하여야 한다.

제3절 권 한

第47条(지방의회의 의결사항) ① 지방의회는 다음 각 호의 사항을 의결한다.

1. 조례의 제정·개정 및 폐지
2. 예산의 심의·확정
3. 결산의 승인
4. 법령에 규정된 것을 제외한 사용료·수수료·분담금·지방세 또는 가입금의 부과와 징수
5. 기금의 설치·운용
6. 대통령령으로 정하는 중요 재산의 취득·처분
7. 대통령령으로 정하는 공공시설의 설치·처분
8. 법령과 조례에 규정된 것을 제외한 예산 외의 의무부담이나 권리의 포기
9. 청원의 수리와 처리
10. 외국 지방자치단체와의 교류·협력
11. 그 밖에 법령에 따라 그 권한에 속하는 사항

② 지방자치단체는 제1항 각 호의 사항 외에 조례로 정하는 바에 따라 지방의회에서 의결되어야 할 사항을 따로 정할 수 있다.

第48条(서류제출 요구) ① 본회의나 위원회는 그 의결로 안건의 심의와 직접 관련된 서류의 제출을 해당 지방자치단체의 장에게 요구할 수 있다.

② 위원회가 제1항의 요구를 할 때에는 지방의회의 의장에게 그 사실을 보고하여야 한다.

③ 제1항에도 불구하고 폐회 중에는 지방의회의 의장이 서류의 제출을 해당 지방자치단체의 장에게 요구할 수 있다.

④ 제1항 또는 제3항에 따라 서류제출을 요구할 때에는 서면, 전자문서 또는 컴퓨터의 자기테이프·자기디스크, 그 밖에 이와 유사한 매체에 기록된 상태 등 제출 형식을 지정할 수 있다.

第49条(행정사무 감사권 및 조사권) ① 지방의회는 매년 1회 그 지방자치단체의 사무에 대하여 시·도에서는 14일의 범위에서, 시·군 및 자치구에서는 9일의 범위에서 감사를 실시하고, 지방자치단체의 사무 중 특정 사안에 관하여 본회의 의결로 본회의나 위원회에서 조사하게 할 수 있다.

② 제1항의 조사를 발의할 때에는 이유를 밝힌 서면으로 하여야 하며, 재적의원 3분의 1 이상의 찬성이 있어야 한다.

③ 지방자치단체 및 그 장이 위임받아 처리하는 국가사무와 시·도의 사무에 대하여 국회와 시·도의회가 직접 감사하기로 한 사무 외에는 그 감사를 각각 해당 시·도의회와 시·군 및 자치구의회가 할 수 있다. 이 경우 국회와 시·도의회는 그 감사 결과에 대하여 그 지방의회에 필요한 자료를 요구할 수 있다.

④ 제1항의 감사 또는 조사와 제3항의 감사를 위하여 필요하면 현지확인을 하거나 서류제출을 요구할 수 있으며, 지방자치단체의 장 또는 관계 공무원이나 그 사무에 관계되는 사람을 출석하게 하여 증인으로서 선서한 후 증언하게 하거나 참고인으로서 의견을 진술하도록 요구할 수 있다.

⑤ 제4항에 따른 증언에서 거짓증언을 한 사람은 고발할 수 있으며, 제4항에 따라 서류제출을 요구받은 자가 정당한 사유 없이 서류를 정해진 기한까지 제출하지 아니한 경우, 같은 항에 따라 출석요구를 받은 증인이 정당한 사유 없이 출석하지 아니하거나 선서 또는 증언을 거부한 경우에는 500만원 이하의 과태료를 부과할 수 있다.

⑥ 제5항에 따른 과태료 부과절차는 제34조를 따른다.

⑦ 제1항의 감사 또는 조사와 제3항의 감사를 위하여 필요한 사항은 「국정감사 및 조사에 관한 법률」에 준하여 대통령령으로 정하고, 제4항과 제5항의 선서·증언·감정 등에 관한 절차는 「국회에서의 증언·감정 등에 관한 법률」에 준하여 대통령령으로 정한다.

제50조(행정사무 감사 또는 조사 보고의 처리) ① 지방의회는 본회의의 의결로 감사 또는 조사 결과를 처리한다.

② 지방의회는 감사 또는 조사 결과 해당 지방자치단체나 기관의 시정이 필요한 사유가 있을 때에는 시정을 요구하고, 지방자치단체나 기관에서 처리함이 타당하다고 인정되는 사항은 그 지방자치단체나 기관으로 이송한다.

③ 지방자치단체나 기관은 제2항에 따라 시정 요구를 받거나 이송받은 사항을 지체 없이 처리하고 그 결과를 지방의회에 보고하여야 한다.

제51조(행정사무처리상황의 보고와 질의응답) ① 지방자치단체의 장이나 관계 공무원은 지방의회나 그 위원회에 출석하여 행정사무의 처리상황을 보고하거나 의견을 진술하고 질문에 답변할 수 있다.

② 지방자치단체의 장이나 관계 공무원은 지방의회나 그 위원회가 요구하면 출석·답변하여야 한다. 다만, 특별한 이유가 있으면 지방자치단체의 장은 관계 공무원에게 출석·답변하게 할 수 있다.

③ 제1항이나 제2항에 따라 지방의회나 그 위원회에 출석하여 답변할 수 있는 관계 공무원은 조례로 정한다.

제52조(의회규칙) 지방의회는 내부운영에 관하여 이 법에서 정한 것 외에 필요한 사항을 규칙으로 정할 수 있다.

제 4 절 소집과 회기

제53조(정례회) ① 지방의회는 매년 2회 정례회를 개최한다.

② 정례회의 집회일, 그 밖에 정례회 운영에 필요한 사항은 해당 지방자치단체의 조례로 정한다.

제54조(임시회) ① 지방의회의원 총선거 후 최초로 집회되는 임시회는 지방의회 사무처장·사무국장·사무과장이 지방의회의원 임기 개시일부터 25일 이내에 소집한다.

② 지방자치단체를 폐지하거나 설치하거나 나누거나 합쳐 새로운 지방자치단체가 설치된 경우에 최초의 임시회는 지방의회 사무처장·사무국장·사무과장이 해당 지방자치단체가 설치되는 날에 소집한다.

③ 지방의회의 의장은 지방자치단체의 장이나 조례로 정하는 수 이상의 지방의회의원이 요구

하면 15일 이내에 임시회를 소집하여야 한다. 다만, 지방의회의 의장과 부의장이 부득이한 사유로 임시회를 소집할 수 없을 때에는 지방의회의원 중 최다선의원이, 최다선의원이 2명 이상인 경우에는 그 중 연장자의 순으로 소집할 수 있다.

④ 임시회 소집은 집회일 3일 전에 공고하여야 한다. 다만, 긴급할 때에는 그러하지 아니하다.

제55조(부의안건의 공고) 지방자치단체의 장이 지방의회에 부의할 안건은 지방자치단체의 장이 미리 공고하여야 한다. 다만, 회의 중 긴급한 안건을 부의할 때에는 그러하지 아니하다.

제56조(개회·휴회·폐회와 회의일수) ① 지방의회의 개회·휴회·폐회와 회기는 지방의회가 의결로 정한다.

② 연간 회의 총일수와 정례회 및 임시회의 회기는 해당 지방자치단체의 조례로 정한다.

제5절 의장과 부의장

제57조(의장·부의장의 선거와 임기) ① 지방의회는 지방의회의원 중에서 시·도의 경우 의장 1명과 부의장 2명을, 시·군 및 자치구의 경우 의장과 부의장 각 1명을 무기명투표로 선출하여야 한다.

② 지방의회의원 총선거 후 처음으로 선출하는 의장·부의장 선거는 최초집회일에 실시한다.

③ 의장과 부의장의 임기는 2년으로 한다.

제58조(의장의 직무) 지방의회의 의장은 의회를 대표하고 의사(議事)를 정리하며, 회의장 내의 질서를 유지하고 의회의 사무를 감독한다.

제59조(의장 직무대리) 지방의회의 의장이 부득이한 사유로 직무를 수행할 수 없을 때에는 부의장이 그 직무를 대리한다.

제60조(임시의장) 지방의회의 의장과 부의장이 모두 부득이한 사유로 직무를 수행할 수 없을 때에는 임시의장을 선출하여 의장의 직무를 대행하게 한다.

제61조(보궐선거) ① 지방의회의 의장이나 부의장이 궐위(闕位)된 경우에는 보궐선거를 실시한다.

② 보궐선거로 당선된 의장이나 부의장의 임기는 전임자 임기의 남은 기간으로 한다.

제62조(의장·부의장 불신임의 의결) ① 지방의회의 의장이나 부의장이 법령을 위반하거나 정당한 사유 없이 직무를 수행하지 아니하면 지방의회는 불신임을 의결할 수 있다.

② 제1항의 불신임 의결은 재적의원 4분의 1 이상의 발의와 재적의원 과반수의 찬성으로 한다.

③ 제2항의 불신임 의결이 있으면 지방의회의 의장이나 부의장은 그 직에서 해임된다.

제63조(의장 등을 선거할 때의 의장 직무 대행) 제57조제1항, 제60조 또는 제61조제1항에 따른 선거(이하 이 조에서 "의장등의 선거"라 한다)를 실시할 때 의장의 직무를 수행할 사람이 없으면 출석의원 중 최다선의원이, 최다선의원이 2명 이상이면 그 중 연장자가 그 직무를 대행한다. 이 경우 직무를 대행하는 지방의회의원이 정당한 사유 없이 의장등의 선거를 실시할 직무를 이행하지 아니할 때에는 다음 순위의 지방의회의원이 그 직무를 대행한다.

제6절 위원회

제64조(위원회의 설치) ① 지방의회는 조례로 정하는 바에 따라 위원회를 둘 수 있다.

② 위원회의 종류는 다음 각 호와 같다.

1. 소관 의안(議案)과 청원 등을 심사·처리하는 상임위원회

2. 특정한 안건을 심사·처리하는 특별위원회

③ 위원회의 위원은 본회의에서 선임한다.

제65조(윤리특별위원회) ① 지방의회의원의 윤리강령과 윤리실천규범 준수 여부 및 징계에 관한 사항을 심사하기 위하여 윤리특별위원회를 둔다.

② 제1항에 따른 윤리특별위원회(이하 "윤리특별위원회"라 한다)는 지방의회의원의 윤리강령과 윤리실천규범 준수 여부 및 지방의회의원의 징계에 관한 사항을 심사하기 전에 제66조에 따른 윤리심사자문위원회의 의견을 들어야 하며 그 의견을 존중하여야 한다.

제66조(윤리심사자문위원회) ① 지방의회의원의 겸직 및 영리행위 등에 관한 지방의회의 의장의 자문과 지방의회의원의 윤리강령과 윤리실천규범 준수 여부 및 징계에 관한 윤리특별위원회의 자문에 응하기 위하여 윤리특별위원회에 윤리심사자문위원회를 둔다.

② 윤리심사자문위원회의 위원은 민간전문가 중에서 지방의회의 의장이 위촉한다.

③ 제1항 및 제2항에서 규정한 사항 외에 윤리심사자문위원회의 구성 및 운영에 필요한 사항은 회의규칙으로 정한다.

제67조(위원회의 권한) 위원회는 그 소관에 속하는 의안과 청원 등 또는 지방의회가 위임한 특정한 안건을 심사한다.

제68조(전문위원) ① 위원회에는 위원장과 위원의 자치입법활동을 지원하기 위하여 지방의회의원이 아닌 전문지식을 가진 위원(이하 "전문위원"이라 한다)을 둔다.

② 전문위원은 위원회에서 의안과 청원 등의 심사, 행정사무감사 및 조사, 그 밖의 소관 사항과 관련하여 검토보고 및 관련 자료의 수집·조사·연구를 한다.

③ 위원회에 두는 전문위원의 직급과 수 등에 관하여 필요한 사항은 대통령령으로 정한다.

제69조(위원회에서의 방청 등) ① 위원회에서 해당 지방의회의원이 아닌 사람은 위원회의 위원장(이하 이 장에서 "위원장"이라 한다)의 허가를 받아 방청할 수 있다.

② 위원장은 질서를 유지하기 위하여 필요할 때에는 방청인의 퇴장을 명할 수 있다.

제70조(위원회의 개회) ① 위원회는 본회의의 의결이 있거나 지방의회의 의장 또는 위원장이 필요하다고 인정할 때, 재적위원 3분의 1 이상이 요구할 때에 개회한다.

② 폐회 중에는 지방자치단체의 장도 지방의회의 의장 또는 위원장에게 이유서를 붙여 위원회 개회를 요구할 수 있다.

제71조(위원회에 관한 조례) 위원회에 관하여 이 법에서 정한 것 외에 필요한 사항은 조례로 정한다.

제7절 회 의

제72조(의사정족수) ① 지방의회는 재적의원 3분의 1 이상의 출석으로 개의(開議)한다.

② 회의 참석 인원이 제1항의 정족수에 미치지 못할 때에는 지방의회의 의장은 회의를 중지하거나 산회(散會)를 선포한다.

제73조(의결정족수) ① 회의는 이 법에 특별히 규정된 경우 외에는 재적의원 과반수의 출석과 출석의원 과반수의 찬성으로 의결한다.

② 지방의회의 의장은 의결에서 표결권을 가지며, 찬성과 반대가 같으면 부결된 것으로 본다.

제74조(표결방법) 본회의에서 표결할 때에는 조례 또는 회의규칙으로 정하는 표결방식에 의한 기록표결로 가부(可否)를 결정한다. 다만, 다음 각 호의 어느 하나에 해당하는 경우에는 무기명투

표로 표결한다.

1. 제57조에 따른 의장·부의장 선거
2. 제60조에 따른 임시의장 선출
3. 제62조에 따른 의장·부의장 불신임 의결
4. 제92조에 따른 자격상실 의결
5. 제100조에 따른 징계 의결
6. 제32조, 제120조 또는 제121조, 제192조에 따른 재의 요구에 관한 의결
7. 그 밖에 지방의회에서 하는 각종 선거 및 인사에 관한 사항

제75조(회의의 공개 등) ① 지방의회의 회의는 공개한다. 다만, 지방의회의원 3명 이상이 발의하고 출석의원 3분의 2 이상이 찬성한 경우 또는 지방의회의 의장이 사회의 안녕질서 유지를 위하여 필요하다고 인정하는 경우에는 공개하지 아니할 수 있다.

② 지방의회의 의장은 공개된 회의의 방청 허가를 받은 장애인에게 정당한 편의를 제공하여야 한다.

제76조(의안의 발의) ① 지방의회에서 의결할 의안은 지방자치단체의 장이나 조례로 정하는 수 이상의 지방의회의원의 찬성으로 발의한다.

② 위원회는 그 직무에 속하는 사항에 관하여 의안을 제출할 수 있다.

③ 제1항 및 제2항의 의안은 그 안을 갖추어 지방의회의 의장에게 제출하여야 한다.

④ 제1항에 따라 지방의회의원이 조례안을 발의하는 경우에는 발의 의원과 찬성 의원을 구분하되, 해당 조례안의 제명의 부제로 발의 의원의 성명을 기재하여야 한다. 다만, 발의 의원이 2명 이상인 경우에는 대표발의 의원 1명을 명시하여야 한다.

⑤ 지방의회의원이 발의한 제정조례안 또는 전부개정조례안 중 지방의회에서 의결된 조례안을 공표하거나 홍보하는 경우에는 해당 조례안의 부제를 함께 표기할 수 있다.

제77조(조례안 예고) ① 지방의회는 심사대상인 조례안에 대하여 5일 이상의 기간을 정하여 그 취지, 주요 내용, 전문을 공보나 인터넷 홈페이지 등에 게재하는 방법으로 예고할 수 있다.

② 조례안 예고의 방법, 절차, 그 밖에 필요한 사항은 회의규칙으로 정한다.

제78조(의안에 대한 비용추계 자료 등의 제출) ① 지방자치단체의 장이 예산상 또는 기금상의 조치가 필요한 의안을 발의할 경우에는 그 의안의 시행에 필요할 것으로 예상되는 비용에 대한 추계서와 그에 따른 재원조달방안에 관한 자료를 의안에 첨부하여야 한다.

② 제1항에 따른 비용의 추계 및 재원조달방안에 관한 자료의 작성 및 제출절차 등에 관하여 필요한 사항은 해당 지방자치단체의 조례로 정한다.

제79조(회기계속의 원칙) 지방의회에 제출된 의안은 회기 중에 의결되지 못한 것 때문에 폐기되지 아니한다. 다만, 지방의회의원의 임기가 끝나는 경우에는 그러하지 아니하다.

제80조(일사부재의의 원칙) 지방의회에서 부결된 의안은 같은 회기 중에 다시 발의하거나 제출할 수 없다.

제81조(위원회에서 폐기된 의안) ① 위원회에서 본회의에 부칠 필요가 없다고 결정된 의안은 본회의에 부칠 수 없다. 다만, 위원회의 결정이 본회의에 보고된 날부터 폐회나 휴회 중의 기간을 제외한 7일 이내에 지방의회의 의장이나 재적의원 3분의 1 이상이 요구하면 그 의안을 본회의에 부쳐야 한다.

② 제1항 단서의 요구가 없으면 그 의안은 폐기된다.

제82조(의장이나 의원의 제척) 지방의회의 의장이나 지방의회의원은 본인·배우자·직계존비속(直系尊卑屬) 또는 형제자매와 직접 이해관계가 있는 안건에 관하여는 그 의사에 참여할 수 없다. 다만, 의회의 동의가 있으면 의회에 출석하여 발언할 수 있다.

제83조(회의규칙) 지방의회는 회의 운영에 관하여 이 법에서 정한 것 외에 필요한 사항을 회의규칙으로 정한다.

제84조(회의록) ① 지방의회는 회의록을 작성하고 회의의 진행내용 및 결과와 출석의원의 성명을 적어야 한다.

② 회의록에는 지방의회의 의장과 지방의회에서 선출한 지방의회의원 2명 이상이 서명하여야 한다.

③ 지방의회의 의장은 회의록 사본을 첨부하여 회의 결과를 그 지방자치단체의 장에게 알려야 한다.

④ 지방의회의 의장은 회의록을 지방의회의원에게 배부하고, 주민에게 공개한다. 다만, 비밀로 할 필요가 있다고 지방의회의 의장이 인정하거나 지방의회에서 의결한 사항은 공개하지 아니한다.

제8절 청 원

제85조(청원서의 제출) ① 지방의회에 청원을 하려는 자는 지방의회의원의 소개를 받아 청원서를 제출하여야 한다.

② 청원서에는 청원자의 성명(법인인 경우에는 그 명칭과 대표자의 성명을 말한다) 및 주소를 적고 서명·날인하여야 한다.

제86조(청원의 불수리) 재판에 간섭하거나 법령에 위배되는 내용의 청원은 수리하지 아니한다.

제87조(청원의 심사·처리) ① 지방의회의 의장은 청원서를 접수하면 소관 위원회나 본회의에 회부하여 심사를 하게 한다.

② 청원을 소개한 지방의회의원은 소관 위원회나 본회의가 요구하면 청원의 취지를 설명하여야 한다.

③ 위원회가 청원을 심사하여 본회의에 부칠 필요가 없다고 결정하면 그 처리 결과를 지방의회 의장에게 보고하고, 지방의회의 의장은 청원한 자에게 알려야 한다.

제88조(청원의 이송과 처리보고) ① 지방의회가 채택한 청원으로서 그 지방자치단체의 장이 처리하는 것이 타당하다고 인정되는 청원은 의견서를 첨부하여 지방자치단체의 장에게 이송한다.

② 지방자치단체의 장은 제1항의 청원을 처리하고 그 처리결과를 지체 없이 지방의회에 보고하여야 한다.

제9절 의원의 사직·퇴직과 자격심사

제89조(의원의 사직) 지방의회는 그 의결로 소속 지방의회의원의 사직을 허가할 수 있다. 다만, 폐회 중에는 지방의회의 의장이 허가할 수 있다.

제90조(의원의 퇴직) 지방의회의원이 다음 각 호의 어느 하나에 해당될 때에는 지방의회의원의 직에서 퇴직한다.

1. 제43조제1항 각 호의 어느 하나에 해당하는 직에 취임할 때
2. 피선거권이 없게 될 때(지방자치단체의 구역변경이나 없어지거나 합한 것 외의 다른 사

유로 그 지방자치단체의 구역 밖으로 주민등록을 이전하였을 때를 포함한다)

3. 징계에 따라 제명될 때

제91조(의원의 자격심사) ① 지방의회의원은 다른 의원의 자격에 대하여 이의가 있으면 재적의원 4분의 1 이상의 찬성으로 지방의회의 의장에게 자격심사를 청구할 수 있다.

② 심사 대상인 지방의회의원은 자기의 자격심사에 관한 회의에 출석하여 의견을 진술할 수 있으나, 의결에는 참가할 수 없다.

제92조(자격상실 의결) ① 제91조제1항의 심사 대상인 지방의회의원에 대한 자격상실 의결은 재적의원 3분의 2 이상의 찬성이 있어야 한다.

② 심사 대상인 지방의회의원은 제1항에 따라 자격상실이 확정될 때까지는 그 직을 상실하지 아니한다.

제93조(결원의 통지) 지방의회의 의장은 지방의회의원의 결원이 생겼을 때에는 15일 이내에 그 지방자치단체의 장과 관할 선거관리위원회에 알려야 한다.

제10절 질 서

제94조(회의의 질서유지) ① 지방의회의 의장이나 위원장은 지방의회의원이 본회의나 위원회의 회의장에서 이 법이나 회의규칙에 위배되는 발언이나 행위를 하여 회의장의 질서를 어지럽히면 경고 또는 제지를 하거나 발언의 취소를 명할 수 있다.

② 지방의회의 의장이나 위원장은 제1항의 명에 따르지 아니한 지방의회의원이 있으면 그 지방의회의원에 대하여 당일의 회의에서 발언하는 것을 금지하거나 퇴장시킬 수 있다.

③ 지방의회의 의장이나 위원장은 회의장이 소란하여 질서를 유지하기 어려우면 회의를 중지하거나 산회를 선포할 수 있다.

제95조(모욕 등 발언의 금지) ① 지방의회의원은 본회의나 위원회에서 다른 사람을 모욕하거나 다른 사람의 사생활에 대하여 발언해서는 아니 된다.

② 본회의나 위원회에서 모욕을 당한 지방의회의원은 모욕을 한 지방의회의원에 대하여 지방의회에 징계를 요구할 수 있다.

제96조(발언 방해 등의 금지) 지방의회의원은 회의 중에 폭력을 행사하거나 소란한 행위를 하여 다른 사람의 발언을 방해할 수 없으며, 지방의회의 의장이나 위원장의 허가 없이 연단(演壇)이나 단상(壇上)에 올라가서는 아니 된다.

제97조(방청인의 단속) ① 방청인은 의안에 대하여 찬성·반대를 표명하거나 소란한 행위를 하여서는 아니 된다.

② 지방의회의 의장은 회의장의 질서를 방해하는 방청인의 퇴장을 명할 수 있으며, 필요하면 경찰관서에 인도할 수 있다.

③ 지방의회의 의장은 방청석이 소란하면 모든 방청인을 퇴장시킬 수 있다.

④ 제1항부터 제3항까지에서 규정한 사항 외에 방청인 단속에 필요한 사항은 회의규칙으로 정한다.

제11절 징 계

제98조(징계의 사유) 지방의회는 지방의회의원이 이 법이나 자치법규에 위배되는 행위를 하면 윤리특별위원회의 심사를 거쳐 의결로써 징계할 수 있다.

제99조(징계의 요구) ① 지방의회의 의장은 제98조에 따른 징계대상 지방의회의원이 있어 징계 요구를 받으면 윤리특별위원회에 회부한다.

② 제95조제1항을 위반한 지방의회의원에 대하여 모욕을 당한 지방의회의원이 징계를 요구하려면 징계사유를 적은 요구서를 지방의회의 의장에게 제출하여야 한다.

③ 지방의회의 의장은 제2항의 징계 요구를 받으면 윤리특별위원회에 회부한다.

제100조(징계의 종류와 의결) ① 징계의 종류는 다음과 같다.

1. 공개회의에서의 경고
2. 공개회의에서의 사과
3. 30일 이내의 출석정지
4. 제명

② 제1항제4호에 따른 제명 의결에는 재적의원 3분의 2 이상의 찬성이 있어야 한다.

제101조(징계에 관한 회의규칙) 징계에 관하여 이 법에서 정한 사항 외에 필요한 사항은 회의규칙으로 정한다.

제 12 절 사무기구와 직원

제102조(사무처 등의 설치) ① 시·도의회에는 사무를 처리하기 위하여 조례로 정하는 바에 따라 사무처를 둘 수 있으며, 사무처에는 사무처장과 직원을 둔다.

② 시·군 및 자치구의회에는 사무를 처리하기 위하여 조례로 정하는 바에 따라 사무국이나 사무과를 둘 수 있으며, 사무국·사무과에는 사무국장 또는 사무과장과 직원을 둘 수 있다.

③ 제1항과 제2항에 따른 사무처장·사무국장·사무과장 및 직원(이하 제103조, 제104조 및 제118조에서 "사무직원"이라 한다)은 지방공무원으로 보한다.

제103조(사무직원의 정원과 임면 등) ① 지방의회에 두는 사무직원의 수는 인건비 등 대통령령으로 정하는 기준에 따라 조례로 정한다.

② 지방의회의 의장은 지방의회 사무직원을 지휘·감독하고 법령과 조례·의회규칙으로 정하는 바에 따라 그 임면·교육·훈련·복무·징계 등에 관한 사항을 처리한다.

제104조(사무직원의 직무와 신분보장 등) ① 사무처장·사무국장 또는 사무과장은 지방의회의 의장의 명을 받아 의회의 사무를 처리한다.

② 사무직원의 임용·보수·복무·신분보장·징계 등에 관하여는 이 법에서 정한 것 외에는 「지방공무원법」을 적용한다.

제 6 장 집행기관

제 1 절 지방자치단체의 장

제 1 관 지방자치단체의 장의 직 인수위원회

제105조(지방자치단체의 장의 직 인수위원회) ① 「공직선거법」 제191조에 따른 지방자치단체의 장의 당선인(같은 법 제14조제3항 단서에 따라 당선이 결정된 사람을 포함하며, 이하 이 조에서 "당선인"이라 한다)은 이 법에서 정하는 바에 따라 지방자치단체의 장의 직 인수를 위하여

필요한 권한을 갖는다.

② 당선인을 보좌하여 지방자치단체의 장의 직 인수와 관련된 업무를 담당하기 위하여 당선이 결정된 때부터 해당 지방자치단체에 지방자치단체의 장의 직 인수위원회(이하 이 조에서 "인수위원회"라 한다)를 설치할 수 있다.

③ 인수위원회는 당선인으로 결정된 때부터 지방자치단체의 장의 임기 시작일 이후 20일의 범위에서 존속한다.

④ 인수위원회는 다음 각 호의 업무를 수행한다.

1. 해당 지방자치단체의 조직·기능 및 예산현황의 파악
2. 해당 지방자치단체의 정책기조를 설정하기 위한 준비
3. 그 밖에 지방자치단체의 장의 직 인수에 필요한 사항

⑤ 인수위원회는 위원장 1명 및 부위원장 1명을 포함하여 다음 각 호의 구분에 따른 위원으로 구성한다.

1. 시·도: 20명 이내
2. 시·군 및 자치구: 15명 이내

⑥ 위원장·부위원장 및 위원은 명예직으로 하고, 당선인이 임명하거나 위촉한다.

⑦ 「지방공무원법」 제31조 각 호의 어느 하나에 해당하는 사람은 인수위원회의 위원장·부위원장 및 위원이 될 수 없다.

⑧ 인수위원회의 위원장·부위원장 및 위원과 그 직에 있었던 사람은 그 직무와 관련하여 알게 된 비밀을 다른 사람에게 누설하거나 지방자치단체의 장의 직 인수 업무 외의 다른 목적으로 이용할 수 없으며, 직권을 남용해서는 아니 된다.

⑨ 인수위원회의 위원장·부위원장 및 위원과 그 직에 있었던 사람 중 공무원이 아닌 사람은 인수위원회의 업무와 관련하여 「형법」이나 그 밖의 법률에 따른 벌칙을 적용할 때에는 공무원으로 본다.

⑩ 제1항부터 제9항까지에서 규정한 사항 외에 인수위원회의 구성·운영 및 인력·예산 지원 등에 필요한 사항은 해당 지방자치단체의 조례로 정한다.

제2관 지방자치단체의 장의 지위

제106조(지방자치단체의 장) 특별시에 특별시장, 광역시에 광역시장, 특별자치시에 특별자치시장, 도와 특별자치도에 도지사를 두고, 시에 시장, 군에 군수, 자치구에 구청장을 둔다.

제107조(지방자치단체의 장의 선거) 지방자치단체의 장은 주민이 보통·평등·직접·비밀선거로 선출한다.

제108조(지방자치단체의 장의 임기) 지방자치단체의 장의 임기는 4년으로 하며, 3기 내에서만 계속 재임(在任)할 수 있다.

제109조(겸임 등의 제한) ① 지방자치단체의 장은 다음 각 호의 어느 하나에 해당하는 직을 겸임할 수 없다.

1. 대통령, 국회의원, 헌법재판소 재판관, 각급 선거관리위원회 위원, 지방의회의원
2. 「국가공무원법」 제2조에 따른 국가공무원과 「지방공무원법」 제2조에 따른 지방공무원
3. 다른 법령에 따라 공무원의 신분을 가지는 직
4. 「공공기관의 운영에 관한 법률」 제4조에 따른 공공기관(한국방송공사, 한국교육방송공사 및 한국은행을 포함한다)의 임직원

5. 농업협동조합, 수산업협동조합, 산림조합, 엽연초생산협동조합, 신용협동조합 및 새마을금고(이들 조합·금고의 중앙회와 연합회를 포함한다)의 임직원
6. 교원
7. 「지방공기업법」 제2조에 따른 지방공사와 지방공단의 임직원
8. 그 밖에 다른 법률에서 겸임할 수 없도록 정하는 직

② 지방자치단체의 장은 재임 중 그 지방자치단체와 영리를 목적으로 하는 거래를 하거나 그 지방자치단체와 관계있는 영리사업에 종사할 수 없다.

제110조(지방자치단체의 폐지·설치·분리·합병과 지방자치단체의 장) 지방자치단체를 폐지하거나 설치하거나 나누거나 합쳐 새로 지방자치단체의 장을 선출하여야 하는 경우에는 그 지방자치단체의 장이 선출될 때까지 시·도지사는 행정안전부장관이, 시장·군수 및 자치구의 구청장은 시·도지사가 각각 그 직무를 대행할 사람을 지정하여야 한다. 다만, 둘 이상의 동격의 지방자치단체를 통폐합하여 새로운 지방자치단체를 설치하는 경우에는 종전의 지방자치단체의 장 중에서 해당 지방자치단체의 장의 직무를 대행할 사람을 지정한다.

제111조(지방자치단체의 장의 사임) ① 지방자치단체의 장은 그 직을 사임하려면 지방의회의 의장에게 미리 사임일을 적은 서면(이하 "사임통지서"라 한다)으로 알려야 한다.

② 지방자치단체의 장은 사임통지서에 적힌 사임일에 사임한다. 다만, 사임통지서에 적힌 사임일까지 지방의회의 의장에게 사임통지가 되지 아니하면 지방의회의 의장에게 사임통지가 된 날에 사임한다.

제112조(지방자치단체의 장의 퇴직) 지방자치단체의 장이 다음 각 호의 어느 하나에 해당될 때에는 그 직에서 퇴직한다.

1. 지방자치단체의 장이 겸임할 수 없는 직에 취임할 때
2. 피선거권이 없게 될 때. 이 경우 지방자치단체의 구역이 변경되거나 없어지거나 합한 것 외의 다른 사유로 그 지방자치단체의 구역 밖으로 주민등록을 이전하였을 때를 포함한다.
3. 제110조에 따라 지방자치단체의 장의 직을 상실할 때

제113조(지방자치단체의 장의 체포 및 확정판결의 통지) ① 수사기관의 장은 체포되거나 구금된 지방자치단체의 장이 있으면 지체 없이 영장의 사본을 첨부하여 해당 지방자치단체에 알려야 한다. 이 경우 통지를 받은 지방자치단체는 그 사실을 즉시 행정안전부장관에게 보고하여야 하며, 시·군 및 자치구가 행정안전부장관에게 보고할 때에는 시·도지사를 거쳐야 한다.

② 각급 법원장은 지방자치단체의 장이 형사사건으로 공소가 제기되어 판결이 확정되면 지체 없이 해당 지방자치단체에 알려야 한다. 이 경우 통지를 받은 지방자치단체는 그 사실을 즉시 행정안전부장관에게 보고하여야 하며, 시·군 및 자치구가 행정안전부장관에게 보고할 때에는 시·도지사를 거쳐야 한다.

제 3 관 지방자치단체의 장의 권한

제114조(지방자치단체의 통할대표권) 지방자치단체의 장은 지방자치단체를 대표하고, 그 사무를 총괄한다.

제115조(국가사무의 위임) 시·도와 시·군 및 자치구에서 시행하는 국가사무는 시·도지사와 시장·군수 및 자치구의 구청장에게 위임하여 수행하는 것을 원칙으로 한다. 다만, 법령에 다른 규정이 있는 경우에는 그러하지 아니하다.

제116조(사무의 관리 및 집행권) 지방자치단체의 장은 그 지방자치단체의 사무와 법령에 따라 그 지방자치단체의 장에게 위임된 사무를 관리하고 집행한다.

제117조(사무의 위임 등) ① 지방자치단체의 장은 조례나 규칙으로 정하는 바에 따라 그 권한에 속하는 사무의 일부를 보조기관, 소속 행정기관 또는 하부행정기관에 위임할 수 있다.

② 지방자치단체의 장은 조례나 규칙으로 정하는 바에 따라 그 권한에 속하는 사무의 일부를 관할 지방자치단체나 공공단체 또는 그 기관(사업소·출장소를 포함한다)에 위임하거나 위탁할 수 있다.

③ 지방자치단체의 장은 조례나 규칙으로 정하는 바에 따라 그 권한에 속하는 사무 중 조사·검사·검정·관리업무 등 주민의 권리·의무와 직접 관련되지 아니하는 사무를 법인·단체 또는 그 기관이나 개인에게 위탁할 수 있다.

④ 지방자치단체의 장이 위임받거나 위탁받은 사무의 일부를 제1항부터 제3항까지의 규정에 따라 다시 위임하거나 위탁하려면 미리 그 사무를 위임하거나 위탁한 기관의 장의 승인을 받아야 한다.

제118조(직원에 대한 임면권 등) 지방자치단체의 장은 소속 직원(지방의회의 사무직원은 제외한다)을 지휘·감독하고 법령과 조례·규칙으로 정하는 바에 따라 그 임면·교육훈련·복무·징계 등에 관한 사항을 처리한다.

제119조(사무인계) 지방자치단체의 장이 퇴직할 때에는 소관 사무 일체를 후임자에게 인계하여야 한다.

제 4 관 지방의회와의 관계

제120조(지방의회의 의결에 대한 재의 요구와 제소) ① 지방자치단체의 장은 지방의회의 의결이 월권이거나 법령에 위반되거나 공익을 현저히 해친다고 인정되면 그 의결사항을 이송받은 날부터 20일 이내에 이유를 붙여 재의를 요구할 수 있다.

② 제1항의 요구에 대하여 재의한 결과 재적의원 과반수의 출석과 출석의원 3분의 2 이상의 찬성으로 전과 같은 의결을 하면 그 의결사항은 확정된다.

③ 지방자치단체의 장은 제2항에 따라 재의결된 사항이 법령에 위반된다고 인정되면 대법원에 소(訴)를 제기할 수 있다. 이 경우에는 제192조제4항을 준용한다.

제121조(예산상 집행 불가능한 의결의 재의 요구) ① 지방자치단체의 장은 지방의회의 의결이 예산상 집행할 수 없는 경비를 포함하고 있다고 인정되면 그 의결사항을 이송받은 날부터 20일 이내에 이유를 붙여 재의를 요구할 수 있다.

② 지방의회가 다음 각 호의 어느 하나에 해당하는 경비를 줄이는 의결을 할 때에도 제1항과 같다.

1. 법령에 따라 지방자치단체에서 의무적으로 부담하여야 할 경비
2. 비상재해로 인한 시설의 응급 복구를 위하여 필요한 경비

③ 제1항과 제2항의 경우에는 제120조제2항을 준용한다.

제122조(지방자치단체의 장의 선결처분) ① 지방자치단체의 장은 지방의회가 지방의회의원이 구속되는 등의 사유로 제73조에 따른 의결정족수에 미달될 때와 지방의회의 의결사항 중 주민의 생명과 재산 보호를 위하여 긴급하게 필요한 사항으로서 지방의회를 소집할 시간적 여유가 없거나 지방의회에서 의결이 지체되어 의결되지 아니할 때에는 선결처분(先決處分)을 할 수 있다.

② 제1항에 따른 선결처분은 지체 없이 지방의회에 보고하여 승인을 받아야 한다.
③ 지방의회에서 제2항의 승인을 받지 못하면 그 선결처분은 그때부터 효력을 상실한다.
④ 지방자치단체의 장은 제2항이나 제3항에 관한 사항을 지체 없이 공고하여야 한다.

제 2 절 보조기관

제123조(부지사 · 부시장 · 부군수 · 부구청장) ① 특별시 · 광역시 및 특별자치시에 부시장, 도와 특별자치도에 부지사, 시에 부시장, 군에 부군수, 자치구에 부구청장을 두며, 그 수는 다음 각 호의 구분과 같다.

1. 특별시의 부시장의 수: 3명을 넘지 아니하는 범위에서 대통령령으로 정한다.
2. 광역시와 특별자치시의 부시장 및 도와 특별자치도의 부지사의 수: 2명(인구 800만 이상의 광역시나 도는 3명)을 넘지 아니하는 범위에서 대통령령으로 정한다.
3. 시의 부시장, 군의 부군수 및 자치구의 부구청장의 수: 1명으로 한다.

② 특별시 · 광역시 및 특별자치시의 부시장, 도와 특별자치도의 부지사는 대통령령으로 정하는 바에 따라 정무직 또는 일반직 국가공무원으로 보한다. 다만, 제1항제1호 및 제2호에 따라 특별시 · 광역시 및 특별자치시의 부시장, 도와 특별자치도의 부지사를 2명이나 3명 두는 경우에 1명은 대통령령으로 정하는 바에 따라 정무직 · 일반직 또는 별정직 지방공무원으로 보하되, 정무직과 별정직 지방공무원으로 보할 때의 자격기준은 해당 지방자치단체의 조례로 정한다.
③ 제2항의 정무직 또는 일반직 국가공무원으로 보하는 부시장 · 부지사는 시 · 도지사의 제청으로 행정안전부장관을 거쳐 대통령이 임명한다. 이 경우 제청된 사람에게 법적 결격사유가 없으면 시 · 도지사가 제청한 날부터 30일 이내에 임명절차를 마쳐야 한다.
④ 시의 부시장, 군의 부군수, 자치구의 부구청장은 일반직 지방공무원으로 보하되, 그 직급은 대통령령으로 정하며 시장 · 군수 · 구청장이 임명한다.
⑤ 시 · 도의 부시장과 부지사, 시의 부시장 · 부군수 · 부구청장은 해당 지방자치단체의 장을 보좌하여 사무를 총괄하고, 소속 직원을 지휘 · 감독한다.
⑥ 제1항제1호 및 제2호에 따라 시 · 도의 부시장과 부지사를 2명이나 3명 두는 경우에 그 사무 분장은 대통령령으로 정한다. 이 경우 부시장 · 부지사를 3명 두는 시 · 도에서는 그중 1명에게 특정지역의 사무를 담당하게 할 수 있다.

제124조(지방자치단체의 장의 권한대행 등) ① 지방자치단체의 장이 다음 각 호의 어느 하나에 해당되면 부지사 · 부시장 · 부군수 · 부구청장(이하 이 조에서 "부단체장"이라 한다)이 그 권한을 대행한다.

1. 궐위된 경우
2. 공소 제기된 후 구금상태에 있는 경우
3. 「의료법」에 따른 의료기관에 60일 이상 계속하여 입원한 경우

② 지방자치단체의 장이 그 직을 가지고 그 지방자치단체의 장 선거에 입후보하면 예비후보자 또는 후보자로 등록한 날부터 선거일까지 부단체장이 그 지방자치단체의 장의 권한을 대행한다.
③ 지방자치단체의 장이 출장 · 휴가 등 일시적 사유로 직무를 수행할 수 없으면 부단체장이 그 직무를 대리한다.
④ 제1항부터 제3항까지의 경우에 부지사나 부시장이 2명 이상인 시 · 도에서는 대통령령으로

정하는 순서에 따라 그 권한을 대행하거나 직무를 대리한다.

⑤ 제1항부터 제3항까지의 규정에 따라 권한을 대행하거나 직무를 대리할 부단체장이 부득이 한 사유로 직무를 수행할 수 없으면 그 지방자치단체의 규칙에 정해진 직제 순서에 따른 공무원이 그 권한을 대행하거나 직무를 대리한다.

제125조(행정기구와 공무원) ① 지방자치단체는 그 사무를 분장하기 위하여 필요한 행정기구와 지방공무원을 둔다.

② 제1항에 따른 행정기구의 설치와 지방공무원의 정원은 인건비 등 대통령령으로 정하는 기준에 따라 그 지방자치단체의 조례로 정한다.

③ 행정안전부장관은 지방자치단체의 행정기구와 지방공무원의 정원이 적절하게 운영되고 다른 지방자치단체와의 균형이 유지되도록 하기 위하여 필요한 사항을 권고할 수 있다.

④ 지방공무원의 임용과 시험·자격·보수·복무·신분보장·징계·교육·훈련 등에 관한 사항은 따로 법률로 정한다.

⑤ 지방자치단체에는 제1항에도 불구하고 법률로 정하는 바에 따라 국가공무원을 둘 수 있다.

⑥ 제5항에 규정된 국가공무원의 경우 「국가공무원법」 제32조제1항부터 제3항까지의 규정에도 불구하고 5급 이상의 국가공무원이나 고위공무원단에 속하는 공무원은 해당 지방자치단체의 장의 제청으로 소속 장관을 거쳐 대통령이 임명하고, 6급 이하의 국가공무원은 그 지방자치단체의 장의 제청으로 소속 장관이 임명한다.

제3절 소속 행정기관

제126조(직속기관) 지방자치단체는 소관 사무의 범위에서 필요하면 대통령령이나 대통령령으로 정하는 범위에서 그 지방자치단체의 조례로 자치경찰기관(제주특별자치도만 해당한다), 소방기관, 교육훈련기관, 보건진료기관, 시험연구기관 및 중소기업지도기관 등을 직속기관으로 설치할 수 있다.

제127조(사업소) 지방자치단체는 특정 업무를 효율적으로 수행하기 위하여 필요하면 대통령령으로 정하는 범위에서 그 지방자치단체의 조례로 사업소를 설치할 수 있다.

제128조(출장소) 지방자치단체는 외진 곳의 주민의 편의와 특정지역의 개발 촉진을 위하여 필요하면 대통령령으로 정하는 범위에서 그 지방자치단체의 조례로 출장소를 설치할 수 있다.

제129조(합의제행정기관) ① 지방자치단체는 소관 사무의 일부를 독립하여 수행할 필요가 있으면 법령이나 그 지방자치단체의 조례로 정하는 바에 따라 합의제행정기관을 설치할 수 있다.

② 제1항의 합의제행정기관의 설치·운영에 필요한 사항은 대통령령이나 그 지방자치단체의 조례로 정한다.

제130조(자문기관의 설치 등) ① 지방자치단체는 소관 사무의 범위에서 법령이나 그 지방자치단체의 조례로 정하는 바에 따라 자문기관(소관 사무에 대한 자문에 응하거나 협의, 심의 등을 목적으로 하는 심의회, 위원회 등을 말한다. 이하 같다)을 설치·운영할 수 있다.

② 자문기관은 법령이나 조례에 규정된 기능과 권한을 넘어서 주민의 권리를 제한하거나 의무를 부과하는 내용으로 자문 또는 심의 등을 하여서는 아니 된다.

③ 자문기관의 설치 요건·절차, 구성 및 운영 등에 관한 사항은 대통령령으로 정한다. 다만, 다른 법령에서 지방자치단체에 둘 수 있는 자문기관의 설치 요건·절차, 구성 및 운영 등을 따로 정한 경우에는 그 법령에서 정하는 바에 따른다.

④ 지방자치단체는 자문기관 운영의 효율성 향상을 위하여 해당 지방자치단체에 설치된 다른

자문기관과 성격·기능이 중복되는 자문기관을 설치·운영해서는 아니 되며, 지방자치단체의 조례로 정하는 바에 따라 성격과 기능이 유사한 다른 자문기관의 기능을 포함하여 운영할 수 있다.

⑤ 지방자치단체의 장은 자문기관 운영의 효율성 향상을 위한 자문기관 정비계획 및 조치 결과 등을 종합하여 작성한 자문기관 운영현황을 매년 해당 지방의회에 보고하여야 한다.

제 4 절 하부행정기관

제131조(하부행정기관의 장) 자치구가 아닌 구에 구청장, 읍에 읍장, 면에 면장, 동에 동장을 둔다. 이 경우 면·동은 행정면·행정동을 말한다.

제132조(하부행정기관의 장의 임명) ① 자치구가 아닌 구의 구청장은 일반직 지방공무원으로 보하되, 시장이 임명한다.

② 읍장·면장·동장은 일반직 지방공무원으로 보하되, 시장·군수 또는 자치구의 구청장이 임명한다.

제133조(하부행정기관의 장의 직무권한) 자치구가 아닌 구의 구청장은 시장, 읍장·면장은 시장이나 군수, 동장은 시장(구가 없는 시의 시장을 말한다)이나 구청장(자치구의 구청장을 포함한다)의 지휘·감독을 받아 소관 국가사무와 지방자치단체의 사무를 맡아 처리하고 소속 직원을 지휘·감독한다.

제134조(하부행정기구) 지방자치단체는 조례로 정하는 바에 따라 자치구가 아닌 구와 읍·면·동에 소관 행정사무를 분장하기 위하여 필요한 행정기구를 둘 수 있다. 이 경우 면·동은 행정면·행정동을 말한다.

제 5 절 교육·과학 및 체육에 관한 기관

제135조(교육·과학 및 체육에 관한 기관) ① 지방자치단체의 교육·과학 및 체육에 관한 사무를 분장하기 위하여 별도의 기관을 둔다.

② 제1항에 따른 기관의 조직과 운영에 필요한 사항은 따로 법률로 정한다.

제 7 장 재 무

제 1 절 재정 운영의 기본원칙

제136조(지방재정의 조정) 국가와 지방자치단체는 지역 간 재정불균형을 해소하기 위하여 국가와 지방자치단체 간, 지방자치단체 상호 간에 적절한 재정 조정을 하도록 노력하여야 한다.

제137조(건전재정의 운영) ① 지방자치단체는 그 재정을 수지균형의 원칙에 따라 건전하게 운영하여야 한다.

② 국가는 지방재정의 자주성과 건전한 운영을 장려하여야 하며, 국가의 부담을 지방자치단체에 넘겨서는 아니 된다.

③ 국가는 다음 각 호의 어느 하나에 해당하는 기관의 신설·확장·이전·운영과 관련된 비용을 지방자치단체에 부담시켜서는 아니 된다.

1. 「정부조직법」과 다른 법률에 따라 설치된 국가행정기관 및 그 소속 기관
2. 「공공기관의 운영에 관한 법률」 제4조에 따른 공공기관

3. 국가가 출자·출연한 기관(재단법인, 사단법인 등을 포함한다)
4. 국가가 설립·조성·관리하는 시설 또는 단지 등을 지원하기 위하여 설치된 기관(재단법인, 사단법인 등을 포함한다)

④ 국가는 제3항 각 호의 기관을 신설하거나 확장하거나 이전하는 위치를 선정할 경우 지방자치단체의 재정적 부담을 입지 선정의 조건으로 하거나 입지 적합성의 선정항목으로 이용해서는 아니 된다.

제138조(국가시책의 구현) ① 지방자치단체는 국가시책을 달성하기 위하여 노력하여야 한다.

② 제1항에 따라 국가시책을 달성하기 위하여 필요한 경비의 국고보조율과 지방비부담률은 법령으로 정한다.

제139조(지방채무 및 지방채권의 관리) ① 지방자치단체의 장이나 지방자치단체조합은 따로 법률로 정하는 바에 따라 지방채를 발행할 수 있다.

② 지방자치단체의 장은 따로 법률로 정하는 바에 따라 지방자치단체의 채무부담의 원인이 될 계약의 체결이나 그 밖의 행위를 할 수 있다.

③ 지방자치단체의 장은 공익을 위하여 필요하다고 인정하면 미리 지방의회의 의결을 받아 보증채무부담행위를 할 수 있다.

④ 지방자치단체는 조례나 계약에 의하지 아니하고는 채무의 이행을 지체할 수 없다.

⑤ 지방자치단체는 법령이나 조례의 규정에 따르거나 지방의회의 의결을 받지 아니하고는 채권에 관하여 채무를 면제하거나 그 효력을 변경할 수 없다.

제 2 절 예산과 결산

제140조(회계연도) 지방자치단체의 회계연도는 매년 1월 1일에 시작하여 그 해 12월 31일에 끝난다.

제141조(회계의 구분) ① 지방자치단체의 회계는 일반회계와 특별회계로 구분한다.

② 특별회계는 법률이나 지방자치단체의 조례로 설치할 수 있다.

제142조(예산의 편성 및 의결) ① 지방자치단체의 장은 회계연도마다 예산안을 편성하여 시·도는 회계연도 시작 50일 전까지, 시·군 및 자치구는 회계연도 시작 40일 전까지 지방의회에 제출하여야 한다.

② 시·도의회는 제1항의 예산안을 회계연도 시작 15일 전까지, 시·군 및 자치구의회는 회계연도 시작 10일 전까지 의결하여야 한다.

③ 지방의회는 지방자치단체의 장의 동의 없이 지출예산 각 항의 금액을 증가시키거나 새로운 비용항목을 설치할 수 없다.

④ 지방자치단체의 장은 제1항의 예산안을 제출한 후 부득이한 사유로 그 내용의 일부를 수정하려면 수정예산안을 작성하여 지방의회에 다시 제출할 수 있다.

제143조(계속비) 지방자치단체의 장은 한 회계연도를 넘어 계속하여 경비를 지출할 필요가 있으면 그 총액과 연도별 금액을 정하여 계속비로서 지방의회의 의결을 받아야 한다.

제144조(예비비) ① 지방자치단체는 예측할 수 없는 예산 외의 지출이나 예산초과지출에 충당하기 위하여 세입·세출예산에 예비비를 계상하여야 한다.

② 예비비의 지출은 다음 해 지방의회의 승인을 받아야 한다.

제145조(추가경정예산) ① 지방자치단체의 장은 예산을 변경할 필요가 있으면 추가경정예산안을 편성하여 지방의회의 의결을 받아야 한다.

② 제1항의 경우에는 제142조제3항 및 제4항을 준용한다.

제146조(예산이 성립하지 아니할 때의 예산 집행) 지방의회에서 새로운 회계연도가 시작될 때까지 예산안이 의결되지 못하면 지방자치단체의 장은 지방의회에서 예산안이 의결될 때까지 다음 각 호의 목적을 위한 경비를 전년도 예산에 준하여 집행할 수 있다.

1. 법령이나 조례에 따라 설치된 기관이나 시설의 유지·운영
2. 법령상 또는 조례상 지출의무의 이행
3. 이미 예산으로 승인된 사업의 계속

제147조(지방자치단체를 신설할 때의 예산) ① 지방자치단체를 폐지하거나 설치하거나 나누거나 합쳐 새로운 지방자치단체가 설치된 경우에는 지체 없이 그 지방자치단체의 예산을 편성하여야 한다.

② 제1항의 경우에 해당 지방자치단체의 장은 예산이 성립될 때까지 필요한 경상적 수입과 지출을 할 수 있다. 이 경우 수입과 지출은 새로 성립될 예산에 포함시켜야 한다.

제148조(재정부담이 따르는 조례 제정 등) 지방의회는 새로운 재정부담이 따르는 조례나 안건을 의결하려면 미리 지방자치단체의 장의 의견을 들어야 한다.

제149조(예산의 이송·고시 등) ① 지방의회의 의장은 예산안이 의결되면 그날부터 3일 이내에 지방자치단체의 장에게 이송하여야 한다.

② 지방자치단체의 장은 제1항에 따라 예산을 이송받으면 지체 없이 시·도에서는 행정안전부장관에게, 시·군 및 자치구에서는 시·도지사에게 각각 보고하고, 그 내용을 고시하여야 한다. 다만, 제121조에 따른 재의 요구를 할 때에는 그러하지 아니하다.

제150조(결산) ① 지방자치단체의 장은 출납 폐쇄 후 80일 이내에 결산서와 증명서류를 작성하고 지방의회가 선임한 검사위원의 검사의견서를 첨부하여 다음 해 지방의회의 승인을 받아야 한다. 결산의 심사 결과 위법하거나 부당한 사항이 있는 경우에 지방의회는 본회의 의결 후 지방자치단체 또는 해당 기관에 변상 및 징계 조치 등 그 시정을 요구하고, 지방자치단체 또는 해당 기관은 시정 요구를 받은 사항을 지체 없이 처리하여 그 결과를 지방의회에 보고하여야 한다.

② 지방자치단체의 장은 제1항에 따른 승인을 받으면 그날부터 5일 이내에 시·도에서는 행정안전부장관에게, 시·군 및 자치구에서는 시·도지사에게 각각 보고하고, 그 내용을 고시하여야 한다.

③ 제1항에 따른 검사위원의 선임과 운영에 필요한 사항은 대통령령으로 정한다.

제151조(지방자치단체가 없어졌을 때의 결산) ① 지방자치단체를 폐지하거나 설치하거나 나누거나 합쳐 없어진 지방자치단체의 수입과 지출은 없어진 날로 마감하되, 그 지방자치단체의 장이었던 사람이 결산하여야 한다.

② 제1항의 결산은 제150조제1항에 따라 사무를 인수한 지방자치단체의 의회의 승인을 받아야 한다.

제 3 절 수입과 지출

제152조(지방세) 지방자치단체는 법률로 정하는 바에 따라 지방세를 부과·징수할 수 있다.

제153조(사용료) 지방자치단체는 공공시설의 이용 또는 재산의 사용에 대하여 사용료를 징수할 수 있다.

제154조(수수료) ① 지방자치단체는 그 지방자치단체의 사무가 특정인을 위한 것이면 그 사무에 대하여 수수료를 징수할 수 있다.

② 지방자치단체는 국가나 다른 지방자치단체의 위임사무가 특정인을 위한 것이면 그 사무에 대하여 수수료를 징수할 수 있다.

③ 제2항에 따른 수수료는 그 지방자치단체의 수입으로 한다. 다만, 법령에 달리 정해진 경우에는 그러하지 아니하다.

제155조(분담금) 지방자치단체는 그 재산 또는 공공시설의 설치로 주민의 일부가 특히 이익을 받으면 이익을 받는 자로부터 그 이익의 범위에서 분담금을 징수할 수 있다.

제156조(사용료의 징수조례 등) ① 사용료·수수료 또는 분담금의 징수에 관한 사항은 조례로 정한다. 다만, 국가가 지방자치단체나 그 기관에 위임한 사무와 자치사무의 수수료 중 전국적으로 통일할 필요가 있는 수수료는 다른 법령의 규정에도 불구하고 대통령령으로 정하는 표준금액으로 징수하되, 지방자치단체가 다른 금액으로 징수하려는 경우에는 표준금액의 50퍼센트 범위에서 조례로 가감 조정하여 징수할 수 있다.

② 사기나 그 밖의 부정한 방법으로 사용료·수수료 또는 분담금의 징수를 면한 자에게는 그 징수를 면한 금액의 5배 이내의 과태료를, 공공시설을 부정사용한 자에게는 50만원 이하의 과태료를 부과하는 규정을 조례로 정할 수 있다.

③ 제2항에 따른 과태료의 부과·징수, 재판 및 집행 등의 절차에 관한 사항은 「질서위반행위규제법」에 따른다.

제157조(사용료 등의 부과·징수, 이의신청) ① 사용료·수수료 또는 분담금은 공평한 방법으로 부과하거나 징수하여야 한다.

② 사용료·수수료 또는 분담금의 부과나 징수에 대하여 이의가 있는 자는 그 처분을 통지받은 날부터 90일 이내에 그 지방자치단체의 장에게 이의신청할 수 있다.

③ 지방자치단체의 장은 제2항의 이의신청을 받은 날부터 60일 이내에 결정을 하여 알려야 한다.

④ 사용료·수수료 또는 분담금의 부과나 징수에 대하여 행정소송을 제기하려면 제3항에 따른 결정을 통지받은 날부터 90일 이내에 처분청을 당사자로 하여 소를 제기하여야 한다.

⑤ 제3항에 따른 결정기간에 결정의 통지를 받지 못하면 제4항에도 불구하고 그 결정기간이 지난 날부터 90일 이내에 소를 제기할 수 있다.

⑥ 제2항과 제3항에 따른 이의신청의 방법과 절차 등에 관하여는 「지방세기본법」 제90조와 제94조부터 제100조까지의 규정을 준용한다.

⑦ 지방자치단체의 장은 사용료·수수료 또는 분담금을 내야 할 자가 납부기한까지 그 사용료·수수료 또는 분담금을 내지 아니하면 지방세 체납처분의 예에 따라 징수할 수 있다.

제158조(경비의 지출) 지방자치단체는 자치사무 수행에 필요한 경비와 위임된 사무에 필요한 경비를 지출할 의무를 진다. 다만, 국가사무나 지방자치단체사무를 위임할 때에는 사무를 위임한 국가나 지방자치단체에서 그 경비를 부담하여야 한다.

제4절 재산 및 공공시설

제159조(재산과 기금의 설치) ① 지방자치단체는 행정목적을 달성하기 위한 경우나 공익상 필요한 경우에는 재산(현금 외의 모든 재산적 가치가 있는 물건과 권리를 말한다)을 보유하거나 특정한 자금을 운용하기 위한 기금을 설치할 수 있다.

② 제1항의 재산의 보유, 기금의 설치·운용에 필요한 사항은 조례로 정한다.

제160조(재산의 관리와 처분) 지방자치단체의 재산은 법령이나 조례에 따르지 아니하고는 교환·양여(讓與)·대여하거나 출자 수단 또는 지급 수단으로 사용할 수 없다.

제161조(공공시설) ① 지방자치단체는 주민의 복지를 증진하기 위하여 공공시설을 설치할 수 있다.

② 제1항의 공공시설의 설치와 관리에 관하여 다른 법령에 규정이 없으면 조례로 정한다.

③ 제1항의 공공시설은 관계 지방자치단체의 동의를 받아 그 지방자치단체의 구역 밖에 설치할 수 있다.

제5절 보 칙

제162조(지방재정 운영에 관한 법률의 제정) 지방자치단체의 재정에 관하여 이 법에서 정한 것 외에 필요한 사항은 따로 법률로 정한다.

제163조(지방공기업의 설치·운영) ① 지방자치단체는 주민의 복리증진과 사업의 효율적 수행을 위하여 지방공기업을 설치·운영할 수 있다.

② 지방공기업의 설치·운영에 필요한 사항은 따로 법률로 정한다.

제8장 지방자치단체 상호 간의 관계

제1절 지방자치단체 간의 협력과 분쟁조정

제164조(지방자치단체 상호 간의 협력) ① 지방자치단체는 다른 지방자치단체로부터 사무의 공동처리에 관한 요청이나 사무처리에 관한 협의·조정·승인 또는 지원의 요청을 받으면 법령의 범위에서 협력하여야 한다.

② 관계 중앙행정기관의 장은 지방자치단체 간의 협력 활성화를 위하여 필요한 지원을 할 수 있다.

제165조(지방자치단체 상호 간의 분쟁조정) ① 지방자치단체 상호 간 또는 지방자치단체의 장 상호 간에 사무를 처리할 때 의견이 달라 다툼(이하 "분쟁"이라 한다)이 생기면 다른 법률에 특별한 규정이 없으면 행정안전부장관이나 시·도지사가 당사자의 신청을 받아 조정할 수 있다. 다만, 그 분쟁이 공익을 현저히 해쳐 조속한 조정이 필요하다고 인정되면 당사자의 신청이 없어도 직권으로 조정할 수 있다.

② 제1항 단서에 따라 행정안전부장관이나 시·도지사가 분쟁을 조정하는 경우에는 그 취지를 미리 당사자에게 알려야 한다.

③ 행정안전부장관이나 시·도지사가 제1항의 분쟁을 조정하려는 경우에는 관계 중앙행정기관의 장과의 협의를 거쳐 제166조에 따른 지방자치단체중앙분쟁조정위원회나 지방자치단체지방분쟁조정위원회의 의결에 따라 조정을 결정하여야 한다.

④ 행정안전부장관이나 시·도지사는 제3항에 따라 조정을 결정하면 서면으로 지체 없이 관계 지방자치단체의 장에게 통보하여야 하며, 통보를 받은 지방자치단체의 장은 그 조정 결정 사항을 이행하여야 한다.

⑤ 제3항에 따른 조정 결정 사항 중 예산이 필요한 사항에 대해서는 관계 지방자치단체는 필요한 예산을 우선적으로 편성하여야 한다. 이 경우 연차적으로 추진하여야 할 사항은 연도별 추진계획을 행정안전부장관이나 시·도지사에게 보고하여야 한다.

⑥ 행정안전부장관이나 시·도지사는 제3항의 조정 결정에 따른 시설의 설치 또는 서비스의 제공으로 이익을 얻거나 그 원인을 일으켰다고 인정되는 지방자치단체에 대해서는 그 시설비나 운영비 등의 전부나 일부를 행정안전부장관이 정하는 기준에 따라 부담하게 할 수 있다.

⑦ 행정안전부장관이나 시·도지사는 제4항부터 제6항까지의 규정에 따른 조정 결정 사항이 성실히 이행되지 아니하면 그 지방자치단체에 대하여 제189조를 준용하여 이행하게 할 수 있다.

제166조(지방자치단체중앙분쟁조정위원회 등의 설치와 구성 등) ① 제165조제1항에 따른 분쟁의 조정과 제173조제1항에 따른 협의사항의 조정에 필요한 사항을 심의·의결하기 위하여 행정안전부에 지방자치단체중앙분쟁조정위원회(이하 "중앙분쟁조정위원회"라 한다)를, 시·도에 지방자치단체지방분쟁조정위원회(이하 "지방분쟁조정위원회"라 한다)를 둔다.

② 중앙분쟁조정위원회는 다음 각 호의 분쟁을 심의·의결한다.

1. 시·도 간 또는 그 장 간의 분쟁
2. 시·도를 달리하는 시·군 및 자치구 간 또는 그 장 간의 분쟁
3. 시·도와 시·군 및 자치구 간 또는 그 장 간의 분쟁
4. 시·도와 지방자치단체조합 간 또는 그 장 간의 분쟁
5. 시·도를 달리하는 시·군 및 자치구와 지방자치단체조합 간 또는 그 장 간의 분쟁
6. 시·도를 달리하는 지방자치단체조합 간 또는 그 장 간의 분쟁

③ 지방분쟁조정위원회는 제2항 각 호에 해당하지 아니하는 지방자치단체·지방자치단체조합 간 또는 그 장 간의 분쟁을 심의·의결한다.

④ 중앙분쟁조정위원회와 지방분쟁조정위원회(이하 "분쟁조정위원회"라 한다)는 각각 위원장 1명을 포함하여 11명 이내의 위원으로 구성한다.

⑤ 중앙분쟁조정위원회의 위원장과 위원 중 5명은 다음 각 호의 사람 중에서 행정안전부장관의 제청으로 대통령이 임명하거나 위촉하고, 대통령령으로 정하는 중앙행정기관 소속 공무원은 당연직위원이 된다.

1. 대학에서 부교수 이상으로 3년 이상 재직 중이거나 재직한 사람
2. 판사·검사 또는 변호사의 직에 6년 이상 재직 중이거나 재직한 사람
3. 그 밖에 지방자치사무에 관한 학식과 경험이 풍부한 사람

⑥ 지방분쟁조정위원회의 위원장과 위원 중 5명은 제5항 각 호의 사람 중에서 시·도지사가 임명하거나 위촉하고, 조례로 정하는 해당 지방자치단체 소속 공무원은 당연직위원이 된다.

⑦ 공무원이 아닌 위원장 및 위원의 임기는 3년으로 하며, 연임할 수 있다. 다만, 보궐위원의 임기는 전임자 임기의 남은 기간으로 한다.

제167조(분쟁조정위원회의 운영 등) ① 분쟁조정위원회는 위원장을 포함한 위원 7명 이상의 출석으로 개의하고, 출석위원 3분의 2 이상의 찬성으로 의결한다.

② 분쟁조정위원회의 위원장은 분쟁의 조정과 관련하여 필요하다고 인정하면 관계 공무원, 지방자치단체조합의 직원 또는 관계 전문가를 출석시켜 의견을 듣거나 관계 기관이나 단체에 대하여 자료 및 의견 제출 등을 요구할 수 있다. 이 경우 분쟁의 당사자에게는 의견을 진술할 기회를 주어야 한다.

③ 이 법에서 정한 사항 외에 분쟁조정위원회의 구성과 운영 등에 필요한 사항은 대통령령으로 정한다.

제168조(사무의 위탁) ① 지방자치단체나 그 장은 소관 사무의 일부를 다른 지방자치단체나 그 장에게 위탁하여 처리하게 할 수 있다.

② 지방자치단체나 그 장은 제1항에 따라 사무를 위탁하려면 관계 지방자치단체와의 협의에 따라 규약을 정하여 고시하여야 한다.

③ 제2항의 사무위탁에 관한 규약에는 다음 각 호의 사항이 포함되어야 한다.

1. 사무를 위탁하는 지방자치단체와 사무를 위탁받는 지방자치단체
2. 위탁사무의 내용과 범위
3. 위탁사무의 관리와 처리방법
4. 위탁사무의 관리와 처리에 드는 경비의 부담과 지출방법
5. 그 밖에 사무위탁에 필요한 사항

④ 지방자치단체나 그 장은 사무위탁을 변경하거나 해지하려면 관계 지방자치단체나 그 장과 협의하여 그 사실을 고시하여야 한다.

⑤ 사무가 위탁된 경우 위탁된 사무의 관리와 처리에 관한 조례나 규칙은 규약에 다르게 정해진 경우 외에는 사무를 위탁받은 지방자치단체에 대해서도 적용한다.

제 2 절 행정협의회

제169조(행정협의회의 구성) ① 지방자치단체는 2개 이상의 지방자치단체에 관련된 사무의 일부를 공동으로 처리하기 위하여 관계 지방자치단체 간의 행정협의회(이하 "협의회"라 한다)를 구성할 수 있다. 이 경우 지방자치단체의 장은 시·도가 구성원이면 행정안전부장관과 관계 중앙행정기관의 장에게, 시·군 또는 자치구가 구성원이면 시·도지사에게 이를 보고하여야 한다.

② 지방자치단체는 협의회를 구성하려면 관계 지방자치단체 간의 협의에 따라 규약을 정하여 관계 지방의회에 각각 보고한 다음 고시하여야 한다.

③ 행정안전부장관이나 시·도지사는 공익상 필요하면 관계 지방자치단체에 대하여 협의회를 구성하도록 권고할 수 있다.

제170조(협의회의 조직) ① 협의회는 회장과 위원으로 구성한다.

② 회장과 위원은 규약으로 정하는 바에 따라 관계 지방자치단체의 직원 중에서 선임한다.

③ 회장은 협의회를 대표하며 회의를 소집하고 협의회의 사무를 총괄한다.

제171조(협의회의 규약) 협의회의 규약에는 다음 각 호의 사항이 포함되어야 한다.

1. 협의회의 명칭
2. 협의회를 구성하는 지방자치단체
3. 협의회가 처리하는 사무
4. 협의회의 조직과 회장 및 위원의 선임방법
5. 협의회의 운영과 사무처리에 필요한 경비의 부담이나 지출방법
6. 그 밖에 협의회의 구성과 운영에 필요한 사항

제172조(협의회의 자료제출 요구 등) 협의회는 사무를 처리하기 위하여 필요하다고 인정하면 관계 지방자치단체의 장에게 자료 제출, 의견 제시, 그 밖에 필요한 협조를 요구할 수 있다.

제173조(협의사항의 조정) ① 협의회에서 합의가 이루어지지 아니한 사항에 대하여 관계 지방자치단체의 장이 조정을 요청하면 시·도 간의 협의사항에 대해서는 행정안전부장관이, 시·군 및 자치구 간의 협의사항에 대해서는 시·도지사가 조정할 수 있다. 다만, 관계되는 시·군 및 자치구가 2개 이상의 시·도에 걸쳐 있는 경우에는 행정안전부장관이 조정할 수 있다.

② 행정안전부장관이나 시·도지사가 제1항에 따라 조정을 하려면 관계 중앙행정기관의 장과의 협의를 거쳐 분쟁조정위원회의 의결에 따라 조정하여야 한다.

제174조(협의회의 협의 및 사무처리의 효력) ① 협의회를 구성한 관계 지방자치단체는 협의회가 결정한 사항이 있으면 그 결정에 따라 사무를 처리하여야 한다.

② 제173조제1항에 따라 행정안전부장관이나 시·도지사가 조정한 사항에 관하여는 제165조제3항부터 제6항까지의 규정을 준용한다.

③ 협의회가 관계 지방자치단체나 그 장의 명의로 한 사무의 처리는 관계 지방자치단체나 그 장이 한 것으로 본다.

제175조(협의회의 규약변경 및 폐지) 지방자치단체가 협의회의 규약을 변경하거나 협의회를 없애려는 경우에는 제169조제1항 및 제2항을 준용한다.

제 3 절 지방자치단체조합

제176조(지방자치단체조합의 설립) ① 2개 이상의 지방자치단체가 하나 또는 둘 이상의 사무를 공동으로 처리할 필요가 있을 때에는 규약을 정하여 지방의회의 의결을 거쳐 시·도는 행정안전부장관의 승인, 시·군 및 자치구는 시·도지사의 승인을 받아 지방자치단체조합을 설립할 수 있다. 다만, 지방자치단체조합의 구성원인 시·군 및 자치구가 2개 이상의 시·도에 걸쳐 있는 지방자치단체조합은 행정안전부장관의 승인을 받아야 한다.

② 지방자치단체조합은 법인으로 한다.

제177조(지방자치단체조합의 조직) ① 지방자치단체조합에는 지방자치단체조합회의와 지방자치단체조합장 및 사무직원을 둔다.

② 지방자치단체조합회의의 위원과 지방자치단체조합장 및 사무직원은 지방자치단체조합규약으로 정하는 바에 따라 선임한다.

③ 관계 지방의회의원과 관계 지방자치단체의 장은 제43조제1항과 제109조제1항에도 불구하고 지방자치단체조합회의의 위원이나 지방자치단체조합장을 겸할 수 있다.

제178조(지방자치단체조합회의와 지방자치단체조합장의 권한) ① 지방자치단체조합회의는 지방자치단체조합의 규약으로 정하는 바에 따라 지방자치단체조합의 중요 사무를 심의·의결한다.

② 지방자치단체조합회의는 지방자치단체조합이 제공하는 서비스에 대한 사용료·수수료 또는 분담금을 제156조제1항에 따른 조례로 정한 범위에서 정할 수 있다.

③ 지방자치단체조합장은 지방자치단체조합을 대표하며 지방자치단체조합의 사무를 총괄한다.

제179조(지방자치단체조합의 규약) 지방자치단체조합의 규약에는 다음 각 호의 사항이 포함되어야 한다.

1. 지방자치단체조합의 명칭
2. 지방자치단체조합을 구성하는 지방자치단체
3. 사무소의 위치
4. 지방자치단체조합의 사무
5. 지방자치단체조합회의의 조직과 위원의 선임방법
6. 집행기관의 조직과 선임방법
7. 지방자치단체조합의 운영 및 사무처리에 필요한 경비의 부담과 지출방법
8. 그 밖에 지방자치단체조합의 구성과 운영에 관한 사항

제180조(지방자치단체조합의 지도·감독) ① 시·도가 구성원인 지방자치단체조합은 행정안전부장관, 시·군 및 자치구가 구성원인 지방자치단체조합은 1차로 시·도지사, 2차로 행정안전부장관의 지도·감독을 받는다. 다만, 지방자치단체조합의 구성원인 시·군 및 자치구가 2개 이상의 시·도에 걸쳐 있는 지방자치단체조합은 행정안전부장관의 지도·감독을 받는다.

② 행정안전부장관은 공익상 필요하면 지방자치단체조합의 설립이나 해산 또는 규약 변경을 명할 수 있다.

제181조(지방자치단체조합의 규약 변경 및 해산) ① 지방자치단체조합의 규약을 변경하거나 지방자치단체조합을 해산하려는 경우에는 제176조제1항을 준용한다.

② 지방자치단체조합을 해산한 경우에 그 재산의 처분은 관계 지방자치단체의 협의에 따른다.

제 4 절 지방자치단체의 장 등의 협의체

제182조(지방자치단체의 장 등의 협의체) ① 지방자치단체의 장이나 지방의회의 의장은 상호 간의 교류와 협력을 증진하고, 공동의 문제를 협의하기 위하여 다음 각 호의 구분에 따라 각각 전국적 협의체를 설립할 수 있다.

1. 시·도지사
2. 시·도의회의 의장
3. 시장·군수 및 자치구의 구청장
4. 시·군 및 자치구의회의 의장

② 제1항 각 호의 전국적 협의체는 그들 모두가 참가하는 지방자치단체 연합체를 설립할 수 있다.

③ 제1항에 따른 협의체나 제2항에 따른 연합체를 설립하였을 때에는 그 협의체·연합체의 대표자는 지체 없이 행정안전부장관에게 신고하여야 한다.

④ 제1항에 따른 협의체나 제2항에 따른 연합체는 지방자치에 직접적인 영향을 미치는 법령등에 관한 의견을 행정안전부장관에게 제출할 수 있으며, 행정안전부장관은 제출된 의견을 관계 중앙행정기관의 장에게 통보하여야 한다.

⑤ 관계 중앙행정기관의 장은 제4항에 따라 통보된 내용에 대하여 통보를 받은 날부터 2개월 이내에 타당성을 검토하여 행정안전부장관에게 결과를 통보하여야 하고, 행정안전부장관은 통보받은 검토 결과를 해당 협의체나 연합체에 지체 없이 통보하여야 한다. 이 경우 관계 중앙행정기관의 장은 검토 결과 타당성이 없다고 인정하면 구체적인 사유 및 내용을 밝혀 통보하여야 하며, 타당하다고 인정하면 관계 법령에 그 내용이 반영될 수 있도록 적극 협력하여야 한다.

⑥ 제1항에 따른 협의체나 제2항에 따른 연합체는 지방자치와 관련된 법률의 제정·개정 또는 폐지가 필요하다고 인정하는 경우에는 국회에 서면으로 의견을 제출할 수 있다.

⑦ 제1항에 따른 협의체나 제2항에 따른 연합체의 설립신고와 운영, 그 밖에 필요한 사항은 대통령령으로 정한다.

제 9 장 국가와 지방자치단체 간의 관계

제183조(국가와 지방자치단체의 협력 의무) 국가와 지방자치단체는 주민에 대한 균형적인 공공서비스 제공과 지역 간 균형발전을 위하여 협력하여야 한다.

제184조(지방자치단체의 사무에 대한 지도와 지원) ① 중앙행정기관의 장이나 시·도지사는 지방자치단체의 사무에 관하여 조언 또는 권고하거나 지도할 수 있으며, 이를 위하여 필요하면 지방자치단체에 자료 제출을 요구할 수 있다.

② 국가나 시·도는 지방자치단체가 그 지방자치단체의 사무를 처리하는 데 필요하다고 인정하면 재정지원이나 기술지원을 할 수 있다.

③ 지방자치단체의 장은 제1항의 조언·권고 또는 지도와 관련하여 중앙행정기관의 장이나 시·도지사에게 의견을 제출할 수 있다.

제185조(국가사무나 시·도 사무 처리의 지도·감독) ① 지방자치단체나 그 장이 위임받아 처리하는 국가사무에 관하여 시·도에서는 주무부장관, 시·군 및 자치구에서는 1차로 시·도지사, 2차로 주무부장관의 지도·감독을 받는다.

② 시·군 및 자치구나 그 장이 위임받아 처리하는 시·도의 사무에 관하여는 시·도지사의 지도·감독을 받는다.

제186조(중앙지방협력회의의 설치) ① 국가와 지방자치단체 간의 협력을 도모하고 지방자치 발전과 지역 간 균형발전에 관련되는 중요 정책을 심의하기 위하여 중앙지방협력회의를 둔다.

② 제1항에 따른 중앙지방협력회의의 구성과 운영에 관한 사항은 따로 법률로 정한다.

제187조(중앙행정기관과 지방자치단체 간 협의·조정) ① 중앙행정기관의 장과 지방자치단체의 장이 사무를 처리할 때 의견을 달리하는 경우 이를 협의·조정하기 위하여 국무총리 소속으로 행정협의조정위원회를 둔다.

② 행정협의조정위원회는 위원장 1명을 포함하여 13명 이내의 위원으로 구성한다.

③ 행정협의조정위원회의 위원은 다음 각 호의 사람이 되고, 위원장은 제3호의 위촉위원 중에서 국무총리가 위촉한다.

1. 기획재정부장관, 행정안전부장관, 국무조정실장 및 법제처장
2. 안건과 관련된 중앙행정기관의 장과 시·도지사 중 위원장이 지명하는 사람
3. 그 밖에 지방자치에 관한 학식과 경험이 풍부한 사람 중에서 국무총리가 위촉하는 사람 4명

④ 제1항부터 제3항까지에서 규정한 사항 외에 행정협의조정위원회의 구성과 운영 등에 필요한 사항은 대통령령으로 정한다.

제188조(위법·부당한 명령이나 처분의 시정) ① 지방자치단체의 사무에 관한 지방자치단체의 장(제103조제2항에 따른 사무의 경우에는 지방의회의 의장을 말한다. 이하 이 조에서 같다)의 명령이나 처분이 법령에 위반되거나 현저히 부당하여 공익을 해친다고 인정되면 시·도에 대해서는 주무부장관이, 시·군 및 자치구에 대해서는 시·도지사가 기간을 정하여 서면으로 시정할 것을 명하고, 그 기간에 이행하지 아니하면 이를 취소하거나 정지할 수 있다.

② 주무부장관은 지방자치단체의 사무에 관한 시장·군수 및 자치구의 구청장의 명령이나 처분이 법령에 위반되거나 현저히 부당하여 공익을 해침에도 불구하고 시·도지사가 제1항에 따른 시정명령을 하지 아니하면 시·도지사에게 기간을 정하여 시정명령을 하도록 명할 수 있다.

③ 주무부장관은 시·도지사가 제2항에 따른 기간에 시정명령을 하지 아니하면 제2항에 따른 기간이 지난 날부터 7일 이내에 직접 시장·군수 및 자치구의 구청장에게 기간을 정하여 서면으로 시정할 것을 명하고, 그 기간에 이행하지 아니하면 주무부장관이 시장·군수 및 자치구의 구청장의 명령이나 처분을 취소하거나 정지할 수 있다.

④ 주무부장관은 시·도지사가 시장·군수 및 자치구의 구청장에게 제1항에 따라 시정명령을 하였으나 이를 이행하지 아니한 데 따른 취소·정지를 하지 아니하는 경우에는 시·도지사에게 기간을 정하여 시장·군수 및 자치구의 구청장의 명령이나 처분을 취소하거나 정지할 것을 명하고, 그 기간에 이행하지 아니하면 주무부장관이 이를 직접 취소하거나 정지할 수 있다.

⑤ 제1항부터 제4항까지의 규정에 따른 자치사무에 관한 명령이나 처분에 대한 주무부장관 또는 시·도지사의 시정명령, 취소 또는 정지는 법령을 위반한 것에 한정한다.

⑥ 지방자치단체의 장은 제1항, 제3항 또는 제4항에 따른 자치사무에 관한 명령이나 처분의 취소 또는 정지에 대하여 이의가 있으면 그 취소처분 또는 정지처분을 통보받은 날부터 15일 이내에 대법원에 소를 제기할 수 있다.

제189조(지방자치단체의 장에 대한 직무이행명령) ① 지방자치단체의 장이 법령에 따라 그 의무에 속하는 국가위임사무나 시·도위임사무의 관리와 집행을 명백히 게을리하고 있다고 인정되면 시·도에 대해서는 주무부장관이, 시·군 및 자치구에 대해서는 시·도지사가 기간을 정하여 서면으로 이행할 사항을 명령할 수 있다.

② 주무부장관이나 시·도지사는 해당 지방자치단체의 장이 제1항의 기간에 이행명령을 이행하지 아니하면 그 지방자치단체의 비용부담으로 대집행 또는 행정상·재정상 필요한 조치(이하 이 조에서 "대집행등"이라 한다)를 할 수 있다. 이 경우 행정대집행에 관하여는 「행정대집행법」을 준용한다.

③ 주무부장관은 시장·군수 및 자치구의 구청장이 법령에 따라 그 의무에 속하는 국가위임사무의 관리와 집행을 명백히 게을리하고 있다고 인정됨에도 불구하고 시·도지사가 제1항에 따른 이행명령을 하지 아니하는 경우 시·도지사에게 기간을 정하여 이행명령을 하도록 명할 수 있다.

④ 주무부장관은 시·도지사가 제3항에 따른 기간에 이행명령을 하지 아니하면 제3항에 따른 기간이 지난 날부터 7일 이내에 직접 시장·군수 및 자치구의 구청장에게 기간을 정하여 이행명령을 하고, 그 기간에 이행하지 아니하면 주무부장관이 직접 대집행등을 할 수 있다.

⑤ 주무부장관은 시·도지사가 시장·군수 및 자치구의 구청장에게 제1항에 따라 이행명령을 하였으나 이를 이행하지 아니한 데 따른 대집행등을 하지 아니하는 경우에는 시·도지사에게 기간을 정하여 대집행등을 하도록 명하고, 그 기간에 대집행등을 하지 아니하면 주무부장관이 직접 대집행등을 할 수 있다.

⑥ 지방자치단체의 장은 제1항 또는 제4항에 따른 이행명령에 이의가 있으면 이행명령서를 접수한 날부터 15일 이내에 대법원에 소를 제기할 수 있다. 이 경우 지방자치단체의 장은 이행명령의 집행을 정지하게 하는 집행정지결정을 신청할 수 있다.

제190조(지방자치단체의 자치사무에 대한 감사) ① 행정안전부장관이나 시·도지사는 지방자치단체의 자치사무에 관하여 보고를 받거나 서류·장부 또는 회계를 감사할 수 있다. 이 경우 감사는 법령 위반사항에 대해서만 한다.

② 행정안전부장관 또는 시·도지사는 제1항에 따라 감사를 하기 전에 해당 사무의 처리가 법령에 위반되는지 등을 확인하여야 한다.

제191조(지방자치단체에 대한 감사 절차 등) ① 주무부장관, 행정안전부장관 또는 시·도지사는 이미 감사원 감사 등이 실시된 사안에 대해서는 새로운 사실이 발견되거나 중요한 사항이 누락

된 경우 등 대통령령으로 정하는 경우를 제외하고는 감사 대상에서 제외하고 종전의 감사 결과를 활용하여야 한다.

② 주무부장관과 행정안전부장관은 다음 각 호의 어느 하나에 해당하는 감사를 하려고 할 때에는 지방자치단체의 수감부담을 줄이고 감사의 효율성을 높이기 위하여 같은 기간 동안 함께 감사를 할 수 있다.

1. 제185조에 따른 주무부장관의 위임사무 감사
2. 제190조에 따른 행정안전부장관의 자치사무 감사

③ 제185조, 제190조 및 이 조 제2항에 따른 감사의 절차·방법 등에 관하여 필요한 사항은 대통령령으로 정한다.

제192조(지방의회 의결의 재의와 제소) ① 지방의회의 의결이 법령에 위반되거나 공익을 현저히 해친다고 판단되면 시·도에 대해서는 주무부장관이, 시·군 및 자치구에 대해서는 시·도지사가 해당 지방자치단체의 장에게 재의를 요구하게 할 수 있고, 재의 요구 지시를 받은 지방자치단체의 장은 의결사항을 이송받은 날부터 20일 이내에 지방의회에 이유를 붙여 재의를 요구하여야 한다.

② 시·군 및 자치구의회의 의결이 법령에 위반된다고 판단됨에도 불구하고 시·도지사가 제1항에 따라 재의를 요구하게 하지 아니한 경우 주무부장관이 직접 시장·군수 및 자치구의 구청장에게 재의를 요구하게 할 수 있고, 재의 요구 지시를 받은 시장·군수 및 자치구의 구청장은 의결사항을 이송받은 날부터 20일 이내에 지방의회에 이유를 붙여 재의를 요구하여야 한다.

③ 제1항 또는 제2항의 요구에 대하여 재의한 결과 재적의원 과반수의 출석과 출석의원 3분의 2 이상의 찬성으로 전과 같은 의결을 하면 그 의결사항은 확정된다.

④ 지방자치단체의 장은 제3항에 따라 재의결된 사항이 법령에 위반된다고 판단되면 재의결된 날부터 20일 이내에 대법원에 소를 제기할 수 있다. 이 경우 필요하다고 인정되면 그 의결의 집행을 정지하게 하는 집행정지결정을 신청할 수 있다.

⑤ 주무부장관이나 시·도지사는 재의결된 사항이 법령에 위반된다고 판단됨에도 불구하고 해당 지방자치단체의 장이 소를 제기하지 아니하면 시·도에 대해서는 주무부장관이, 시·군 및 자치구에 대해서는 시·도지사(제2항에 따라 주무부장관이 직접 재의 요구 지시를 한 경우에는 주무부장관을 말한다. 이하 이 조에서 같다)가 그 지방자치단체의 장에게 제소를 지시하거나 직접 제소 및 집행정지결정을 신청할 수 있다.

⑥ 제5항에 따른 제소의 지시는 제4항의 기간이 지난 날부터 7일 이내에 하고, 해당 지방자치단체의 장은 제소 지시를 받은 날부터 7일 이내에 제소하여야 한다.

⑦ 주무부장관이나 시·도지사는 제6항의 기간이 지난 날부터 7일 이내에 제5항에 따른 직접 제소 및 집행정지결정을 신청할 수 있다.

⑧ 제1항 또는 제2항에 따라 지방의회의 의결이 법령에 위반된다고 판단되어 주무부장관이나 시·도지사로부터 재의 요구 지시를 받은 해당 지방자치단체의 장이 재의를 요구하지 아니하는 경우(법령에 위반되는 지방의회의 의결사항이 조례안인 경우로서 재의 요구 지시를 받기 전에 그 조례안을 공포한 경우를 포함한다)에는 주무부장관이나 시·도지사는 제1항 또는 제2항에 따른 기간이 지난 날부터 7일 이내에 대법원에 직접 제소 및 집행정지결정을 신청할 수 있다.

⑨ 제1항 또는 제2항에 따른 지방의회의 의결이나 제3항에 따라 재의결된 사항이 둘 이상의 부처와 관련되거나 주무부장관이 불분명하면 행정안전부장관이 재의 요구 또는 제소를 지

시하거나 직접 제소 및 집행정지 결정을 신청할 수 있다.

제 10 장 국제교류 · 협력

제193조(지방자치단체의 역할) 지방자치단체는 국가의 외교 · 통상 정책과 배치되지 아니하는 범위에서 국제교류 · 협력, 통상 · 투자유치를 위하여 외국의 지방자치단체, 민간기관, 국제기구(국제연합과 그 산하기구 · 전문기구를 포함한 정부 간 기구, 지방자치단체 간 기구를 포함한 준정부 간 기구, 국제 비정부기구 등을 포함한다. 이하 같다)와 협력을 추진할 수 있다.

제194조(지방자치단체의 국제기구 지원) 지방자치단체는 국제기구 설립 · 유치 또는 활동 지원을 위하여 국제기구에 공무원을 파견하거나 운영비용 등 필요한 비용을 보조할 수 있다.

제195조(해외사무소 설치 · 운영) ① 지방자치단체는 국제교류 · 협력 등의 업무를 원활히 수행하기 위하여 필요한 곳에 단독 또는 지방자치단체 간 협력을 통해 공동으로 해외사무소를 설치할 수 있다.

② 지방자치단체는 해외사무소가 효율적으로 운영될 수 있도록 노력해야 한다.

제 11 장 서울특별시 및 대도시 등과 세종특별자치시 및 제주특별자치도의 행정특례

제196조(자치구의 재원) 특별시장이나 광역시장은 「지방재정법」에서 정하는 바에 따라 해당 지방자치단체의 관할 구역의 자치구 상호 간의 재원을 조정하여야 한다.

제197조(특례의 인정) ① 서울특별시의 지위 · 조직 및 운영에 대해서는 수도로서의 특수성을 고려하여 법률로 정하는 바에 따라 특례를 둘 수 있다.

② 세종특별자치시와 제주특별자치도의 지위 · 조직 및 행정 · 재정 등의 운영에 대해서는 행정체제의 특수성을 고려하여 법률로 정하는 바에 따라 특례를 둘 수 있다.

제198조(대도시 등에 대한 특례 인정) ① 서울특별시 · 광역시 및 특별자치시를 제외한 인구 50만 이상 대도시의 행정, 재정 운영 및 국가의 지도 · 감독에 대해서는 그 특성을 고려하여 관계 법률로 정하는 바에 따라 특례를 둘 수 있다.

② 제1항에도 불구하고 서울특별시 · 광역시 및 특별자치시를 제외한 다음 각 호의 어느 하나에 해당하는 대도시 및 시 · 군 · 구의 행정, 재정 운영 및 국가의 지도 · 감독에 대해서는 그 특성을 고려하여 관계 법률로 정하는 바에 따라 추가로 특례를 둘 수 있다.

1. 인구 100만 이상 대도시(이하 "특례시"라 한다)
2. 실질적인 행정수요, 국가균형발전 및 지방소멸위기 등을 고려하여 대통령령으로 정하는 기준과 절차에 따라 행정안전부장관이 지정하는 시 · 군 · 구

③ 제1항에 따른 인구 50만 이상 대도시와 제2항제1호에 따른 특례시의 인구 인정기준은 대통령령으로 정한다.

제 12 장 특별지방자치단체

제 1 절 설 치

제199조(설치) ① 2개 이상의 지방자치단체가 공동으로 특정한 목적을 위하여 광역적으로 사무를 처리할 필요가 있을 때에는 특별지방자치단체를 설치할 수 있다. 이 경우 특별지방자치단체를 구성하는 지방자치단체(이하 "구성 지방자치단체"라 한다)는 상호 협의에 따른 규약을 정하여 구성 지방자치단체의 지방의회 의결을 거쳐 행정안전부장관의 승인을 받아야 한다.

② 행정안전부장관은 제1항 후단에 따라 규약에 대하여 승인하는 경우 관계 중앙행정기관의 장 또는 시·도지사에게 그 사실을 알려야 한다.

③ 특별지방자치단체는 법인으로 한다.

④ 특별지방자치단체를 설치하기 위하여 국가 또는 시·도 사무의 위임이 필요할 때에는 구성 지방자치단체의 장이 관계 중앙행정기관의 장 또는 시·도지사에게 그 사무의 위임을 요청할 수 있다.

⑤ 행정안전부장관이 국가 또는 시·도 사무의 위임이 포함된 규약에 대하여 승인할 때에는 사전에 관계 중앙행정기관의 장 또는 시·도지사와 협의하여야 한다.

⑥ 구성 지방자치단체의 장이 제1항 후단에 따라 행정안전부장관의 승인을 받았을 때에는 규약의 내용을 지체 없이 고시하여야 한다. 이 경우 구성 지방자치단체의 장이 시장·군수 및 자치구의 구청장일 때에는 그 승인사항을 시·도지사에게 알려야 한다.

제200조(설치 권고 등) 행정안전부장관은 공익상 필요하다고 인정할 때에는 관계 지방자치단체에 대하여 특별지방자치단체의 설치, 해산 또는 규약 변경을 권고할 수 있다. 이 경우 행정안전부장관의 권고가 국가 또는 시·도 사무의 위임을 포함하고 있을 때에는 사전에 관계 중앙행정기관의 장 또는 시·도지사와 협의하여야 한다.

제201조(구역) 특별지방자치단체의 구역은 구성 지방자치단체의 구역을 합한 것으로 한다. 다만, 특별지방자치단체의 사무가 구성 지방자치단체 구역의 일부에만 관계되는 등 특별한 사정이 있을 때에는 해당 지방자치단체 구역의 일부만을 구역으로 할 수 있다.

제 2 절 규약과 기관 구성

제202조(규약 등) ① 특별지방자치단체의 규약에는 법령의 범위에서 다음 각 호의 사항이 포함되어야 한다.

1. 특별지방자치단체의 목적
2. 특별지방자치단체의 명칭
3. 구성 지방자치단체
4. 특별지방자치단체의 관할 구역
5. 특별지방자치단체의 사무소의 위치
6. 특별지방자치단체의 사무
7. 특별지방자치단체의 사무처리를 위한 기본계획에 포함되어야 할 사항
8. 특별지방자치단체의 지방의회의 조직, 운영 및 의원의 선임방법
9. 특별지방자치단체의 집행기관의 조직, 운영 및 장의 선임방법
10. 특별지방자치단체의 운영 및 사무처리에 필요한 경비의 부담 및 지출방법
11. 특별지방자치단체의 사무처리 개시일
12. 그 밖에 특별지방자치단체의 구성 및 운영에 필요한 사항

② 구성 지방자치단체의 장은 제1항의 규약을 변경하려는 경우에는 구성 지방자치단체의 지방의회 의결을 거쳐 행정안전부장관의 승인을 받아야 한다. 이 경우 국가 또는 시·도 사

무의 위임에 관하여는 제199조제4항 및 제5항을 준용한다.

③ 구성 지방자치단체의 장은 제2항에 따라 행정안전부장관의 승인을 받았을 때에는 지체 없이 그 사실을 고시하여야 한다. 이 경우 구성 지방자치단체의 장이 시장·군수 및 자치구의 구청장일 때에는 그 승인사항을 시·도지사에게 알려야 한다.

제203조(기본계획 등) ① 특별지방자치단체의 장은 소관 사무를 처리하기 위한 기본계획(이하 "기본계획"이라 한다)을 수립하여 특별지방자치단체 의회의 의결을 받아야 한다. 기본계획을 변경하는 경우에도 또한 같다.

② 특별지방자치단체는 기본계획에 따라 사무를 처리하여야 한다.

③ 특별지방자치단체의 장은 구성 지방자치단체의 사무처리가 기본계획의 시행에 지장을 주거나 지장을 줄 우려가 있을 때에는 특별지방자치단체의 의회 의결을 거쳐 구성 지방자치단체의 장에게 필요한 조치를 요청할 수 있다.

제204조(의회의 조직 등) ① 특별지방자치단체의 의회는 규약으로 정하는 바에 따라 구성 지방자치단체의 의회 의원으로 구성한다.

② 제1항의 지방의회의원은 제43조제1항에도 불구하고 특별지방자치단체의 의회 의원을 겸할 수 있다.

③ 특별지방자치단체의 의회가 의결하여야 할 안건 중 대통령령으로 정하는 중요한 사항에 대해서는 특별지방자치단체의 장에게 미리 통지하고, 특별지방자치단체의 장은 그 내용을 구성 지방자치단체의 장에게 통지하여야 한다. 그 의결의 결과에 대해서도 또한 같다.

제205조(집행기관의 조직 등) ① 특별지방자치단체의 장은 규약으로 정하는 바에 따라 특별지방자치단체의 의회에서 선출한다.

② 구성 지방자치단체의 장은 제109조에도 불구하고 특별지방자치단체의 장을 겸할 수 있다.

③ 특별지방자치단체의 의회 및 집행기관의 직원은 규약으로 정하는 바에 따라 특별지방자치단체 소속인 지방공무원과 구성 지방자치단체의 지방공무원 중에서 파견된 사람으로 구성한다.

제3절 운 영

제206조(경비의 부담) ① 특별지방자치단체의 운영 및 사무처리에 필요한 경비는 구성 지방자치단체의 인구, 사무처리의 수혜범위 등을 고려하여 규약으로 정하는 바에 따라 구성 지방자치단체가 분담한다.

② 구성 지방자치단체는 제1항의 경비에 대하여 특별회계를 설치하여 운영하여야 한다.

③ 국가 또는 시·도가 사무를 위임하는 경우에는 그 사무를 수행하는 데 필요한 재정적 지원을 할 수 있다.

제207조(사무처리상황 등의 통지) 특별지방자치단체의 장은 대통령령으로 정하는 바에 따라 사무처리 상황 등을 구성 지방자치단체의 장 및 행정안전부장관(시·군 및 자치구만으로 구성하는 경우에는 시·도지사를 포함한다)에게 통지하여야 한다.

제208조(가입 및 탈퇴) ① 특별지방자치단체에 가입하거나 특별지방자치단체에서 탈퇴하려는 지방자치단체의 장은 해당 지방의회의 의결을 거쳐 특별지방자치단체의 장에게 가입 또는 탈퇴를 신청하여야 한다.

② 제1항에 따른 가입 또는 탈퇴의 신청을 받은 특별지방자치단체의 장은 특별지방자치단체 의회의 동의를 받아 신청의 수용 여부를 결정하되, 특별한 사유가 없으면 가입하거나 탈퇴

하려는 지방자치단체의 의견을 존중하여야 한다.

③ 제2항에 따른 가입 및 탈퇴에 관하여는 제199조를 준용한다.

제209조(해산) ① 구성 지방자치단체는 특별지방자치단체가 그 설치 목적을 달성하는 등 해산의 사유가 있을 때에는 해당 지방의회의 의결을 거쳐 행정안전부장관의 승인을 받아 특별지방자치단체를 해산하여야 한다.

② 구성 지방자치단체는 제1항에 따라 특별지방자치단체를 해산할 경우에는 상호 협의에 따라 그 재산을 처분하고 사무와 직원의 재배치를 하여야 하며, 국가 또는 시·도 사무를 위임받았을 때에는 관계 중앙행정기관의 장 또는 시·도지사와 협의하여야 한다. 다만, 협의가 성립하지 아니할 때에는 당사자의 신청을 받아 행정안전부장관이 조정할 수 있다.

제210조(지방자치단체에 관한 규정의 준용) 시·도, 시·도와 시·군 및 자치구 또는 2개 이상의 시·도에 걸쳐 있는 시·군 및 자치구로 구성되는 특별지방자치단체는 시·도에 관한 규정을, 시·군 및 자치구로 구성하는 특별지방자치단체는 시·군 및 자치구에 관한 규정을 준용한다. 다만, 제3조, 제1장제2절, 제11조부터 제14조까지, 제17조제3항, 제25조, 제4장, 제38조, 제39조, 제40조제1항제1호 및 제2호, 같은 조 제3항, 제41조, 제6장제1절제1관, 제106조부터 제108조까지, 제110조, 제112조제2호 후단, 같은 조 제3호, 제123조, 제124조, 제6장제3절(제130조는 제외한다)부터 제5절까지, 제152조, 제166조, 제167조 및 제8장제2절부터 제4절까지, 제11장에 관하여는 그러하지 아니하다.

제211조(다른 법률과의 관계) ① 다른 법률에서 지방자치단체 또는 지방자치단체의 장을 인용하고 있는 경우에는 제202조제1항에 따른 규약으로 정하는 사무를 처리하기 위한 범위에서는 특별지방자치단체 또는 특별지방자치단체의 장을 인용한 것으로 본다.

② 다른 법률에서 시·도 또는 시·도지사를 인용하고 있는 경우에는 제202조제1항에 따른 규약으로 정하는 사무를 처리하기 위한 범위에서는 시·도, 시·도와 시·군 및 자치구 또는 2개 이상의 시·도에 걸쳐 있는 시·군 및 자치구로 구성하는 특별지방자치단체 또는 특별지방자치단체의 장을 인용한 것으로 본다.

③ 다른 법률에서 시·군 및 자치구 또는 시장·군수 및 자치구의 구청장을 인용하고 있는 경우에는 제202조제1항에 따른 규약으로 정하는 사무를 처리하기 위한 범위에서는 동일한 시·도 관할 구역의 시·군 및 자치구로 구성하는 특별지방자치단체 또는 특별지방자치단체의 장을 인용한 것으로 본다.

부 칙 〈제17893호, 2021. 1. 12.〉

제1조(시행일) 이 법은 공포 후 1년이 경과한 날부터 시행한다.

제2조(매립지가 속할 지방자치단체의 결정에 관한 적용례) 법률 제9577호 지방자치법 일부개정법률 제4조제4항의 개정규정은 같은 일부개정법률 시행일인 2009년 4월 1일 전에 종전의 「공유수면매립법」 제25조에 따른 준공검사를 받은 매립지에 대하여 시장·군수 및 자치구의 구청장이 2009년 4월 1일 이후 지적공부에 등록하는 경우에도 적용한다.

제3조(조례의 제정범위를 제한하는 하위 법령 금지에 관한 적용례) 제28조제2항의 개정규정은 이 법 시행 이후 최초로 제정·개정되는 하위 법령부터 적용한다.

제4조(지방자치단체의 장의 위법·부당한 명령이나 처분 등에 관한 적용례) ① 제188조제2항의 개정규정은 이 법 시행 이후 시장·군수 및 자치구의 구청장이 하는 명령이나 처분부터 적용한

다.

② 제192조제2항의 개정규정은 이 법 시행 이후 시·군 및 자치구의회가 하는 의결부터 적용한다.

제5조(감사 청구에 관한 특례) 이 법 시행 당시 해당 지방자치단체의 조례로 정하는 감사 청구 주민 수 기준이 제21조제1항의 개정규정에 따른 기준에 맞지 아니하는 경우에는 그 기준에 맞는 조례가 제정되거나 그 기준에 맞게 개정될 때까지는 다음 각 호의 구분에 따른 수의 18세 이상 주민의 연서로 제21조의 개정규정에 따른 주민감사를 청구할 수 있다.

1. 시·도: 300명 이상
2. 인구 50만 이상 대도시: 200명 이상
3. 그 밖의 시·군 및 자치구: 150명 이상

제6조(정책지원 전문인력 도입규모에 관한 특례) 지방의회에 정책지원 전문인력을 두는 경우 그 규모는 2022년 12월 31일까지는 지방의회의원 정수의 4분의 1 범위에서, 2023년 12월 31일까지는 지방의회의원 정수의 2분의 1 범위에서 연차적으로 도입한다.

제7조(일반적 경과조치) 이 법 시행 당시 종전의 규정에 따른 행정기관의 행위나 행정기관에 대하여 한 행위는 그에 해당하는 이 법에 따른 행정기관의 행위나 행정기관에 대하여 한 행위로 본다.

제8조(조례 등의 효력에 관한 경과조치) 법률 제4004호 지방자치법개정법률 시행일인 1988년 5월 1일 당시의 지방자치단체의 조례 및 규칙은 같은 개정법률에 따라 성립된 것으로 본다.

제9조(행정기관에 관한 경과조치) 법률 제4004호 지방자치법개정법률 시행일인 1988년 5월 1일 당시의 종전 법령, 조례 또는 규칙에 따라 설치된 행정기구는 같은 개정법률에 따라 설치된 것으로 본다.

제10조(공무원의 지위에 관한 경과조치) 법률 제4004호 지방자치법개정법률의 개정에 따라 임명방법이나 임명권자가 달라진 공무원은 같은 개정법률에 따라 임명된 것으로 본다.

제11조(하부행정기구에 관한 경과조치) 법률 제7846호 지방자치법 일부개정법률 시행일인 2006년 1월 11일 전에 종전의 「지방자치법」(법률 제7846호로 개정되기 전의 것을 말한다) 제111조에 따라 설치된 행정기구는 그 설치를 위한 조례가 새로 제정·시행될 때까지 유효한 것으로 본다.

제12조(매립지 귀속 지방자치단체 결정 등에 관한 경과조치) 이 법 시행 전에 종전의 제4조제3항 각 호의 지역이 속할 지방자치단체의 결정을 신청한 경우에는 제5조제6항부터 제11항까지의 개정규정에도 불구하고 종전의 규정에 따른다.

제13조(경계변경에 관한 경과조치) 이 법 시행 전에 종전의 제4조에 따라 경계변경에 합의한 경우에는 제6조의 개정규정에도 불구하고 종전의 규정에 따른다.

제14조(조례의 제정과 개정·폐지 청구에 관한 경과조치) 조례의 제정과 개정·폐지 청구에 관하여는 제19조제2항의 개정규정에 따른 법률이 시행되기 전까지 종전의 규정에 따른다.

제15조(감사 청구기간에 관한 경과조치) 이 법 시행 당시 해당 사무처리가 있었던 날이나 끝난 날부터 2년이 경과한 경우에는 제21조제3항의 개정규정에도 불구하고 종전의 규정에 따른다.

제16조(지방의회의원의 상해·사망 등의 보상에 관한 경과조치) 이 법 시행 전에 지방의회의원이 신체에 상해를 입거나 사망한 경우와 그 상해나 직무로 인한 질병으로 사망한 경우에 대한

보상금 지급에 관하여는 제42조의 개정규정에도 불구하고 종전의 규정에 따른다.

제17조(지방의회의원 겸직금지 등에 관한 경과조치) ① 지방의회의 의장은 이 법 시행 전에 종전의 제35조제3항에 따른 겸직신고를 받은 경우로서 이 법 시행 당시 겸직하고 있는 지방의회의원에 대해서는 이 법 시행일부터 6개월 이내에 제43조제4항의 개정규정에 따른 조치를 하여야 한다.

② 지방의회의 의장은 이 법 시행 당시 제43조제5항의 개정규정에 따른 겸직금지 대상이 된 지방의회의원 중 같은 항에 따라 사임하지 아니한 지방의회의원이나 제44조제2항에 위반된다고 인정되는 지방의회의원에 대하여 이 법 시행일부터 6개월 이내에 제43조제6항의 개정규정에 따른 조치를 하여야 한다.

제18조(임시회 소집 요구 등에 관한 경과조치) 임시회 소집 요구 및 의안의 발의 등에 관하여는 제54조제3항 및 제76조제1항의 개정규정에 따라 해당 지방자치단체의 조례가 제정·개정되기 전까지는 종전의 규정에 따른다.

제19조(지방의회의원의 징계에 관한 경과조치) 이 법 시행 전에 지방의회의원의 징계 요구에 대하여 지방의회의 의장이 본회의에 회부하였을 때에는 제98조 및 제99조의 개정규정에도 불구하고 종전의 규정에 따른다.

제20조(지방의회 사무직원에 관한 경과조치) 이 법 시행 당시의 지방의회 사무직원에 대한 임면·교육·훈련·복무·징계 등에 관하여 지방자치단체의 장이 한 행위는 제103조제2항의 개정규정에 따라 지방의회의 의장이 한 행위로 본다.

제21조(종전 부칙의 적용범위에 관한 경과조치) 종전의 「지방자치법」의 개정에 따라 규정하였던 종전의 부칙은 이 법 시행 전에 그 효력이 이미 상실된 경우를 제외하고는 이 법의 규정에 위배되지 아니하는 범위에서 이 법 시행 이후에도 계속하여 적용한다.

제22조(다른 법률의 개정) - 생략 -

제23조(다른 법령과의 관계) 이 법 시행 당시 다른 법령에서 종전의 「지방자치법」의 규정을 인용하고 있는 경우에는 이 법 가운데 그에 해당하는 규정이 있으면 종전의 규정을 갈음하여 이 법의 해당 규정을 인용한 것으로 본다.

참 고 문 헌

권영성 (2004). 『헌법학원론』, 법문사;

김기진 (1998). "지방자치단체의 국정참여",「공법연구」(한국공법학회), 26(2): 297-312 (http://www.dbpia.co.kr/view/ar_view.asp?arid=120869);

김남진 (1992). "지방자치단체의 국정참가", 「자치행정」 제56호;

김성호 (1997). 「지방자치단체의 국가정책결정참여방안」 (서울: 지방행정연구원);

김성호 (2004). "지방자치단체 전국협의체의 국정참여 결과분석", 「한국지방자치학회보」, 16(2): 61-82;

김성호 (2006). "국가입법과정에 대한 지방정부의 참여제 도입방안", 2006 전국 시도지사협의회 제3회 자치발전 워크샵(2006. 5. 1 ~ 5. 2) 자료집 (http://www.gaok.or.kr/kr/downfile/notice/제3차%20자치발전워크샵%20자료.hwp);

김순은 (2021). "자치경찰제의 추진과정과 의의 및 향후 과제", 자치분권위원회;

김원중 (2021). "자치경찰제도의 도입에 따른 행정법적 쟁점과 과제", 「행정법학」(한국행정법학회) 제21호, 1-23;

김영수 (2002), "중앙정부의 정책결정과정에 있어서 지방정부의 참여방안 연구", 「지방자치단체연구」. 6 (1): 51-75;

김철수 (2005). 『헌법학개론』, 박영사;

노화준 (2007). 『정책학원론』, 박영사;

박수헌 (2005). "지방자치단체의 국정참여를 통한 중앙과 지방간의 협력체계 강화를 위한 법제정비 방향", 「지방자치법연구」 제5권 제1호, 2005. 6;

박재희 (2021). 시도자치경찰위원회의 구성과 역할. 꼭 알아야 할 지방자치 정책브리프. No. 117. 한국지방행정연구원. 2021. 4.

박정훈 (2014). 「자치단체 기관구성 다양화를 위한 입법사례 연구」, 온나라 정책연구;

심민규 · 박종승 (2018). "성공적인 자치경찰제 도입을 위한 제언: 문재인 정부의 자치경찰제 추진안을 중심으로" 한국경찰학회보 VOL.20 NO.1 (2018): 153-184;

안성호 (1999). "지방분권화정책의 변동과 향후 개혁과제", 「한국지방자치학회보」,

11(4): 29-51;
안성호 (2003). "행정분권의 과제와 입법 방향", 2003. 5. 19. 지방자치 발전을 위한 지방분권개혁 정책토론회 '지방분권 개혁과제와 입법방향' 발제문,「분권과 혁신」(대구사회연구소) 2003년 6월(http://www.tiss.re.kr/divpower32/divpower5.html) 중 '〈의제7〉 지방자치단체의 국정참여 확충';
안성호 (2007a). "지역대표형 상원의 논거와 설계구상" (한국지방자치학회 2007년도 춘계학술세미나 발표논문집). 5-34;
안성호(2007b). "지방자치단체 국정참여의 실태와 확충방안 - 김무성 의원 등의 입법 발의에 즈음하여 -", 『지방분권, 왜 안 되고 있나?』, 2007. 6. 25. 김무성 · 김정권 · 유기준 의원 주최 정책토론회 발제문, 같은 토론회자료집 14-38면(http://ydi.or.kr/ht_bbs/download.html?file_encode=11828228610372_1.hwp&file_ original=070625자료집_완성.hwp&ht_div=t_assem);
이관희 (2004).『한국민주헌법론 II』, 박영사;
이기우 (1996).「지방자치이론」(서울: 학현사);
이기우 (1998). "외국 지방자치단체의 자치입법권", 『자치의정』1998년 09 ~ 10월 통권 제2호;
이기우 (1999). "지방의 국정참여: 독일의 사례를 중심으로", 「시민교육연구」, 29: 67-86;
이기우 (2005). "지방자치 기반강화를 위한 헌법개정", 한국지방자치 학회보 - 제17권 제4호 (통권52호), 5-25;
이기우 · 하승수 (2007), 『지방자치법』, 대영문화사;
정부혁신지방분권위원회 (2004). 「지방 4대 협의체 등 지방의 국정참여 활성화 지원방안」(서울: 정부혁신지방분권위원회 지방분권전문위원회).
최철호 (2005). "지방자치단체의 국정참가제도 - 일본지방자치법 제263조의 3을 소재로 해서 -", 「토지공법연구」(한국토지공법학회) 제29집, 2005. 12, pp. 437~458. http://www.dbpia.co.kr/view/ar_view.asp?arid=689239;
최환용 (2006). 「사회양극화해소정책실현을 위한 중앙정부와 지자체간 역할 및 책임배분에 관한 법제개선방안 연구」, 2006.10.31, 한국법제연구원 연구보고 2006-07;
탁현우 (2020). 자치경찰제 도입의 의의와 과제(한국행정연구원 이슈페이퍼 통권 103호 2021-07);
하혜수 · 양기용 (2002). "정부간 정책결정에 있어서 지방정부의 주도적 역할과 성공요인", 「시민정신과 민주행정」 (한국행정학회 춘계학술대회논문집), 395-

377;

한국지방행정연구원 (1997). 「지방자치단체의 국가정책결정 참여방안」, 연구보고서 96-23;

허 영 (2005). 『한국헌법론』, 박영사;

홍준형 (2021). 「시민을 위한 환경법입문」. 서울, 박영사;

홍준형 (2021). 지방자치법. 대명출판사;

홍준형 (2020). 「상징입법 - 겉과 속이 다른 입법의 정체」. 한울아카데미 2236;

홍준형 (2018). 「한국행정법의 쟁점」. (2018). 서울대학교출판문화원;

홍준형 (2017). 「행정법」. 법문사;

홍준형 (2017). 「행정쟁송법」. 도서출판 오래;

홍준형 (2017). 「환경법특강」. 서울, 박영사;

홍준형 (2012). 「행정구제법」. 도서출판 오래;

홍준형 (2010). 「행정과정의 법적 통제」. 서울대학교출판문화원;

홍준형 (2007). 「분권헌법: 선진화로 가는 길」(공저), 동아시아연구원;

홍준형외 (2008). 「국가운영시스템, 과제와 전략」(공저). 나남;

홍준형외 (1997). 「주석지방자치법」(공저), 한국사법행정학회;

황문규 (2021). 〔자치경찰제 전면시행 연속기고〕 ③ 경찰 패러다임의 전환. 대한민국 정책브리핑(https://www.korea.kr/news/cultureColumnView.do?newsId=148889553&p Wise= mMain&pWiseMain=G1);

Lars Holtkamp (2001). Kommunale Beteiligung an Entscheidungsprozessen der Bundeslander, in: Zeitschrift fur Parlamentsfragen, Heft 1 2001, 19ff.)

Ruth Luthi (2003). Mitwirkung von Gemeinden im kantonalen Entscheidungsprozess: Parlamentarische Mitwirkungsrechte anstatt Kommunalkammern, August. 6. Jahrgang, Parlament, 2/2003; 3 (http://www.sgp-ssp.net/cont/fileadmin/pdf/bulletin_ sgp-ssp/2003_08/editorial.pdf);

Wolfgang Roters (1985). Die Beteiligung der Kommunen an höherstufigen Entscheidungsprozessen, in: Günter Püttner (Hg.), Handbuch der kommunalen Wissenschaft und Praxis, Berlin: Springer, S. 288-298;

Sandra Rechlin (2004). Die deutschen Kommunen im Mehrebenensystem der Europäischen Union - Betroffene Objekte oder aktive Subjekte?, Discussion Paper SP IV 2004-101, Wissenschaftszentrum

Berlin für Sozialforschung 2004;
Reto Steiner und Andreas Ladner (2003). Die Beteiligung von Gemeindeparlamenten an kantonalen Entscheidungsprozessen gewinnt an Bedeutung, August. 6. Jahrgang, Parlament, 2/2003; (http://www.sgp-ssp.net/cont/fileadmin/pdf/bulletin_sgp-ssp/2003_08/steiner-ladner.pdf);
Rolf Stober (1996). Kommunalrecht in der Bundesrepublik Deutschland, 3.Auflage, Kohlhammer

찾 아 보 기

ㄱ

ㄴ

ㄷ

ㅁ

ㅂ

ㅅ

ㅇ

ㅊ

ㅍ

ㅎ

〔 홍준형(洪準亨) 〕

- 현재 서울대학교 행정대학원 교수
- 서울대학교 법과대학 및 대학원 법학과졸
- 독일 Göttingen대학교 법학박사(Dr.iur.)
- 행정안전부 주민등록번호변경위원회위원장(2017 ~ 2021)
- 서울대학교 국가전략위원회 위원장(2019 ~ 현재)
- 정보보호산업분쟁조정위원회 위원장(2016.6.29 ~ 현재)
- 서울특별시행정심판위원회 위원(2016 ~ 현재)
- 법제처 자체평가위원회 위원장(2012 ~ 2018)
- 베를린자유대 한국학과 초빙교수 · 한국학연구소장(2001.10 - 2003.2)
- 한국학술단체총연합회이사장/한국공법학회/한국환경법학회/한국행정법이론실무학회 회장 역임
- 개인정보분쟁조정위원회 위원장/중앙환경분쟁조정위원회 위원/환경정의 정책기획위원장 역임

< 연구실적(저서) >

Die Klage zur Durchsetzung von Vornahmepflichten der Verwaltung, 1992, Schriften zum Prozeßrecht Bd.108, Duncker & Humblot Verlag, Berlin;
상징입법. 겉과 속이 다른 입법의 정체. 2020, 도서출판 한울;
한국의 행정과 법: 법치의 시련과 과제. 2020, 진인진;
한국행정법의 쟁점. 2018, 서울대학교출판문화원;
시민을 위한 행정법입문. 2021, 박영사;
시민을 위한 환경법입문. 2021, 박영사;
행정법. 2017, 법문사;
행정쟁송법. 2017, 도서출판 오래;
환경법특강. 2017, 서울, 박영사;
행정구제법. 2012, 도서출판 오래;
법정책의 이론과 실제. 2008, 법문사;

지 방 자 치 법

2017년 10월 19일 초판 인쇄
2017년 10월 19일 초판 발행
2021년 3월 10일 개정판 발행
2022년 1월 10일 개정2판 발행

저 자 홍 준 형
발행자 이 철 구
발행처 大明出版社
서울특별시 종로구 삼봉로 68
〈등록〉 제300-1970-1호〔구:제1-82호〕
〈전화〉 (02)734-8210 · 8211 / FAX (02)737-8211
E.Mail : LCGDAE@chol.com

정가 38,000 원 ISBN 978-89-5774-367-6 93360